陈燕华　主编

重构课程

教育的生态 蝶变

编委：

吴锦福　张彩虹　李丽丽

叶万东　许可馨　林　皓

杨　盛　周瑞芬　陈雪霞

厦门大学出版社
XIAMEN UNIVERSITY PRESS

国家一级出版社
全国百佳图书出版单位

图书在版编目（CIP）数据

重构课程 ：教育的生态蝶变 / 陈燕华主编.

厦门 ：厦门大学出版社，2024. 10. -- ISBN 978-7-5615-9492-6

Ⅰ. G622.3

中国国家版本馆 CIP 数据核字第 20248PY333 号

责任编辑　施建岚

美术编辑　李夏凌

技术编辑　朱　楷

出版发行　厦门大学出版社

社　　址　厦门市软件园二期望海路 39 号

邮政编码　361008

总　　机　0592-2181111　0592-2181406(传真)

营销中心　0592-2184458　0592-2181365

网　　址　http://www.xmupress.com

邮　　箱　xmup@xmupress.com

印　　刷　厦门市明亮彩印有限公司

开本　787 mm×1 092 mm　1/16

印张　27

插页　1

字数　550 千字

版次　2024 年 10 月第 1 版

印次　2024 年 10 月第 1 次印刷

定价　75.00 元

厦门大学出版社
微信二维码

厦门大学出版社
微博二维码

以高质量课程建设引领学校卓越发展
（代序）

　　课程作为学校教育的核心载体,在新一轮基础教育改革中发挥着举足轻重的作用。课程的建构与重构,不仅是教育理念的革新,更是对时代变迁与社会需求深刻洞察的体现。在数字化时代背景下,课程建设显得尤为重要。基于对时代教育的深刻洞察,直面学生全面而有个性的发展需求的挑战,近年来,厦门第二实验小学积极推进学校课程的创新改革,创造性开展课程重构工作,力求构建既符合学生成长规律又充分彰显学校特色的课程体系。本书正是学校课程改革丰硕成果的集中展现。

　　从学校的育人使命出发,课程的重要性不言而喻。它不仅是教学活动的中介,更是实现教育目标的关键。关于课程,《教育大辞典》上是这么说的:为实现学校教育目标而选择的教育内容的称谓。在我国,"课程"一词始见于唐代。孔颖达在《五经正义》里为"奕奕寝庙,君子作之"句注疏:"教护课程,必君子监之,乃得依法制也。"宋代诗人朱熹在《朱子全书·论学》中亦有"宽着期限,紧着课程""小立课程,大作功夫"等句。这里的课程含有学习的范围、进程以及计划的程式之义。西方课程(curriculum)一词源于拉丁文 currcle,即 race course,意为"跑道",即将先辈的经验选择后传给下一代,使其通过学习达到一定的社会要求。

　　课程之所以成为可能,是因为人类社会有知识传承的需求。教育作为传承知识、培养能力的重要途径,课程则是教育实施的具体载体。课程组织知识体系、设计教学活动,使得学习者能够系统地掌握知识和技能。课程从何而来? 课程的来源可以归结为教育目标、社会需求,综合考虑了学科知识以及学习者的特征等多个方面。从课程建构的主体来看,课程可以大体分成国家课程和校本课程。国家课程确保了全国范围内的教育质量和公平性,具有统一性、标准化、多学科、连贯性等特点,旨在为学生提供全面的、基础的知识和技能,帮助学生建立扎实的学科基础。校本课程是国家课程的延伸,与国家课程形成了某种同构关系,它们共同构成了基础教育课程体系的重要部分,并且在教育目标、教育内容和教育原则上具有一定的共通性。同时,国家课程和校本课程之间也是一种互补共生关系。如果说国家课程更加强调基于国家意志统一要求的执行与实施,那么校本课程则更加强调学校基于学生个性需求的自主设计与创造性实施。在实际操作中,学校需要在遵循国家课程标准的前提下，结合校情和特色，科学评估学生的需求，精心设计、编排和实施校本课程。这样既可以保证教育的统一性和公平性，又可以满足学生多元化的学习需求，促进学校的特色发展。

本书荟萃了厦门第二实验小学的校本课程实践成果，可以看出学校的老师具备强烈的课程意识和高度的理论自觉。他们显然深谙泰勒《课程与教学的基本原理》提出的课程编制四个基本问题：学校应努力达成什么目标？提供哪些教育经验才能实现这一目标？如何有效地组织这些教育经验？如何确定这些教育目标是否达到？这四个问题构成了"泰勒原理"的核心内容，即目标、内容、方法、评价。

通读全书精心建构的课程实例，可以清晰地看到"泰勒原理"在学校课程开发与重构中得到了充分体现甚至超越：课程基于"目标定位"，通过"背景分析"和"文献综述"，制定"学习路径"，确定"课程图谱"，设计"评价工具"。课程建构的过程理实相生、环环相扣，这对于一线教师课程资源开发来说，无疑提供了一个很有操作性和启发性的典范。颇为有趣的是，老师们在本书的课程叙述中还分享了一个个鲜活感人的"课程故事"。例如，陈昕悦老师在《"国风民乐创生"课程》中说道："在拥有（厦门第二实验小学）音乐教师的身份之前，我是一个坚持19年的'琴童'。我的琴童之路从5岁开始，得益于对器乐培养有特别见解的妈妈，选择两项乐器之王：钢琴、琵琶。6岁的我在厦门第二实验小学的社团课中遇见琵琶，在厦门民族器乐开拓者刘英老师的启蒙下，我开始了学习琵琶的旅程。"可见，是十多年前厦门第二实验小学社团的琵琶课程培养了她，而长大后，她也成了厦门第二实验小学的音乐老师，开始了琵琶课程的教学。这既是因缘巧合，也是薪火相传。

课程理念的革新，其根本在于教师对于课程哲学的深入理解和创新应用。透过这一个个鲜活的课程，我们可以看到，一线老师已不再局限于传统的课程认知框架，他们开始拓宽更广阔的课程视野。厦门第二实验小学的老师们立足于学校"和美共生"的办学理念，积极投身于课程创新实践，从国家课程校本化实施到选修性课程的开发，从项目式的创意课程到跨年级系列化的选修性课程，由此构建一套既体现中华优秀传统文化，又符合当代教育理念的课程体系。从"跟着古诗游山川""煮酒论英雄"到"民间故事小传人"的体悟，每一门课程都承载着深厚的文化底蕴，让学生感受到优秀传统文化的和美滋养。同时，学校又注重课程的多元化与趣味性，"国宝策展人""琴动'乐'趣""纹样新探"等课程，让学生在动手实践中体验艺术的魅力，激发他们的学习兴趣和创造力。这些课程不仅丰富了学生的知识体系，更在潜移默化中提升了他们的文化素养和审美能力，为学校文化建设奠定了坚实的基础。

日本教育学博士佐藤学先生在《静悄悄的革命：课堂改变，学校就会改变》中倡导基于主题探究为核心的"登山型"课程，认为要创造这样的学习，即在课程实施中，聚焦挑战性课题，学生能用多种多样的方法展开活动合作的探究性学习，并能够相互展现和共享学习的成果。厦门第二实验小学的老师们正是有了这种课程自觉,他们推出了"Memory Master——记忆大师""XMESX 设计公社"等创新课程,引入趣味性和挑战性的元素,让学生在游戏中学习,激发他们的主动性、表现力和创造力。同时,"悦绘数学""玩转索玛立方体"等课程则将抽象的学科知识具象化、生活化,让学生在轻松愉快的氛围中掌握知识,输出成果,提升学习效果和综合素质。这些课程不仅有利于改变学生的学习方式,更让他们在课程中找到自我成长的力量和方向。

生活始终是课程的源泉,为学生发展提供了不竭的活力与养分。厦门第二实验小学深知教育应该走向社会、融入生活。因此,在课程设计上,学校特别注重引导学生关注社会现象、参与社会实践,培养他们的社会责任感和公民意识。"'纳'中藏'慧'""数说健康""'纸'与你相遇"等课程引导学生关注生活,关注自然与世界,让学生在实践中学习、在创造中成长。而"我的四'季'成长图鉴"(入学季、入队季、成童季、毕业季)等课程则让不同年龄段的学生在仪式感中具身体验和亲身实践,深入理解他人、认识自我,使个体能够意识到成长中的自己在社会中的角色和责任,积极履行自己的社会责任。这些课程的实施不仅拓宽了学生的视野和思维,更让他们在参与社会的过程中学会了合作与分享、责任与担当。

无须避讳,在很多人看来,校本课程没有那么正式,上完就结束了,因此其课程实施效果很难得到评估与验证。厦门第二实验小学的老师们直面了这个棘手的评价问题,并给予了相当专业的回答。本书在每个"课程图谱"之后,都设置了相应的"课程评价"环节,一线教师们作为课程开发者,成功地研发出多种具有鲜明课程特色的评价工具与量表,有问答式测试、操作性作业、调查分析、小组讨论、口头报告等,展现出了卓越的专业技能与深刻的独到见解,令人钦佩和叹服。当前,"教—学—评"一致性理念要求教师深刻把握课程目标,以确保反馈与评价都与这些目标保持一致,为此需深入了解所教授课程的知识点和内容,准确把握知识难度、重点与难点,掌握基本的教学反馈评价理论,并了解各种评价方法和工具,且能在课堂上根据不同的课程内容和学生群体选择适当的评价方式。可以说,厦门第二实验小学的老师们做到了。

在本书中,我们读到了老师们对重构课程的执着与热爱,他们引导学生"卷入"课程学习,使其"与客观世界对话、与伙伴对话、与自我对话";我们还读到了老师们通过自己的观察与思考,发现每个学生都是独特的个体,有着不同的需求、兴趣和能力,老师们努力创设真实的、合作的学习情境,将学生与课程内容联系起来,营造了浓郁的学习氛围,采取积极的措施促进学生情感和智力方面的发展。真实学习就这样在不知不觉中发生了。

由此可见,课程建设不仅推动了教师的专业成长,更为学生编织了一片璀璨的星空,引领学校踏上更加卓越的发展之路。如今,厦门第二实验小学在全市乃至全省均享有盛名，备受社会赞誉。学校"和美"的办学理念，也在不断形塑课程理念，创生教学模式，优化教学内容，为学生提供更加优质的课程资源和更加广阔的发展空间。

老实说，我和厦门第二实验小学陈燕华校长素昧平生，但是陈校长连续策划举办的三届"和美"教育论坛给了我深刻的印象，学校在论坛的主题、表达和呈现上不断地迭代更新——第一届谈"教学微主张"，第二届谈"读懂学生"，第三届谈"课程改变"，主题上不断叠加与关联，卷入的群体不断延伸，每一届所展现的瑰丽华彩和深远内涵，都给了我很大的教育启迪，也使我对陈校长满怀敬意。此次她嘱我为本书作序，我欣然应允。同时，衷心希望全省更多的学校能够像厦门第二实验小学那样，不懈追求教育的卓越之境，矢志培养更多出类拔萃的人才。同时，也期待更多的老师们能够像本书上的同人一样，增强问题意识、文献意识、模型意识、工具意识和评价意识，不断探索新理念和新方法，为推动闽派教育的创新与发展贡献力量。

是为序。

福建教育学院党委书记、教授　郭春芳

2024 年 3 月 28 日

目 录

看见课程,唤醒发展自觉

开发课程,浸润文化涵养

重构课程,转变思维方式

聚变课程,走向社会参与

看见课程，唤醒发展自觉

社会转型背景下小学整体综合性变革的逻辑起点及实践路径

陈燕华　许可馨

　　面对复杂未知的世界性流变,各区域优质学校通过不同领域的变革追求良好学校生态的构建,在持续变革中走向未来学校。然而,单一领域的变革已经无法满足优质学校的发展需求,学校需要通过整体综合性变革,探索出一条具有可行性的变革路径,实现从优质发展到走向未来的学校建设体系。本书以厦门第二实验小学多年探索的实践经验为例,形成卷入式、节点式、范式式、迭代式、创生式、涌现式、涟漪式、围点打援式等小学整体综合性变革的八大路径,实现变革主体多元参与与内生发展,变革领域的结构组合与关联综合,变革进程的持续推进与迭代更新,变革成果的多元输出与范式生成,变革文化的潜移默化与基因植入,构建出良好的变革生态,促进师生的双向滋养,在持续变革中走向未来学校。

　　变革,即变化与革新,是源于外在环境推动与内在发展需要共同催生的综合性发展。学校作为一种复杂的有机构成,承担着重要的育人职责,面对时代洪流的冲击,面临社会转型的背景,一些学校能够在主动变革中唤醒学校主体意识,转变教育发展方式,激活学校发展活力,催生学校文化建设,成为区域优质学校。然而,在新时代课程育人背景下,如何进一步突破变革现状,构建良好的变革生态,在持续变革中走向未来学校,是这类区域优质学校的共同追求。

一、小学整体综合性变革的逻辑起点

(一)政策背景

　　当今,学校直面充满未知而开放的生存环境,社会转型所产生的影响深刻弥漫于学校的发展中,对学校提出更高的要求。2017 年 9 月,中共中央办公厅、国务院办公厅印发《关于深化教育体制机制改革的意见》中明确提出,要注重培养学生支撑终身发展、适应时代要求的"认知、合作、创新、职业"四大关键能力,完善了核心素养的内容。2022 年 4 月,教育部正式颁布《义务教育课程方案和课程标准(2022 年版)》,提出强化"育人导向""目标导向""素养导向",强调培养具有"适应未来发展的正确价值观、必备品格和关键能力"的全面发展的时代新人。[1]2021年11月,联合国教科文组织发布新的未来教育报告,探讨面向2050年的教育形态。国家和社会对高素质人才的需求,对学校的现有教育模式带来了新的挑战与发展契机,学校需要以开放的心态,积极面对时代的变化,及时做出调整与变革,满足不同层次人才的发展需求。

基于教育行政推动、社会需求驱动与学校自主选择,变革成为学校的日常化工作状态,三种力量相互影响,综合发挥作用推动学校变革的进程。重庆市谢家湾小学等学校的课程改革推进学校教育的深度变革,基于文化认同、知识结构、认知思维等多个维度,进行校本课程改革,促使学校变革行为从自发走向自觉。泸州市江南小学等学校在高品质学校发展变革中,以项目式的工作方式推进变革,以其指向性、统整性、协调性、激励性等功能特性,对结构性变革起到积极作用。成都市多所学校探索未来学校模式,开发未来课程,在学习方式、教学结构、师生关系等方面做出转变,回归学生真实学习需要,构成泛在式、智能化、开放式、集成化的智慧学习环境,开展全新学习体系范式。江苏省如皋市外国语学校等关注学校管理模式,探索学校系统的各个构成要素间的逻辑关系与操作要求,建立内在与外在互为保障的生态,从而推动形成学校管理的良性发展机制。

综上所述,目前关于学校课程建设、未来模式、管理模式等探索虽然不少,成效也较明显,但都属于某一领域的变革,对于学校整体变革理论体系及实践路径探索较少。在复杂多变的时代背景下,对于区域优质学校的发展,多点单线的课程变革已经无法满足学校的发展需求,学校需要通过整体综合性变革,走出优质发展的高原期,开启未来学校的新局面。基于未来的教育,探索学校的整体综合性变革的实践途径是改变学校教育形态的应然与必然。

(二)变革困境

基于复杂变化的社会转型背景,各区域内优质发展学校从未来发展的重要视角探索学校的整体变革。"教育是一门极其复杂的艺术,学校是一个相对独立的复杂的组织机构,变革是一种复杂的破与立相互角力的过程。这种多重复杂性的'会聚'与'化学反应',构成了学校变革的多重复杂性"[2],各区域优质发展学校依然会面临中国基础教育改革的难题。

1.综合性变革主体认知的有限性

学校变革的主体参与者是教师与学生,综合性变革的主体有更加广义的理解,覆盖了家、校、社多个维度。行为主体的多元性增加了变革的未知性,行为主体认知的有限性禁锢了变革的视角。因此,变革主体的主观能动性是变革过程的重要助推器,也可能成为阻力。

2.综合性变革发展趋势的非线性

变革本就具有不确定性,综合性变革更处于一个复杂的变革空间中,其中的未知性更加难以预测。"变革启动—变革实施—变革深入"三个阶段并不呈现线式,而是在变革推进的过程中曲折反复,发展区域难以预估,需要在不断的试错中复盘、调整、修正。

3.综合性变革后果的不可预期性

变革趋势的动态复杂性和变革主体的认知有限性决定变革目标与结果可能出现不一致,综合变革中的多重因素可能会导致结果的偏差与未达。为不断趋近变革目标,可能会催生新的变革,变革的频度与时长不可预见,形成的教育结构与变革成果亦不可预见。

二、小学整体综合性变革的现实意义

整体综合性变革是一种系统更新式的变革,是一种介于宏观层面的教育改革与微观层面的具体某项变革之间的中观层面的变革,覆盖了变革的价值取向、构成要素、路径方法、建设成果等,需要在原有形态的深入分析与批判的基础上,按照新的目标取向做出新的整体规划,并在实践中进行整体推进,具有不可替代的理论研究价值和实践改革价值。

1.学校文化的凝聚点

学校文化引领学校的整体发展。教育的整体变革促使学校核心领导力必须高位审视学校的文化,凝练出学校的文化与精神特质,以此布局并渗透于学校整体变革,系统思考、全面审视学校发展的关键因素,冷静分析和审慎选择变革路径,以综合性变革作为推动学校长远可持续发展的支点,有力推进学校整体跃升。

2.育人变革的关联点

综合性变革所涉及的领域包含多个维度,而最终的指向在于育人。学校在不同的变革领域中,需要以结构化的视角,将多维变革进行关联整合,通过变革师资结构、课程结构、课堂结构、管理结构、评价结构,寻找新的变革方向,在渐进式变革中不断适应并引领内外环境,通过育人模式的转变根本上促使学校的自我超越,促进变革目标的达成。

3.未来教育的发展点

整体综合性变革是走向未来教育的发展趋势。《中国未来学校白皮书》则指出,未来学校将突破一切限制,全力满足人们的个性化要求,旨在提高全民素养以应对未来社会更加严峻的挑战。[3]整体综合性变革可以促使学生转向个性化的泛在学习,走向开放的学习共同体,建构终身学习体系。以真实生活为课程结构体系,注重学的探索,重视数据意识,转向精准教学。师生关系以平等对话为前提,以引导创新为手段,组合为学习共同体,实现师生的互相滋养。

三、实现学校整体综合性变革的实施路径

针对发展中未来学校所面临的自主变革高原期，构建差异化的动力系统，促进真实的叠加创新，形成有效的优势互动，构建可持续发展的良性生态圈，实现从自主变革的优质学校走向学术型、创新型、共生型的未来学校。笔者通过对厦门第二实验小学综合性变革的建设性思考与探析，总结形成学校整体综合性变革的八大路径。

（一）卷入式变革：从被动等待到主动突围

"卷入"源于组织心理学的概念，指参与人员对项目参与的投入程度。卷入作为组织管理方式原先用于管理活动实践，使管理者和被管理者都能共同投入管理活动中，以达到预期的管理效果。[4]卷入式变革则是指全体师生作为变革的主体，参与学校教育教学活动的策划、实践、管理与反思的全过程，从被动等待到主动突围，力求实现教育变革效果的最大化。

在变革的推进过程中，师生观念的转变需要经历"习得—内化—自觉化"三个过程，在长期的教育教学实践活动中不断地重复、巩固才得以形成。卷入式变革具有全员性和长程性的特点，依托校本化的活动，搭建学术平台，立体化、多层次的专业发展路径促使教师团队形成强大的专业共同体，将不同层次的教师发展队伍主动式地卷入，在常态化的推进中不断地巩固和优化，教师的观念得到覆盖与更新，并将其赋能于学生，借助系列化的活动，实现从育人理念到育人活动的转化与实践，以教师的成长促进学生的发展。

以厦门第二实验小学的教师研修为例，坚持全员化、主题式的"四轮联动"自主研讨模式，以"研讨课＋说设计意图＋一个辩课＋小讲座"的组合形式，发挥不同发展层级教师的能量，形成教研组、备课组良性研讨模式。卷入式的主题研讨，让教师在反复"习得—内化—自觉化"的过程中生成以理论支撑为基础，教学实践为验证，设计意图为求源，质疑辩论为重建的自主研修路径，环环相扣，形成"理论—实践—重建"的闭环，提升研讨的品质。

"岗位练兵，磨炼技能"策略则是通过全员卷入，分层实施，开展"告别懵懂——职初教师胜任力培养"5年内教师练兵，侧重新教师基本功的养成，提高年轻教师的教学胜任能力；开展"遇见未知——骨干教师洞察力培植"6～10年教师练兵，抓住教育的契机，促进教师专业化发展，从经验走向学术；开展"行至远方——专家型教师学术力辐射"成熟期教师风采展示活动，凸显自己个性鲜明的教学风格、教学策略、教育观点和某方面的理论。不同主题的练兵活动满足不同发展层级教师的需求。

教师育人理念的转变驱动育人模式的转变。教师开发多元育人活动，挖掘每一个主题活动的育人价值，追求综合发展，由学校全盘策划推进转为"学校顶层设计＋年级＆

班级创生",从关注活动的结果转向关注每个学生的发展需求,逐步形成从"众星拱月"到"群星璀璨"的全纳意识,从"一次活动"到"一次发展"的未来意识,从"德育工作"到"学生工作"的主体意识,为学生发展提供更加广阔的空间与可能。育人模式呈现重心低、年级感、系列化、融合性、敏感性的显著特点,捕捉热点,抓住生长点,设计系列化活动,学生全员卷入,自主参与,推动学生的主动发展。

(二)节点式变革:从多点单线到整体关联

迈克尔·富兰在《教育变革新意义》一书中指出:"主要的问题不在于学校缺乏革新,而是学校中存在着太多的互不关联、片段性、不完整且肤浅的项目。"[5]节点式变革是基于协同理论衍生的变革路径。协同理论提出序参量的概念,即在系统各要素由一种状态转化为另一种状态的协同过程中,支配或规定系统其他变量的行为,主宰系统演化的整个过程[6],对整个系统具有凝聚与驾驭的作用。在教育教学管理领域中,节点则是学校变革的序参量,是学校变革的关键要素和关键问题,决定着整体变革的效度与进程。

节点式变革是指在学校整体变革中,精准锁定关键问题与关键要素,整合具有复杂性和开放性的学校变革子活动,基于"小口径"平台,发挥"蝴蝶效应",从多点单线到整体关联,打造立体创新体系,推动学校综合性变革。学校可以借助关键的节点式活动进行有效的综合性推进,将日常的教育教学实践研究整合推进,融合学校的课程开发,在综合性的活动中培植教师的学术思维和学生的核心素养,促进学生的成长。

教师专业发展是学校发展的核心,学校可以将教师的学术活力作为学校整体综合性变革的序参量。学术活力是指个体在学术研究中拥有的持续不断的自我革新力,通过不断的自我更新而表现出对学术事业充沛的精力和行动力,保有好奇心和进取心,对研究充满热情并勇于接受失败和风险。[7]为了激活教师的学术活力,厦门第二实验小学策划学术论坛,学术项目的整体推进,将学习与研究内化为一种日常生活方式,将日常的教育教学实践研究整合推进,节点式活动触发教师的思考和发展。学校用这个支点撬动所有的工作,从学科组"周五论谈"15分钟小讲座,到学校"和美讲堂"40分钟大讲座,到全网"和美论坛"主题式学术性发言,以具有协同性的节点带动全校全员高频互动,以行政型的思维、学术化的思维、体验式的思维推动学校的日常化研究,实现教学的变革、创新与发展。

学校还可以将课程建设作为学校整体综合性变革的序参量。"激发学校内生课程变革的意识,打造学校自主变革课程的空间,设计学校课程建设蓝图和建立学校课程变革治理制度,是限制'外源型'并达到'内生型'学校课程变革的基本路径。"[8]厦门第二实验小学以"使君花开"和美课程的建设为节点,采用"学科+"模式,构建"教室小课堂""学校中课堂""社会大课堂"三位一体的整体课程育人体系,整合各类育人活动,通过活动课程化，开发发展课程，形成普惠性、选拔性、专业性、选修性课程，满足不同能力水平学生的需求；开发特色课程，将学科知识转化为实践运用，促进学生的成长。在课程节点建设的推动下，将学校的日常活动进行有效串联，形成一个相互理解、相互作用的"和美·共生生态系统"，充分调动社会资源，开展跨学科主题探究，实现师生发展的需求和德行的生长。

（三）范式变革：从实践探索到思维建构

范式，是在实践探索过程中不断归纳和总结提取而形成的一种思维方式和思维路径。"范式的内容包括两个维度，一是作为指导和规范某一学科领域研究的理论、观点，对进一步发展理论和实践起到指导作用；二是范例，为特定范式的使用提供可供操作的例证和参考。"[9]

范式变革是共同体在长期实践过程中所形成和共享的理念观点、思维方式与行为模式，它从实践探索走向思维建构，具有指导性和特约性，为研究者和实践者提供在特定领域看待问题的视角及相应的解决策略，对自主变革起到指导和规范的作用。范式的形成源于长程持续的节点活动推进，优化路径，更新载体，构建起专业化、学术性、系统性的思维方式与行为路径，从而形成教师专业发展模式与育人模式。

学校可以结合研究热点与前沿话题，以系列化的主题开展系列学术论坛，实现学术共同体对教育价值的原始追问、对教育原理的哲学反思，以及对教育策略的实证探究，旨在探索出具有学校文化标识的特色表达和多种学术研究范式。

第一届学术论坛以"我的教育教学微主张"为主题，形成"现场直击（追问原点）—主张出击（提出观点）—文献触击（文献综述）—模型进击（图像建模）—策略合击（策略建构）—教学案例（教育叙事）"的教学研究思路。这不仅是文章框架和表达范式的调整和转变，更是教师思维方式的调整和转变——重视问题起点、重视文献研究、重视模型建构。

第二届学术论坛以"读懂学生：教育的逻辑起点"为主题，再次建构起"现场问索（白描）—正本洄索（界定）—远溯博索（分析）—工具研索（工具）—归因追索（归因）—行动求索（策略）—案例探索（案例）"的学生研究路径，创生独特的符号和表述，以明确的研究范式促进学术思维的转向与突破。

第三届学术论坛以"课程改变"为主题，在学校课程哲学的指导下，形成"目标定位—背景分析—学习路径—课程图谱—评价工具—课程故事—课程纲要"的课程体系，基于学校的顶层设计，落脚于学生成长需求，挖掘课程的独特价值，激活教师内在生长力，提升课程实践的价值理解力和判断力，形成独特的课程理念与逻辑方式。

在实践探索中，将这些符号、概念与教师个性特点、学生培养、课程建设进行一体化链接，逐步形成系统化的思维方式，在更深层次的背景下思考，以组织形式和表达框架的创新和变革,撬动变革的路径,在发展与变革中不断地沉淀出经典有效的研究范式,并寻求不同范式的通约性和互补性,真正实现多元范式的共存共融,促进学校的整体变革。

(四)迭代式变革:从持续进阶到突破质变

在学校变革领域中,教育理想的构建往往不可一蹴而就,需要整体架构的顶层设计,借助系列活动驱动实现。学校在教育教学实践中逐步形成阶段性成果,在继承和保留前期成果的基础上进行理念的优化升级,通过持续不断的试错与进阶,最后趋近教育理想。

这样的变革模式类似于算法模型中的"迭代",不断重复反馈过程的活动将每一次迭代得到的结果作为下一次迭代的初始值,其目的是逼近所需目标或结果。"迭代模型的宗旨不是一步到位地完成产品的开发,也不是完全推翻前期版本的产品,而是通过不断修补和改善前期版本产品的功能和质量,最终产品趋向完美,可以抽象出来作为一种具有普遍意义的方法、理念和思维模式。"[10]

迭代式变革具有渐进性、试错性、灵活性等特质,可以推进学校整体综合性变革不断趋近未来。为了实现整体综合性变革的高阶目标,学校设计螺旋上升的系列活动主题,鼓励师生不断打破常规、自我扬弃,诞生新概念、新主张、新方法、新模式,激活各种有利因素,在全方位反思的基础上不断迭代升级,力求实现突破与转向。

成为未来学校是区域发展优质学校的共同追求,为实现这一教育理想,学校采用迭代式变革的路径,坚持举办"1+N和美教育论坛",规划年度系列论坛的主题,以师生发展中过程性问题为探索点,以年度学术论坛为推进,逐年形成教师学术论文合著,将问题意识、学术意识、成果意识注入变革,并不断更迭,从而不断趋近目标。

每一届论坛的主题都在前一届的基础上迭代更新。第一届的"教育教学微主张",基于教师的教学日常,以学术研究的方式进一步梳理和总结,学会综述文献,学会图像建模,学会理论与实例的互相印证,从而形成教学方法论。

第二届聚焦"读懂学生",基于教学方法论,将研究视角从教师立场转向学生立场,探索教育逻辑的起点。教师研究学生的学习方式,探讨学生的知、情、意、行,使用问卷、访谈、日志、测验等工具,由现象到样本进行数据分析,归因从模糊走向精确,将所有的原因与学生建立起正向的关联,进行精确的诊断和干预。在策略建构中,从如何教转换为如何帮助学生更好地学,构建有交互的双边行动。在第二届论坛中,教师、学生和家长创生出很多概念:资料迷失症、图式僵硬、危险模型、班级认同感、蜗牛性格……这些带着个人风格和思考的探索是迭代的产物,更是变革的成果。

第三届的主题是"课程改变",是对教学观和学生观的整体观照,从课堂到课程,教师们的思维接受了全新的挑战。如何让课程哲学映照鲜活的实践?想象课程、观察课程、思考课程,让课程成为学生成长的沃土,让课程成为教师自身发展的引擎,构建学校自己的课程模式和课程图谱。无论是在学校层面对重要主题的顶层设计,还是年级基于学生成长需求的节点，都要挖掘课程的独特价值，重视对活动育人价值的关注与分析，准确把握时代热点、学生需求，聚焦生命质量提升，和学生一起创造性地策划和开展系列教育。我们努力让课程推进成为师生互动生成的结果，促进师生共同成长。

一届一届升级与迭代，没有简单的复制搬迁，学校在沉淀中探寻教育的规律，以迭代思维、工具思维、范式思维打开变革新局面，不断地创生独一无二的范式，从教师的范式研究，到学生的范式探究，不断注入变革的新血液。

（五）创生式变革：从过程更迭到成果催生

教育实践是不断创造性地指向未来的活动，力图创造现在尚未存在的东西。有别于迭代式，创生式指向于整体，指向于成果，是教育教学认识与实践过程中产生新的精神成果与物质成果，是迭代之后的产物。创生式的变革属性不仅在于时间上的首先和活动上的开启，更在于研究内核中所体现的根源性、本原性、始基性和主体性价值，基于学校的基本背景与独特文化，将研究对象、视角、思维方式、命题的言说方式等构成一个场域，在场域研究中形成综合性的成果。

创生式变革是学校整体性创新变革，师生教育共同体在教育教学过程和育人活动中，通过主体性参与和反思性实践持续主动地变革，自主建构发展形成具有学校文化基因的价值观念、角色定位、思维路径、行为方式等。纵横交错、盘根错节的多个"节点"形成一张立体的"网络"，将学校独有的文化基因植入，创生独具学校思维方式的范式，构建学校独特的发展模式，促进整体综合性变革。

学校文化与师生变革融合发展，催生学校整体综合性变革，以厦门第二实验小学的创生式变革为例，学校将"和美·共生"办学理念弥漫式地渗透于学校的各项工作，不断探索多元化、多层次、多样态的"学校教育高质量发展"模型，建构起师生发展的新模式（见图1）。该模式是学校在多年卷入式、节点式、范式式、迭代式变革发展的产物，是学校整体发展模式的创生，形成以"八大策略"为路径的教师发展模式和凸显"三种意识、五大特征"的育人模式，以"使君花开"育人课程为重要载体，呈现师生双线、双向综合变革特征，从教师发展指向学生发展。

教师转变育人立场与视角，关注全体学生的发展，在育人工作中植入全纳意识、未来意识和主体意识，形成有系列化、年级感、融合性特质的育人课程，在成事到成人立场的转变中，构建内外共生及互利共生的教育关系。通过课堂到课程的质变，探索课程支撑、活动拓展、文化培植、评价引领的"使君花开"校本育人课程建设，学生在多元立体课程的滋养下，呈现蓬勃的生长状态。学校同时也关注师生在发展中出现的过程性问题，从实践层面和理论层面进行双向反思，探索教师发展"八大策略"，立体化、多层次的专业发展路径促使教师团队形成强大的专业共同体，主动式地卷入，自发式地共享，并将其赋能于学生，以教师的成长促进学生的发展。

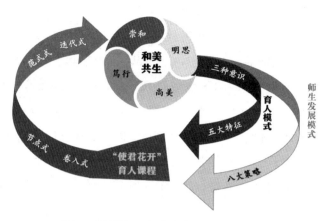

图1　厦门第二实验小学师生发展模式

该范式以"和美·共生"的办学理念为核心,围绕"崇和、明思、尚美、笃行"的师生精神特质,通过立场的转变、载体的更新、路径的优化,引导教师构建专业化、学术性、系统性的思维方式与行为路径,不断改进育人模式,形成师生双线、双向综合变革发展范式。

（六）涌现式变革:从自上而下到由内而外

学校的综合性变革需要先行者,旧的结构需要由内而外地打破,撬动改革的进程,不断地渐进性涌现出探索、思考与成果。随着新课程改革的深化,学校层面的课程变革亟须打破统一性、同质性和保守性的枷锁,实现从刚性的、被动的"外源型"到弹性的、主动的"内生型"阶段的超越。[8]以教师专业为逻辑起点,采用自下而上的内生方式,骨干教师先行,促进教师的内源性专业发展,带动多个梯队教师自我专业发展意识和专业发展责任的形成,从而进行变革性实践。

这样的自下而上、由内而外的变革转变与涌现现象相契合。涌现是在微观主体进化的基础上,宏观系统在性能和结构上的突变。变革主体在变革环境、变革理念、变革要求、原有的认知、教育实践状况等复杂因素的非线性相互作用下,依据变化的环境对自身的心理和行为做出调整,识别和判断来自环境的复杂信息,应对和适应来自环境的复杂情况,具有突发性和渐变性的双重属性。[11]

以涌现理论审视教育变革,倡导以一种整体和系统的观念对待变革中的复杂问题,学校转变变革的方式,将自上而下的推进转为自下而上的整合,形成自发式的组织,促进教师团队在涌现生成的过程中相互作用,形成具有耦合特质的学术发展共同体。

学校以教师研修的多种路径,如跨域研讨、讲堂论坛等研修形式,使教师置身于变革的场域,在具体的教育实践中从旁观走向亲历,在惯习的作用下思考变革、参与变革、反思变革,使变革成为一种常态化教育教学方式。在自下而上的高频度卷入下,教师们不断形成第一梯队、第二梯队、第三梯队,不断提升专业素养与能力,使其教育实践成为自觉的专业行为,逐步呈现新的教师发展态势。

当教师通过自主专业发展而逐渐获得教师专业身份的认定,成为教育变革中的主要角色,教师逐渐呈现较为积极的研究状态,在学校改革的推动下,形成教师专业发展共同体。组建学术共同体,引导青年教师聚焦教育现象,发现问题,提炼研究课题,有意识地将对教育问题的关注转化为实际的教学研究行为,形成学术研究方法和逻辑,实现教师学术研究的四大转向,即:研究团队,从"看见"转向"言说";研究方式,从"行知"转向"知行";研究思维,从"散点"转向"结构";研究意识,从"教学"转向"思想"。以个体卷入带动团队卷入,爆发出团队的能量,这种变革所带来的就是不断地拓展、涌现出变革新能量。

(七)涟漪式变革:从单点深入到辐射共生

涟漪式变革是一种辐射共生型的方式,面对无法预测的非线性改革领域与参与个体,有意识的主题规划与投射,辐射多个参与群体,以一种新的方式相互影响,使其成为变革的间接参与者。随着变革群体数量与力量的壮大,逐步扩大整体性变革的影响力,形成辐射体系。

学校要进行精准化和综合性的顶层规划,基于对现状的精确诊断,对未来发展的预估,对行动的不断坚持,以涟漪式的视角,在节点的投射下,激荡群体的思想变革,这个群体是教师团队、学生群体、家长甚至社区,来自我们所有的关联体,实现变革的共生与辐射。

在学术研究领域,学校可以发挥涟漪式的投射力量,将学校变革参与力量与变革影响范围逐步扩大,产生强大的泛在影响。学校在教师学术共同体初具雏形之时,借助第一波涌现力量,在第一届学术论坛中完成教师研究的质变,得到省市专家的高度肯定,并受邀到全市不同学校展示,不同学科的教师将自己的教学理念辐射到各个学校,后续影响力极强。

在这个基础上,第二届学术论坛将学术的触角伸向多个群体,向家长、学生、教师约稿,将教师、家长与学生同时卷入教育变革中,让其从围观者变成参与者。教师立足原点,放大痛点,长线研究,从日常的教学实践中发现学生的问题,微视角,深探究,落脚于个性化的症结,观照所有的学生,以成长的眼光看待每一个独特的生命。家长聚焦亲子关系中的疑惑处,引发共鸣,探索走心共情、正循环陪伴、镜子效应、打造私域等方式,唤醒成长的共生力量。学生坦诚地面对自己,以真实的项目式研究"我的自画像",剖析自己,在反思中读懂自己,在与自我的对话中不断剖析、反思、践行,见证成长中的自己。

涟漪式的变革背后是整体的系统设计、重要节点的推动、多方一体地共同卷入,无论是主题还是参与面,让内在变革的力量不断迁移,实现全方面变革和多维辐射。

(八)围点打援式:从局部突破到整体变革

围点打援源于军事领域,即围住一个城镇的敌人以之为诱饵吸引其他地方的敌人增援,最终结果是攻打增援的敌人并达到歼灭援敌的目的。学校的综合性变革是动态变化的,不是学校内部各要素的简单相加,各子系统的输入与输出、功能与条件互相支持。围点打援式变革在于围绕学校深度变革的任务,预见变革中的壁障,选取合适的切入口,有效减少变革的阻力,以相关影响因素推动核心领域的变革,促进深度变革的实现。

学校变革的核心在于人,即师生群体的变革,最终指向共生。共生理念下的综合性变革是在不同领域、不同层面、不同情境下,以促进人的发展为核心目标,不断调整以适应生命体成长需求的某种目标性存在,实现所有生命体的发展,在共生观照中能够同步实现师生双方共同表达与整合的就是课程。因此,课程的建设是学校综合性变革的重心,承载着关键的育人功能,课程体系的建设成为未来学校的攻坚点。

为了突破课程建设这一深度变革任务,学校采用围点打援的战略,从整体观照课程开发,充分预知课程开发建设的困难,针对系列要素进行局部突破,设计立体专业发展路径,在变革智慧融入学校整体综合性发展中,避实击虚,因势利导,从日常教育教学的实践和理论层面进行双向反思,革新学术活力,从不同维度趋近课程开发要素。如学校课题研究深度发展,引导教师关照教育日常,培养问题意识,推动学术共同体的组建,用研究成果反哺教师的成长,让教师通过自身行为的重构,实现自我发展的过程,突破教师课程开发能力薄弱的困难;综合学科跨域研讨,打破学科壁垒,建立大学科理念,促进学科思维和大教育观的融通,突破教师在整合校本资源、活化课程方面的难题。立体化、多层次的教师专业发展,多路径促进教师课程改革理念的形成与实践,突破课程建设的要素,从而推进学校整体综合性变革。

教育理想在脚下,更在远方。在社会转型背景下,小学整体综合性变革需要直面现状,坚守对教育本质与教育真谛的探寻和思考,依托多种变革范式,增强教师作为学校变革主体的自觉意识,促进学生的内生发展,构建出良好的变革生态,在持续变革中走向未来学校。

参考文献

[1]张传燧,左鹏.新时代课程育人:价值、目标及方式:对《义务教育课程方案(2022年版)》的理解与思考[J].课程·教材·教法,2022,42(10):20-27.

[2]位静.学校变革与教师发展的共生效应研究[D].杭州:浙江大学,2019.

[3]《中国未来学校白皮书》节选[J].教育科学论坛,2017(14):3-4.

[4]程勇.学校"卷入式管理"及其应用策略[J].上海教育科研,2010(4):54-56.

[5]鲁兴树.学校整体性变革的内涵思辨[J].四川教育,2021(24):10-11.

[6]黄钰涵.义务教育集团化办学中的协同治理[J].教学与管理,2022(24):57-60.

[7]栗洪武.高校教师学术能力提升的活力要素与激励机制运行模式[J].陕西师范大学学报(哲学社会科学版),2012(6):154-157.

[8]黄超,代建军.从"外源型"走向"内生型":学校课程变革的内在超越[J].教育理论与实践,2020,40(25):56-60.

[9]张雷.学校教学自主变革的实践范式研究[D].金华:浙江师范大学,2018.

[10]杜宝贵,陈磊."迭代式"治理:一种对中国治理范式与治理经验的思考[J].辽宁大学学报(哲学社会科学版),2019,47(5):17-23.

[11]石家丽.教育变革中的教师专业地位研究[D].北京:首都师范大学,2013.

02

重构课程:教育的生态蝶变

林　皓

本书结合学校课程变革的真实经历,尝试解答:重构课程的价值是什么? 学校是否具备重构课程的基本条件? 重构课程的方向和具体实施路径是什么? 通过课程图谱展示厦门第二实验小学阶段研究成果。

基于国家对高质量人才的需求、社会对优质教育的渴望,厦门第二实验小学近年面临办学规模急剧扩张、集团化办学和年轻教师大量涌入等办学实际,以极大的魄力和决心推动课程变革,重构课程,促进教育的生态蝶变。构建五育并举的课程体系,探索课程支撑、活动拓展、文化培植、评价引领的"使君花开"校本育人课程建设,形成一个相互理解、相互作用的课程生态系统。在重构课程中,立场转变、载体更新、路径优化,不断改进育人模式,呈现卷入式、节点式、范式式、迭代式等变革特征。学生在多元立体课程的滋养下,呈现蓬勃的生长状态,实现师生发展的需求和德行的生长。

一、重构课程的价值诉求

课程是学校育人最重要的载体,新一轮基础教育改革的核心就是重构课程。习近平总书记多次强调,课程要发挥培根铸魂、启智增慧的作用。随着义务教育全面普及,教育需求从"有学上"转向"上好学",必须进一步明确"培养什么人、怎样培养人、为谁培养人"这一教育根本问题。重构课程,既要向上向外看到未来的需求,更要向下向内看到学生成长的需求。

(一)课程指向未来需求

课程总是随着社会需求的变化而变化,是教育倾听到社会对人才呼唤的回音。从某种意义上说,课程是否能适应中国教育面向未来的要求,直接关系到人民群众对教育的认可程度,关系到教育改革的成败。[1]

历史的浪潮正从信息化走向智能化,人工智能技术发展进程正逐步从决策阶段走向生成阶段。1997年"深蓝"击败人类顶尖国际象棋选手,2017年AlphaGo碾压世界第一棋手柯洁在围棋界大杀四方,2022年底ChatGPT火遍全球,这是人工智能在生成进程上的一个"奇点"。[2]智能化时代,课程重构滋养新时代的学生,指向未来的核心素养,使其能够适应乌卡时代。

(二)课程指向学生需求

读懂学生,是课程重构的逻辑起点。小学生正处于具体运算阶段,从表象性思维中解脱出来逐步朝着形式运算阶段发展,虽然认知结构中已经具有了抽象概念,能够进行逻辑推理,但是运算仍离不开具体事物的支持。该阶段的学生认知活动具有守恒性和可逆性,逐渐学会从他人角度去看问题,即去自我中心主义。[3]基于我校的研究"读懂学生:教育的逻辑起点",学生出现各类具有代表性的共性问题,如"资料迷失""图式缺失""记忆策略缺失""合作隐形人"等[4],学生在新时代背景下所面临的成长困境,急需相应课程帮助他们突破,支撑他们的个性发展。

二、重构课程的时空条件

课程变革已经成为大多数教育工作者的共识。然而,也有这样的观点:国家的课程标准和教材将课程全部都规定好了,学校和教师并不具备改变课程的时空。

事实并非如此,2022年版课程方案中明确规定了各类课程的课时数:国家规定的课程大约是28课时/周,而地方、校本课程加上延时服务等学校可以独立安排课程的时间大约是12课时/周。课程方案中也明确提到:"各地各校要统筹课内外学习安排,有效利用课后服务时间,创造条件开展体育锻炼、艺术活动、科学探究、班团队活动、劳动与社会实践等,发展学生特长。"

可见,学校至少有30%的时间可相对自由地开发、开设课程,这30%的可支配时间为课程重构提供最基本的时间保障。

三、重构课程的开发路径

基于以上诉求与基础,我校通过多年实践,形成课程开发的基础模式,其流程图如图1所示。该模式以社会发展需求和学生成长需求为逻辑起点,对课程目标进行初步定位,课程审核团队(学科专家、骨干教师、学校行政等)从课程定位、课程价值等方面进行二次校正与重新定位后,通过审核进入课程设计流程。课程内容设计后要经过教学研讨论证达到预期,才能进一步尝试以课程的形式推广实施。达成课程目标后,注重课程固化,以确保课程能由不同老师实施,提升课程的稳定性。

围绕课程设计流程图,我校实施"一组合一课程一招牌"计划:教师全员卷入,组成课程开发团队,从实际出发,围绕教师的特长和兴趣,按照课程开发流程图开发课程,上百门课程井喷式地涌现,实现了96%的课程自给率,实现集群式的课程开发。120门校本课程,背后蕴含的是120个课程开发团队披星戴月的勇气与执着。

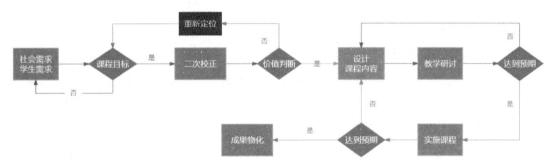

图1 课程开发流程图

四、重构课程的实施成效

在课程实施模型的引导下,通过多年探索,基于学校课程哲学"和天地之大美,共生命之精彩",课程不断迭代更新,形成"使君花开"和美课程体系(见图2)。课程体系围绕我校和美文化,设立特色、发展、基础三阶课程,实现德、智、体、美、劳五育并举,呈现低重心、年级感、系列化、融合性、敏感性五大特点。每个课程均包含目标定位、背景分析、学习路径、课程图谱、评价工具、课程故事、课程纲要。无论是学校层面对重要主题的顶层设计,还是年级基于学生成长需求的节点,都注重挖掘课程的独特价值,重视对活动育人价值的关注与分析,准确把握时代热点、学生需求,聚焦生命质量提升,和学生一起创造性地策划和开展系列教育,课程推进是师生互动生成的结果,依托有效互动教研,促进师生共同成长。

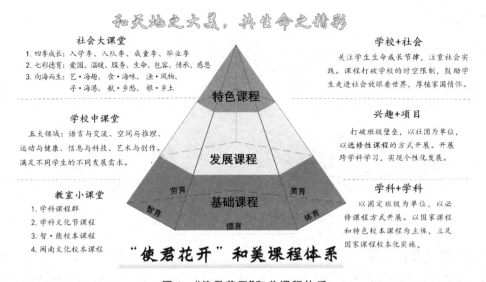

图2 "使君花开"和美课程体系

基础课程是以固定班级为单位,以必修课程方式开展。课程内容包括:国家课程、学科文化节课程、智·能校本课程、闽南文化校本课程。虽然国家课程的教学内容是有规定的,但我校围绕学科大概念开展大单元教学,实现国家课程的校本化实施。

发展课程是为了满足不同学生的发展需求,打破班级壁垒,以选修性课程的方式开展。课程内容分为五大领域:语言与交流、空间与推理、运动与健康、信息与科技、艺术与创作。基于真实问题,开展跨学科学习,实现个性化发展。

特色课程是以小分队为单位开展的德育类课程,通过合作学习的方式开展课程。课程内容关注学生成长中的重要节点,打破学校时空限制,引导学生走进社会,在实践中不断促进学习能力的提升。以下结合学科课程群的例子进一步阐述基础课程和发展课程。

(一)语文学科课程群

语文教师团队为打破学生碎片化浅层次的阅读现状,引导学生从单篇阅读走向整本书阅读,设置整本书阅读必修课程。如图 3 所示,该课程为不同年级安排系列主题,能力要素螺旋上升,用多种方式使学生打破阅读障碍、扩大阅读空间、应用阅读方法、养成阅读习惯,在深度提问、深度思考、深度输出、深度拓展的过程中培养学生的底层逻辑思维能力,提升整本书阅读能力。

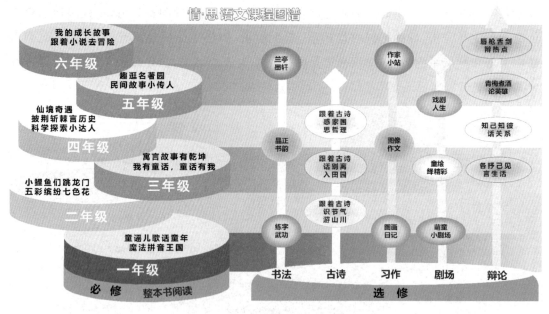

图 3 语文学科课程群图谱

选修课程设置书法、古诗、习作、剧场、辩论等系列课程,融合听说读写等能力,以基本能力为底色、阅读鉴赏为积淀,最终指向创意表达与思辨表达。多主题的系列课程为学生提供可选择的空间与自由,以学生兴趣与需求为出发点,让学生在跨学科课程中得到充分滋养。

　　语文学科课程群的设计是对现行课程进行补充，将现有课程的一篇文章补充成整本书，将现有课程的一次活动扩充成完整的小课程，形成补充类学科课程群。

（二）数学学科课程群

　　数学教师团队针对学生存在"图式僵硬""危险模型"等发展现状，结合未来智能时代的需求和学生活泼好玩的年龄特点，开发了"图形""博弈""统计"三大模块组成的数学"智·能"课程群（见图4）。

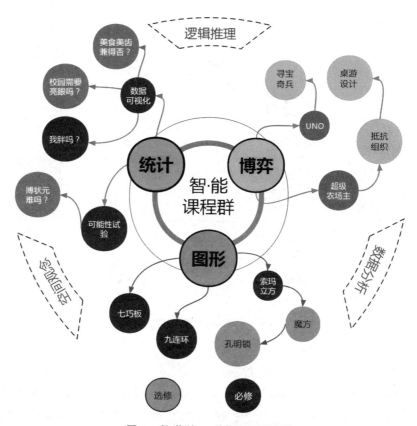

图4　数学"智·能"课程群图谱

　　图形和博弈模块顺应学生爱玩的天性，大胆创新学习内容。引进深受学生喜爱的七巧板、九连环、孔明锁等传统益智玩具和 UNO、寻宝奇兵、三国杀等益智桌游作为学材，让学生置身于人际情境和博弈情境中，与伙伴一起沉浸在游戏体验中互动交流，合作竞争，逐步形成互动意识和自主意识。此类教学课程，学生表现出极高的学习兴趣，充满挑战欲，能够最大限度激发学生高层次思维的发展。

　　统计模块聚焦学生身边具体的问题，如闽南民俗博饼、剪刀石头布、肥胖近视等健康问题等，在真实情境中，发现和提出有价值的问题，用统计与概率的方法进行分析并加以解决，促进发展学生的数据意识。

(三)英语学科课程群

英语教师团队直视学生记忆策略缺失、运用表达困难的现状,对现有课程大胆进行重组和拓展。创建以学生为主体的情智化课程(见图5),建构对话、合作与探究的课程文化,形成多元、开放、灵动的课程体系。字母辨析、单词记忆的必修课程,绘本阅读、剧本创演、朗读者等选修课程,让学生在多样、人文、立体的课程中,沉浸式学习英语。

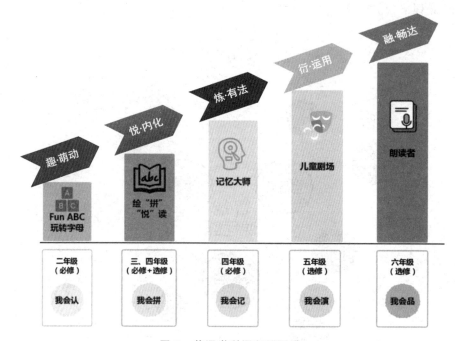

图5　英语学科课程群图谱

(四)特色课程

关注学生成长发展的节律,注重实践探究,在体验中感悟、锻炼、蜕变。课程设计打破学校的时空限制,鼓励学生走进社会放眼看世界,体悟人生智慧,厚植家国情怀。具体包括以下三个子课程(见图6)。

"七彩名片"课程:七种颜色代表七项内涵,利用雏鹰假日小队的形式开展社会实践活动,发展学生爱国、温暖、服务、生命、包容、传承、感恩等良好品质。

"向海而生"研学旅行课程:结合海洋城市的特点,开展由浅入深的系列活动,学生们到海边、渔村、海岛、博物馆,探究海洋文化,亲近闽南乡土文化,培育敢为人先的精神、兼容并蓄的胸怀以及开放的国际视野。

"我的四'季'成长图鉴"课程:根据学生成长节点,围绕入学季、入队季、成童季、毕业季这四个特殊时间点,引发学生关注思考自己的成长,让自己的生命成长与社会需要逐渐同步起来。

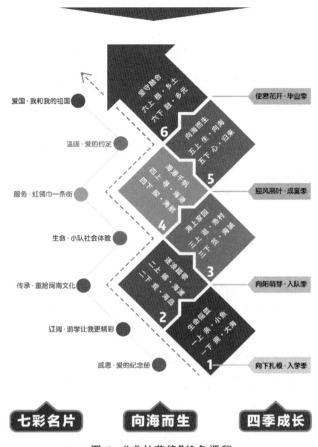

图6 "成长节律"特色课程

纵观我校整个系统课程，基于学生学习特点和未来智能化时代的人才需求而形成拓展式学科课程群，具有高时代性、高融合性、高选择性、高进阶性等特点。高时代性体现在既有对传统课程精华的继承，又根据未来社会需求变化进行适时调整；高融合性是课程基于真实的问题解决情境，通过跨学科课程更好地培养学生的核心素养；高选择性体现在课程内容丰富，满足不同学生的不同需求，真正助力学生个性化成长；高进阶性即课程纵贯整个小学阶段，能够实现同一领域的深入系统学习。

在课程重构的变革中，最大受益者是学生，而教师团队作为课程开发者，成为课程改革的行动主体，主动站在课程改革的前列，推进课程改革纵深发展。教师课程实施力逐步提升，教师对课程理解以一种群体影响下的个体性观念存在，直接影响着教师的课程实施。每个课程以课程目标为核心，以背景分析为底层基础，构建"学习路径—课程内容—评价建议"教学评一体化的实施路径，并抽象为融合目标、内容、路径、评价等要素的课程图谱。教师们在剖析、细化与重组的过程中，对学生的学习路径不断明晰，对教学策略不断优化，评价工具逐步可测，从而促进学生素养的螺旋上升发展。行政团队从课程管理者,变成引导老师开发课程的课程领导者,用课程领导学生的个性成长,用课程领导教师的专业发展。

重构课程过程是艰辛的,不可能一蹴而就,需要每一个教育工作者落脚于学生成长需求,挖掘课程的独特价值,激活内在生长力,提升课程实践的价值理解力和判断力,形成独特的课程理念与逻辑方式。重构课程也不是静态固化的思维方式,需要教育者不断关注社会需求和学生成长需求,持续优化路径,更新载体,构建专业化、学术性、系统性的思维方式与行为路径,在实践探索中调整学校课程。我们坚信"课程改变,学校改变,课程精彩,学生精彩",这也是学校办学的永恒追求。

参考文献

[1]曾再平,孟鸿伟.OECD 面向 2030 的课程图谱分析[J].基础教育课程,2019(7):27-33.

[2]奚晓丽.ChatGPT 与未来教育:直面挑战,紧抓机遇[J].上海教育,2023(9):39.

[3]皮亚杰.发生认识论原理[M].北京:商务印书馆,1981:51-63.

[4]陈燕华.读懂学生:教育的逻辑起点[M].厦门:厦门大学出版社,2023:22-71.

03

跟着古诗游山川

曾 琳 林 嫔 刘怡萍 李香颐

目标定位

本课程是以山水题材的古诗为教学素材,在"游"中学,在"游"中品。新课标对小学中年级的阅读提出了要求:"诵读优秀诗文,注意在诵读过程中体验情感,展开想象,领悟诗文大意。"

本课程遵循语文课程的本质属性,学语言文字的理解与运用,积经典文化的内涵与素养。课程注重语言运用与审美创造这两种素养,在此基础上培养学生"入景融情"的能力,即知地域、感诗情和融己情。

知地域,即了解古诗里的地点在中国版图的具体方位,形成明确的空间概念,培养学生的空间认知能力。中国拥有奇山秀水,辽阔的疆域使得多样的地貌与景观汇集。学生的生活范围是有限的,"跟着古诗游山川"课程让学生在古诗里丰富自身的生活经历,也在潜移默化中激发了学生对祖国山水的热爱,提升了文化自信。

感诗情,学生走入诗歌的情境中,走进诗人的游历和生活,感受诗歌中承载的诗人的思想情感,获得初步的情感体验。借古诗中奇山秀水的画面产生意境,通过诵读融入自己的感情,培养学生的语言表达能力。学生在古诗鉴赏分析中,发展了形象思维和逻辑思维能力。

融己情,学生展开想象,调动自己的感知,与诗人产生情感共鸣,进一步加深情感体验,发展想象能力。学生在仿创、绘画、歌唱、游戏等实践活动中,获得感受美、发现美和运用语言文字表现美、创造美的能力。

背景分析

古诗，是中华文化的一颗璀璨明珠，在小学阶段的语文学习中占据着举足轻重的地位。当前学生的古诗学习更局限于片面式的、线条式的单篇古诗的学习。小学语文教材收录的古诗有75首。课标中提到：第二学段的课外阅读总量不少于40万字，这40万字的课外积累中也包含了课外古诗词的积累。

目前小学中年级的古诗教学更多地停留在单篇式的诵读或者分解教学，教学方式比较单一。教学流程主要倾向知识型讲授，即：介绍生平，逐句讲解和理解情感。北京大学中文系教授钱理群提到：中国传统文化是一种感悟文化，而不同于偏向分析的西方文化。

在日常教学中我们发现，中年级的学生在学习古诗时注意力易分散，简单的诵读或者分解教学较难激发学生学习古诗的兴趣。学生学完一首古诗后，较少再拓展勾连同一主题的古诗，形成古诗学习系统的建构较为困难。局限于单篇古诗的学习，学生的主动学习意识和探究精神较难得到激发，学生思维的开放度、对文字的整体感知力处在缓慢的量变之中。

新课标提到"语文课程的基本特点是工具性与人文性的统一，应在积极的语文实践活动中积累建构学生的文化自信、语言运用、思维能力和审美创造。"在国家语文课程理念指导下，以"中年级山水诗"为切入点，进行"跟着古诗游山川"的课程研究，对培养小学中年级学生语文核心素养还是很有帮助的。

新课标针对中年级的古诗提出了以下学习要求：诵读短小的古诗词，丰富自己的语汇，分类整理、交流，初步认识中华优秀传统文化蕴含的思想。"跟着古诗游山川"把新课标提出的中年级古诗学习内容渗透于课程设计之中，旨在培养中年级学生"入景融情"的能力。

截至2023年10月15日，在知网中搜索关键词"跟着古诗游中国"，共搜到15篇文献，其中只有3篇文章与古诗课程的教学实践密切相关，其余12篇文章主要是地理地区分类，以古诗为串子，串起这些地区的人文和特色景点。以"小学古诗课程"为关键词，搜索到的文献有69篇，其中涉及"小学中年级古诗课程"的只有5篇，说明将中年级山水题材诗作为"跟着古诗游中国"课程的研究相对空白。

从已有文献的年份和数量看，近几年"跟着古诗游中国"与教学实践紧密关联的研究主要是江苏常州市丁雄鹰老师的课程开发实践。其他的文献研究还是更适合作为阅读的拓展，较难适用于平常的课堂教学。我们的课程立足于课堂经验，充分考虑学生的学情特点，注重课堂实践的可操作性。课程聚焦于七大区域的经典山水，由诗入境，让学生在游览、鉴赏、吟诵、创作中学习,路径清晰。综合以上文献分析,"跟着古诗游山川"课程具有一定的研究和创设价值。

阅读现有文献,笔者发现"跟着古诗游中国"课程目前主要有以下几种课堂教学模型:主诗鉴赏、主题铺陈、选题游学、专题探究。[1] 现有的"主诗鉴赏"课型重在用词、艺术形式的领悟,鉴赏后迁移学习。对于中年级学生来说,要进行类似的迁移尚存在一定的难度。"主题铺陈"课型以地点为圆心,对天文地理、历史文化等方面进行拓展。这个课型所涉及的资源较多,低年级学生要探究和整合比较不易。"选题游学"课型需要结合实地游历,教师组织这类课型的学习存在较多方面的局限。"专题探究"课型以古诗为载体,围绕一个点一条线索深入解读。这个课型向纵深处解读古诗,形成对古诗的深刻解读。

比较发现,以"中年级山水诗"为研究对象的"跟着古诗游山川"课程选择目前的"专题探究"课型进行深入的教学实践研究更为合适。

学习**路径**

综合课标中基础型学习任务群、文学阅读与创意表达任务群的学习内容要求,中年级的学生需要做到能诵读短小的古诗词,丰富自己的语汇,分类整理、交流,初步认识中华优秀传统文化蕴含的思想;结合自己的生活经验,尝试用文学语言表达自己热爱自然、珍爱生命的情感。

中年级的学生注意力易分散,兴趣不稳定,容易被生动有趣的事物吸引,形象思维占据主导地位,思维直观性强,所以他们对抽象的事物不感兴趣,此外,抽象思维和概括能力还比较弱。低年级学生的生活阅历尚浅,理解能力还比较弱,对于情感表达比较含蓄委婉的古诗,理解上存在较大的难度,且空间认知能力有待发展,美景感知大多依赖课本插图。

"跟着古诗游中国"课程的开发者丁雄鹰老师提到:古诗是中国文化的经典,是学习语言的范本。在"游"中"学",是学语言文字的理解与运用,积经典文化的内涵与素养。[2]

小学语文教材中古诗的编排与教学以单篇或双篇组合,相互之间联系不大。我们的课程设计更倾向于"专题探究",以"赏山光水色"作为探究山水诗的教学模型。叶圣陶说:"诗歌的讲授,重在陶冶性情,扩展想象。"结合中年级学生的认知发展特点和课标学习内容要求,我们的课程建构集具体与抽象于一体,融合体验与想象,通过"览、赏、吟、创"四步骤进行学习,即:览——遍寻名山大川,构建中国山水的游览版图;赏——鉴赏感受诗意,品味情景相融的古诗魅力;吟——吟诵外化表达,享受入耳入心的古诗声韵;创——创造山水诗境,延伸多元想象的古诗互动。在古诗的"览、赏、吟、创"的路径中,引导学生对山水古诗进行感知、体悟、外化,培养学生"入景融情"的能力。

课程主题定位为"山光水色，言美相合"，选取中国华东、华北等七大地域中的代表山水，学习七处区域中的"一山一水"代表诗。七处地域的"七大山"包含：泰山、独秀峰、嵩山、阴山、长白山、天山、西岭雪山，以及"七大水"：西湖、漓江、洞庭湖、黄河、松花江、青海湖、黄果树瀑布。游览每一处山水对应学习一首经典古诗，共学习14首古诗。学生在"游"中"学"，了解山川的地理位置，探究诗人与山川的邂逅，融入自己独特的解读，因景而读，熟读成诵，吟而生境。

基于以上认知规律及古诗题材本身的特点，我们课程有以下四步学习路径。

一、览——遍寻名山大川，构建中国山水的游览版图

初识山水版图，了解地图中名山大川的位置，形成地理空间概念。中年级学生直观思维占主导地位，学习时充分借助多媒体现代技术还原情境，利用视频、图片的助力，欣赏风光，饱览天下山水，游历中国大地最具有代表性的名山大川，感受山光水色。学生通过地图标示，在脑海中串联起中国的山水版图，改变以往学习山水古诗时散点式的认知。学生多维度地了解山水区域的风土人情、历史风貌、民间习俗、作者背景等，形成丰富立体的认知。

二、赏——鉴赏感受诗意，品味情景相融的古诗魅力

在了解基本意思的基础上，学习古诗。学生学习鉴赏诗歌的方法，将自己游览后丰富的阅历融入诗歌，品味语言文字的美感，品味诗歌的情感深度与历史厚度，感受诗歌韵律美、形式美、哲理美、境界美等，读出每首诗独特的味道，提高文学鉴赏力。以专题研究课型的学习为主，拓展主诗鉴赏课型的学习和对比鉴赏课型的学习。

三、吟——吟诵外化表达，享受入耳入心的古诗声韵

诵读古典诗词，得到的是一种享受，是一种积淀，更是心灵与诗歌的融合。语文统编教材总主编温儒敏先生曾经提到"怎样教好古诗文的课？最好的办法就是反复诵读，读得滚瓜烂熟。"反复诵读是感受诗词之美的重要方法，对于山水古诗词，学生通过朗读声声入耳，达到字字入脑的目的，诗人笔下的美景也会在脑海中逐渐形象地勾勒出来，心灵和思维徜徉涵泳在字里行间，其中包含的意境和情感也会逐渐入心。但多元诵读是以多种形式贯穿课堂甚至是山水古诗学习的全过程：试读以正音、范读以传情、译读以释义、演读以入景、细读以品味、背读以检测、吟诵以提升等。

四、创——创造山水诗境，延伸多元想象的古诗互动

在学习完一定数量的山水诗词后，下一个阶段是参与各种有趣的山水诗词实践活动，提升学生的参与度和求知欲。学生加深了对所学山水古诗词的深刻理解，实现内化诗情，外化表达。实践活动内容包括："创字为诗"，在语言实践中拓展言说表达的机会；"创诗为歌"，在音乐吟唱中不断加深山水印象；"创诗为画"，在美术绘画中感受山水画形

意之美;"创棋玩诗"在游戏互动中提升学习兴趣,巩固诗文背诵。

课程**图谱**

一、课程图谱

"跟着古诗游山川"课程(见图 1)围绕一个主题(入景融情),两条主线(山之绮丽、水之灵秀),三项互动(感知、体悟、外化),四层路径(览、赏、吟、创)螺旋式展开。

图1　"跟着古诗游山川"课程图谱

课程立足于培养学生的核心素养,依托"览、赏、吟、创"的学习路径,培养学生的审美感知、阅读鉴赏、表达交流与拓展实践的能力。以上四点核心能力,融合汇聚成对学生"入景融情"素养的培养,学生在古诗里开阔眼界,游览奇山秀水的美丽风光,丰富生活经历的同时,获得初步的情感体验,与诗人共鸣,对山水产生更深刻而美好的诗情。

二、课程实施

1.第一部分:览——整体了解地理概况、特征

(1)课程内容

①初识山水版图,了解地图中名山大川的位置,形成地理空间概念。学习"中国七大地理区域""长江流域""黄河流域""东西南北山脉""五岳"等,使学生对中国的版图及山水的地理位置有基本的了解。

②欣赏风光,游历中国大地最具有代表性的名山大川。借助多媒体现代技术还原情境,利用视频、图片的助力,学生们坐在教室中,便能饱览天下山水,感受山光水色。

③直观展示之后,学生在小组合作探究中,把每个区域的典型山水在中国地图上标示出来,对风景在地图上的地理位置有更深刻直观的认知。学生能在脑海中串联起中国的山水版图,改变学习山水古诗时散点式的认知。

④了解风土人情。学生自主从山、水中,选择一些具有代表性的地方,多维度地了解这个区域的风土人情、历史风貌、民间习俗,曾在此生活、游历的作者与这里的情缘故事。

(2)课时安排:3课时

(3)教学建议

①形成地域整体观念。教师通过出示山水版图,引导学生在小组合作中,找到"华东、华中、华南、华北、东北、西北、西南"七个地理区域。熟悉地区典型山脉和水域,通过教师点拨,帮助学生初步形成地理空间概念,改变学生散点式、零散式地理方位、空间概念,感受中国地大物博与丰富多样的地域特点。

②借助多媒体展示。要充分借助多媒体现代技术还原情境,利用视频、图片等多种方式,让学生对山水景色有直观认识,激发学习课程的热情,感受祖国山水的美好。

③探究式合作学习。学生通过小组合作,在中国地图上标示出本学期要学习的"七山七水"(华东:泰山、西湖,华南:独秀峰、漓江;华中:嵩山、洞庭湖;华北:阴山、黄河;东北:长白山、松花江;西北:天山、青海湖;西南:西岭雪山、黄果树瀑布)。

④资料补充,深化认识。学生课后查找资料,了解自己感兴趣的其中一处地域的风土人情、历史风貌、民间习俗、历史名人等,再进行全班交流、展示。

2.第二部分:赏、吟——鉴赏诗歌,吟诵表达

(1)课程内容

①走进七个地域,即"跟着古诗游华东""跟着古诗游华南""跟着古诗游华中""跟着古诗游华北""跟着古诗游东北""跟着古诗游西北""跟着古诗游西南"进行14首古诗的学习。在了解基本意思的基础上,学生鉴赏了诗歌的韵律美、形式美、哲理美、境界美等。

②将自己游览后丰富的阅历融入诗歌,体会诗歌情感,学习古诗鉴赏方法,品味语言文字的美感,品味诗歌的情感深度与历史厚度,读出独特的味道,促进提升文学鉴赏力。诵读区域相关组诗,学习诵读方法。

③主诗鉴赏课型学习。探究"泰山""西湖"组诗。

④对比鉴赏课型学习。对比各山和各水的不同特点,体会不同诗人的独特体验。

(2)课时安排:7课时。

(3)教学建议

①融合:带着对此区域风土人情的初步认识读诗歌。通过了解诗歌作者和创作的时代背景,品味诗歌的情感深度与历史厚度,读出独特的味道,提高学生的文学鉴赏力。

②鉴赏:教师引导学生学习古诗鉴赏的方法。古诗的鉴赏可从"看画面、圈景物、抓

字眼、明修辞、知情感"五个方面着手,把课内学习的古诗鉴赏方法迁移到"跟着古诗游山川"的山水古诗课程学习中。

看画面。学习七山七水古诗时,观看插图,有效利用插图资源辅助理解古诗的画面,降低古诗学习的难度,激发学生学习古诗的兴趣。

圈景物。通过圈出景物,了解古诗描绘的山山水水,明确古诗描写的中心事物,认识这些诗人笔下美好的事物。

抓字眼。古诗的语言表达都有其独到之处,抓住精妙的字眼理解山水古诗,有助于形成更细腻的美感感知。

明修辞。古诗惯用拟人、比喻、夸张等修辞,了解山水诗句中所采用的修辞,感受古代诗人遣词造句的魅力,从而激发学生个性化的想象。

知情感。角色代入,走进景中,再次诵读品味,去细细体会诗人当时当境的情感,初步理解诗句背后的深刻含义,获得美好的情感体验。

③吟诵:多元诵读,学习古诗,这是本课程的重点和难点。教师引导学生在熟读的基础上,了解诗歌大意,感受、鉴赏诗歌的韵律美、形式美,品味语言文字的美感。教学时以多种形式贯穿山水古诗学习的课堂:老师范读、全班齐读、师生接读、男女生分读、动作表演读、角色扮演读、配乐朗读。变换、穿插不同的朗读形式,激发学生吟诵山水古诗的兴趣,熟读成诵,境由吟生。

低年级古诗吟诵重感受、重积累。吟诵可从四个方面"读流利、懂节奏、感音韵、连情感"着手,提高学生的吟诵能力,让学生充分享受入耳入心的古诗声韵。

听吟诵,学吟诵,初步感受古诗的整体节奏。引导学生借助拼音将古诗读正确、读流利、读好节奏。

由图入诗,声情并茂,整体感受古诗的音韵情感。指导学生关注古诗的韵味情感。

想象入境,诵出意境,拓展思维和想象空间。引导学生想象古诗的场景,读出意境之美。

知人论世,换位吟诵,生发简单的成长感悟。引导学生走近诗人,形成情感的连接。

④课型:本课程多种课型相互穿插,大部分以"专题探究"课型为主,穿插"主诗鉴赏"课型和"对比鉴赏"课型,以便进一步深入、立体地学习古诗,让部分思维较强的学生能有所提高。

"主诗鉴赏"课型在"跟着古诗游华东"的单元中,游览西湖,感受西湖的湖光水色。学习时以《饮湖上初晴后雨》为主诗,知诗人、赏美景,积累语言之后,迁移学习在西湖的历史名人、名胜古迹,以及关于西湖的其他古诗,如《六月二十七日望湖楼醉书》和《晓出净慈寺送林子方》,以诵读自己感悟为主,不做深入分析和讲解。"对比鉴赏"课型,目标是通过对比鉴赏使学生获得独特的体验。华北黄河的壮观咆哮与西南漓江的灵秀温婉,东北千里冰封连绵的皑皑雪山和华东巍峨雄奇的泰山，不同地区的山和不同地区的水，自然是大相径庭。学生在对比不同山水的特点中，感受祖国的地大物博，领略祖国的景秀河山，获得独特的读诗体验。

3.第三部分：创——实践活动

（1）课程内容

在学习完"七山七水"的山水诗后，以各种有趣的实践活动加深学生对山水古诗词的深刻理解。

①创字为诗：学生参加"诗词大会"和"诗歌飞花令"活动，实现朗读效果的最大化。参加"创诗大会"，评选优秀山水小诗人，在鉴赏和吟诵古诗的过程中，学生能抓住题眼、诗眼、词眼或字眼等，以创字创词的方式衍生出富含山水诗意的类诗或组诗。学生的表达得以丰富、生动化。

②创诗为歌：引导学生把纸面上的诗文转化为易于吟唱的歌曲，可吟唱已有歌曲，也可自由改编。学生能把纸面上的诗文转化为易于吟唱、深受喜爱的歌曲，学生在音乐氛围中将自身的古诗理解融入吟唱表达中，由此不断加深对山水的印象。

③创诗为画：通过"山水画小名家"绘画活动，提供外化诗情的机会。诗中有画，画中有诗，诗画互动，以"画"为着眼点，学生根据诗句展开想象，把故事想象成一幅生动活泼的画，这是一种诗文与学生感悟的对话和交流。[3]学习初识山水画的特点，感受山水画形意之美。通过绘画，描绘心中的山水之景，表达自己对诗歌的感受。互相欣赏，相互学习，完善补充，加深认识。

④创棋玩诗：创作"山水游戏棋"，玩"山水游戏棋"，记诵古诗。学生通过自主或合作的形式，结合自身的想象设计，设定融入山水古诗的个性化规则，自制具有自身创意的山水游戏棋，在品鉴背诵古诗的游玩过程中，再次提高对赏古诗的兴趣。

（2）课时安排：7课时。

（3）教学建议

①组织各种活动，如"诗词朗诵大会""诗歌飞花令""创诗大会""唱诗小达人""山水画小名家"，在活动中给学生提供言说表达的机会，让学生的朗读效果最大化，表达丰富生动化，加深对诗词的印象。学生可根据自身兴趣，在多种形式的活动中，自由选择其中一项或多项参加。

②个性化串联"七山七水"版图，创作"山水游戏棋"，玩"山水游戏棋"，记诵古诗。学生通过自主或合作形式，结合自身的想象设计，设定融入山水古诗的个性化规则，自制具有自身创意的山水游戏棋，在品鉴背诵古诗的游玩过程中，提高对赏古诗的兴趣。规则如下：到达"长白山"，需背出和长白山有关的一两句诗句方可走下一步，先到达终点者胜。

③充分调动学生的积极性，尊重学生的个性化理解和表达。

评价工具

一、评价目标及评价依据

古诗对培养学生人文素养和情感有着重要作用，让学生轻松愉快自然地感受古诗文的魅力是教师的责任。古诗欣赏评价要综合考查学生阅读过程中的感受、体验、理解和价值取向，考查其对古诗的兴趣、对诗意的理解。结合课标，通过"诵读古诗词，有意识地在积累、感悟和运用中，提高自己的欣赏品位和审美情趣。"是制定课程评价的依据。

二、评价原则

本古诗课程的评价有以下几点原则：

(1)突出了评价的整体性和综合性。在课程的不同阶段，对学生学习进行版块化，整体式的评价。对学生进行地理、美术与文学欣赏的融合评价。

(2)注重过程性评价。古诗的学习具有注重情感体验和感悟的特点，因而不进行量化和客观化的评价，不以书面应试为考查方式。而是侧重对过程和情感态度与价值观进行评价，以全面考查学生学习山水诗的效果和积累的文化素养。

(3)本课程的评价具有简单化、可视化、可操作化、童趣化的特点。

(4)实施评价时，主体多元，将教师的评价、学生的自我评价与学生间互评相结合。

(5)评价时，尊重学生的个体差异，让不同能力的学生，都可以有收获、有成就，促进每个学生的健康发展。

三、评价实施

1.评价形式

课程评价时创设大情境，以学生喜闻乐见的"山水拼图"的形式，进行基础评价和增值性评价。

以学生喜爱的"山水拼图"的游戏方式，贯穿整个课程的学习。学生学完课程的第一部分，对中国的山水版图有整体的认识之后，可获得一张中国地图的拼图底板。之后每学完一个区域，做到感知诗情，会吟诵古诗，即可获得一张拼图。集齐七个区域的拼图，便可完整拼出中国地图。另设增值性评价。学生参与活动，完成创字为诗、创诗为歌、创诗为画、创棋玩诗的其中一项活动，就可以获得对应区域的一张贴纸，使自己的版图变得更加完善、丰富。

2.评价标准

(1)第一部分评价标准

①能初步了解地图中名山大川的位置,初步形成地理空间概念。能在中国地图上做简单标示。(学生自评、教师评价)

②感受风光之美,表达对风景的感受。(同桌互评)

③能通过自主查找资料,补充交流,与同伴分享。(学生自评、同桌互评)

以上三方面都获好评,则能获得一张中国地图的拼图底板,激发后续收集版图的动力。

(2)第二部分评价标准

①了解诗歌基本意思的基础上,感受诗歌的韵律美、形式美、哲理美、境界美等。将游览后丰富的阅历融入诗歌,品味诗歌。体会古诗感情,能用普通话正确、流利、有感情地诵读。(教师评价)

②从一篇到多篇,积累更多的关于"泰山""西湖"的组诗。(学生自评)

③能对比、表达不同山水的异同点,体会不同诗人的独特体验。(同桌互评)

④在熟读的基础上,尽可能多地背诵古诗,背诵时流利有感情。从语音、语调和感情等方面进行综合考查。(同桌互评)

以上为基础评价,每学完一个区域,可获得一张对应的版图拼图。

(3)第三部分评价标准

①在"诗词朗诵大会"能有感情地吟诵古诗,做到声情并茂。"飞花令"活动,能说出对应的诗句。

②在"创诗大会"上,能进行合理创编,参与度高。

③在"山水画小名家"绘画活动中,完成一幅诗配画作品,内容准确、画面精美。

④在"唱诗小达人"活动中,学唱吟诗的歌曲。

以上为增值性评价,每完成一项,得一张贴纸,可贴在对应版图上。

课程**故事**

王开领说:"学习语文的最好路径,是旅行式的阅读。"我们按照中国七大地理大区的划分,从每个分区的名山大川挑选出一山一水作为课程的典型诗歌。

1.动态激发兴趣,合作平衡差异

课程的前3个课时,第一课时借助地图,学生对这些各个分区的一山一水有初步的空间概念,部分学生在理解上存在难度。第二课时借助多媒体播放这些地方的山光水色,学生对各个分区一山一水的风景有初步的印象。中年级学生容易被生动有趣的事物吸引,因而对走进这些地方充满期待。针对一二课时实践过程遇到的问题,第三课时把课堂的主动权下放给学生,学生在地图上标示典型山水,小组的合作较好地解决了第一课时学生理解程度的参差不齐,平衡了理解的差异,小组的学生"手拉手"一起走进课程,建立了多数学生对课程学习的信心。

2.扶中促进感悟,放中增加空间

以华中地区为例,我们的一山一水选择了嵩山和洞庭湖进行旅行式的阅读观赏。首先我们呈现孟郊的《洛桥晚望》,对于难理解的字词直接提供注释辅助学生,逐句翻译理解大体意思后,学生能对嵩山的沉静雍容有个浅层的认识。

新课标指出:"要让学生充分地读,在读中整体感知,在读中有所感悟,在读中培养语感,在读中受到情感的熏陶。"对于中年级学生来说,充分地读是促进理解诗句的最佳方式。避免读得枯燥,在读的间隙中我们带着学生开始旅行式阅读,多媒体助力情境的营造,看嵩山的曲溪环流,观嵩山的峻峰林立,赏少林寺的典雅幽静,明嵩山的儒家文化。紧紧围绕"看画面、圈景物、抓字眼、明修辞、知情感",带着学生尽情游赏嵩山的千姿百态,美不胜收。尽情地阅历后,教师补充古诗的写作情境,了解孟郊此时晚望洛桥,邂逅了"月明直见嵩山雪",在读中继续引领学生回归诗歌,读好节奏,读懂情感,体会诗歌的韵律美和哲理美。

接着我们出示刘禹锡的《望洞庭》,由刚才的扶到现在的放,把学习的空间还给学生,以小组合作的形式推进学生对《望洞庭》的学习。借助注释,字面的意思小组成员基本能够理解。旅行式的游历我们放在课后进行,针对低年级的学生自己查找资料还存在难度,我们有意识地引导学生学会寻求家人的帮助,共同了解洞庭湖的名胜繁多、物产丰富。课后进一步了解该地域的历史风貌、风土人情,课上小组分享,教师相机再补充洞庭湖周边雅秀恢宏的岳阳楼、四时如画的"青螺"君山。最后学生在诵读中体会和品味这首古诗所描写的画面,发展学生的朗读能力和培养学生的审美能力。

旅行式的阅读淡化诗歌教学中的讲解与分析,这并不等于一点不讲,适度地"讲"还是很有必要的,因为没有老师的帮扶,就不可能有学生有效的诵读,问题的关键是要把握一个"度"字。由"扶"到"放",先"扶"后"放",就是要遵从循序渐进的原则,充分考虑学生的最近发展区,以便我们的古诗教学能够取得更好的成效。

3.创中升华理解,玩中增加积累

学完每个区域一山一水的古诗后,学生们开始动手创作,创诗为画,把对古诗的理解融入画里,一幅幅融入了童真童趣的诗配画新鲜出炉,诉说着他们对诗人笔下山光水色的个性化理解。爱好音乐的学生尝试着把自己喜欢的旋律用到山水古诗的吟唱,化身小古人,娓娓道来奇山秀水的风光无限。

最让学生们激动的莫过于创棋玩诗了,自己化身游戏的创作者,在游戏中玩转山水古诗。一副副可爱的山水游戏棋,是他们灵动自由的创造力的外溢。

参考文献

[1]丁雄鹰."跟着古诗游中国"课程实施中课型的研究与实践[J].小学教学研究,2017(16).

[2]丁雄鹰."跟着古诗游中国"课程的开发与实践[J].小学教学研究,2017(8).

[3]戴姝.跟着古诗去游玩:浅谈低年级古诗课程的开发与实践[J].新课程(小学),2019(7).

"跟着古诗游山川"
课程纲要

"纳"中藏"慧"

万　鑫

古语云："一屋不扫,何以扫天下?"可是我们时常却在新闻里看到:某房东投诉出租屋里的租客,穿得漂漂亮亮的租客将房子糟蹋得像垃圾场;孩子在长辈"一手包办"的环境下,逐渐失去好奇心和动手能力,逐渐变成"巨婴";与小学生的朝夕相处中,尤其是走进中低年级教室时,往往看到这样的景象:乱糟糟的桌面,塞得乱七八糟的书包,地面上东一块橡皮西一把尺子,好不容易找到的铅笔是秃头的……当学生上劳动课,需要使用工具进行实践时,不知工具在何处。据观察,没有收纳习惯的小学生往往缺乏条理性,在学习和生活中会更容易出现问题,甚至影响身心健康发展。不禁感叹,他们未来如何抵御人生中的风浪?

目标定位

《收纳,孩子受益一生的思维整理训练》一书中提出:"整理与收纳背后是孩子的思考能力、逻辑能力、统筹能力的综合能力体现。"笔者开发了收纳课程,引导学生进行分类、精简、收纳、设计,在分类中发现身边不同的事物,培养学生的辨识思维和分类思想;在精简中对物品进行取舍,培养学生的判断力和执行力;在收纳中跳出点、线、面的限制,多个角度"立起来思考",呈现出无数种排列组合;对空间进行规划,把物品合理地放进有限的空间,培养空间思维与逻辑思维;在设计中进行宏观规划,理解整齐、条理、颜色等整理之美,在有序的环境中发展创造力。课程目标如图1所示。

学生在反复经历分类、精简、收纳、设计,形成习惯,让物品一切有序的同时也能形成一种内在的秩序,学生将沿用整理物品达成的综合能力对自己的情绪、时间、开销、思维等多个领域进行无形管理,从整理物品的"小收纳"变成引领人生的"大智慧"。

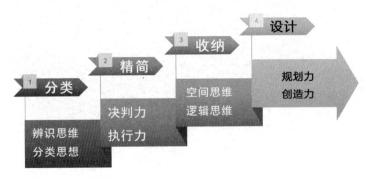

图 1　"'纳'中藏'慧'"课程目标

背景分析

一、时代价值：劳动教育是学生核心素养发展的重要途径

2021 年 3 月 7 日，在全国政协十三届四次会议第二场"委员通道"上，全国政协委员唐江澎表示，"今天孩子的全面素质就是国家未来的整体实力，也是我们社会的幸福程度，我教了四十多年高中了，在我看来，让幼儿园的孩子养成整理东西的习惯，远比早识字重要"。唐校长还表示，"好的教育应该是培养终生运动者、责任担当者、问题解决者和优雅生活者，给孩子们健全而优秀的人格，赢得未来的幸福，造福国家社会"。就核心素养的培养落地而言，整理与收纳课程具有独特的教育价值，在劳动实践中，学生不仅要完成自己的任务，还要处理与合作伙伴的关系，在这个过程中能够发展学生的合作能力、沟通能力与责任意识。此外，还能够促进学生的思维训练、规则理解、习惯养成、审美感受和人格发展，它不仅是核心素养落地的重要途径之一，更是新时代培育、践行社会主义核心价值观、实现中华民族伟大复兴的中国梦的时代需求。

二、政策导向：新时代国家对整理与收纳的高度重视

2022 年教育部正式印发《义务教育课程方案》，将劳动课正式设为中小学独立课程，而在劳动课程的新课标中，只有四块内容是从一年级要一直学到九年级，其中"整理与收纳"赫然在列（见图 2）。

三、立足文献：梳理研究领域，创新劳育新样态

整理与收纳作为小学劳动课程的新领域，当前相关文献研究屈指可数，以"小学、整理、收纳"为关键词仅检索到 6 篇（截至 2023 年 10 月 15 日），笔者通过对当前有限文献研究进行梳理，并从文献资料中获得新论据、找到新视角，发现新问题，提出新观点，形成新认识，打造创新劳育课程。

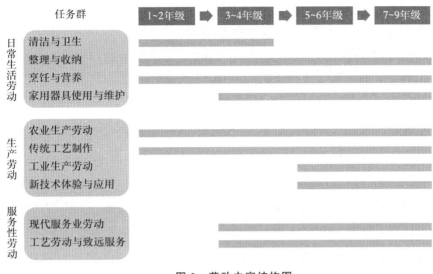

图 2　劳动内容结构图

（一）关于小学生整理与收纳研究的已有成果

1.关于小学生整理与收纳能力价值的研究

蔡一凡[1]在《新时代小学劳动教育课程设计研究》中表明："收纳与整理在新时代背景下仍然是小学劳动教育课程中非常重要的一个主题，有其独特的育人价值。作为自我服务性劳动基础的'收纳与整理'，同时也是个人走向社会必不可少的基本素养。从功能来看，收纳与整理教育作为劳动教育的一部分，不仅对学生养成良好的生活习惯具有重要的意义，可以使学生的个人空间和集体空间更加井然有序，呈现整洁干净的美感，更好地实现儿童和空间的有效互动。同时，还能够发展学生多方面的素养，比如观察能力、分析能力和审美能力，符合教育性强特点的同时还与新时代的素养指向相符。"

2.整理与收纳对于生活态度建立的研究

陶洁[2]在《学收纳整理 创美好人生》中提出："学习收纳整理的基本生活劳动技能，做好个人及教室的收纳整理，培养班级责任感的同时，将收纳整理的理念延伸运用到家庭生活中，分担力所能及的家务劳动，在家校共同合作教育下，培养家庭责任感，养成热爱劳动、热爱生活的态度，对生活品质有更深层次、细节化的追求。"

（二）剖析目前科学研究整理与收纳课程的局限

通过对已有文献的阅读与分析，从研究群体来看，与整理收纳高度相关的研究大都是幼儿园一线教师的实践与经验总结，缺乏小学一线教师的研究和相对系统的理论研究。从研究方法上看，缺乏相关的量化分析以及深入、有说服力的系统分析。从研究内容来看，已有研究的重点集中在小学生生活自理能力的全部内容，对小学生整理收纳能力包含的具体课程内容没有详细的划分与界定，已有研究中所涉及的关于小学生收纳整理能力的内容局限于玩具的收拾与衣物、床铺的整理，缺乏更加深入的研究。

四、立体重塑：整理收纳课程的创新与进阶

笔者拓课程内容广度、挖价值深度、升结构维度、建生活温度，对整理与收纳课程研究提出以下观点。

1.耕多元课程，促五育合一

本课程从各阶段目标、具体内容的深浅和侧重点、学习路径、评价工具的设计都针对学生不同年龄阶段的身心特点和已有能力的不同展开，由浅入深、由低到高、由感性到理性、由具体到抽象，循序渐进、螺旋上升。

笔者以"整理与收纳"为任务群主线，根据《义务教育课程方案》中"整理与收纳"不同阶段相应的目标整合数学、美术、道德与法治、综合实践等学科的教材内容，根据学生年龄特点安排，分级逐项进行，打造五育合一、多元融通、形式多样、多学科融合的创新课程。以日常生活物品整理的需要为切入点，帮助学生积极投入到整理与收纳的行动中，在学习收纳技巧、整理环境中体味收纳之美，在方寸间收获自己的收纳果实。培养学生树立正确的劳动观、审美观，促进学生生活素养与良好品德的形成，这将对学生未来的发展产生深远的影响。

2.经"有形"之手，探"无界"收纳

当把有形物品日渐整理到有序时，便能逐渐搭建起整理的思维模型（分析、归纳、抽象、总结），将生活中的空间、环境整理延伸至无形的情绪、目标、财物、知识、时间、思维等无处不在的整理，最终实现自我管理。因此，笔者结合小学生性格特点，发挥学科特长，开发另一门"无边界"学科融合拓展课程，将无形管理课程作为沿用物品整理形成的智慧"入驻"思维方式的重要载体。

3.品收纳艺术，创品质生活

收纳不仅是一门技术，也是一门艺术。在收纳中无时不暗藏着收纳美学，好的收纳不只是简单地把物品收纳归类或者集中放置。一个符合当下时代需求的收纳整理方式是有一定的美学法则的，强调合理的规划，讲究注重整体的和谐，学生在本课程的学习中在物品层次有序摆放中感受陈列美感，在空间的线条组合中体会秩序之美，在设计环节的色彩搭配中经历唯美收纳，告别"乱室"，让生活更有品质。

学习**路径**

小学生需要掌握基本的学习用品和日常生活用品的简单收纳方法，进一步发展迁移

至对其他空间进行合理的收纳与整理，但是从整体来说，小学生目前仍缺乏整理归纳的意识，大多数学生对于收纳没有清晰、明确的概念，对收纳的认知仅停留在家长和老师传达的"将物品放好"的命令上，对物品的特征印象模糊，对收纳的意义、具体逻辑以及实际生活操作没有进一步的理解，因此物品没有归类清晰，很容易出现"找东西依然翻来覆去，规整好很快又乱了"的现象。

除此之外，小学生还具有一定的抽象思维、反思能力和迁移能力，低段的学生同样也具备观察、总结的基本能力，为学生提供或者学生自主找寻相关具象，让学生自主总结收纳方法，这既在学生的能力范围内，同时又提供给学生自主探究的机会，能够进一步锻炼学生的抽象思维、逻辑思维和观察能力。学生参与课程的同时不仅能够获得整理与收纳背后的综合能力、劳动观念和生活品质的同步提高，还将过程的批判性和反思性置于首位，超越对"放好东西"的表面理解，反思和自我教育让能力在结构中走向深刻，让整理在生活中延续。

因此，笔者涵盖空间、时间等不同的整理维度，聚焦学习任务，抓住关键环节整体设计符合学生特点的学习路径（见图3）：剖析特征—归纳共性—统筹管理—复盘延续，实现从无序走向有序。学生通过此路径模型实现生活中无处不在的整理。

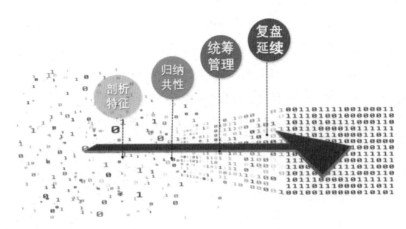

图3 "'纳'中藏'慧'"学习路径

一、剖析特征

世间万物都有其特征，要想抓住事物的特征，就要善于观察和比较，既要注意事物的总体面貌，也要观察其局部。学生可通过查找资料、通读素材等活动对事物进行本质层面的分析。例如对日常学习空间内的物品和收纳工具的属性有一个清晰的认知，知道物品的类别、特性以及收纳工具的基本收纳种类，这是整理与收纳的前提。

二、归纳共性

学生透过杂乱无章的事物表面，发现其背后的共性与特性，将其抽象归类，是在分析、综合事物各种属性的基础上进一步抽象、概括的。抽象能力有利于对具体事物抽象化提取信息，得到精髓部分再展开分析，更容易看清事物的本质内涵。

然而情绪、时间、开销等个人生活的诸多方面是不可见的，学生化无形为有形，需要用数据的眼光将看不见的无形元素进行数据可视化整理，量化自我是"一种新智慧形式"，通过数据进行自我追踪，了解自我，在数据统计的基础之上进行归纳、分析，从而优化自己的生活状态和学习习惯，实现自我管理。

三、统筹管理

统筹管理是对空间、时间等资源进行合理分配，学生产生了一定的收纳逻辑之后，把归纳出的各部分结构整体统筹。通过创生作品对物品、时间、金钱、思路等进行管理，例如：了解基本的整理方法之后，学生从逻辑上理清思路，从生活需求出发，对物品分类整理与收纳以及空间合理规划的科学方法进行个性化探究，寻找方便自己使用物品的合适的收纳方式，制订"整理计划"或"收纳方案"，建立起人、物品和空间三者之间的关系，而在无形管理领域中，通过制定时间计划表、手账本、思维导图等方式进行可视化管理，这一环节往往是整理与收纳中充满个性化和创造性的一步。

四、复盘延续

复盘是思考、回顾事情发生的过程，分析得失，吸取经验教训，找到问题根源，总结发展规律，最终实现能力的提升，在复盘的过程中，学生能养成一套熟悉、有效、可延展的学习方法和习惯。例如借助思维导图、计划表等搭建规范的行为格式，将整理体系的模型落实到每日行动使之系统化，将整理的热情延续到家中，运用学到的整理方法开启家庭整理之路，除了学习如何整理好身边的物品，还可从小到大、由浅入深，培养学生做事有条不紊、井然有序的品质，也为情绪管理、时间安排、人际关系、学习方法等多维度的无形整理打下良好的基础，进而实现从有形到无形的跨越及素养的提升。

课程**图谱**

"'纳'中藏'慧'"课程（见图4），是从有形的生活美学走向无形，其关键在于劳动实践将"有形"整理课程和"无形"管理课程紧紧嫁接在一起，将劳动实践贯穿于二者之间，使其合二为一，因此，根据不同阶段相应的目标，整合多个学科以"2节有形整理课＋1节无形管理课"的形式分年级推进，一、二年级建立整理与收纳的意识和习惯，三、四年级培养收纳能力，五、六年级建立筹划和创造设计思维，引导学生在"2＋1"课程中综合与分析、反思与评价、审美与鉴赏、迁移与创造，将智慧引领的高阶思维贯穿全学科。

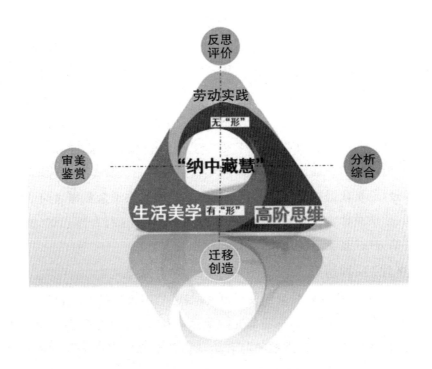

图 4 "'纳'中藏'慧'"课程图谱

一、探特色微项目，显"劳动＋"课程新模式

为一、二年级的学生建立整理与收纳的意识与习惯，笔者基于低年级学生的年龄特征挖掘和创新内涵更丰富的劳动教学方法和模式，研究学科无痕相融发展之路。劳动教育并非简单完成劳动任务，而是从劳动中获得丰富的劳动实践经验，形成正确的劳动观念、养成良好的劳动习惯、培养真挚的劳动情感、掌握必备的劳动技能和训练创造性的劳动思维，引导学生形成崇尚劳动、尊重劳动、乐于劳动、激发创造等方面的意识和能力，换言之，劳动教育与德智体美教育一样，需要精心设计的主题教育，促进学生的全面发展和综合素质的提高，且活动应具备情境性、问题性、操作性。低年级的课程融合了语文、数学、科学、音乐、美术、道德与法治等多学科内容设计，比如："衣橱里的一一对应""铅笔保卫战""给书籍找家""冰箱 大作战！""书包瘦身"课程，围绕"如何整理收纳物品？""舍弃哪些物品？"等一系列真实问题展开，最后让学生形成自己或小组的实践成果，提升综合素养。例如在"书包瘦身"这节课中开展项目式学习，通过读素材（剖析物品特征），对物品的特征和收纳工具（书包）的重量标准有清晰的认识；通过称重量（归纳共性），对同类物品做精简，明确瘦身的方向；通过制定瘦身的方案（统筹管理），进行分类整理的个性化探究；通过搭范式（复盘延续），每天打卡，将瘦身模型落实到每日行动中。

二、"品"实践之智慧，"悟"数学之浓味

为中高年级的学生培养收纳能力，建立筹划和创造设计思维，由于此阶段的学生已具备一定的动手能力和数学素养，因此笔者设计了一系列浓浓数学味的综合实践活动，例如"小抽屉'纳'出大智慧""玩转几何体，巧制收纳盒""优化空间，收纳翻倍""设计理想中的书柜""整理美化家"等，引导学生在劳动中做探究，力求学生学会主动运用数学的思维方法分析真实问题，综合运用不同学科知识与方法解决问题，形成质疑问难和勇于探索的科学精神，促进学生全面发展。例如在"小抽屉'纳'出大智慧"中先是通过整理数据对物品进行整理（剖析数据特征），紧接着通过物品数据和收纳盒数据之间的联系将同类物品进行收纳（归纳共性），接着通过设计收纳方案，对空间进行合理规划（统筹管理），最后引导学生总结方法（复盘延续）。

三、建"整理"系列班队课程，挖收纳整理教育本质

意大利幼儿教育家玛利娅·蒙台梭利曾说，"秩序"不仅仅是指把物品放在适当的地方，还包括遵守生活的规律、理解事物的时空关系，以及对生活中的各种事物进行分类，并找出它们之间的内在联系，从掌控物品开始从而学会在纷繁中如何支配自己的一切、管理自己的生活，成为自己生活的主人。"整理"系列班队课程的教学包括情绪调节、目标定位、时间梳理、理财意识、重组提升和认知图式的发展与完善等，其核心环节是体验学习，即把反思和自我教育，以及整理知识和能力的学习融入生命领域。

"整理课"系列课程的具体内容包括以下五项：其一，心情与目标整理。学生对一天的学习情绪和短期目标进行整理，并适时地进行自我调整。其二，时间的整理。在一天24小时这个绝对不变的时间概念里，让时间可视化，"看得见的"时间能够"被看见"，建立起时间的感觉和概念后制作一周日程表。其三，开销的整理，培养学生的财商意识。其四，信息与思路的整理，帮助学生快速提取和归纳信息。其五，学习方法和学习策略的整理。注重引导学生在学习活动中及时关注、改进和梳理学科的具体学习方法，逐步形成个性化的学习方法系统；引导学生通过整体性学习，掌握提高效率的学习策略；逐步培养学生的预习习惯。

例如在"时间去哪儿了"这节课中首先通过悟时光（剖析时间的特征）感知它是流逝并无形的。通过"24时计时法"对时间进行数据可视化整理，时间到底去哪了，一目了然。学生通过对时间进行分类（归纳共性），感悟浪费的时间，通过制定一周的日程表学会合理安排时间（统筹管理），最后通过对比进展情况，进行反思，为后续再定计划服务（复盘延续）。

评价工具

美国发展心理学家霍华德·加德纳的多元智能理论也告诉我们：每个学生都有发展的潜力，只是表现的领域不同而已。由于受遗传及生存环境等多种因素的影响，学生个体之间显现着多元的不均衡性，其认知方式、个性特征、学习习惯、生活特点、兴趣爱好等都是千差万别的，而且就自身而言也存在着发展的方向问题，这使得每个学生发展的进程和轨迹各不相同，发展的目标也具有个性化特征。如果我们以一刀切的标准去衡量所有的学生，则会使后进生难以接受，逐渐丧失学习兴趣及自尊心、自信心。因此，我们的评价在承认个体差异的基础上应依据学生的不同个性，因材施教、因性施教，充分尊重学生的个体发展要求，正确地判断每个学生的不同特点及其发展潜力，实施分层评价，在每个学生已有基础上确定不同的"最近发展区"目标，让每个学生"跳一跳"都能摘到果子。笔者关注学生差异化，架构"评价主体的多元化，评价标准层次化，评价工具多样化"的评价体系，根据不同课型设计丰富多样的评价工具（见图5），让学生多维度地展现学习成果和成长足迹。

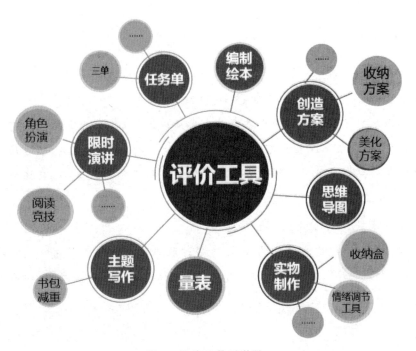

图5　评价工具列举图

一、量化式评价

量化评价是一种以数字和度量来描述、说明教育现象、课程实践，进而从数量的分析与比较中推断评价对象成效的方法。例如在六年级"理想的书柜设计"一课中，评价细则从整理书架维度、测量尺寸维度、画图设计维度进行星级评定。

就整理书架维度而言，能对书架上的物品进行细致分类的得 3 星；能对书架上的物品基本分类的得 2 星；分类错误的得 1 星。从测量尺寸维度来看，能通过测量、计算等分配每一层、每一格摆放书籍的得 3 星；能通过测量分配书籍，但是无法通过计算得到最优方案的得 2 星；无法通过测量等活动来分配空间的得 1 星。从画图设计维度来看，能结合实际情况考虑书柜的实用性和收纳功能，运用综合知识进行空间合理规划和设计，并进行反思和改良得 3 星；能对书柜的造型、结构、功能、装饰进行简单设计，但是考虑不全面的得 2 星；无法独立完成，需要同伴帮助的得 1 星。

二、开放式评价

开放式评价是一种注重过程的评价，通过客观测验外的行动、表演、展示、操作、写作等更真实的表现评价学生的表达能力、收纳能力、思维能力、创造能力、实践能力。例如：制定收纳方案、制作收纳盒、分享收纳心得等。

课程**故事**

故事一：收纳错误 激发思维 聚变智慧

使用错题本对于三年级的学生来说是一件比较枯燥的工作，需要他们有比较大的耐心和恒心，学生通过收纳课程已经具备了整理与收纳的思维品质，能够运用大智慧对错误进行收纳管理。到期末时，错题本就能成为独一无二的资源库，是减轻学习负担的一种捷径，能够极大地提升复习效率。

故事二：学生分享万能计划本

为了确保每个事项都能顺利进行，学生通过收纳课的学习能够将计划根据不同的重要程度制定"优先顺序"，这可分为四等分，在纵轴和横轴上标明基准，随时判断行动相对于目标的重要程度如何，提高做事的效率。

参考文献

［1］蔡一凡.新时代小学劳动教育课程设计研究［D］.无锡:江南大学,2021.

［2］陶洁.学收纳整理 创美好人生［J］.上海教育,2021(Z3):139.

"'纳'中藏'慧'"
课程纲要

05

Memory Master——记忆大师

林婷婷

ⓘ目标**定位**

《义务教育英语课程标准(2022年版)》指出,核心素养是课程育人价值的集中体现,语言能力是核心素养的基础要素,二级词汇知识要求学生能初步运用500个左右的单词,一级认知策略要求学生能通过分类等方法加深对词汇的理解和记忆,二级认知策略要求学生能借助图表、思维导图等工具归纳、整理所学内容。[1]由此可见语言能力是至关重要的。

在日常教学实践中,笔者发现部分学生的语言能力达不到预期的效果,很大一部分原因是存在"英语识记策略缺失症"。"英语识记策略缺失症"是学习困难的表现形式之一,由于某种主、客观的原因,学生在识记英语知识点时,倾向于死记硬背的机械性方式,缺乏识记策略,又或是不能选择有效的识记策略,导致不能有效地识记、保持或再现语言知识。也因此学生在课后花费大量的时间记忆单词,背诵课文,牢记语法知识,最终却收获甚少,往往是"背了忘,忘了背"这样消极往复,容易导致学生的热情消磨殆尽,自信心受挫。为何会产生"识记策略缺失症"的问题呢?在日常教学中,笔者也观察到很多这样的现象:老师在布置完背诵任务后,让学生自行背诵,最后老师再对学生的背诵情况进行检测。然而这样的做法对学生的背诵策略是起不到指导作用的,缺乏策略性知识的背诵往往就变成了学生印象中枯燥乏味的死记硬背,使之避之不及,甚至降低学生学习的主动性,导致识记困难。学生需要有效记忆策略,掌握并灵活运用多种记忆方法,提高学习效率,不断增长自己的语言知识,提升综合语言运用能力,从而提升学生学习的主动性,增强学习自信心。

"Memory Master——记忆大师"课程的目标就是帮助学生摆脱"英语识记策略缺失

症",该课程将关联策略、拆解策略、可视化策略、情境策略与重复策略科学地、有目的且有计划地传授于学生,有效地训练学生的记忆力,提升学生记忆思维能力,促进学生的语言学习,实现有效的语言活动,最终促进语言能力的发展。

背景分析

截至 2022 年 11 月 8 日,以"记忆策略"为关键词在中国知网中进行精确搜索,共有 1358 篇学术文章,以"记忆策略""小学英语"为关键词在知网中进行精确搜索,仅有 5 篇学术文章,然而以"记忆策略""英语课程"为关键词在知网中进行精确搜索,一篇学术文章也没有。

记忆策略指对记忆材料进行深层次加工,即对外界输入的信息进行重新组合、改造和加工,从而使输入信息更加精确。从广义上而言,记忆策略包括记忆的一般性原则,以及有利于记忆的具体策略和方法。

在介绍儿童记忆策略发展的研究之前有必要指出记忆策略发展中的三种缺失:中介缺失、产生缺失和应用缺失。[2]传统的中介理论者中,Reese 最先描述了中介缺失,"中介缺失"是指儿童不能使用策略,尽管策略已经暴露在他们面前。Flavell 用"产生缺失"描述那些不能自发地使用策略,但能在指导下有效地使用策略的情况。"运用缺失"是由 Miller 提出,它发生在策略获得的早期阶段,儿童自发地产生了某一适当的策略,但根据其任务绩效或对比年长儿童使用同一策略而言,获益较少。在许多记忆发展研究中都有发现"运用缺失"。

已有的研究文献证实了运用认知策略来学习英语是很有必要的,记忆技巧是非常有效的工具,不同的记忆策略对于不同学习者也起到不同的效果。但从已有文献来看,目前有关记忆策略的研究显示:第一,我国大多数学生仍通过反复地背诵及复述来掌握英语语言知识,记忆方法单一,或是缺乏记忆策略,部分学生虽已掌握了一些识记技巧,却不知何时使用;第二,大部分文献还是集中研究大学生与初高中生的英语学习,对于小学生的记忆策略研究比较缺乏;第三,还未出现与记忆策略相关的小学英语课程。

因此笔者认为基于小学生的年龄特点,展开英语记忆策略课程的尝试是很有必要的,对小学生进行记忆策略的教授也是很有意义的。

记忆是一个非常基础的认知过程,几乎每一个认知活动都会用到。它包含编码信息、储存信息,以及之后从储存中提取信息。认知心理学家认为记忆是一个主动建构的过程。这意味着信息不是"静止地待在"一个仓库中,等着被提取,而是被精细化加工着,有时还会被扭曲或建构。

同时根据认知心理学、脑科学的研究,如 1961 年斯佩里肯定了大脑左右半球分工说,肯定了大脑左半球更偏向于处理语言文字信号,而右半球更偏向于主管形象思维。

斯佩里的左右脑分工理论提出,左半脑主要负责逻辑理解、记忆、时间、语言、判断、排列、分类、逻辑、分析、书写、推理、抑制、五感(视、听、嗅、触、味觉)等,思维方式具有连续性、延续性和分析性。因此左脑可以称作"意识脑""学术脑""语言脑"。右半脑主要负责空间形象记忆、直觉、情感、身体协调、视知觉、美术、音乐节奏、想象、灵感、顿悟等,思维方式具有无序性、跳跃性、直觉性等。斯佩里认为右脑具有图像化机能,如企划力、创造力、想象力。右脑像万能博士,善于找出多种解决问题的办法,许多高级思维功能取决于右脑。

而神经学家经过初步实验,认为语言学习与左右脑都有关系,它集语音编码、语义编码、图形编码于一体。记忆语言知识时应协调左右大脑,既运用抽象思维,也运用形象思维。识音辨义功能靠脑左半球完成,形体辨认功能由脑右半球完成。抽象思维和形象思维可以在识记中联合运用。

利用抽象思维理解语言文字的含义,弄清问题的内容、主题、艺术特色等,同时利用形象思维感悟其中的人事、是非与情景。因此在识记的过程中,学生的知识与情感是相因相生的,知识促进情感的达成,情感加固知识的记忆。

对开发右脑的识记策略做出的解释是人的大脑左右两半球的功能不同,右脑半球是形象思维中枢,具有潜意识功能。在识记中可以结合画面、音乐的视听手段,调动学生的右脑功能,加深其感知并牢固记忆,例如采用"吟唱记忆法""浮想联翩记忆法""媒体呈现法"等策略。

基于前人的研究,笔者认为,要充分开发学生的左右半脑,借助半脑优势,采用多种记忆策略来促进语言知识的记忆,提升语言能力。

学习路径

Craik 提出的水平加工理论认为,在学习过程中记忆效果取决于对学习材料的注意和感知,对记忆材料加工得越深,记忆效果就越好。"Memory Master——记忆大师"以该理论作为指导,在课程中,学生以"整体感知—抓住关键—建立关联—尝试总结—分享提升"为学习路径(见图 1)来强化记忆效果。

在整体感知阶段,学生自主感知、识记学习材料,并分享他的记忆过程和方法,教师简评学生的记忆方法并给予积极的鼓励。

在抓住关键阶段,学生通过教师示范记忆,采用某种识记方法,抓住识记这类材料的

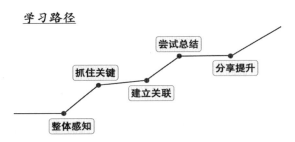

图1 "Memory Master——记忆大师"学习路径

关键,例如建立音形关联、新旧知识关联、分类归纳等。

在建立关联阶段,学生通过上阶段抓住的关键策略,尝试运用这个策略识记同类型材料,强化策略意识。根据小学生爱说、爱唱、爱表演,好奇、好动、善模仿的特点,采用SAME(与学生学习特点相符)的学习方式,即 Sing it、Act it、Map it 与 Elevate it,学生在轻松有趣、自主探究的氛围中掌握并灵活运用多种记忆方法,形成有效的记忆策略,降低识记困难,使得知识经历深层次且有效的加工,从而逐步提高学习效率。

Sing it,通过音乐节奏,拍手掌或是有节奏地拍打桌子,摆脱机械、呆板、枯燥的学习方式,活跃记忆氛围,学生通过编创 chant、唱歌谣的形式,记忆单词、对话等,掌握节奏记忆法。

Act it,儿童学习心理也表明,生动有趣的情境更容易激发学生的学习兴趣。表演情境将课堂变成生活剧场,勾连学生生活实际,学生用形象的表演、恰当的手势、丰富的表情、身体的语言、抑扬顿挫的语调将所学的语言知识使用在模拟真实的场景中,更充分地理解文本内容,更好地实现意义建构,以此来掌握表演记忆法。

Map it,美国一位著名的图论学者哈拉里说过:"千言万语不及一张图。"在学习过程中,如果生词与语境中许多线索产生联系,将生词与旧词一起记忆,有助于把生词迅速存储到长时记忆里。导图记忆是记忆词汇的一种主要方法。学生通过绘制主题分类结构图,建立单词间的关联,同时学生还可借助结构图记忆法,采用思维可视化工具,逐步形成可视化记忆策略与关联记忆策略。

Elevate it,英语学习需要大胆合理的想象,积极主动的观察,自主发现,自主尝试,自主探究。学生通过自主实践,对比机械记忆与策略记忆的区别,总结经验,多思考、多观察,从而形成记忆策略意识,提升记忆效率。

在尝试总结阶段,学生再次对自己的新旧记忆过程与采用记忆方法进行对比反思,并总结经验。

在分享提升阶段,学生分享自己采用识记策略后的收获,识记效率的变化等。

课程**图谱**

在"Memory Master——记忆大师"课程（见图 2）中，学生通过关联策略、拆解策略、可视化策略、情境策略与重复策略 5 个课时的学习，掌握多种记忆方法，并在实践中体验、建构、内化，运用到之后的自主学习活动，带动提升识记能力，实现记得快、记得多、记得牢、用得好，为发展语言能力打好核心素养的基础，促进核心素养的发展。

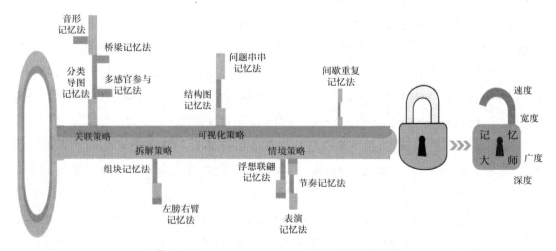

图 2　"Memory Master——记忆大师"课程图谱

一、运用关联策略，丰富记忆之网络

语言交际是一个认知过程，交际双方之所以配合默契，是因为有一个最佳的认知模型，即"关联"。在语言交际活动中，我们常期待的是获取话语与语境效果之间的最佳关联，即在话语理解时以一定的心智努力获得最佳的语境效果。

关联记忆是对组成经验的要素之间形成关联的记忆，是人们所记忆的一些具有关联性的信息。[2]关联记忆的关键是找到事物的共性，通过准确把握关键节点，有序地构建稳定的记忆体系，凸显知识的层次性与逻辑性，从而进入长时记忆。运用关联策略，把新信息和已有信息联系起来，又或是在已有知识间建立关联，能有效地促进学生获取语言知识，巩固语言知识，丰富语言知识网络。当关联记忆建立后，一旦与关联信息相关，便会激活记忆网络，信息便得到快速的匹配，匹配性高的信息便能够得到有效的加工，从而提高了记忆水平。

（一）音形记忆法

2022 年版课标中指出语言依靠语音实现其社会交际功能，其中二级语音知识内容要求包含借助拼读规则拼读单词;在口语表达中做到语音基本正确,语调自然、流畅。[1]这就要求学生能够熟练掌握字母在单词中的发音,字母拼读规则等。

英语是一种拼音文字,大部分词汇的拼读是有规则的。因此,建立音形关联,运用音形记忆法,是记忆英语单词最基本、最有效的一种方法。[3]根据英语单词词形与读音之间的密切关系,寻找规律记忆单词,借助音形记忆法可以减少字母复述时的短时记忆负荷,加强意义面的联系,构建起英语从听、说到读、写的桥梁,学生也能更好地夯实语音基础。

如/ʃiːp/音,我们知道 sh 发/ʃ/音,ee 字母组合发/iː/音,字母 p 发/p/音,我们就会很容易地拼写出 sheep 这个单词。所以,熟练掌握英语读音规则,然后再有几百个英语单词做基础,就能找出并掌握单词组合的一些内在联系和规律。

笔者在课程中是按如下方法进行音形关联的。

(1)复习二年级的玩转字母课程,三年级的创意绘本课程的基本字母发音,与常见字母组合发音。借助 26 字母歌谣,不断加深学生对于字母与发音的关联印象。同时引导学生像读拼音一样来拼读单词,例如 b-o-b,bob,d-o-g,dog,c-a-p,cap,h-a-t,hat 等,使得学生回忆起英语是拼读语言。

(2)渗透长短元音、元音字母组合(见表1)、辅音字母组合教学。

表 1　元音发音表

音标	单词	音标	单词
/aː/	arm,hard,farm	/ʌ/	cut,cup,but
/iː/	tea,eat,sweat	/i/	did,sit,hit
/əː/	sir,bird,firm,girl	/ə/	sister,dancer,summer,hurt
/ɔː/	law,raw,paw	/ɒ/	not,lot,stop
/uː/	tooth,boot,zoo	/u/	book,look,good

元音字母组合教学像 ai,au,ee,ea 等元音字母组合的发音也是学习自然拼读法的重要内容之一,是进行自然拼读法教学所必不可少的环节。

同时辅音字母组合教学如 sh、ch、th、ca、ge、tr 等辅音字母构成的字母组合也存在着一定的发音规则,也是掌握拼读规则所需学习的必不可少的内容之一。

(3)进行特殊发音规则教学,如失去爆破(picture、blackboard)等;又如开音节、闭音节的讲解,这对理解部分特殊发音规则都有所帮助;r 音节相关发音规则等。

英语是一门语言类学科,在初学阶段,学生掌握音形记忆法,了解字母和字母组合的发音并加以练习,便可在后续学习时达到见词能读的效果。在熟悉单词拼写与发音之间的关联后,学生还可做到独立拼写单词。

（二）分类导图记忆法

导图记忆是我们记忆词汇的一种主要方法。笔者认为运用分类导图记忆法，能更好提高单词识记质量，学生在词汇学习时，在词汇识记时，如若独立地进行单词学习或识记，遗忘的速度是非常快的；使用导图式联想，找出单词间的联系，对单词进行一定的加工，记忆就会越发深刻。

词汇思维导图的组成要素包括："核心词汇""关联词""分支""分枝线""标注"等。[4]我们可采用圆圈图、气泡图、双重气泡图、树状图、流程图等方式进行词汇导图式识记。

通过课程教学，引导学生自主绘制，小组合作绘制，教师指导绘制词汇导图等多种形式来学习和强化思维导图的运用，串联起单词之间的联系，既能够帮助学生识记单词，又能提升学生对英语词汇的兴趣，打好扎实的词汇根基。

（三）桥梁记忆法

俄国生理学家巴甫洛夫说过："记忆要依靠联想，而联想则是新旧知识建立联系的产物。旧知识积累得越多，新知识涉猎得越广，就越容易产生联想，越容易理解和记住新知识。"

桥梁记忆法是一种常用的将新旧知识联系起来的方法，用以提高检索效应。每个学生都是鲜活的生命个体，带着各自独特的生活知识经验走进课堂，每接受一个新知识点，都会在头脑中留下图式，下次学习新知识时，又会形成新的图式。若是在新旧图式间建立关联，通过同化或顺应，新知识被贮存在与认知结构中有关概念的相互关系中，形成一个系统的语言知识网络，则可减轻识记压力，也能更好地提升识记效果。

在复习导入环节，我们常常采用歌曲、视频、chant等方式导入，为的就是迅速集中学生注意力，借助大问题，引导激活学生已有相关知识经验，通过 free talk，pair talk 等形式交流经验，通过回收学生资源，个人知识经验扩散为集体资源，都是为了更好地进行新旧知识关联。

那么在学生进入课堂前，则可以通过设定预习任务，帮助学生有方向地搭建桥梁，建立新旧知识关联。例如六年级上册 Module 9 Unit 2"I want to go to Shanghai."一课，提前给学生布置预习思考题：Q1. Which is your favourite Chinese city? Q2. Why do you like it? Q3. What is the city like? 让学生能够利用已有知识与生活经验、个人喜好进行思考，并有所准备。那么在进入课堂时，学习理解一家人想要旅行的中国城市时，有更多补充资源可利用，在迁移创新环节，给 Ms.Smart 提建议时，能够根据预习任务的思考，用"You can visit…""It's…""You can…"给出适当有效的建议。

通过桥梁记忆法，通过新旧知识关联，在"旧知"与"新知"之间架设桥梁，能更好保证学生获得精准的知识，更好吸收新知，加速信息消化，更好地保持新知。

（四）多感官参与记忆法

记忆的方式常常决定记忆的深刻程度,从记忆学角度来看,这是符合规律的。有人听觉记忆好,听到的东西容易记得住,可采用听录音的形式,然后边听边记;有人视觉记忆好,可把要记的单词记在小本子上,或者通过图片展示,又或是制成小卡片等方式,反复默念;还有一些同学把这两种方式结合起来,效果更好,即边听、边写、边朗读、边记忆。

每个人擅长的记忆方式不同,学生要明确适合自己的记忆方式,扬长避短,从而提高记忆效率。充分调动眼、耳、口、手、脑,从不同渠道反复刺激知觉神经,使单词尽快输入神经元网。现代科学研究表明,人从视觉获得的知识,能够记住 25%,从听觉获得的知识能够记住 15%,若把视觉与听觉结合起来,能够记住 65%。

学生可以借助图片学习单词,借助图片互相提问,借助声音、气味加强关联。例如记忆 firecracker 这个单词,就可以让学生听鞭炮的声音,看鞭炮的图片,通过多感官刺激,以此来加深学生对词汇的理解与记忆,同时有助于促进学生英语词汇应用能力的提升。

二、借助拆解策略,减轻识记之压力

（一）组块记忆法

语义上相关的词常储存在一起,只有学会自觉应用各种知识,通过多种形式构建网络,词汇知识才能真正得到发展。

美国心理学家 Miller 认为,组块就是指记忆对信息的加工过程,即将若干个小单位联合成较大单位的信息加工。虽然短时记忆容量只有 5~9 个组块,但是可以借助已有知识经验对信息进行加工重组,使得信息迅速、高效地编块、储存,也便于日后检索与提取,这便是组块记忆的高效之处。

对于小学生而言,可以运用组块记忆法记忆单词,句子。借助上文提到的音形记忆法,将单词分为不同音节组块;单词与单词之间按语义、种属、时空等关系形成组块。如,词组、常见表达方式、同义词对、反义词对、种属群及语义图等。

例如 congratulation,若按 con-gra-tu-la-tion 这样 3-3-2-2-4 组块来记忆,不仅听起来有一种节奏感,而且容易记牢。同时识记复合词时,也可以把组合的各个部分当作一个组块来记忆,例如 fire＋fighter＝firefighter,foot＋ball＝football 等。

又如识记 Children's Day 这个节日名称,那么可以建立它的组块网络,June、play、sing、dance、happy、excited。如此联想,组块中涉及的词汇量就会很大。在这个组块中,如果 Children's Day 被激活,进入我们短时记忆的词汇的范围是十分广阔的。

由组块联想建立起来的有效联想锁链能把几乎处于"遗忘边缘"的长时记忆"复活",大大提高了对相关信息(词汇)的记忆效率。

(二)左膀右臂记忆法

左膀右臂记忆法,其实就是掌握词根,结合前缀后缀,分析记忆单词,既可了解英语单词构成的奥妙,也可提高记忆单词的效率。

一般英语单词是由词根(也叫词干)＋词缀构成的,因此,只要记住词根和词缀的不同意义,然后从词形中辨认出词根和词缀,就能理解并记住整个单词的意义,并且牢固地记住该单词。

例如后缀-ess 意为:女性(female),在记忆 actress、poetess、hostess、paintress 就能够联想到女性这个范畴。

三、凭借可视化策略,明晰记忆之路径

《义务教育英语课程标准(2022 年版)》指出要以语篇研读为逻辑起点开展有效教学设计,要充分认识语篇传递的意义,明确主题意义,提炼语篇中的结构化知识,建立文本特征、语言特点与主题意义的关联。[5]

可视化工具有一定视觉冲击作用,选择合适的可视化工具,对学习内容进行结构化组织或重组并呈现,这能有效降低由信息呈现方式带来的外在认知负荷,更有利于学生将注意力集中于结构之内的具体内容,能有效帮助学生理解文本,同时这样的板书外显支架也为学生复述、识记文本提供有力支撑,保证语言的规范输出。

例如单词识记中善用图画、动画、视频等可视化工具讲解单词,能从视觉入手加深学生对单词的记忆,深化他们对单词含义的掌握。学生可运用可视化策略,重复利用可视化工具来提升单词识记效率。在进行语篇识记时,在主题语境下,学生可借助问题链、板书支架或关键词进行识记。

(一)问题串串记忆法

启发式问题清单能使背诵材料有意义。利用启发式问题清单,将背诵过程中的接受学习转化为发现学习。启发式问题清单就是将背诵材料作为阅读材料,通过问题引导学生在背诵材料中发现问题,解决问题。

根据学生已有知识或经验,针对学生学习过程中将要产生或可能产生的困惑,教师可以将教材知识转换为层次鲜明、具有系统性的一连串教学问题。那么学生在识记语篇知识时,则可以借助这一连串递进式的问题,由浅入深、由易到难、循序渐进地解读文本,让思维向深度与广度发展,促进对学习内容的理解和语篇的识记。

例如,学生在识记"Mid-Autumn Festival"语篇时,"When is it?""Where is it from?""What do people do at the festival?""How do people feel?"这样的问题链,既能够帮助学生回忆起相关内容,又能有效帮助学生组织语言,激活语篇图式。又如记忆"The Great Wall"语篇时,"Where is the Great Wall?""What is it like?""When did people build it?"

"Why do people build it?"这样有层次性、逻辑性的问题链,使得学生在解决问题的过程中逐步识记文本。

（二）结构图记忆法

图式的实质就是一种结构、一种框架。图式记忆法源于认知心理学的图式理论。根据认知心理学的图式论,图式是人们利用已有的知识信息结构记住新知识信息的一种方法,人们在接受新知识的时候,需要将新知与已知的概念、知识联系起来,在头脑中已经存在的图式的基础上建立新的图式。

学生可以借助结构图记忆法,如思维可视化工具,包含八大思维图示法、思维导图和概念图等。根据文本各要素间的关系搭建适切的思维可视化支架,例如关联关系的内容,巧用蝶形图;总分关系的内容,巧用网状图;对比关系的内容,巧用鱼骨图;次序关系的内容,巧用流程图;年份变迁的内容,巧用时间轴;地点标识的内容,巧用地理图。[4]

以外研社一年级起点六年级下册 Module 3 Unit 1"I took some photos."一课为例,在授课过程中,师生、生生的思维碰撞,让学生参与到语料支架的搭建中,化抽象为直观,使本课的思维可视图示逐步呈现出来(见图3)。学生可以将板书记录在笔记本上,课后需要复习或是识记语篇时,能够借助这个思维可视图,规范语言输出,提升学习效果,并进行高效识记。

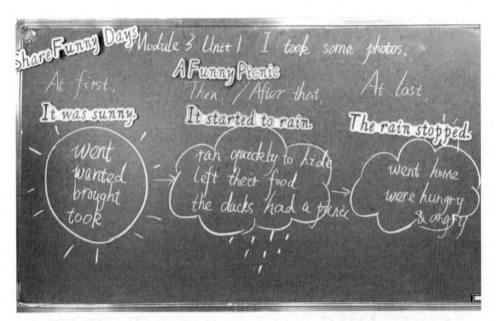

图3　六年级下册 Module 3 Unit 1"I took some photos."的板书

四、依托情境策略,深化记忆之体验

情境效应,编码时的环境刺激,也能成为一个提取线索。Godden 和 Baddeley 开展的一项研究表明当回忆环境与学习环境相同时成绩最好。Bower 甚至宣称,如果一个人在回忆时的心境与编码时相同,那么他可能会回忆起更多的信息来。

语言的学习离不开相对应的语境,学生在识记语言知识也一样离不开语境。在适当时候,以学生已有知识经验为基础,通过图片、食物、声音、事件、角色、关键性标识创设真实或模拟真实的情境,引导学生在情境中建立词汇的音、形、意之间的联系,明确句子的语用目的,学有所得,学以致用。例如采用生活情境、文本情境、板画情境、音乐情境、表演情境等。

(一)浮想联翩记忆法

浮想联翩记忆法指的是让学生充分打开"脑洞",发挥想象,想象出相应画面来记忆语言知识。例如采用谐音记忆,其实也是浮想联翩的一种形式,利用英语和汉语在构词上的相似性形成相似联想,使中国人记忆英语单词有理可依,不再前记后忘。所谓谐音记忆法,就是把有些知识按照其他同音汉字理解,使原来无意义的音节变成有意义的词句,使之生动、有趣、收到意想不到的效果。许多单词很难记忆,在它们之间不易找出有意义的联系,可利用谐音加某种外部联系的方式记忆这些单词,这样便于贮存,易于回忆。学生可以借助谐音记忆法识记一些抽象、难记的词汇,如蜡笔(crayon)——成人(cr)阿姨(ay)手上(on)拿着蜡笔,整洁的(tidy)——抽屉(ti)里有件整洁的大衣(dy)。

(二)节奏记忆法

利用韵律法将 4~8 个相同尾韵的单词整合在一起对比记忆是符合认知心理学的短时记忆规律的。由于语音押韵,词形相近,在单位记忆时间内缩小了词与词之间的差别,减轻了记忆负担。每组单词编排尽量加入已经认知的熟悉单词,会激活新旧单词之间的联系,促使新单词与大脑中已有的长时记忆信息发生联系,加强记忆效果,提高记忆速度,保持所学单词在长时记忆中的持久性。

音乐可以带给人们快乐、幸福感。那么教学中可以借助音乐的魅力,让英语知识与音乐相互融合。音乐情境有利于学生摆脱机械、单板、枯燥、简单的学习方式,能活跃记忆思维,提高记忆效率。例如教授外研社一年级起点一年级下册 Module 3 Unit 2"How many green birds?"一课,通过 chant 节奏,"Many,many,how many?""How many green birds can you see?""Four, four, four birds.""Four green birds I can see."重复利用文本图片,在音乐情境、图片情境中,生生合作创编 chant,轻松巩固"How many…?""Four/Five…"的对话结构,并在课后将 chant 节奏发给学生,课后学生依旧能够运用这个音乐节奏,进行复习巩固,识记对话,达到事半功倍的效果。

(三)表演记忆法

课堂宛如生活剧场中的小场景,可以演绎得绘声绘色。学生能将所学的语言知识在现实生活中进行使用,也就达到我们的教学目标了。通过表演情境,学生在课后识记时,能更充分地理解文本内容,更好地实现意义建构。例如在学习外研社一年级起点四年级上册 Module 10 Unit 1 时,文本情境是 Sam 因为玩电脑熬夜导致感冒,去医院看病,医生根据他的问题给出了就诊意见。笔者就准备了医生白大褂、听诊器、Sam 的头饰等实物,让学生在情境中进行角色扮演,学生参与度很高,并能很好地运用本课知识点进行表达。在课后让学生延续这个情境,进行医生与患者间的表演对话,对症下药,给出建议。多模态形式呈现让视觉、听觉对大脑皮层产生强烈刺激,能加深对语言材料的意义建构。

五、落实重复策略,强化记忆之成果

德国心理学家艾宾浩斯的遗忘曲线表明:人们在学习中的遗忘是有规律的,遗忘的进程不是均衡的,即"先快后慢"的原则。因此需要通过重复来深化记忆的"痕迹"。例如,今天学到的单词,在当天背熟之后,第二天、第四天、第七天、第十四天、第二十八天都应复习一次,这样才能形成长时间的记忆。复习的时间间隔应该先短后长,这种重复不仅可以形成长时记忆,而且能取得很好的效果。

间隔效应的现象更进一步加强了编码特定性的假设。你可能早已熟知这一效应,因为它验证了老师们常常给你的建议。简单地说,在重复学习同一材料时,如果你将材料分成一些短小的部分并分开时间学习,会比你用一个长时段的学习效果好得多。

学生无论选择何种记忆策略,最终都需要运用重复策略,因为输入的识记材料依次进入感觉记忆、短时记忆和长时记忆。只有进入长时记忆的信息才能被记住,留在记忆中的信息若不能得到保存则产生遗忘。因此,学习者在运用各种记忆策略学习英语语言知识之后,要想使之持久、牢固地保留在大脑中,必须适时进行复习,那么间歇重复记忆则是最有效的方式。

采用间歇重复记忆法,能有效防止知识遗忘,不断强化所识记的语言知识。最初学生还不熟悉这个记忆方法时,老师可以借助作业的形式,让学生被动地运用间歇重复记忆,在学生熟悉后,则可以让学生自己制订间歇复习计划形成长时记忆。

评价工具

一、竞赛法

恰当地运用"竞赛法",有利于激发学生的学习兴趣,产生良好的心理定势,并逐渐将学习兴趣转化为内在的学习动力。从心理学的角度看,小学生正处于争强好胜的阶段,

竞赛能唤起优越感和满足学生受他人承认、赞扬的心理需求。竞赛为学生提供检测平台，如单词抢答竞赛、单词默写竞赛、单词接龙竞赛等，比拼识记速度、宽度，并在情境中检测识记深度是否能用得好。激发孩子的学习内驱力，使其主动参与其中。

单词抢答竞赛：一般将难拼读的或音节较长的词作为抢答词，教师出示卡片，每抢答正确一个单词就加分。

单词默写竞赛：学生默写某类别的单词，以限定时间内默写出的正确单词数计分。

单词接龙竞赛：教师在黑板上写出一个单词，学生自行默写接龙，以1分钟内所接的正确单词的多少计分；或是每组学生按顺序上台，以1分钟内所接的正确单词的多少计分。

二、分享法

英国现代杰出的现实主义戏剧作家萧伯纳说："如果你有一种思想，我有一种思想，彼此交换，我们每个人就有了两种思想，甚至多于两种思想。"分享能使发现更全面、思想更多元、思维更开阔、结论更完美。如分享问题、分享发现、分享收获。

分享问题：给学生更多的时间分享各自发现的问题，并且学会从别人分享的问题中发现自己的差距及怎样的问题更有价值。例如识记过程遇到的疑问、困难等。

分享发现：在"Memory Master——记忆大师"课程中，学生经过观察、思考，得到新的记忆策略的认识，把自己发现的点滴、思考的经过分享给同伴，以取得同伴的认可，并从中获得成功的喜悦。同时在同伴分享的发现中进一步完善自己的发现，使自己的思考得到进一步提升，而从分享中得到成功的喜悦又会成为人们进行新探究的动力。

分享收获：学生分享自己收获了哪些记忆策略，并用这些记忆策略识记了什么，在彼此的经验分享中，也能互相充实。

三、总结法

"善于总结是人生成功的一大秘籍。"善于总结的人不会犯同样的错误；善于总结的人做事事半功倍；善于总结的人进步迅速。教师在引导学生去观察、思考、猜测及推理、归纳后，要注重让学生把自己归纳的结论与同伴分享，分享个人的收获与不足。在分享中，学生不仅体会了自己能归纳总结获得结论和得到同伴认可的喜悦之情，也可以从同伴的结论中发现自己的不足，并及时补充、完善，进一步促进自己成长。

课程**故事**

记忆本身也是一种思维能力。记忆可以分为深层次记忆，浅层次记忆，有些记忆在经过时间的打磨之后就会出现淡化甚至是遗忘的现象。这个时候,就需要对记忆进行加工,对记忆的加工层次越深,学生的记忆也就越深刻。

在师生交互中,"TT老师,课文太长了,记不下来……""老师,老师,单词太多了,我背了忘,忘了背,就是记不住。""老师,老师,这两个知识点怎么区分啊? 什么时候要加 s 啊?""老师,老师,有没有什么好的识记方法呢? 每次都是靠死记硬背……"学生经常对着我倾诉自己学习英语过程中关于识记的困难,因此我开始关注学生学习英语的识记困难,主要有:识记花费时间长;单词、课文识记不持久;记忆知识点混淆;识记效率低;识记策略缺失;因为识记困难导致成绩上不去。这也让我意识到,英语学习需要方法,授人以鱼不如授人以渔。给学生一定策略指导,授之以渔更有利于学生学习输入与输出。

在课程实践中,与学生交流他们的收获时,有位叫陈星泽的小朋友很兴奋地跟我说:"原来记单词这么好玩,我以前都一个字母一个字母地背诵,死记硬背又记不住,今天我学会了音形记忆法和组块记忆法。晚上回去我要用这个方法再背几个单词。"一位小朋友说:"TT老师,这个音形记忆法我妈妈已经教过我了,还有没有别的记忆方法,我还想学!"原来学生们这么渴望记忆法呀,看来下节课要多给他们传授一些法宝了。

在实践一段时间过后,采用单词大王——百词斩竞赛、课堂小组 PK 赛、限时比拼等形式,学生们跃跃欲试、充满信心的样子真令人欣慰。当他们取得理想成绩时,站上讲台收获记忆大师的奖状时,那份骄傲、满足溢于言表。同时进行记忆大师分享会、总结会,请学生总结分享自己的记忆收获,有的学生就表示:我用了音形记忆法记忆了许多单词,借助多感官参与法记住了他们的意思。有的学生表示自己之前用了一个暑假记了一整版的单词,一个词重复记了一周,到下一周就记忆别的词,但是最终全都忘光了。通过"Memory Master——记忆大师"课程,他掌握了科学的间歇记忆法,能有效地提升记忆的持久度。同时也了解了前摄抑制和倒摄抑制的规律,每次识记复习材料时,都能变换识记顺序,以避免前摄抑制和倒摄抑制。有的学生则很愉悦地分享说,她现在掌握了很多记忆方法,能够根据自己识记内容选择合适的方法,比如今天识记"The Great Wall"小作文时,能够运用问题串串记忆法,自己设计启发式问题链,促进记忆;记忆 Module 10 单词时,能够运用音形记忆法、分类导图记忆法等多种方法进行识记。

授人以鱼不如授人以渔,很开心听到学生们的反馈,也相信收获了记忆方法,掌握了记忆策略的他们,在学习英语的道路上,能走得越来越平坦。

参考文献

[1]教育部.义务教育课程标准(2022 年版)[M].北京:北京师范大学出版社,2022:20.

［2］周丽华.儿童记忆策略发展研究综述［J］.昭通师范高等专科学校学报,2007(1):71-76.

［3］江容.自然拼读法运用于小学英语词汇教学中存在的问题及对策研究［D］.镇江:江苏大学,2019.

［4］徐中兰.思维导图辅助小学高年级英语词汇教学研究［D］.杭州:杭州师范大学,2019.

［5］教育部.义务教育课程标准（2022年版）［M］.北京:北京师范大学出版社,2022:32.

"Memory Master——记忆大师"
课程纲要

06

国宝策展人

周　璐

目标定位

本课程以《义务教育艺术课程标准(2022年版)》中提出的义务教育阶段的美术课程步入核心素养时代,以立德树人作为根本任务,借助丰富的国宝资源,以策展为实践,以育人为目标,通过对国宝文化的探究提高学生信息的收集、处理与应用能力,在国宝策展活动中培养学生的团队沟通、交流、协调等执行力,提升学生的空间思维与整体设计等空间规划能力,在活动中让学生了解、理解中华优秀传统文化,感悟自身文化的独特性及其与本民族生活的血脉联系,形成自我文化意识,进而逐步形成文化认同。

本课程目标制定如图1所示。

图1　"国宝策展人"课程目标

1.信息能力:理解、获取、利用信息能力及利用信息技术的能力

信息能力在学生的学习和未来职业发展中扮演着至关重要的角色。现代社会对信息的需求日益增长,因此学生需要具备良好的信息能力以适应这一变化。良好的信息能

力不仅能帮助学生处理和准确利用大量的信息,还能帮助他们做出明智的决策、解决问题、获取新知识,并更好地适应各种变化。因此,在学生的日常学习过程中,培养和提高信息能力是非常必要的。信息能力主要包括信息获取能力、信息评估能力、信息组织能力、信息分析能力、信息应用能力,以及信息共享和传播能力。

2.团队合作能力:建立在团队的基础之上,发挥团队精神、互补互助以达到团队最大工作效率的能力

团队合作对学生具有重要意义,可以提高学习成效,培养社交技巧、团队精神、领导才能和问题解决能力。因此,学生应积极参与团队项目和活动,不断培养和提升自身的团队合作能力。团队合作能力主要体现在沟通能力、合作精神、目标导向、问题解决能力、互补技能、人际关系管理、灵活性和适应性等方面。

3.设计策划能力:进行设计或计划任务时所需的能力和技能

设计策划涉及多个方面的能力,如分析、组织、评估、沟通等。培养设计策划能力可以全面促进学生综合素质的发展,提高他们的思维能力、逻辑推理能力以及问题解决能力。主要体现为:创意思维、目标设定、需求分析、组织与安排、团队协作、分析和评估、解决问题能力、沟通能力、灵活性与创新性、质量控制。

4.空间规划能力:在设计、布置和组织物理环境时具备的能力

它涉及对一定空间内部和外部元素进行分析、评估和优化,以实现最佳的功能、流动性和美学效果。以下是空间规划能力的一些关键方面:空间分析与评估、功能定位与需求、流线设计与空间组织、材料与装饰选择、光线与色彩运用。

背景分析

一、背景分析

1.教育部的引领

教育部印发的《中华优秀传统文化进中小学课程教材指南》明确促进中小学课程教学中应用中华优秀传统文化,以培养学生的成长和铸造魂魄。我国优秀传统文化蕴含着民族价值理念和精神追求,是实现中国梦的有效驱动力。美术作为人类文化的重要表达形式,在生活、社会和文化中具有重要地位。在小学美术教学中开展中华优秀传统文化活动有利于弘扬优秀民族文化,提升学生的审美创造能力,同时也能够在美术创作中表达自己的思想和情感。将中华优秀传统文化融入美术课程教学,符合文化育人要求,也满足了新课标实现教学特色创新的需求。

2.学生能力的需求

美术教育是以审美活动为中介,目的在于培养广大学生的审美能力,引导学生塑造良好人格。美术学习并不单纯是针对学生绘画技能实施训练,更是引导学生进行文化学习。国宝展览是通过对国宝采用展览方式,体现出国宝的艺术特色,并培养学生的美育能力。"国宝策展人"主题教学课程的开展,可以实现和现代多种呈现方式的结合应用,例如有线上展厅、语音介绍、电子杂志、海报、裸眼 3D、小品等,引导学生了解更多的现代先进智能化技术,开拓学生思维,实现对学生新时代成长中综合能力需求的满足。

二、文献综述

本次以"策展人"作为关键词在"万方""知网"等相关数据库进行资料查询,截至 2023 年 10 月 15 日搜索到的相关文献有 4718 篇,但学科主要集中在文艺理论与文化经济方面,在研究层次分析方面,仅有 2 篇关于学科教育教学且属于高等教育。以"策展人""小学生"或"国宝策展人"作为关键词,搜索到的相关文献为 0,但是以"文物""展览"作为关键词进行搜索,可以搜索到相关文献 19 篇,且主要集中在档案及博物馆的学科研究,并无小学教学的研究。如果单独以"文物"为关键词进行检索,发现多是将"文物"作为美术教学资源使用,并非将其设置为主题课程。因此以"国宝策展人"主题教学课程作为研究对象,具有创新性和先驱性。

以目标中的"传统文化意识"为关键词进行查询,搜索到相关文献 124 篇,其中初等教育研究为 5 篇,通过发表年度数据集可以看出,对学生"传统文化意识"培育的关注度呈上升趋势。以"综合能力""小学"为关键词搜索得到文献 27 篇,其发表量于 2021 年达到最高,说明近几年大众开始关注对小学生"综合能力"的培养。在小学阶段以"国宝策展人"为主题,对于培养学生热爱中国传统文化,以策展实践活动促进学生综合能力的培育具有可行性。

学习**路径**

一、理论依据

在"国宝策展人"主题课程建构中,学生以宣传保护文物为目的进行策展,在策展的过程中通过学生对其元认知的突围,重建学生的能力,培养高阶思维。相应的学习策略如下。

1.实施跨学科教学

《义务教育课程方案(2022 年版)》聚焦核心素养,明确要求加强课程内容与学生经验、社会生活的联系,强化学科内知识整合,统筹设计综合课程和跨学科主题学习[1],注重培养学生在真实情境中运用综合知识解决问题的能力。[2]关于跨学科学习的事实意义，主要体现在以下几个方面。

（1）实施跨学科教学，综合多种知识，积极引导学生参与解决实际问题，提升综合能力；

（2）实施跨学科教学，即将学习看成一个整体，不分科，其中学生日常生活本身是一个完整的体系，可以有效实现和学生日常生活的结合；

（3）实施跨学科教学，可以引导学生了解现实和未来的不确定性；

（4）实施跨学科教学，在学生学习阶段开始引导学生创新实践，更有助于增强学生的创新意识，提升实践能力，促进学生全面成长。

只有当一门学科真正建立起与其他学科、与生活的联系时，这门学科的教育价值才能真正得到体现，因此在学习过程中，需要将深度学习运用于学生的一切学习过程之中。[3]跨学科学习其实就是基于真实情境解决真实问题，是基于理解为前提的深度综合性学习，转变学生学习方式，促进学生核心素养形成。在美术教学中，也可以融入其他学科知识，"国宝策展人"主题教学课程，则是促进传统文化、数学、语文、历史等相关课程在美术课堂的融入，培养学生综合能力，以此满足学生新时代发展环境下的能力及素养要求，从而促进学生全面成长。

2.为理解而学

为理解而学：设计"跨学科学习"课程，是为了帮助学生更好地理解学科与世界，并由此更好地发展学生的理解力。为理解而学的提出旨在回应深度学习的真实发生、高阶思维的发展及个人价值的实现。为理解而学旨在发展学习者能够在移情理解的基础上开展意义性联系与反思性运用，其强调以迁移与运用为本的知识学习过程，进而实现知识与理解间的转化与生成。面对巨量的信息洪流与便捷的获取方式，为获得而学的限度日益突出。为理解而学的提出回应了人工智能时代我们真正需要的学习方式、思维特质及个人价值实现等问题。[4]

（1）理解是深度学习的基础与目的

要应对好人工智能的挑战，学习者应该超越信息、事实，能够基于理解而积极、灵活地运用知识，这样的学习是一种深度学习。理解不仅是深度学习的基础，而且也是深度学习的目的。深度学习体现为基于理解而展开的学习过程与结果的统一体。

（2）理解是高阶思维发展的核心

面对人工智能时代的挑战，个体所需的思维品质不是仅指向知识获得，而是基于理解而发生的批判性思维、创新性思维等高阶思维。高阶思维是人工智能时代对学习者思维技能的高层次追求，也是人才培养和发展中的关键要素。在教育学界，长期以来将理解视为高阶思维发生的基础，但理解本身并不是高阶思维。高阶思维集中体现了人工智能时代人才培养的新兴要求和思维特质。

（3）理解是个人价值实现的关键

面对人工智能时代带来的挑战,学习者需要实现个人价值和成为健全人的目标。这不仅仅需要获得认知层面的知识,还需要发展基于理解的情感、意义、价值等非认知维度。这些基于理解的非认知维度包括移情理解,即设身处地、换位思考,以及感同身受、体谅他人观点的学习能力和道德体验。在人工智能时代,"为理解而学"成为一种新型知识学习方式,超越了仅为了获得而学的目的。这种学习方式关注学习结果、学习过程以及知识与理解之间的关系。

二、路径建立

根据"为理解而学"的教学理念,本课程建立了三段式螺旋上升的学习路径(见图2),三个阶段从学生认知能力出发,结合跨学科的学习,由个人了解认识国宝到团队组合推荐国宝,再到团队完整策展的实施。

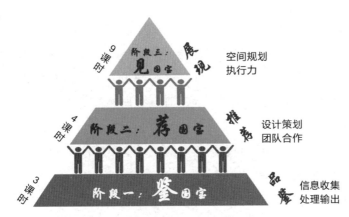

图2 "国宝策展人"课程学习路径

1.鉴国宝:"品鉴"学习路径

作为策展人,了解常见国宝并积累相关知识非常重要。选择一件自己最感兴趣的国宝作为研究对象,深入了解其历史、文化、起源,并品鉴其造型、工艺和纹饰之美。通过梳理素材,以适合的方式准确地向同伴介绍。

（1）文化溯源——了解国宝

作为以"国宝"为主题的展览,其主题应与"国宝"相关。但我国历史悠久,"国宝"众多。选择哪个"国宝"是学生首先要确定的问题。兴趣是学习的原动力,可以根据学生兴趣选择"国宝"。通过网络、书籍、纪录片等渠道收集和提炼"国宝"信息,结合问题组织内容,如:"你最喜欢的国宝是什么? 为什么?""它的基本信息是什么(出土位置、年代、大小)?"通过探析一系列问题,引导学生完成对国宝文化的基本溯源,初步认识国宝文化。

（2）素材梳理——研究内涵

学生需要对收集的素材进行梳理，以回答"研究内涵"的问题。通过汇总学生收集的资料，从"国宝"的基本分类、不同种类的出土地域分析，以及不同年代的划分，系统梳理"国宝"背后涉及的历史、政治、经济、文化等知识。这样可以提高学生对"国宝"多维立体价值的认识，明确"国宝"是中华文明发展的缩影，是我国优秀传统文化的名片。

（3）表达展示——准确表达

表达展示是展览中重要的一环，也是文化溯源与素材梳理的感官化显现，这里的"准确表达"不仅仅局限于听觉方面的口头表达，也可在视觉方面展示图片、PPT、思维导图等。学生根据梳理后的素材，进行解说尝试，在解说构建的过程中，提升学生对国宝及其背后的文化更深层次的认识。培育学生对中华优秀传统文化的热爱，并敢于将了解到的信息表达出来，推动学生国宝文化积淀的形成。

2.荐国宝："推荐"学习路径

如果"品鉴"是以个体为单位的文化积淀过程，那"推荐"就是多人组合的团队，进行系列国宝推荐活动。策展通常不是一个个人化的行为，而是依赖于团队的作业，因此策展人应当具备良好的团队合作能力。多件"国宝"的组合也使推荐方式发生了变化，学生需要寻找出适合的主题，将"国宝"进行串联，研究方向相同的学生组成项目组，进一步深度探究，将相关的要素贯穿连接，形成推荐国宝的主题脉络，分工合作向同伴推荐。所以在这个阶段中文化溯源、素材梳理、表达展示的要求也相应地提高。

（1）文化溯源——主题凝练

"推荐"的前提是组建"志同道合"的团队，团队建立后再进行主题的凝练，优秀的选题是策展成功的关键，策展团队可以依据第一阶段的国宝文化积淀对国宝共性方向进行探讨，如：题材、材质、纹样、色彩、造型、地域、文化，从而选择出合适的策展主题。团队的合力探讨，可以将每个人不同的关注点聚集起来，产生思维碰撞，催生出 $1+1>2$ 的效果，选定出有深度、有内涵的主题，如"龙的传人——龙形象的变化"。

（2）素材梳理——设计策划

本阶段的"素材梳理"与上一阶段又有何不同呢？因为在一个共性的主题下，所以我们需要在众多"国宝"当中，整理出适合主题脉络发展的多个"国宝"展品，在共性主题下如何具有创意地进行策展，"设计策划"就显得尤为重要。

①主题调研——谁观展

"国宝我们推"的阶段，展览对象以课程内部学生为主，过渡到"展"的阶段，就要开始考虑展览的受众人群，好的展览一定是基于参观者的需求和体验出发进行策划布展的，可以从对拟定主题的国宝了解度进行调研，通过统计数据指导后续的展品选择、辨识策划、呈现方式等。

②辨识策划——怎么展

完整的展览,需要对展览空间进行科学合理的规划,以引导观展者在一定的线路进行观展,并从中了解策展人的策展思维。根据不同的场地,学生需要实地测量,并画出规划草图。从展览整体空间规划,对平面、立体空间需要设置:海报、前言、展品陈列、策展思维呈现等。在这个过程中"如何让国宝活起来?"是需要着重考虑的问题,所以在整体策划过程中需要加入能与观者产生共鸣的互动设计。

(3)表达展示——团队合作

"团队合作"伴随着第二阶段的学习路径在不断发生。基于前面路径的实施,为了让"团队合作"开展得更顺利,在此引入项目式学习可以为学生群体学习提供支架,以及科学指导展品创意整合和展览的执行。

团队合作通常需要对所操作项目有具体的了解才能更好地实践操作。因此,在项目开始时,根据展览预设需考虑可能遇到的问题,并逐一解决,制定一份项目须知清单,以便策展人团队明确项目的实施要点,促进更加有效地合作。例如:分配策展成员、初步确定展出场地及选择理由、确定开展日期、展览包含的作品类型(如是否只展示 2D 作品还是包括雕塑、装置、视听元素、档案库或展示柜)、展览理念(针对哪类观众群)、初步确定参展作品清单等。明确项目的实施要点后,时间管理和推进变得至关重要,因为这涉及展览能否按时进行和展出。因此,规划项目日志是必不可少的,可以从实施环节安排时间表,以促进有序的"团队合作"。

3.见国宝:"展现——国宝策展让更多的人看见"学习路径

(1)文化溯源——优化主题

在"龙的传人"这一主题目标中,学生可以预设问题,列出观众可能会提出的问题,如"为什么说中华儿女是龙的传人?""龙的形象有什么象征意义?""从古至今,龙的形态都发生了哪些变化?"。

从问题出发,寻找相关素材进行溯源。例如,新石器时代的图腾崇拜,每个部落的图腾都是不同的动物。随后,多个部落联合兼并,龙的形象逐渐在各个部落间融合,形成了今天我们所熟知的龙。在神话传说中,许多部族领袖身上都有龙的烙印,有关龙的传说也屡见不鲜。商周时期,龙的形态被应用于礼器上。礼是中华文明的重要内容之一,体现了等级与秩序。为了增添祭祀仪式的庄重氛围,许多青铜礼器上装饰有各种形态的龙,龙纹逐渐成为青铜器装饰中的重要元素。而到了战国时期,礼崩乐坏,龙纹不再狰狞,反而被赋予"吉祥"的含义,龙的形态也发生了变化。

(2)素材梳理——丰富内涵

通过对不同历史时期"国宝"的地位进行分析,"龙的传人"团队选出了代表各个时代变化的具有代表性的"国宝",包括红山文化玉龙、龙形觥、龙耳簋、人物御龙画像砖、金坐龙、金定窑白釉印花云龙纹盘、元青花云龙纹盖盒和千秋亭藻井。以"讲好国宝故事"为驱动任务,将这些"国宝"串联起来形成展览的主线,这个主线是统筹所有展品的核心。

在实施过程中,学生紧扣主线,充实和深入挖掘其内涵。例如,从祖先将自然力神化并提升而创造出龙开始,到夏商周时期龙作为权威象征出现在青铜器上,再到春秋中晚期表达"吉祥"寓意,西汉时期龙逐渐演变为蛇形身体,头上有双角、长足有爪、大嘴龙的标准形态确定,以及后续朝代中因民风民俗演化的龙。最后到故宫博物院御花园千秋亭藻井中,也有龙的身影,代表如意和吉祥。"龙"就像一面旗帜,将世界各地的华夏儿女团结在一起,我们都是龙的传人。

（3）表达展示——多维呈现

展览的执行是"国宝策展人"成果的呈现,学生进行展览的实际操作,团队合作将前期积淀向可视化可互动化推进,这就促生了"多维呈现"的诞生。根据辨识策划环节所规划的平面、立体呈现方式进行创意制作,主要集中在仿制品、海报、视频宣传、标识卡、宣传册等的制作。例如,"龙的传人"主题中可以运用超轻黏土、陶泥、全息投影等方式进行"国宝"作品的创作。在这个过程中,学生将打通各学科的已有认知,实现综合能力的建构,布展的成功也推动着学生对"国宝"情感的升华。

课程**图谱**

一、建构图式结构

本课程属于国家课程的校本化延伸,根据国家课程中对中华优秀传统文化的渗透,抓住学生兴趣点提升其对优秀传统文化的认同感和自豪感。在实施过程中以"国宝"为素材,"策展"为实践,实现学生作为"人"这一角色的综合素养培养。课程图谱（见图3）的三段式螺旋上升的活动设计,促进学生从"掌握学科知识"走向"构建结构化、网络化的认知地图",重构学生对国宝文化的认知,达到多重能力综合培育的目标。

二、课程内容的构成和组织形式

针对本课程制定的目标,围绕国宝展览研究主题,将其中蕴含的传统文化、民俗文化、汉字文化、艺术价值、美育知识等重新整合,打通学科横向勾连和纵向发展,形成网格式的发展脉络,运用多种实施手段,形成学科共同育人合力。

三、教学建议

基于跨学科教学理念,在本课程教学中,应该注重以下几点。

第一,突出学生主体地位,为学生提供自由探索和发现的机会,以促进学生学习和取

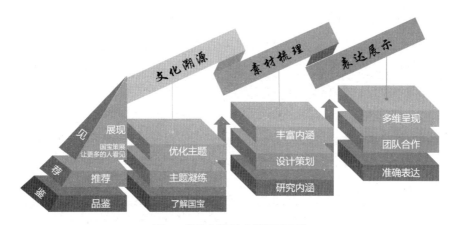

图 3 "国宝策展人"课程图谱

得优秀成果。

第二,突出跨学科融合,教师应积极寻找不同学科之间的融合点,与其他学科建立联系,例如在"国宝策展人"课程中,可以促进美术和历史学科的融合。

第三,突出学习过程,注重各学科之间的联系性,设计丰富的教学模式,让学生参与其中,享受学习过程,并深入了解不同学科之间的关系,培养学生的综合分析和综合判断能力。相对于单纯追求最终成果,这一过程更具意义。接下来对课程的三个学习阶段进行具体分析。

1.国宝我来"鉴"(3 课时)

活动一:了解国宝(1 课时)

为同学们介绍自己最喜欢的一件国宝。结合课前学习单(见表 1),引导学生完成对一件国宝资料的收集,并通过解说的方式初次尝试国宝介绍。

表 1 国宝我来"鉴"课前学习单

序号	课前了解
1	你最喜欢哪件国宝? 为什么?
2	它的基本信息有哪些?(出土位置、年代、大小)
3	它的造型有什么特点?
4	它的纹样有什么特点?
5	它的材质有什么特点?
6	你还想说些什么?

活动二:研究内涵(1 课时)

带领学生通过对国宝素材从历史、政治、经济、文化等发展的角度进行系统梳理,明确国宝的价值不是单一的,而是多层次立体的,它是中华文明发展的一个缩影,是我国优秀传统文化的名片。

活动三：准确表达(1课时)

学生根据重新梳理的素材，进行再次解说尝试，解说重建的过程中，提升学生对国宝及其背后文化更深层次的认识。

2.国宝我来"荐"(4课时)

活动一：主题凝练(1课时)

选出优秀的主题是策展成功的关键，不同团队对国宝共性方向：题材、材质、纹样、色彩、器型、遗址、文化进行探讨，选择出合适的策展主题(见表2)。

表2　挑选主题

挑题角度	预备主题
题材	龙的传人——龙形象的变化
材质	火与泥的融合——陶瓷艺术
纹样	古人也时髦——几何纹样
色彩	只此青绿——中国画中的壮丽山河
器型	古人欢乐杯——酒器
遗址	三星堆探秘——青铜文明
文化	古代小朋友玩什么？——婴戏图集

根据所选主题，列出观众可能会提到的问题，以及对这一主题中国宝的发展进行溯源。

活动二：设计策划(2课时)

通过第一阶段学习到的梳理方法，对主题进行历史、政治、经济、文化等方面的整理与内化，而后选出适合展览主题的展品，策展人团队了解策展完整的实施路径，并制定出项目须知清单(见表3)。

表3　项目须知清单

序号	项目须知
1	策展成员分配
2	初步拟定的展出场地
3	场地选择的理由
4	拟定的开展日期
5	预期规模(展览约占多少空间)
6	展览包含的作品类型(是否只展出2D作品，或是还包括雕塑、装置、视听相关的元素、档案库或展示柜)
7	展览理念(这次展览你针对的观众群是?)
8	参展作品初定清单

活动三:团队合作(1 课时)

结合项目须知清单制定出项目日志(见表 4),以指导后续策展工作的实施。

表 4　项目日志

事件		时间安排
选题调研	1.国宝了解度调研	
	2.观展方式调研	
辨识策划	1.空间设计	
	2.展品规划	
创意整合	1.文案设计	
	2.展品设计	
	3.讲解设计	
展览实践	1.展品整理	
	2.统筹布展	

3.国宝我来"现"(9 课时)

活动一:优化主题(2 课时)

针对选择主题,运用数学知识通过问卷星以及纸质调查表的方式,对观展者进行"国宝了解度调查"与"观展方式调查",以确定展品与展览方式的选择。

活动二:丰富内涵(4 课时)

对展览空间进行规划设计,画出设计草图,并选出适合展览空间的国宝呈现方式,如仿制国宝、国宝宣传册、海报、解说二维码、全息投影等。根据辨识策划中所选呈现方式,利用相关学科知识与技能进行实践活动。

活动三:多维呈现(2 课时)

策展人团队利用创意整合实践活动中的成果进行实地布展。

评价工具

传统小学美术教学评价中,通常是以分数评价满足应试教育需求,无法实现对学生实际学习情况的测试和了解,因此本次采用过程性评价和总结性评价相结合的方式,将学习目标、学习效果以及学习过程等均纳入审核范围,以此建构多元化学习评价方式,分别从评价主体、评价内容和评价方式方面实现多元化评价,以此实现对学生整体素质的评价。[5]基于现实价值可以发现,将评价目的以学生发展为主,主要采用的是过程性评价方式。

一、从评价主体实现多元化评价

1.自我评价

这种评价方式是主体对自己思想、行为和个性特点的判断和评价,在传统教学中常被使用。然而,传统教学通常忽视了学生自我评价的重要性,教师往往充当评价的主体。在"国宝策展人"活动实践的多元化评价中,学生被视为活动的主角,通过引导学生分析自身行为和心理变化,改善学习中的不良习惯,提升学生的自我意识和责任感。自我评价的主要流程包括:设立明确的学习目标和制订相应的学习计划;根据个人情况选择合适的学习方法,并总结在课程中掌握的学习方法,分析其适应性并弥补不足之处;对自身学习状态进行评价,培养自主学习习惯,如积极参与小组合作学习、深入了解古代国宝文化、参与展览筹备等。

2.同伴评价

同伴往往在社会环境和教育经历上比较相似,具有相似的社会认知和文化储备。因此,他们对彼此更加了解,例如了解对方的学习方法、学习能力和学习态度等。应用同伴评价方法可以改善传统教学评价方式的单一性,促进学生的学习与发展。通过同伴评价,学生可以认识到自身的不足之处,并从其他同伴身上学习优点,共同成长。

3.教师评价

在多元化评价中,教师评价是一种重要的评价方式。然而,在单元课程的教学评价中,教师的角色必须明确为引导者。教师需要在尊重个体评价、尊重评价对象和重视学习过程的基础上,有效地引导学生进行自我评价和同伴评价。在评价过程中,教师应充分尊重学生的学习特点,认识到每个学生在学习过程中的进步,并引导学生选择他们喜欢或擅长的方式来表达自己。

4.社会评价

在多元化评价中,可以引导社会人士参与其中。例如,在"国宝策展人"主题教学活动执行环节,可以邀请部分家长、国宝专家、国宝爱好者等相关人员参观展览,并在观展后填写调查问卷,以了解他们的感悟,以评估该活动是否起到有效宣传和保护文物的作用。将社会人员作为评价主体,可以优化教学评价方式,同时也能够引导学生更好地制定目标,积极促进他们进行探究性学习。

二、从评价客体实现多元化评价

多元化评价过程中,客体主要是针对学生解决实际问题的综合能力实施评价,例如学生的知识和技能获取能力、学习方法、兴趣动机等。在针对不同内容实施评价的过程中,能够促进学生在知识和技能、情感态度以及价值观方面的进步和发展。

三、从评价方法实现多元化评价

在多元化评价中,常用的评价方式包括学生自评、同伴评价和教师评价等。其中,学生参与的评价方式主要是自评和互评,这类评价方式使学生成为评价过程的主体,改善了学生评价的被动局面,并允许他们就别人给予的合理或不合理评价发表言论。此外,多元化评价注重实现评价方式的多样性,因此可以融入项目档案袋等评价方式,以实现对学生的客观、全面评价。

多元化评价方式和传统评价方式有一定的区别,目前尚未确定统一的评价标准。多元化评价方式在尊重学生个性发展的基础上,充分挖掘学生的内在潜能。其基本原则包括发展性评价、独立性原则、过程性原则、差异性原则和指导性原则。根据学生的不同情况,可以选择不同的途径和方法进行评价,以充分体现个性化和差异化,真正实现因材施教,以此保障每个学生在"国宝策展人"课程活动中提升综合素养。

据此本课程设计了以下总体评价方案(见表5)。

表5 "国宝策展人"课程总体评价方案

主要环节	过程性评价				总结性评价
	文化研究	项目设计	项目实施	成果汇报	总体成效
评价内容	对"古代国宝艺术资源"及"国宝艺术现状"信息资源收集、思考、表达和情感学习态度体现。	明确研究项目,设计实践活动方案。	掌握"国宝艺术"辨识门类,运用跨学科知识进行辨识的呈现。	国宝展览呈现,成果汇报。	在项目中各方面的总体表现与成效。
权重	15%	15%	15%	15%	40%
得分					
总分					

根据总体评价环节中过程性评价要点,分别设置了:文化研究评价表、项目设计表、项目实施评价表以及成果汇报评价表。

课程故事

源于热爱的课程

当同事得知我要做"国宝策展人"的课程时,提出了很多现实的质疑,比如:你为什么要做国宝的策展人,国宝离学生们的生活那么遥远,他们能喜欢吗?策展人需要非常专业的美术以及其他学科的知识,学生们的能力能够达到吗?展览是不是真的能落地呢?

这些问题一直在我的思考中。我设计的初衷是能够在学生身上找到答案。在给学生上美术课时,我发现他们对中国传统艺术总是有无尽的疑问。低年级时,他们问:"原始人在创造字时是怎么想的?""为什么古代人玩泥娃娃而不是布娃娃?""古代为什么不用玻璃做窗户?"高年级时,他们问:"陪葬墓里为什么要放陶俑?""为什么古代陶瓷和青铜的高超技艺没有被流传下来？"对于这些问题，我有时也难以回答。因此，在课堂上我提供了一些资源作为补充，例如纪录片《"字"从遇见你》《如果国宝会说话》《国家宝藏》《国宝档案》，以及中国国家博物馆的手机应用程序。通过多种渠道让学生全面了解国宝。那些看似遥远的国宝以及其所蕴含的中华优秀传统工艺与文化已经慢慢渗透到国家课程中，并在每年的时间里深深影响着学生们的心灵。

在这些孩子中，有一部分表现出对国宝及其文化极度的热情。他们乐于了解我国的传统工艺美术，并愿意向身边的同学介绍。这正是策展人所具备的特质，也是我设计"国宝策展人"课程初衷的来源，源自学生们的热爱！在课程实施过程中，我们遇到了许多实际问题，但因为有这份热爱，我和学生们能够解决困难并向前迈进。同时，我们也拥有了一个有爱心且乐于分享的团队。学生们在假期出游时会参观当地的博物馆，并将所获得的收获分享到社团群里。跟随着他们，我的足迹也遍布全国，与他们一起成长。

参考文献

[1]李建成.新教学定义下师生共构情境的概念、价值与路径[J].江苏教育研究，2023(2)：125-126.

[2]张华.创造21世纪理想课程：义务教育课程修订的国际视野[J].基础教育课程，2022(10)：4-11.

[3]邹硕.以学习为中心的学校空间设计策略[J].未来教育家，2021,3(21)：25-29.

[4]张良,关素芳.为理解而学：人工智能时代的知识学习[J].湖南师范大学教育科学学报，2021,20(1)：55-60.

[5]李苇.沉浸式教学在小学英语教学中的应用研究[D].重庆：西南大学，2022.

"国宝策展人"
课程纲要

07

我形我创七巧板

李雅萍

目标定位

　　数学,是研究现实世界数量关系和空间形式的一门科学。空间观念,应用于日常生活的方方面面,更是学生认识现实世界不可缺少的能力素养。无论从促进学生的自我发展来说,还是从适应社会发展需求的角度,发展学生的空间观念是当下数学教学的重要任务之一。

　　教学中,我们发现高年级学生在解决几何问题时常因想象不出图形又画不出图形而无从下手;发现学生面对抽象的几何问题无法利用身边的现实空间和物质辅助思考;发现到中学后不少学生因空间观念薄弱导致在给图形添加辅助线时困难重重。产生这些现象的主要原因是学生早期所获得的关于图形的认知、理解、领会、分析、综合等基础能力较低,换言之,就是学生的空间观念没有得到充分发展和培养。

　　为突破现实教学中封闭的学习内容、限定的学习资源以及单一的学习方式等障碍,"我形我创七巧板"课程以器具七巧板为载体,以趣味游戏体验为主要方式展开学习,课程开发了与七巧板有关的系列活动。探秘七巧板边、角、面等特殊关系以及移板换形、见影成形、七巧创形等系列课程,让学生在观察、操作、探讨、尝试、编创等操作活动中激发空间感知力、想象力和创造力,在实践游戏中激发探索的热情,从而润物细无声地培养学生的空间观念。

背景分析

一、背景分析

七巧板作为中国传统玩具的典型代表,承载着丰富的数理智慧和人文价值。作为东方最古老的几何玩具以及学生课内外最熟悉的学习材料,七巧板简单的构造下蕴含着丰富的内涵值得我们挖掘,如何让学生在会玩、玩好、爱玩七巧板的基础上发展空间观念是值得我们思考的一个问题。基于此,本课程的开发价值归结于以下三点。

（一）适切性:七巧课程架构遵循学生空间观念发展规律

根据文献分析,学生空间发展规律应遵循三阶段:直观感知阶段—描述分析阶段—复杂抽象阶段。[1]直观感知阶段应着重让学生在大量的视觉冲击下建构空间图形的表象,尤其是各类基础性的数学空间表象应在学生的头脑中有清晰的轮廓或形象,这样学生在接触到新事物或新图形的时候才能进行快速的分解、组合。而"我形我创七巧板"课程中的嗨玩七巧板课程,我们以拼图玩法为主要学习方式,通过课程让学生在动手操作的过程中直观感知空间图形和物体,对七巧板各板块之间边、角、面的关系有更深的了解,从图形的可量化角度再次认识图形的性质。综上,本课程的架构与学生空间观念的发展规律相契合,对学生的空间观念的发展起到促进作用。

（二）趣味性:游戏操作体验增强学生空间学习的内驱力

玩具是儿童学习的"课本",游戏是儿童最基本的活动方式,是儿童与生俱来的一种向外学习的动力,因此,学生应当成为自主游戏的主人,但绝不只是简单地盲目地让学生玩七巧板。[2]"我形我创七巧板"课程为师生之间搭建了一座桥梁,其特点之一就是该课程以真实的、趣味的游戏体验为主要的学习方式展开教学。首先,七巧板操作空间大,学生通过对七巧板进行简单的平移、翻转、旋转等操作后就可以拼接成上千种变化的图案,在游戏体验中能够很好地激发学生的空间想象力;其次,七巧板一物多玩,为不同层级的学生提供更开放的空间。本课程开发了与七巧板有关的多种玩法,如:移板换形、见影成形等,这些课程都是在真实的游戏操作中调动学生探索的热情,从而润物细无声地培养学生的空间观念。因此,本课程致力于开发出学生爱玩、乐玩的七巧板游戏,以趣味性的游戏体验来增强学生学习的内驱力。

（三）创造性:玩法千变万化提供学生创造力发展的可能

在数学教学过程中学生的创新意识培养应受到高度重视。在空间观念的每一个阶段,都需要学生发现问题、提出问题和解决问题,将获得的知识和经验应用于解决问题中。空间观念涵盖的图形知识与学生日常生活空间息息相关,是生活空间世界的缩影,也可以说是数学化的模型,因此创新意识的培养在空间观念发展过程中不可或缺。例如在七巧创意、N巧创形等课程主题中,学生通过想象自由创作出有趣的生活情境、创造出新型的N巧板,将直观的形象进行抽象化表达,这些课程主题的开展给学生提供充分发挥想象力的机会,以学科融合为媒介发展了学生的创造力,也进一步丰富了本课程的内容。

二、文献综述

笔者以"七巧板"为关键词,截至2023年10月10日,在中国知网上检索到768篇文献,其中期刊663篇,学位论文51篇。通过阅读相关文献,目前学界对"七巧板"研究大致分为以下几类。

(一)七巧板的传统文化

七巧板作为我国最古老的益智玩具之一,不少学者从传统文化内涵的角度挖掘了七巧板与之的契合点进行研究。于骏、方少杰等学者将七巧板的素材渗透进教学之中,他们认为以七巧板为载体,能够很好地传播数学文化、追溯数学本质,品味数学文化的博大精深,潜移默化地将传统文化教育浸润人们的心田。

(二)七巧板的应用价值

除了数学领域,七巧板以其简单的构造、丰富的数理知识走向了与其他领域的交叉研究。张文君、刘珊[3]的《基于七巧板原理的室内拼贴艺术研究》对七巧板原理与美学特征进行分析归纳,将具有拼贴艺术特征的七巧板应用到室内空间、装饰、家具中,塑造多样性、功能性、灵活性、艺术性的空间。还有不少学者将七巧板与商标、服装设计、装饰品等巧妙结合,具有历史感的七巧板真实地应用于各个领域,极具实用价值。

(三)七巧板的教学实践

许多学者以七巧板为学习资源,尝试探索了一些与七巧板活动相关的教学实践。其中,陈璐晓[4]在《行走在数学与儿童之间》一文中提出了应注重找到教材内容和学生之间的契合点和平衡点来展开教学,在七巧板活动中达成丰富学生的数学认知、培养学生的数学技能、启迪学生的数学思维等目标。陈桂玲[5]在《趣拼七巧板,"玩"出空间观念》中将七巧板作为课堂的延伸,从"按图索骥"照样拼、到"有思有变"多样拼,再到"诗画结合"创造拼,层层递进的游戏活动丰富学生的思维体验,让学生"玩"出空间观念。

目前,对"七巧板"的研究仍存在一定的空白点,如缺乏系统的课程体系和浅表性的研究。一方面,在小学数学学习中,大多数的课例仅以七巧板作为情境创设的素材,缺乏对七巧板的深入探究,以及可参考、可用的、有系列感的七巧板课程。另一方面,关于七巧板的拼图游戏、创图游戏虽然有大量的图册可以参考,但大多提供给低龄的幼儿使用,对于怎么玩的讲解,为什么好玩的分析仍过于浅表,单纯依靠这些学习资源学生仍感受不到七巧板的神奇之处,更谈不上发展学生的空间观念。因此,"我形我创七巧板"课程,关注学生空间观念的发展规律,以学生喜爱的游戏体验为学习方式,以七巧板为载体开发了系列课程,力求为七巧板的研究填补一定的空缺。

学习路径

本课程的实施对象是小学三、四年级的学生,加强动作直观和视觉直观,丰富几何认知应是此年龄阶段学生空间观念培养的主要策略。动作直观,是指通过动作达到直观的效果,主要包括拼摆、折叠、画图等方式。动作直观关注了小学生的年龄特征与认知特征。视觉直观,是一种有思维参与的积极的感知活动,静态的视觉直观价值主要在于提供参照、建立表象;动态的视觉直观则有揭示规律、建立联系等功能。因此,教学中应紧扣两种直观方式,通过丰富学生的几何认知,促进空间观念的形成。

基于此,我们设计了"探秘—嗨玩—创拓—集成"的学习路径(见图1),引领学生在动作直观和视觉直观中丰富对图形的认知,逐步培养学生的空间观念。

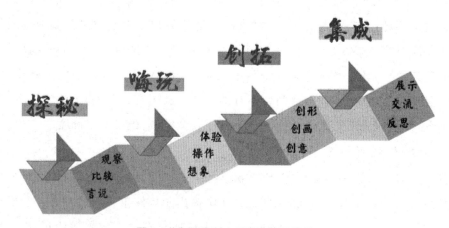

图1 "我形我创七巧板"学习路径

一、探秘七巧:从感性到理性,发展空间感知力

空间观念的发展离不开基本元素与关系的支撑,而点、线、面、角等都是几何图形中最基本、最抽象的构成元素。无疑,从边、角、面等基本元素出发,探究七巧板中一块正方形、五块三角形和一块平行四边形所蕴藏的奥秘是本课程首要的学习任务。

学生通过想象、猜测、操作、验证等活动过程,达成对七巧板中基本图形的刻画和深刻认识,发现边、角、面全都存在巧妙之处。例如:从边的角度,七巧板中共有23条边,但仅有 4 种长度,且两两之间存在着数量关系;从角的角度,七巧板中共有 23 个角,但仅有 3 种大小,且两两之间存在数量关系;从面的角度,七巧板中共有 7 块板,但也仅有 3 种大小,且两两之间也存在着倍数关系。

学生经历从直观到抽象、从经验到本质、从感性到理性的学习过程,很好地培养了学生的观察能力和对图形特征的探究能力,由表及里地帮助学生直抵数学的核心本质,最终指向了学生空间观念的发展。

二、嗨玩七巧:从体验到想象,激活空间想象力

嗨玩,是学生在一种轻松的状态下以七巧板为载体进行拼摆、自主探究的学习过程。借由直观操作,学生用脑、眼、手参与拼图活动,在一次次的平移、旋转操作中提升图形的建构力;借由游戏体验,学生积极参与,逐级挑战,在尝试、调整、改进中提升自身的空间想象力。

例如,移板换形,学生利用不同块数的七巧板拼出熟悉的基础图形,并在一个图形的基础上移动其中一块板变换出新的图形。学生通过不断想象、多次操作,提升了自身的观察、比较、分析能力。见影成形,学生依据图案的轮廓快速还原 7 块板的位置,加强学生对图形整体与局部的认识,在玩的体验中发展学生对图形分割、组合的能力。

"形象的建立"和"适度的抽象"是空间观念培养的关键,学生经历从操作到描述、从体验到想象的过程,在不断刺激想象中有效地运用视觉知觉符号与大脑中存储的图示概念建立联系,学会用数学的方式思考问题,逐步激活空间想象力。[6]

三、创拓七巧:从模仿到创意,激发空间创造力

创拓,是学生借助七巧板千变万化的组合创造出七巧绘本、N 巧板的学习过程。创造力,是人类特有的一种综合性本领,它不是特定行动所独有的,只有在人类智力活跃的地方才有创造力的存在。因此,学生经历对图形进行保持、再认和回忆的过程,不断对头脑中已有表象进行加工改造,从而创造出新形象。

例如,七巧创形,学生自主利用七巧板创作出创意图案,利用七巧板创编绘本,在想象、画图、创作的过程中不仅提高了动手实践能力,更是发展了创新意识,也再次感受到七巧板的应用价值。N 巧创形,打破 7 块板的思维定式,学生利用七巧板边、角、大小间的特殊关系再创新型板,在此过程中增强了推理意识、创新意识和应用意识。

利用几何直观解决问题的能力是空间观念成熟的标志,学生从无形到有形,从模仿到创意,在应用创造中不断打开思路、做出尝试、创出精彩,在做中学当中发展了实践力、建构力和创造力。

四、集成七巧:从孤立到联结,促进空间表达力

集成,汇聚了本次课程学习的成果,是学生间共享创作的源泉,也是共同反思与进步的一次学习体验。课程通过领域间、学科间的横跨、整合等方式,采用项目式学习方式,在

做项目的过程中聚焦现实生活中的真实问题,打破学科界限,真正发展学生的核心能力。

例如,畅言七巧"趣"中,学生用七巧板"话"出自己的故事,在与同伴的分享中互相启发、相互补充,并对本课程的学习做一次系统性的梳理,在此基础上也打开了更为广阔的研究空间,走向更为奥秘的七巧板新大陆。

在学生空间观念的培养中,语言是通过教学促进学生空间观念发展的仅次于直观的重要手段。学生从孤立到联结,从分散到系列,在表达中总结经验、发现问题、明确思路,在"我形我创七巧板"的课程中提升反思力、成果力。

课程**图谱**

一、图示结构

空间观念,是课程标准核心素养的表现之一,"主要是指对空间物体或图形的形状、大小及位置关系的认识。空间观念有助于学生理解现实生活中空间物体的形态与结构,是学生空间想象力的经验基础。"整个小学阶段,图形与几何领域围绕着"图形的认识与测量""图形的位置与运动"两大主题展开,课标指出教学中应改变单一讲授式的教学方式,通过丰富的教学方式促进学生空间观念的发展。

因此,"我形我创七巧板"课程图谱(见图 2)以七巧板为创作原型,以"探秘—嗨玩—创拓—集成"为学习路径,在课程中安排了 6 个课时的学习内容,在探究、活动、实践、展示中发展空间观念。

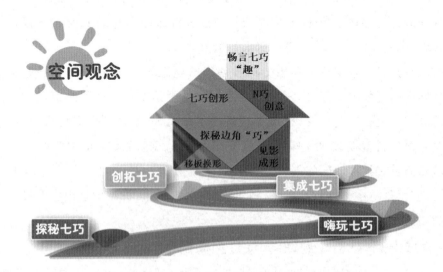

图 2 "我形我创七巧板"课程图谱

二、内容分析及教学建议

(一)探究课:探秘七巧

探秘"边角'巧'"主要从边、角、面三个维度(见图3)深入分析七巧板的图形属性,学生从七巧板中抽象出基础图形,经历自主发现、尝试验证、归纳概括的探究过程,自主探究七巧板中边、角、面之间的特殊关系。从图形的直观感知到探索特殊特征,学生积累观察和思考的经验,积累探究图形特征的一般方法,充分感受七巧板中边、角、面的奥秘,逐步形成空间观念。

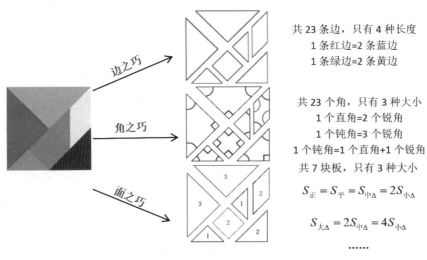

共23条边,只有4种长度
1条红边=2条蓝边
1条绿边=2条黄边

共23个角,只有3种大小
1个直角=2个锐角
1个钝角=3个锐角
1个钝角=1个直角+1个锐角
共7块板,只有3种大小

$$S_{正} = S_{平} = S_{中\triangle} = 2S_{小\triangle}$$

$$S_{大\triangle} = 2S_{中\triangle} = 4S_{小\triangle}$$

······

图3　七巧板边、角、面特征

充分利用学生已经积累的有关图形经验,以直观感知为主,鼓励学生大胆猜想、自主探究。借助动态演示、具体操作,利用重叠法、替代法等数学方法探究边、角、面的关系。给予学生言说表达的机会,完整表达发现验证关系的思考过程,逐步提高探究能力。

(二)活动课:嗨玩七巧

该系列以学生体验为主,以移板换形、见影成形两条主线推进,在实际操作中学生将体会七巧板拼组图形的巧妙,进一步激活学生的空间感知力、想象力。

移板换形,学生经历了选板组形、移板换形、添板创形的学习过程。在选择板块、拼组图形的过程中,学生观察特点、动手操作,从少到多、由易到难地拼出基本图形,在体验中再次体会七巧板中边、角的特殊性。通过移一移,学生用同样的板快速变换出各种图形,在平移、旋转等操作中感受到图形运动的意义。通过添加板块、图形组合,学生挑战用5、6、7块板拼基本图形,从盲拼过渡到组合拼,学生有意识地利用边角特征和图形运动进行拼组,再次感受到图形组合与分解的价值。

见影成形,学生根据七巧板的轮廓影子还原七巧板块的位置。"大小形状为依据,基本图形是帮助","拼图要找特殊处,先来分割后判断",学生通过观察想象、动手实践、尝试分割、逐步分析简化七巧板内容,从而快速确定7个板块的位置。

教学中要注重操作体验,给予学生充分的时间玩转七巧板。注重空间想象力的培养,提升学生的教学空间感,在刺激想象中运用视觉、知觉符号与大脑中存储的图示概念建立联系。注重对拼图策略的总结,在对比辨析中总结拼图的策略,使学生空间思维从具体到抽象有了质的发展。

(三)实践课:创拓七巧

将已获得的七巧板特征、拼图策略用于创形、创意是本课程更高层次的目标。学生参与实践活动,在真实的问题解决中感受到空间学习的价值及重要性,也进一步提升了自身的空间创造力。

七巧创形,学生经历三个层级的创作实践活动。活动一:用一幅板自主创形。该活动主要由学生用七巧板拼组图案,并制图创出图案的轮廓,进一步感受七巧板组合的随机性和创造性。活动二:多幅板合作创画。该活动由多位学生共同合作,用多幅七巧板拼组英文单词、拼组有关联度的造型,在创作中提高了学生动手实践的能力,进一步发展了学生的创新意识。活动三:用七巧板创编绘本。该活动我们致力于打破七巧板的边界,尝试将七巧板与汉语言、美术等学科进行融合,发挥多学科的教育功能,增强学生的学科应用意识。

N巧创意,学生自主创出像七巧板一样神奇的N巧板。环节一:自主创板。学生在七巧板基础上增板、减板、改板,尝试设计出新型板。环节二:改进设计。在对比、交流中,学生发现问题、提出问题、改进问题,发现增减板的特点,完善设计思路。环节三:展示创意。学生根据边、角关系制作出新型板,并用新型板创作出图案,感受到创意的价值,自我价值也进一步提升。

教学中注重合作探究,以小组为单位,以项目式学习方式推进该系列课程的实施。在问题驱动下开展项目,在小组中学生能够学会分工、合作,自主解决发生的问题,提升自身的合作能力。整个过程,尊重学生的创意,激发创造的热情,聚焦学生核心能力的培养,在做项目的过程中提升学生的实践力。

(四)展示课:集成七巧

"畅言七巧'趣'"是本课程的终点站,学生在这一课时中分享成果、交流创意、畅谈收获。经过多课时、多系列的七巧板学习,此时学生对七巧板的认识是多维的、深刻的、全新的。课中我们分享成果,互相借鉴、相互补充;我们交流创意,惊叹于七巧板的神奇与魔力;我们畅谈收获,抒发学习该课程的所学、所悟、所感,进一步提升反思力。

教学中注重关注学生的参与情况,鼓励学生在个体和小组的学习中提出策略和方法,发挥优势,弥补短板;注重给予学生表达观点的机会,致力于指导学生反思如何与同伴交流,引导学生描述感受、表达收获、总结发现,积累反思与交流的经验。

评价工具

"我形我创七巧板"课程改进结果评价、重视过程评价、探索增值评价、健全综合评价,致力于打破"以考定教"的评价模式,从自然科学的方式走向人文科学的方式,从课程的外在价值走向内在价值,从孤立考查课程的某个单一变量走向多维度、多层次考量,回归"立德树人"本位的评价机制。本课程围绕四个体系分别设置了四个不同的课程评价工具(见图4),聚焦学生的课程学习体验,设计了基于学生学习体验的四阶课程评价,从而实现对课程整体质量的考量。

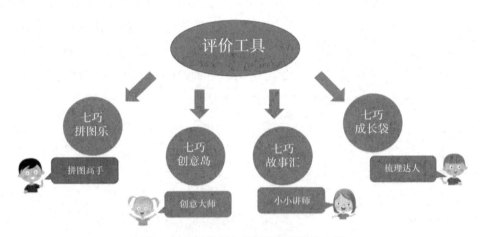

图4 "我形我创七巧板"课程评价工具

一、七巧拼图乐,"拼"出速度

本课程以拼图学习体验为核心,在过程中学生积累了拼图乃至空间的学习经验,致力追寻一种与学习者学习体验的"相遇"。课程通过开展七巧拼图乐活动,以班级、年级等为单位进行逐层选拔。这是一种过程式的评价机制,如在见影成形课程中以学生依据影子用七块板拼成图形的完整性和速度为观测点,既注重学生拼图的过程体验,又关注学生溢出的过程性生成,全息性地评判学生在拼图过程中的学习体验。

二、七巧创意岛,"画"出创意

在创拓七巧系列课程中,我们把评价指向"理解性表现",鼓励学生通过可视化的方式表达自己的理解过程。提供学生自由创画的表现机会,在整个过程中试图寻找学生的最佳表现。例如,在该系列的反馈中,我们鼓励学生利用七巧板大胆创作,尽量能做出原创性的作品,鼓励学生对自己的作品进行解说,并在合作学习中分享自己作品的创意,了解自己做了什么还能再做什么,从而更好地进行下一步的创作,在这个过程中应尊重每个学生的差异性和可塑性,让每个学生都能得到发展。

三、七巧故事汇,"话"出精彩

七巧故事汇通过学科融合的方式致力于引导学生进行创造性活动。该活动的评价,我们避免以技术、控制为导向,注重关注完整的人,促进学生的个性化发展。在用七巧板创编绘本的实践中,学生的作品表达体现创造性的学习水平,让七巧板的相关知识与生活建立联系,使学生走进深入探究和应用阶段,挖掘创新、应用等高阶思维。

四、七巧成长袋,"理"出经验

七巧板课程关注"学",课程评价的最终目的是"学以成人"。我们关注学生经历全部系列课程的学习后质的变化以及经验的积累。七巧成长袋是以学生为主、教师为辅的一种评价方式。学生自主梳理关于七巧板学习的收获、困惑等,教师则根据学生的表现进行评价、鼓励、提点。七巧课程作为学生空间观念发展的生成通道,学生空间观念得以发展是本课程发展的最终目标,是属于学生个人的宝贵经验。七巧成长袋作为一种外显的表达方式,更是成为本课程改进和完善的重要推动力。

课程故事

七巧板变形记

偶然间,我和学生们共同经历了创客智力挑战赛比赛的前前后后。训练时,学生们热情高涨,越玩越起劲;比赛时,学生们聚精会神,越比越厉害;比赛结束后,学生们依依不舍,还想再比一次。无意间,看到了一篇文献《"七巧板"走进中考》,这是一篇中考新题型的介绍,该文献指出七巧板除了拼图的乐趣之外更包含了许多深刻的数学知识,对学生综合分析能力、判断推理能力的要求还是挺高的。一次偶然间碰上一次无意间,引起了我的思考:七巧板就在一年级匆匆玩过真是太可惜了,是不是能开发一个系列化的七巧板课程呢? 于是,我拿出包里习惯性放着的七巧板,开始了一段很长时间的自我研究。越研究越觉得七巧板真是太神奇了,"我形我创七巧板"课程也因此诞生了!

起初·我们要玩七巧板?

起先,我做了一次关于七巧板的调研,摸底三、四年级学生对七巧板的初印象。他们的想法很真实:"七巧板,我小时候玩过。""七巧板,不是弟弟妹妹应该玩的吗?""七巧板,没什么意思吧。""老师,你该不会要给我们布置七巧板的画吧?"……一系列真实的反馈,让我发现七巧板在学生的眼里、心里并不是那么的神奇,看来只有通过真实地玩、深入地玩,才能有所改观。

深入·我们要玩七巧板!

终于,我鼓起勇气,带着我开发的教学设计、带着我精心制作的课件、带着那55副七巧板,进入了课程的实施阶段。探秘"边角'巧'"这节课,学生们经历了观察、比较、操作、想象等过程,自主探究出了七巧板的边仅有4种长度、角仅有3种大小的结论。课后,学生们跟我说,"老师,我以前怎么都没发现呢?"我笑而不语。接二连三,我又跟学生们经历了移板换形、见影成形等拼图课程,事实证明七巧板拼图既有难度又有深度,器具类的课堂每个学生都积极参与,在游戏体验中充分激发学生的空间感知力、想象力,每每听到学生说起"七巧板也太神奇了吧!",我喜在心里。

寻味·我们还要玩七巧板!

如今,七巧板的课程步入高潮,学生们在充分体验的基础上感受到传统器具的魅力。每节智能课下课的时候,总有学生会问我:"老师,下节课,您还和我玩七巧板吗?"这次,我回问了他们:"你们还想再玩七巧板吗?"学生们肯定的回答给了我继续开发课程的勇气,还能和他们再玩点什么呢? 在学生的推波助澜下,我又开发了创拓七巧的系列课程。这次,在课堂上我带给了学生们一幅"九巧板",引导学生观察、发现增加的板边、角间也要有一定的关系。除了"九巧板",是不是也可以制作属于我们自己的"N"巧板呢? 学生们发挥创意,创造出的"N巧板"太让我惊喜了。整个过程,我们共议设计思路,不断优化设计方案;学生们创板造板,不断验证、调整、改进。功夫不负有心人,我们创作出了好几块新型板,是带有图册的新型板哦。好几个学生问我:"老师,我的板是不是可以出售呢?"是的,孩子们,我想对你们说:"你们太了不起了,说不定你们设计的板有朝一日可以问世呢!"

"我形我创七巧板"课程,感谢古人的智慧,让我能够站在巨人的肩膀上前行。"我形我创七巧板"课程,感谢了不起的学生,给了我实施、调整、改进的勇气。"我形我创七巧板"课程,故事未完待续,相信我和学生还能谱写出更加动人的故事!

参考文献

[1]刘晓莉,孙兴华. 小学生视觉空间推理能力内涵及其表现测评[J]. 南京晓庄学院学报,2022(1):21-27.

[2]李光月. 在小学数学课外活动中引入益智玩具的实践与探索[D]. 成都:四川师范大学.

[3]张文君,刘珊.基于七巧板原理的室内拼贴艺术研究[J].居舍,2021(1):23-24.

[4]陈璐晓.行走在数学与儿童之间[J].小学数学教师,2019(7/8):70.

[5]陈桂玲.趣拼七巧板,"玩"出空间观念[J].广东教育·综合,2021(1):48-49.

[6]孔企平.从空间观念到视觉空间推理:小学数学课程改革新动向[J].小学教学(数学版),2019(9):8-12.

"我形我创七巧板"
课程纲要

08

琴动"乐"趣
——奥尔夫音条乐器合奏

逯　瑶

目标定位

　　小学中年级学生处于从低年级向高年级的过渡阶段,这个时期的小学生会逐步形成自我意识,开始了解学习活动的社会意义,对课堂的要求不断提高,笔者经过长时间的探索,发现奥尔夫音条乐器是一种恰到好处的课堂教学媒介,学生可以通过这样的打击乐器锻炼自身协调能力,提高对音乐的兴趣。因此,笔者于两年前开始尝试在中年级加入奥尔夫音条乐器合奏课程,并在观察实践的过程中从四个方面确立了课程目标。

　　1.提升音乐表现力

　　学生通过奥尔夫音条乐器的演奏,在稳定演唱音准的同时能够提升乐感、节奏感,并能够在艺术表现中表达思想和情感,提升自身的音乐表达能力。

　　2.提高音乐鉴赏力

　　学生学会演奏一件乐器,并用唱歌、聆听以外的方式感受音乐,在丰富音乐活动经验的同时提高音乐鉴赏能力。

　　3.提高音乐感悟力

　　学生通过演奏奥尔夫音条乐器,对曾学习演唱或聆听的歌曲会有更深层次的理解和感悟,获得更加深刻的音乐感悟和审美体验。

　　4.强化合作创新力

　　学校音乐教育中的演奏,一般属于集体性的活动,是一种集体的体验。合作创新力是本课程的核心目标,学生通过相互磨合,能够具备合奏和创新的能力,提高自身音乐创意实践能力,同时也能进一步激发团队合作精神。

　　因此,我校以奥尔夫音乐教学法为基础,以音乐课程标准为依据,结合小学中段学生身心发展特点和国家教育策略，开发了奥尔夫音条乐器合奏的拓展性课程。

背景分析

一、价值分析

（一）从核心素养出发，与国家课程相适应

《义务教育艺术课程标准（2022 年版）》中指出，演奏是进行情感表达和音乐表现、开展音乐创作与展示的重要途径，对学生增强音乐理解、表现和创造能力，提高音乐学习兴趣，发展核心素养，身心健康成长等具有重要作用。[1] 同时，合作能力的培养更是小学生合作精神培养的一个重要方面，也是学生成长过程中的一个重要的非智力因素，而此种因素也将在学生的人生之路产生重要的作用。

（二）从常规课堂出发，激发学生兴趣

在日常教学中，并非所有的学生都喜爱唱歌，有些是生理原因造成的，有些则是受自身性格和个人爱好的影响。而中年级学生对新鲜事物充满热情，大部分学生都喜爱奥尔夫音条乐器并可以通过简单训练完成乐器合奏。但乐器的运用并非取代歌唱的教学，歌唱在音乐教育中始终保持着首要的地位，而乐器可以用来帮助和加强学生的歌唱表现，增加乐曲的趣味性。

（三）从奥尔夫音乐教学法出发，恰当运用乐器

奥尔夫音条乐器是奥尔夫打击乐器中的一种，是由 20 世纪德国音乐教育家、作曲家卡尔·奥尔夫专为儿童设计的有音高的打击乐器。它操作简单、音色优美、组合灵活，且演奏方式有较好的统一性，能够更好地为不同年龄段学生量身定制。不同材质的音条乐器拥有不同的音色和特点，学生可以边学边练，以获得更大的演奏体验。而且打击乐器的演奏需要保持左右手的密切配合，能够促进学生左右脑的协调开发，结合手、眼、脑，既锻炼了学生的形体和耐力，也锻炼了学生的反应力、注意力。

（四）从选修课程出发，丰富学生体验

我校结合合奏课程相应成立了 Harmonic 打击乐团，乐团各级各类的演出引发了全校学生的强烈反响，对全校的学生产生了极大的吸引力。而奥尔夫音条乐器与打击乐团中传统意义上的木琴、钢片琴和马林巴琴在演奏方法上有很多相似之处，因此在中年级开设奥尔夫音条乐器合奏课程，能够让学生有机会接受规范的合奏训练，满足更多学生的合奏向往，也可以建立一个音乐通道，为乐团输送高质量的人才。

此外，根据教育部曾经印发的一则通知——全国义务教育阶段学校实施"体育、艺术

二加一"项目,即每个学生至少掌握两项体育技能和一项艺术特长,以弥补学生在艺术学科上技能的缺失。

二、文献综述

通过中国知网(CNKI)以"奥尔夫""乐器"作为关键词检索,截至 2023 年 10 月 15 日共检索到 108 篇相关文献,有关奥尔夫教学法在小学音乐课堂教学中如何运用一直是理论研究关注的重点领域。若是用"奥尔夫音条乐器"作为关键词检索,高契合度的文献数量骤然减少。

由李姐娜、修海林、尹爱青编著的《奥尔夫音乐教育思想与实践》中,介绍了奥尔夫乐器的产生和定义、教学意义、分类及特点、演奏姿势及注意事项、打击乐器在音乐教学中的应用,并列举了大量的课堂实录专门讲解奥尔夫音条乐器的教学方法及应用。《奥尔夫音乐教育思想与实践》的编者认为音条乐器在我国音乐教学中的应用有很高的实用价值,但其实践经验仍有待在进一步的普及中予以总结。

李丹丹[2]在《奥尔夫音条乐器在中国学校音乐教育中的传播实践》中提到,奥尔夫音条乐器,易学、易操作,但对于以大班教学为主的中国学校来说,绝大多数中小学校的班级规模较大,班级人数多在 40～60 人,进行奥尔夫音条乐器教学较为困难。

冯亚和周骏[3]在《奥尔夫音条乐器在我国学前音乐教学中的应用》中提到,音条乐器是具有良好创造潜质的音乐教具,它的普及与师资发展最为关键。教师不仅需要掌握音条乐器的演奏特性及创编技巧,还要对幼儿整个音乐能力的发展有所把握,适当适度、方法合理地引入音条乐器的教学。

综上所述,国内目前对于奥尔夫教学法的研究很深入,但奥尔夫音条乐器受自身价格、体型,需要的场地等限制,使得国内对于奥尔夫音条乐器在课堂中的实践运用研究较少,因此,如何在当下小学音乐课堂中运用好奥尔夫音条乐器是一个值得深入研究的话题。

学习路径

一、多层次学习方式

奥尔夫音条乐器教学活动中,学生始终是活动的主角,长时间创设轻松愉悦的教学氛围可进一步激发学生对音乐的兴趣。课程的实施需要贯彻整个学期,并呈"识—探—习—奏—合"五步阶梯式构成,因此学习路径(见图 1)包含两年四个学期。考虑到学生的音乐基础有高低,接受能力有强弱,学生个体差异性较大,实施过程中可以采用长短课时相结合的方式，适合运用音条乐器的课程，可以在每节课抽出 8～12 分钟的短课时来进行一些素养、节奏、简单合奏等项目的训练。同时每隔一段时间利用一个完整的课时（40分钟）来学习更高层次的合奏内容。

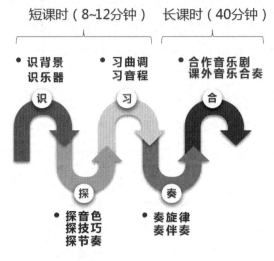

图 1　"琴动'乐'趣"学习路径

"识"中包含识背景和识乐器。识背景是指了解奥尔夫音条乐器的缘起，学习乐器之前了解其历史背景和发展可以更好地学习乐器演奏。识乐器是指认识奥尔夫音条乐器，通过观察、触摸等途径感受乐器的魅力。在课程进行的过程中，学生产生的疑问可以通过自主观察加以解答。该环节只在三年级上学期用 1～2 个短课时来实施，作为整个课程的基础，实际操作中这一阶段可以在二年级逐步实施。

"探"中包含探音色、探技巧和探节奏。这一阶段先让学生用自己喜欢的方式去敲击，再逐渐规范演奏姿势与方法。学会如何正确演奏之后，学生就可以自己去探索这件乐器了，比如"我应该在什么位置敲击，我该用什么样的力度，声音才能出得来，才能好听而不是'傻敲'""不同的琴之间有什么差距，为什么他的钢片琴声音这么长，我的木琴声音就很短"等问题，教师可以引导学生来创设问题，然后通过学生自己的实践探究去寻找答案。

"习"中包含习曲调、习音程，学习具体的演奏技巧。习曲调即认识琴键，了解不同调式的琴键位置，学习音阶的同时练习单手交替演奏。习音程即学习音阶的具体用法，同时学习双手演奏。这也就意味着学生演奏乐器的方式慢慢进入正轨，奥尔夫音条乐器合奏需要花大量时间打基础，考虑到学校的课程设置和不能加重学生额外的学习负担，可以把奥尔夫音条乐器合奏课分成两种形式，一方面每隔一段时间单独抽出 1～2 节课，根据课本中的音乐单独开展课程；另一方面，将奥尔夫音条乐器需要的基本能力贯彻到每一节课当中,例如将课本中的打击乐器替换成奥尔夫音条乐器进行伴奏。在课程的实施过程中,要力求基础化、生活化和活动化。

"奏"中包含奏旋律和奏伴奏。音乐教材中的课程大致可以分为两类,一类是歌唱课,一类是欣赏课。其中奏旋律是歌唱课中的常用方式,音条乐器特别适合作为辅助乐器,它可以帮助学生稳定音准、强化节奏,在每节歌唱课中可以留几分钟的短课时,利用本节课所学习的旋律让学生进行演奏,旋律怎么唱,在音条琴上就怎么敲,这样演奏不仅能增加演唱的色彩感和节奏感,还可以帮助学生稳定音准,提升学生的音乐素养。奏伴奏是欣赏课中的常用方式。欣赏课多是器乐曲,相比演唱主题来说,演奏主题或给主题伴奏会更加记忆深刻。这样的演奏有助于学生牢牢地记住欣赏乐曲的主题,这也是我们欣赏课的课程目标之一。

"合"是奥尔夫音条乐器合奏课程的核心目标,学生可以共同合作一场音乐情景剧或者是对喜欢的课外音乐进行合奏。音乐情景剧是对于故事性/情节性很强的乐曲,学生可以用一种乐器或者一个声部来代表某一个故事中的人物形象,把故事中的情节与音乐要素(力度/速度/情绪等)相结合起来,最终形成一场有故事,有情绪,有合作的小型音乐会。比如:钢片琴善于表现色彩鲜明的人物形象和梦幻的场景;木琴善于表现活泼,灵巧的人物形象。同样的乐器强奏和弱奏,高音和低音表现出来的色彩和形象都不一样。所以这两种乐器所表现的人物形象和场景是很多的。这一阶段教师可以创设情境带动学生合奏,也可以给他们一个主题,让学生自主编创旋律和节奏。[4]

除了课内的歌曲,学生们有更多更喜爱的课外流行歌曲,可以选择某个乐句对歌曲进行改编,让学生们能够演奏自己喜爱的音乐。奥尔夫音条乐器本身就有了高、中、低三种不同的音域,所以只要我们给它配上不同的伴奏音型,多声部音乐很快就会呈现,如果再加上其他无音高的打击乐器,以及非洲鼓等,就可以完成一首学生喜爱且旋律丰富的多声音乐。

"奏"和"合"在实际实施中可以交叉进行,短课时的"奏"和长课时的"合"穿插实施,可以为学生提供多样平台,激发学生的学习兴趣。

二、学习路径设计依据

(一)基于年龄特征,探索多感官体验式学习路径

小学中年级的学生具有情感比较丰富、集体意识较强、逐渐学会自主思考、希望得到尊重等特点。教师在奥尔夫音条乐器合奏课程中应结合学生的这些特点,设计有针对性的学习路径,实现学生的成长与发展。具体而言,教师可设计循序渐进的学习路径,使学生能够轻松地掌握演奏技巧。教师在"识"中,可以引导学生模仿声音,揣摩神情动作,进行即兴演奏;在"探"中,教师可以设置视听、律动、对比环节;在"合"中,教师

可以结合学生的个性特点进行设计，鼓励学生积极参与，让学生感受到音乐学习的乐趣。[5]

（二）基于认知规律，设计多层次螺旋式学习路径

根据皮亚杰的认知发展阶段理论，中年级学生的思维正处于具体运算的初期阶段，这一阶段的学生思维具有守恒性、可逆性等特点，可逆性的出现是守恒获得的标志，也是具体运算阶段出现的标志。学生能反向思考它们见到的变化并进行前后比较，思考这种变化是如何发生的。这一阶段的学生理解概念的能力有明显的提高，但是这时进行的运算仍需具体事物的支持，对那些不存在的事物或从没发生过的事情还不能进行思考。因此设计多层次的学习路径，学生能够较好地掌握乐器的合奏并运用到课堂当中。

（三）基于学习心理，探索多元化评价式学习路径

中年级的小学生是形成自信心的关键期，个体差异较大，他们在别人的评价中能发现自身的价值，产生兴奋感、自豪感，对自己充满信心；有的还表现出强烈的自我确定、自我主张，对自己评价偏高，甚至有时"目空一切"，容易导致自负的心理。相反，有的学生由于学习成绩不佳或某方面的不足而缺乏自信，往往对自己评价过低，对自己失去信心。因此设计层次化学习路径的同时要给予学生适当的评价，激发学生学习动力。

课程图谱

一、图谱结构

课程图谱（见图 2）以课程名称"琴动'乐'趣"为核心，由课程名称向外揭示学习路径：识—探—习—奏—合，最内圈是三年级的学习内容安排，第二圈是四年级的学习内容安排，最外侧揭示学习路径所发展的学生核心素养。其中"识"培养学生对音乐的文化理解；"探"通过学生探索来培养自身对音乐文化的审美感知；"习"来解决"探"中发现的问题，培养学生解决问题的能力；"奏"重点培养学生的音乐表现力；"合"在前期学习的基础上培养学生综合创意实践的能力。

图谱呈现循环螺旋状，由"识"出发，经过三年级上学期的"探—习—奏—合"，到三年级下学期的"探—习—奏—合"完成一次循环，其中，"识"是最基础的认识课程，因此只在三年级介入。再由"探"开始升级完成第二次循环，形成螺旋上升趋势，学习难度也不断提高，形成环环相扣的课程模式。

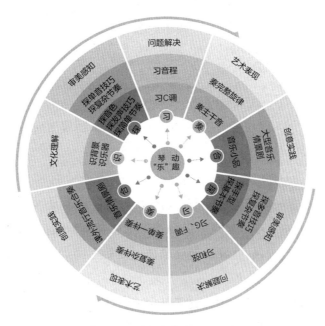

图 2　"琴动'乐'趣"课程图谱

二、课程特点

(一)国家课程的校本化实施

本课程内容来源国家课程中的音乐教材,利用奥尔夫音条乐器始终围绕教材内容进行进一步的表现和创作。国家课程奥尔夫音条乐器完成校本化实施,使奥尔夫音条乐器合奏课程成为融合性课程,具有综合性的学习要求和学习目的。

例如,在音乐情景剧这一环节,可以与小学音乐三年级教材中《猫虎歌》相结合,用乐器体现故事发生的情景以及"猫咪"和"老虎"两位主角:"猫咪"在学生眼中的形象轻巧可爱,可以用清脆动听的木琴来体现;"老虎"在学生眼中的形象是凶猛的,它吼叫的声音很长,可以用钢片琴的低音来体现;而在学生自行创编的情景中,有许多森林里的小动物目睹了这一事件,于是他们用多种多样的小型打击乐器来体现森林里的"观众",一首简单动听的《猫虎歌》就变成了一场丰富立体的音乐情景剧。

(二)螺旋式的内容组织

"琴动'乐'趣"作为一门中年级学生的校本课程,定位为音乐学科的国家课程校本化实施,课程内容具有环环相扣的逻辑特点,学习路径呈现螺旋式,但每一步学习路径都在学生核心素养基础上加以设计,并且在不同时间、不同年龄段拓展更多内容,由简单到复杂、由兴趣到专业,课程内容难度层层递进,因此课程内容组织层面呈现螺旋上升的状态。

课程以奥尔夫音乐教学法为基础,以奥尔夫音条乐器为载体,在知识技能方面,通过自主探索，提升学生的文化理解；在问题解决方面，可以在演奏、配合中分析自身问题，提出并解决好演奏技巧、音色等实际问题；在情感态度方面，构建合奏、合作观念，逐步消除"演奏＝独奏""演唱＝独唱"的错误认知，体会合作精神。

三、教学建议

奥尔夫音条乐器合奏课程需要学生从零开始，学习过程中要做到环环相扣，打好基础以便最终完成合奏任务。笔者对此提出以下教学建议：

（一）分层教学和而不同

在合奏课程中不会只出现一种乐器，每首好听的音乐都是多种乐器共同形成的，像三角铁、木鱼都是合奏中重要的角色。因此课堂上教师可以根据学生水平分配不同的乐器，并在适当的时间进行交换，这样的分层教学可以给不同水平的学生匹配相应的任务，能够使合奏的完成度更高。例如，可以让认识琴键并且节奏基本正确的学生演奏专业的马林巴琴和乐队的木琴、钢片琴，因为这类乐器的音色好，但琴键没有音名标注，需要有一定能力的小朋友来演奏；不太认识琴键但是节奏很好的学生演奏木琴，木琴常常会作为合奏的核心，需要接受能力强、反应快的学生来演奏；认识琴键但节奏不稳的学生可以演奏钢片琴，钢片琴常常演奏主干音，可以在合奏的过程中慢慢学习节奏的准确性；其余学生演奏小型打击乐器。

根据不同班级的情况和学生能力水平，可以通过音条乐器琴键的拆卸以达到最基础的分层教学，根据不同学生的能力水平匹配任务能够使合奏的完成度更高。奥尔夫音条乐器有个特点，即无论哪一种音条乐器均是可以自由卸装和更换的。学生在学习音乐的过程中，要把技术的困难减小到最低限度，使他们没有任何负担和困难，能尽早、尽快地进入到音乐中去，去享受音乐及创造的快乐。

（二）音乐语言心有灵犀

教师可以和学生共同创设一套手势，合奏课程属于集体性的活动，是一种集体的体验，每个人都是不可缺少的一部分。但每个人都有当主角的时候，也有当配角的时候，因此常规教育尤为重要。为了让学生从一开始就了解这件事，需要从第一堂课就让学生学会看指挥，学会当"主角"，学会让位给其他的"主角"。

教师可以和学生共同创设一个手势，无论学生的分工如何都应听从指挥，不同手势代表不同要求，良好常规的建立是美好音乐演奏的保证。

（三）"教学"相长合二为一

乐器种类、型号不同，学生接受能力也不同，并且受场地、乐器数量、学生能力水平的限制，他们无法全部接触到音条乐器。因此可以让学生们分批接触不同乐器，学习一段时间，先学后教，自愿组队，师徒结对，做彼此小导师，互相学习。"小师傅"在学会演奏后可以手把手地教给"小徒弟",两个人可以共同练习,也可以用各自的乐器进行小合奏。

在集体性的演奏中,学生需要明白不能只关注自己的演奏,还要关注和聆听他人的演奏:"小师徒"相互帮助,聆听各自演奏的优缺点,或是共同演奏,聆听各自的音高和节奏,都可以让学生更加深刻地理解合作的意义。

(四)创新课型"声"生不息

为了更好地实施奥尔夫音条乐器合奏课程,可以对常规音乐课型进行创新,在歌唱课中,利用音条乐器的特殊音色、音高属性,教师可以编配丰富伴奏织体,使音条乐器作为合作乐器参与到歌唱活动中,其中最为直接的演奏形式就是"唱奏一致",打破常规课程教师无法关注到每个学生的情况。在欣赏课中,以前的欣赏课多以聆听为主,配合动作或小型打击乐器加深学生对乐曲的印象,而学生配合奥尔夫音条乐器来演奏主题或给主题伴奏更有助于学生牢牢地记住欣赏乐曲的主题,打破常规课程中学生对主题旋律记忆不深的现状。

不论是旋律声部的演奏,还是伴奏音型的编配,都要以学生的实际操作水平为标准。如果是教师做伴奏的话,可以适当地将伴奏织体设计得复杂点,可以用到琶音、分解和弦,或者在和声功能上设计得丰富一些。但是对于学生,和声的功能属性不宜太多。这样的设计,除了考虑到学生的接受能力和审美能力外,主要还是由音条乐器的演奏特性所决定的。

(五)多元评价"声"临其境

在合奏中,所有的演奏者都必须具备严格的纪律性和一丝不苟的责任感,早半拍或是晚半拍都会破坏音乐的整体性,教师可以采用多元评价培养学生的纪律性和责任感,让他们了解合作的重要性,此外还应让学生意识到每个人都是合奏中的一分子,每个声部都是影响音乐作品的因素,在培养自我管理能力的同时全身心地投入音乐。

从第一节课开始潜移默化地让学生理解音乐的整体性需要自我管理,想要演奏好听的合奏音乐,需要一定的自我约束,学生为了追求完美而形成的自我约束代替了教师枯燥的说教,学生的纪律性和责任感就会慢慢来自自己的要求而不是教师的外在压力。

评价工具

一、课程评价的意义

课程评价是课程实施过程中的重要环节,是检验、提升教学质量的重要方式和手段。

教师要充分发挥评价的诊断、激励和改善功能,促进学生的全面发展。

奥尔夫音条乐器合奏课程的评价一方面可以测量学生在每一阶段实现预期行为的目标程度,以便于对课程进行进一步的改善与优化;另一方面,能够推进合奏课程实施,依据奥尔夫音条乐器合奏课程的学习路径,在了解学生能力水平的同时可以适当调整每一环节的课时,以保证时间安排的合理性。

二、评价形式及基本要求

对学生的活动评价,笔者采取了多元评价的方式,突出了过程性评价。主要借助的评价方式有演奏技巧和学生合奏。

演奏技巧方面,细分为能否演奏完整的旋律和完整的节奏。学生基本功作为整个课程的基础,需要恰当的评价方式给予鼓励,例如,每个短课时之后可以对部分学生进行简短评价,以激发学生的自信心。

学生合奏方面,合奏作为本课程的核心目标,贯穿整个学期,可在每一步骤设置相应的评价方式(见表1)。以音乐情景剧《三只小猪》为例。

表1　音乐情景剧评价细化表

评价项目		评价内容	自评	互评	师评
小组合作	参与程度	小组成员全员参与创建、排练			
	完成态度	小组成员能积极主动地进行节目创编			
	合作态度	小组成员有明确分工,并有效实施			
演出效果	表现性	表演过程中的表现力			
	融合性	表演的段落与音乐有较强的融合度			
	完整性	能够完整表演、演唱			
文明观赏	尊重他人	在观赏其他人节目的过程中是否给予尊重			
	正确评价	是否对各个小组做出公正的评价			

三、多元化的评价主体

奥尔夫音条乐器课程作为拓展性的校本课程,可以改变评价主体的单一性,实现评价主体的多元化;建立由学生自评、学生互评和教师评价共同参与的评价机制。

例如上文中的音乐情景剧,学生可以通过评价细化表对小组作品进行自评、互评,教师通过对学生完成小组作品的过程进行评价。教师也可以录制视频上传网络,让家长对教师录制的小组作品进行评价,同样可以对学生进行友好的评价。三个维度的评价在对学生产生激励作用的同时,也可以让学生对作品进行反思,以不断提高作品的质量。

课程**故事**

故事一

在人音版三年级上册音乐教材中有一课《美丽的黄昏》,作为一个轮唱作品,传统的教学方式是学习主题旋律的演唱,然后跟随教师的演奏逐步学习轮唱。而这种教学方式存在着一个弊端,教师为了稳定学生音准,需要一直在教室前演奏钢琴,因此无法准确地判断学生的演唱是否准确,稍微远一些的学生声音教师就会完全听不清。

因此在介入奥尔夫音条乐器之后,笔者改变了传统的教学方式,让学生利用音条乐器自主找到需要演唱的音,学生保证"唱奏一致"的同时,教师可以解放双手,深入到学生当中,更容易发现学生演唱中的问题。学生演奏乐器稳定了自身音准,并且在轮唱学习中由于琴的作用,学生也不用担心自己会"跑调",演唱的声音也变大了不少。

而奥尔夫音条乐器在本课中的运用使得学生学习轮唱的时间缩短,课堂上可以留有一定时间进行合奏。教师来为学生铺设前奏和尾声,模仿黄昏的意境,部分学生演奏奥尔夫音条乐器进行演唱,另一部分学生用三角铁、碰钟等乐器模仿黄昏中的钟声,乐器与歌声相互陪衬,学生沉浸在"美丽的黄昏"中完成了本节课的学习,并在课后能够长久地记忆本课的演唱。

故事二

在人音版四年级上册《生日快乐变奏曲》中,学生耳熟能详的《生日快乐歌》作为乐曲的主题旋律,经过管弦乐团层层递进的变奏,成了一首充满乐趣的变奏曲。在传统教学方式上,学生学习什么叫作变奏曲后,教师会带领学生用不同的肢体语言或伴奏乐器代表不同变奏段落,以此来加深学生的印象。而在介入奥尔夫音条乐器之后,学生就可以自己来演奏主体段落及变奏段落,由于学生对于《生日快乐歌》非常熟悉,因此稍加练习就可以在奥尔夫音条乐器上演奏出完整的旋律。当然,学生无法在奥尔夫音条乐器上演奏完整和弦编配的变奏段,但是对于学生而言,能够用自己的力量演奏不同的变奏段可以加深他们的印象,自己的演奏会比聆听的印象更加深刻。

参考文献

[1]中华人民共和国教育部.义务教育艺术课程标准(2022年版)[M].北京:北京师范大学出版社,2022:32.

[2]李丹丹.奥尔夫音条乐器在中国学校音乐教育中的传播实践[J].音乐传播,

2013(3):116-120.

[3]冯亚,周骏.奥尔夫音条乐器在我国学前音乐教学中的应用[J].渤海大学学报(哲学社会科学版),2015,37(6):135-139.

[4]张艳.浅谈器乐对小学阶段音乐教育的重要性[J].大众文艺,2010(8):235-236.

[5]刘迎芳,董娟.幼儿游戏化音乐教育的改革实施策略[J].中国科教创新导刊,2013(15):241.

"琴动'乐'趣"
课程纲要

09

数说健康

吴国铎

健康一直是人们关心的头等大事,健康就好比数字"1",没有这个"1",后面不论填上多少个"0"都没有意义。健康一直是各个年龄段的人都需要注意的问题,能学会监控自身健康情况,懂得如何健康地生活,就是我们所说的健康素养。

现今许多成年人的健康素养都是被动产生的,当健康问题出现时,才会注意到日常生活中需要关注的健康事项,才想起体检的重要性。例如闽南地区是痛风的高发地,好多病患直到尝了痛风的苦,才开始重视尿酸异常的问题。

小学生还处于"刚出厂"的全新状态,零件和性能都是绝佳的。所谓初生牛犊不怕虎,学生们的健康素养永远只是停留在口头上。如何避免学生被动唤醒健康素养?如何主动出击,将健康素养深入"童心"?本课程将围绕此问题进行设计。

目标定位

在《义务教育数学课程标准(2022 年版)》中指出,发展数学核心素养要以发展四基和四能为路径,从而发展数学核心素养,最终达成"三会"的目标。其中,数学核心素养中包含了数据意识、推理意识以及应用意识等几个方面。

这门课程以发展数学核心素养中的数据意识为目标,同时也是唤醒学生健康素养的一门课程。数据有着直观性、可预测性、可跟踪性等特征,在如今的大数据时代,健康有了"数据"这个抓手,学生可以通过数据发现、思考、表达健康,在发展数学核心素养的同时,也有助于对健康产生更深刻的认识,唤醒和发展健康素养。努力实现由"教孩子数学"向"用数学教育孩子"的转变。

数学与健康的跨学科融合,也为主题式学习和项目式学习提供了良好的实施土壤。学生在项目驱动性问题的激发下,开展收集资料、合作交流、制定策略、实践探究、反思总结等活动。项目式学习活动有助于学生主动地学习知识、运用知识,积极地独立思考与合作交流,从而发展学生综合实践能力。

背景分析

"健康"一词是社会医学中提出的一个宏观的、抽象的和难以具体测量的概念。1989年世界卫生组织发布了新的"健康"概念,即:"一个人只有在躯体健康、心理健康、社会适应性良好和道德健康等方面都健全,才是完全健康的人。"人的健康包括五个维度:生理健康、心理健康、道德健康、社会健康和环境健康。[1]本课程的中心主要是指生理健康,所涉及的环境健康也是指那些直接影响生理健康的因素。

在梁演军的《健康教育对小学生健康生活方式的重要性》中,对小学生的健康以授课的形式进行了干预,并进行了前后的调查对比,得出结论:健康教育干预对小学生健康生活方式有显著影响,及时开展高质量健康教育可以更好地推动学生发展与成长,值得在小学教育中推广。

在知网上,以"健康"和"小学生"为关键词,截至2023年10月15日,能够搜索到15937篇文献,说明小学生的健康问题,是学者们关注的内容。但是如果在此基础上,增加"课程"关键词,再次检索,共有2076篇文献。在这当中,主题的分布主要是以体育与心理健康为主。如果继续增加"数学"关键词,就只剩下46篇文献,并且有参考价值的文章较少。

由此可以看出,小学阶段落实健康教育主要还是依赖体育以及心理健康学科,更多的是通过体育改善学生体质健康,较少有健康知识与健康诊断的相关内容。此外,结合数学学科进行的尝试较少,虽然有部分的课例,但主要是以健康为情境而开展的数学教学活动,对于数学健康课程的探讨较为空缺。

如今小学生健康素养意识较为薄弱,对自己的肥胖、口腔等健康问题没有给予足够的重视,同时学生的数据意识薄弱,对数据不够敏感。关联课程标准中有关培养学生数据分析的课时内容安排不够,若是能够在健康课程中,利用数据的特点开展教学活动,让学生在收集、整理和分析健康数据的过程中,协同发展健康素养与数学的数据意识,则有利于促进学生健康素养与数学核心素养的提升。

学习路径

本课程是数学与健康的跨学科融合,因此是以健康素养为目标,以数学素养的培养为路径进行设计的。《义务教育数学课程标准（2022 版）》提到，数学的核心素养指的是"三会"，即会用数学的眼光观察现实世界，会用数学的思维思考现实世界，会用数学的语言表达现实世界。

基于"三会"，以及跨学科的综合实践学习方式，本课程的学习路径分为以下几点（见图 1）。

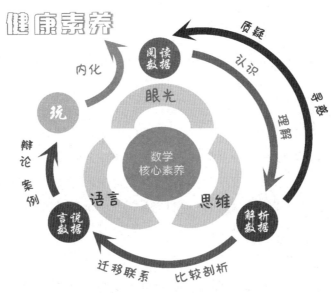

图 1 "数说健康"学习路径

一、阅读数据，明健康

人们在浏览健康知识时，往往只关注结果与结论，很少会对其得出的过程加以研究。造成这个现象的原因，主要还是论证过程中的数据"晦涩难懂"，或者是由于学科专业的基础知识储备不足，缺乏自我判断能力。因此就会出现各种"专家说"的现象，导致了部分健康知识掺假或者片面的问题出现。

因此，提升数学阅读能力就显得尤为重要且关键。邵光华[2] 提到，"重视数学阅读，丰富数学语言系统，提高数学语言水平有着重要而现实的教育意义，其独特作用甚至是其他教学方式所不可替代的。"

与传统的健康课或者科学课相比，本课程结合数学阅读，让学生循序渐进地理解基础健康知识。主要分为以下几个步骤。

1.依惑驱动

问题能够驱动学生数学阅读，教师可以设计相关的健康问题，引导学生尝试在文本中寻找线索。在问题的设计上，可以是项目式的大问题，例如"为了保持良好的身材，我们能怎么做呢？请以小组为单位，先学习材料，再尝试制定一份健康的食谱"；也可以是指向性准确的小问题，例如"尝试从文本中找一找，你能发现哪些与龋齿有关的数学信息？"

　　学生通过阅读，既享受了提取数学信息的过程，能够理解基础的健康知识，同时也能产生新的认知，激起了后续学习新知的求知欲，此外还发展了阅读能力。

　　2.依数辅助

　　文本中的数学知识难免会出现"超纲"现象，除了教师在选材上需要多加斟酌外，也需要多思考是否能够找到合适的"脚手架"，帮助学生更好地理解和学习知识。例如学生在探究热量问题时，对于文本中不同单位的"千卡"以及"千焦"的困惑，教师可以通过相同食物的不同热量表达，帮助学生建立不同单位的转化方法，从而帮助学生解决单位转换问题。

　　3.依理解惑

　　当学生通过阅读和讨论数学信息之后，能够初步获取并理解一些健康知识；教师可组织学生进行讨论，让更多学生发表见解，最终解决相应的数学问题。

　　通过以上的三个环节，学生以问题驱动进行数学阅读，在阅读中发现数学，通过理解数学感悟健康知识，从而解决问题。经此过程，学生能够初步了解与健康相关的科学知识。

二、解析数据，理健康

　　当学生已经具备一定的健康知识后，教师可以引导学生对数据进行深入探究与分析，从数据中解析健康问题，探究数据的方法可以有以下几个策略。

　　1."变化"数据，促观察

　　数据在变化时，也会产生联动反应。改变数据，能够帮助学生观察数据之间的联系，从而发现关联。其实就是科学中常提到的"控制变量法"。例如在研究"BMI（体重指标）"时，就可以使身高一定，改变体重，让学生观察 BMI 的变化，从而发现他们之间存在的正比例关系。

　　2."比较"数据，促思考

　　不同数据的比较，也能够帮助学生进一步理解数学信息中的道理，从而促使学生做进一步的思考。例如，当学生只观察六年级近视率的数据时，很难联想到近视率与学龄之间的关系，若是与其他年级的近视率进行比较，学生就能够产生新的思考。

　　3."整理"数据，促直观

　　数据的呈现方式是多样的，可以引导学生对数据进行整理与转化，帮助学生直观地理解数据内涵。例如画表格、画图表、枚举数据或分类等。

　　通过多样的方式理解数据，学生能够对健康知识有更进一步的认识，并且在这个过程中，也初步分析了数据，发展了数据分析观念。

三、言说数据，悟健康

费曼学习法提出强调高效学习的方式在于"输出"。言说表达是数学学习中不可或缺的重要方法。

学生经历了数学阅读的"输入"，以及理解数据的"内化"，接着就是要将知识"输出"，从而达到知识留存率的最大化，加深对健康知识的感悟。可以通过以下几个策略达成。

1.数据运用，案例分析

当学生初步掌握健康知识且能够通过数据进行辨析判断后，可以引导学生尝试对相关案例进行分析。例如"请从饮食均衡的角度，试着分析一下李老师一日的饮食情况是否合理？"

2.数据说理，正反辩论

数据的分析有着预期性，但不是绝对的，这就会造成不同的人在分析同组数据时，会导致分析结果的差异。教师可以引导学生对不同的分析结果进行辨析，学生在辩论的过程中，能够开拓思维，学会从客观角度分析问题。例如辩论"优秀率变高，会导致近视率也变高"的问题。

3.数据采集，健康报告

可以引导学生活用健康知识，收集相关数据，尝试完成一份健康报告。例如"身材评分报告""饮食评分报告"等。

四、玩转数据，做健康

健康素养不是一蹴而就的，需要在成长过程中养成良好的作息习惯、饮食习惯。因此，教师需要引导学生，利用学习到的知识，制定长远的健康目标以及健康规划。

没有孩子不爱"玩"，教师可以利用有趣的方式，帮助学生运用数学知识建立健康素养。还可以根据知识的相关性，尝试进行创新，例如在近视的健康问题中，引导学生尝试自制"视力表"，他们可以尽情展现想象力，画出千奇百怪且充满趣味的视力表，有的把"E"换成了各种图案，甚至是有趣的文字。

通过这样的方式，不仅让学生感受到趣味性，还可增长健康知识，同时积极建立健康素养。

课程**图谱**

一、以数学素养为土壤，萌发健康素养的大树

在"数说健康"课程（如图 2）中，数学素养与健康素养的发展是相辅相成的，在发展健

康素养的同时,学生的数学素养也在学习健康知识的过程中发展。在理解健康知识的过程中,学生也在借用数学知识与技能,巩固和发展数学素养。

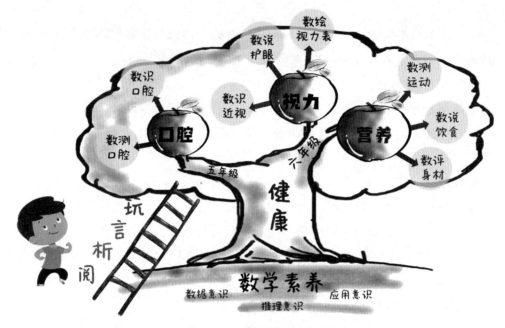

图 2 "数说健康"课程图谱

1.数学素养提供健康素养之源

数学素养就如同土壤,为健康素养的树立创造了生长的条件,提供了生长的养分。正如前文所提到的,健康知识只通过科普手段往往认识不深,但是引入数据并对这些指标进行量化后,就能使得这些虚无缥缈的内容可视化。学生通过理解、分析数据,能够提高对健康知识的认识,逐步形成健康素养。

例如,学生在学习《数说饮食》这一部分内容时,以往学生对于日常生活中的高热量食品不以为然,只知道高热量食品会发胖,但是对具体反馈到热量与运动量上没有确切的认识。当学生通过热量的计算,发现美味的生日蛋糕相当于 3 大碗米饭,竟然需要跑步 4 小时才能消化,再一次刷新了学生们的认知,同时也使他们明白,控制肥胖的关键还是要关注食物本身的热量。如此一来,合理控制饮食、合理摄入热量的意识,就在学生们的心中开花结果了。

2.健康素养夯实数学素养之基

如果说数学素养是土壤,健康素养是大树,那么大树的生长离不开土壤的滋养,大树的生根发芽继而帮助土壤变得结实而肥沃。在本课程中,健康素养的发展需要通过数学的学习,在这个学习过程中,不但健康素养得以发展,数学的素养也在潜移默化中巩固提升。

紧接着以上的例子,当学生在计算热量时,需要进行数据的计算,已知 100g 的蛋糕热量,计算出一个完整的蛋糕热量。此外还需要通过阅读数据,进行单位转化、推理分析等活动。这些过程使学生的四基在运用中再次得以强化,从而发展了数据意识、推理能力以及应用意识等多种数学核心素养,进而促进学生数学核心素养的提高。

二、以三大问题为主题,创设多样活动的枝干

本课程的学习内容,大多以跨学科的主题活动形式开展。每个大主题之下,又设有递进性的探究活动。这些主题和活动的设置,主要是基于以下几点思考。

1.基于学生健康问题而设的三大主题

儿童常见的健康问题主要有龋齿、视力异常、呼吸道感染、肥胖、消瘦、外生殖器异常以及心理健康问题等。从这部分健康问题中,排除部分不易开展的内容,进行归纳和筛选,最后选择以口腔、营养和视力这三大主题来设计课程。这三个主题,是学生能通过改变生活习惯,从而得以解决的健康问题,同时也是学生最能直观探究的健康问题。

2.基于学生素养发展而设的多元活动

为了让学生能够更好地在了解健康知识的同时,发展健康素养和数学核心素养,在课时内容的设计上,尽可能采取多元、多样的课型。在课程中,设计了利于学生发展数学阅读能力的阅读课,利于学生发展数据意识的数据调查、分析课,利于学生综合应用能力发展的项目探究课等。在这些不同类型课程的学习过程中,学生的数学素养和健康素养得到发展,同时淡化了学科的边界。

3.基于学生探究兴趣而设的项目探究

本课程的授课主要是以社团的形式开展,为了能够吊住学生的"胃口",有趣好玩一定是学生们选择这门课程的关键。在每个主题中,课程都设计了一些有意思的项目式活动探究,目的就是让学生能够在玩的同时,还能够学到健康与数学知识。

例如口腔专题,我们设置了"美齿与美食如何兼得?"的项目探究活动,目的是探究食品对口腔 pH 酸碱度的影响,学生可以在品尝美食后,固定时间测量口腔 pH 酸碱度,并实时记录数据,制作图表,从而发现其中的规律,得出一些健康小建议。还比如在营养专题中,"爸爸的体态有多美"就是学生收集家长的身材数据,通过 BMI 值、体脂率、腰臀比以及腰围的计算,评估爸爸的身体健康情况。在这些活动中,学生们会产生许许多多的新问题,通过合作交流、查阅资料等手段,最终形成项目式成果。

三、以"阅—析—言—玩"为路径,搭建学习探索的阶梯

课程应该以学生的视角去落实与实施,课程目标的达成需要考虑到学生学习路径的设计。

本课程由于课型多元,在不同的课型中,学生学习的方式与方法都存在一定的区别,

但是基于数学与健康的跨学科融合，数据的学习是贯穿于两者之间的。因此，学生的学习路径可归纳成四个环节，即"阅—析—言—玩"。

阅，即通过数学阅读了解健康的基础知识。在这个过程中，学生需要了解一些较为专业的定义、概念与模型等，为后期的健康探索打下理论基础。例如在探究"爸爸的体态有多美"时，学生就需要通过数学阅读，认识 BMI 值的由来、计算方法、作用以及不足之处，通过数学阅读尝试自行计算 BMI 值，理解模型的意义。

析，即通过分析数据提高对健康知识的认识。学生需要通过对多组、多样数据进行观察、比较和计算，剖析数据背后隐藏的健康信息。例如，学生通过比较两组 BMI 值相同的身材数据，发现虽然 BMI 值相同，但是在体脂率上却有着很大的差别，从中学生就能够分析出 BMI 值对于健身身材的判断会有着局限性。

言，即学生通过言说表达数据的含义，解释数据背后的信息，从而发展推理意识和数据意识。比起简单的分析，能够合理地筛选有用的数据、联系有关联意义的数据就显得尤为重要。例如，在"校园亮眼调查记"中，学生就会对于"各班的学习成绩与近视率是否存在关系？"的问题展开辩论，有的学生认为学习成绩与学习时间有着间接关系，而近视率又与用眼时间有一定关系，因此学习成绩和近视率有着间接关系。但也有学生认为，学习成绩并不与所花的时间成正比关系，而是取决于方法，学习好的班级，学习起来更为轻松，有着更多的运动时间，反而有利于保护视力。学生在交流的过程中，不但聊数据，还聊健康，发展数学素养的同时，也在发展健康素养。

玩，即学生通过多种方式呈现数据成果，将自己学到的内容通过童趣化的形式进行展示。例如在"爸爸的体态有多美"主题中，学生们就能够为爸爸们制作一份健康评估报告，此外，还可以就爸爸的健康情况，制订合理的饮食与健康计划。还比如在视力专题中，学生可以通过美术课，自制一份个性化的视力调查表，帮助自己跟踪视力健康。

基于以上的四个学习环节，学生的数学素养与健康素养都能得到相应的发展，最终摘取到健康树的果实。

评价工具

本课程主要是以跨学科主题学习活动为主，因此评价除了最终的成果性评价之外，还需要过程性的评价。主要的评价方式如下。

1.项目成果展示

项目式学习的标志就是形成项目成果，当学生经历了一系列的学习与研究之后，能够形成一些个性化的学习成果。这些学习成果会通过班级展示、学校展览等形式进行展出。教师会对这些成果进行指导并完善成果。在这个过程中,学生和老师给予的评价,不但能够帮助学生进一步完善作品,同时也是一次自我肯定的机会。

2.项目学习综合评价量表(见表 1)

表 1　项目学习综合评价量表

评价指标	评价等级及分值			分值/分		
	优秀(3分)	表现不错(2分)	有待提高(1分)	自评	互评	师评
参与态度	全程认真参与,积极承担并完成任务,乐于合作,勇于克服困难。	比较认真参与,能承担任务,能与人合作。	没兴趣,少参与,没能完成基本任务。			
研究行动	精心准备资料,积极进行实地调查,认真制作研究成果,灵活运用已有知识解决问题。	有准备资料,有进行实地调查,能制作研究成果。	很不积极,资料准备不足,也没有进行实地调查。			
研究成果	内容具体,观点新颖,见解独到,具有建设性和现实借鉴作用。	内容具体,观点一般,见解不够独到,有一定的现实借鉴作用。	内容不具体,观点一般,没有自己的成果。			

过程性的评价包括对参与态度、研究行动和研究成果三个指标的评价,根据不同的标准制定了三个等级,分别是"优秀""表现不错"以及"有待提高"。不同的评价指标有着不同的评价标准。在评价方式上,为了更加客观,教师会组织学生进行自评、互评以及师评。

课程**故事**

课程融合记

关注健康的吴国铎老师一直思考着开发一门与数学相关的健康课程,根据理论学习和生活经验,他想到了用科学的方法评估身体健康指数的方式,设计了"数说健康"的课程,除了能够给予学生们有关健康的知识外,在计算、推理以及分析方面还能发展数学核心素养。

可是,有效的数据常常深沉而不言,用什么样的方式展示数据才能清晰而直观呢?吴国铎老师陷入了沉思……

一向做事严谨的张肃老师最近也在思考她的课程,身处大数据时代,她认为没有什么比用数据说话更有说服力了,"数据可视化"课程太实用了,一定能给学生们带来不一样的思想冲击。可是借助生活中的什么主题来展示数据可视化图的庞大功能呢?张肃老师也在极力思考。

在一次数学组的课程交流会上，他们听了彼此的"心声"，瞬间找到了彼此课程的缺角，为了能让课程更加完整、生动、立体地实施，他们将两门课程同时实施，以数据为伍的"健康可视化"课程就此诞生。就这样，健康可视化课程进入了实施阶段，随着课程中一个主题学习的结束，他们和学生们都有了教与学的新体验，对这门课程有了进一步的认识。

第一个开展的主题是"爸爸的体态也很美"，张老师对学生们说有种爱浩瀚而深沉，那就是父爱，关心健康从关心爸爸开始，于是两位老师们组织学生收集了爸爸们的身体基本信息。

学生收集了一堆数据，他们通过健康课程中的计算方法，得到了多组观测健康的指标，比如 BMI 值、腰围、体脂率以及腰臀比。想要直观反映结果，学生们马上想到了雷达图，可是，张老师却说，雷达图不是想用就能用的，像"成绩综合评估"的案例中，雷达图之所以能评估五个学科的综合成绩，是因为五个成绩均以百分制为评价标准，而学生们的健康数据类型多样且区间不等，是不符合要求的。

最后老师和学生想到了解决的办法，那就是量纲化，将不同类型的数据标准化。

他们将健康数据根据各自特点结合已有的科学健康等级，制定出以十分制为标准的统一评价体系。在这个过程中，也遇到了许多问题，学生不但需要查找资料，还需要不断调整标准，功夫不负有心人，最终成功将这些数据进行了标准化。

学生们有了这样统一的标准，所有的健康数据都能用同一类型的数据评价，同学们开启了新一轮的数据转化工作。

因为信息技术的支持，有关爸爸体态的雷达图生成过程很顺利，这样就可以通过雷达图上的五边形直观地判断和评价爸爸们的体态了。为了让同学们都能得到自己爸爸的健康评价，老师和学生共同设计了健康研究报告。

至此，学生和老师一起通过课程内容的学习，获得了相对真实有效的健康成果，同学们都很兴奋，很有成就感。

最有成就感的莫过于苏哲磊同学，他不但学会了健康可视化课程中这个专题内容，他还有意外的收获。他能够通过在 EXCEL 表格中插入函数，将健康数据自动化量纲，实现快捷的标准化程序。

在结束课程之后，两位老师也颇有收获，张肃老师认为：发展数据可视化课程的初心是通过课程实施培养学生们的数据意识乃至数据观念，期待他们在大数据时代能够获得有用的处理信息的本领。选定合适的主题凸显数据可视化同样至关重要，与吴老师健康课程的结合，让健康指标会说话，让数据统计有用途。

吴国铎老师认为：通过"爸爸的体态也很美"的项目式学习活动后，我们看到了学生在数学素养与健康素养上的发展与进步。与此同时，我们教师也在成长，通过课程的建设与实施,我们接触到了新的教学模式,开发了新的教学资源,开拓了新的教学视野。

　　这就是属于我们的课程故事,属于教师们成长的故事,更是属于学生们的故事。

参考文献

　　[1]武留信.中国健康管理与健康产业发展报告(2018)[M].北京:社会科学文献出版社,2018:3.

　　[2]邵光华.数学阅读:现代数学教育不容忽视的课题[J].数学通报,1999(10):16-18.

"数说健康"
课程纲要

煮酒论英雄

杨裕林　　陈素荫　　钟建华　　魏鸿珺

目标**定位**

　　三国时期虽战火纷飞,却也英雄辈出,无数的三国英雄令人着迷。习近平总书记说过:"崇尚英雄才会产生英雄,争做英雄才能英雄辈出。"走近三国英雄,认识三国英雄,形成自己的英雄观,才能真正让学生独立思考并能有理有据地发表自己的观点。"煮酒论英雄"课程旨在培养学生形成正确的英雄观和审辨式思维,在梳理情节内容和人物关系的基础上初步了解三国故事,以主题阅读多维度地认识谋士、君主、武将等各类人物,帮助学生初步形成英雄观,学会如何在特定的时代背景下认识和评价英雄,并通过专题辩论等形式审慎分析三国英雄,提升学生的审辨式思维能力,启发学生在今后的生活中主动思考、审辨慎言,并利用知识、证据来评估和判断其假设,包括对自己及他人思维的分析和评估。[1]

背景**分析**

一、背景分析

　　读史可以明智。《三国演义》是我国四大古典名著之一,它是以历史真实为基础进行艺术创造的结果,以其强烈的思想感情、精湛的艺术技巧、深厚的文化底蕴雄踞于中国古典文学文坛之上,其中的人物刻画、战事描写、心理分析、英雄谋略、经济观念、组织意识、是非观念等都蕴含着浓厚的儒家思想、道家思想、哲学等各个领域的精华。它是一部赞颂英雄的作品,是一幅充满着智慧的历史画卷,极具研究价值。该书以人物为载体形象地阐释了中国传统文化的基本精神,即"仁、义、礼、智、信、勇",塑造了一群叱咤风云的三国英雄人物;虽经历史岁月的冲刷和洗涤,但时至今日仍然熠熠生辉令人百读不厌。[2]重温经典传统著作,可以重新唤起内心对历史和英雄的认知,探寻其与教育的关联和秘密。

2019年秋季正式使用的统编版语文教材,将课外阅读纳入了教材体系,设置了"和大人一起读""快乐阅读吧"等栏目,其主要宗旨在于培养学生的自主阅读能力、激发学生的阅读兴趣。[3]2022年出版的新课标也将"整本书阅读"作为拓展型学习任务群。《三国演义》作为小学语文统编版五年级下册"快乐读书吧"的书目出现在学生的眼前,但学生并不喜欢阅读《三国演义》,部分学生表示:"虽然在校有完整的阅读时间时他们会静心阅读,但回家不会主动阅读,因为很多部分看不懂。"

《三国演义》的历史背景与现今相隔上千年,语言表达方式又与现今不同,直接导致学生们阅读《三国演义》在客观上存在较大难度。

如何拉近学生与文本间的距离,构建其与《三国演义》的桥梁呢？笔者曾经与学生交流过"三国杀"这款桌游,也许英雄这个话题就是学生与《三国演义》这本书最好的桥梁。

什么样的人能被称为英雄？其一,英雄要有出众的个人才能。这也是所有人最容易认知的部分:英雄就是很强大的人。的确,不可否认的是英雄需要有强大的力量推动国家的发展、社会的进步与和平的稳定。魏文帝曹丕时刘劭所著的《人物志》详细解释了何为英雄,"夫草之精秀者为英,兽之特群者为雄,故人之文武茂异,取名于此。是故聪明秀出谓之英,胆力过人谓之雄,此其大体之别名也。是故英以其聪谋始,以其明见机,待雄之胆行之;雄以其力服众,以其勇排难,待英之智成之,然后乃能各济其所长也。故英可以为相,雄可以为将"。[4]可见,在三国时期,对于英雄的定义也仅停留在个人能力的表现之上。

其二,英雄更需要有忠君爱国的品德。西方崇尚的英雄更具个人色彩,虽重情义,但亦有因个人欲望而忽视集体或国家利益之境况。岳飞武力过人曾以"壮志饥餐胡虏肉,笑谈渴饮匈奴血"激励无数将士保家卫国;文天祥一句"人生自古谁无死,留取丹心照汗青"更是千古流芳。如此来看,中华民族英雄无数,根植于其中的英雄观念皆有一点:英雄需得忠义。这种忠是一种为天下稳定的大一统观念,非为君主或个人,而是为民族和国家的精忠报国思想。同时英雄的这种品德必然不能站在狭隘的民主主义立场之上,更需具备全人类所共有的人道主义精神,否则容易陷入如日本等法西斯军国主义的历史错误之中。

其三,英雄还要顺应时代潮流。苏格兰哲学家卡莱尔认为历史由英雄所塑造,这种思想过度夸大了英雄的作用,显然不符合唯物史观。黑格尔的观点更符合现如今的主流思想:"我们应当把世界历史人物——一个时代的英雄——认作是这个时代眼光犀利的人物;他们的行动、他们的言辞都是这个时代最卓越的行动、言辞。"[5]这个观点就站在历史发展和人民需要的立场上,更加符合社会群体中对于英雄的定义。就《三国演义》而言，在各种事项的进程中可知，顺应民心或者站在人民的一边才是取胜的关键，书中从正面宣扬民心向背，体现在英雄对百姓的爱护上。诸如曹操征伐张绣的行军路上，军纪严明，保护庄稼；刘备懂得"若济大事，必以人为本"的道理，任安喜尉，"署县事一月，与民秋毫无犯，其盗者皆化为良民"。[6]携民渡江，更是刘备爱民如子的集中体现。

我们讲三国英雄，不能只讲三国英雄的功绩，更要借助三国英雄塑造学生们的美好心灵，促进学生们的健康成长。"崇尚英雄才会产生英雄，争做英雄才能英雄辈出"，习近平总书记的这句话确实言简意赅，让人回味无穷。

二、文献综述

截至 2023 年 10 月 15 日，在中国知网数据库按照"主题"搜索关键词"三国演义整本书阅读""三国演义英雄""英雄观"得到文献共 789 篇；在维普数据平台，以同样方式搜索关键词得到文献共 1354 篇；在万方数据库搜索得到文献 21170 篇。其中与小学整本书阅读、《三国演义》有关的仅 36 篇。而同时搜索"三国演义英雄观"仅得到 15 篇文献。这样的数据说明，小学阶段对三国演义整本书的阅读指导研究较少，十分薄弱。

在"三国演义整本书阅读"的研究中，侯典国倾向于研究高中整本书阅读，将《三国演义》分为不同时期，赏析其中的人物和情节；孙绍振教授提出整本书阅读教学的关键是教师应当以恰当的问题，让学生主动地学习《三国演义》，而非被动地学习经典著作。在《三国演义》英雄相关的文献中，更多的是分析《三国演义》中某个人物，适合成人参考借鉴，对小学生《三国演义》阅读仅具有启发性，不具备成体系的教学思路。

在"三国演义英雄观"的研究中，更倾向于将《三国演义》中的英雄观与中西方各经典文学作品中的英雄观相比较，从文学的角度剖析对比人物形象，并未涉及对英雄观的教学。

综上所述，《三国演义》的整本书阅读研究更多的是在高中阶段的实践和高屋建瓴式的理论思考，更多是将教学的侧重点放在情节的梳理和具体写作方法的指导上。以小学阶段而言，针对"三国演义英雄观"的认知研究亦是十分稀少，更不涉及对英雄观的教育。

本次课程，以小学高段学生为阅读主体，立足《三国演义》英雄人物这一话题，借助思维导图、表格、主题阅读、专题辩论、故事宣讲等多种形式串联起整本书中的人物故事，让学生多维度分析书中人物，引导学生建立自己的英雄观，培养学生审辩式思维，全面实现核心素养的提升。

学习路径

基于"青梅煮酒英雄会"，通过"温酒""举杯""论天下"三个路径实现学生逐步成长

（见图1）。从学生情感发展的角度上来讲：学生正处在高级情感发展的时期，在此时学生的道德感、理智感和美感充分发展，正在形成自己的道德价值取向，具有无穷的求知欲，处于追求美好事物的朦胧阶段，一份根植于传统文化的《三国演义》课程可以帮助学生了解什么是真正的英雄，正所谓"木受绳则直，金就砺则利"，亲近于英雄，方能成为英雄。一个学生熟悉而又陌生的知识激发着学生的好奇心，会让学生深入阅读和了解，对学习过程中的新问题保持新鲜感，对问题保持怀疑而不盲信，最后问题得以解决并有新的发现时，能收获喜悦感和幸福感，让学生从中获得充足的动力以阅读其他名著。一门具有中华民族英雄之美的课程会让学生心生向往，初步培养学生的美感。

图1　"煮酒论英雄"课程学习路径

一、"温酒"——览文识英雄

学生多以短视频、游戏、电影等新媒体了解《三国演义》，利用相应的多媒体资源接洽、了解小说内容，通过观看小说改编的影视剧经典桥段加深对书中多个经典剧情的印象，了解与小说相关的优秀而有益的游戏——比如"三国杀"——进而了解三国人物的所有人生经历，形成一个个有力的支撑点，再次通读全文，串联英雄的故事，形成一条完整的故事线，做到对英雄故事的初步掌握。同时以表格、思维导图和小组复述等形式检验和加深自己对小说的了解。

古典长篇小说的历史距今相隔较远，语言表达方式也与现代汉语不同，对于阅读储备较浅的小学生来说，要读懂存在不少的困难。这类小说文本量巨大，有的高达八十余万字，且文本具有特殊性，同时其中人物众多且人物关系复杂，每个人物身上都有相应的故事，每个故事又都牵连着前后情节的发展。

这就决定了学生要读懂、爱读经典，首先要对与小说故事发生的历史时期有关的人文百科知识有所了解，其次要对章回体小说的体例和古代白话文的语言有所了解，最后还要具备一定古典名著的阅读方法。学生若没有概括总结情节和梳理人物关系的能力，即使将整本书读完，也是糊涂账一本，起不到锻炼阅读能力、提升审美水平的作用。可见本课程的教学难点集中在两点：其一，如何降低学生阅读古典名著的阅读难度；其二，如何调动学生兴趣。

二、"举杯"——多维话英雄

在上一阶段的活动基础之上，学生已经对小说故事充满了兴趣，了解了故事内容，能够将复杂的英雄故事和人物关系进行串联，扫清了学生进一步理解和辨析英雄人物形象的障碍，拉近了学生与文本间的距离，消除了学生对英雄故事的陌生感。学生此时对书中所谈及的诸多人物都会有一些初步印象，这些初步印象不尽相同，甚至因为学生自身的成长经历、心理特点和作者创作时投入的情感倾向导致学生对这些英雄人物的印象不一定全面而客观。我们重构"线性故事"为"人物专题"：将散落在巨量文字中零散的人物故事和学生在课前自主收集的材料组合为主题阅读，便于学生集中而立体地评价人物。学生评价人物时不单要就书中的故事情节和描写进行细节评价，更要拓宽视野，从书内走向书外。让学生搜集资料，以课外资料作为人物评价的出发点，通过"赞诗""名言""战役""死亡""成语"等多角度分析英雄的性格特点，全面地看待英雄人物，形成自己的英雄观。特别是对书中和生活中容易被负面标签化的人物，我们更需要带领学生全面而审慎地认识他们，通过对类似英雄人物的剖析，让学生能多维度地认识不同的人物。因此我们使用联结、融入、内容重构等策略立体化地评价人物。

三、"论天下"——思辨论英雄

学生在完成前两个阶段的学习后，已经对英雄人物的故事信手拈来并且能够以多维度认识小说人物，学生已经初步形成英雄观，能够全面地认识人物，但还未能就人物的特点评价人物是否为英雄，形成自己完整的想法和观点。因此在第三阶段学习开始前，学生需要明白何谓英雄，形成评价人物的标准。我们先引导学生结合自己的生活经验了解故事名言，阅读教师提供的多个时代的英雄故事，接着组织学生进行小组讨论，最后在师生交流分享中总结英雄应该具备的品质特点如下。第一，英雄应该有超乎常人的能力；第二，有忠君爱国之心；第三，顺应时代潮流和响应人民的呼声。课前我们以问卷的形式收集学生喜爱的英雄人物，并以此整理成若干个辩题供学生们思考和辩论。整理辩题时需要涵盖以下两个方面：其一是典型人物，判断单一人物是不是英雄；其二是相近人物比较，相同身份且具有类似经历的人物谁更有资格称为英雄。学生将人物置于特定的时代背景下进行评价，从多维度罗列人物具有的品质和特点，在辩论中寻找双方的矛盾点，将人物的特点与成为英雄的条件相对比，判断该人物是否在东汉末年能够被称为英雄。学生在这个过程中能有理有据地说出自己的观点，找出心中的三国英雄，提升审辩式思维能力。同时提供可选课程：学生可以讨论当小说英雄人物穿越到现代，是否还能成就一番事业，是否还能称之为英雄。最后可推荐学生以此为支点，以相同方式阅读其他历史演义小说。

课程图谱

一、课程图谱

本次课程以《三国演义》为载体，依托"温酒""举杯""论天下"三者为学习路径，通过让学生阅读《三国演义》、查阅相关资料完成对《三国演义》的初读，再通过鉴赏人物、分析人物性格，挖掘英雄精神内核，完成英雄观的初步塑造。学会如何审慎地分析人物，最后由扶到放，通过讨论、辩论、演讲等形式，对三国英雄故事进行再加工，形成自己对英雄的正确认识，最终实现对学生审辩能力的培养，于潜移默化中实现对学生"文化自信""语言运用""思维能力"的交融和提升。课程图谱中（见图 2）的"温酒""举杯""论天下"三者缺一不可，共同支撑对学生能力的培养和价值观的塑造。

图 2　"煮酒论英雄"课程图谱

二、课程内容与实施

1.第一部分

（1）课程内容

课外阅读《三国演义》。"三国杀"技能我知道：教师在课上讲解"三国杀"游戏规则，分小组玩桌游"三国杀"，每组以老带新的形式迅速让没接触过的学生上手游戏，让学生以游戏的方式了解三国人物,最后讲解"三国杀"英雄技能的由来。经典场景我来看看:以调查表搜集学生感兴趣的《三国演义》场景,课上再次阅读相应片段并观看央视版《三国演义》中对应的剧集。课后让学生以表格或思维导图的形式整理某一回的故事内容,可以以五个时期——群雄逐鹿、赤壁鏖战、三足鼎立、南征北战、三国归晋——来梳理其中的经典故事,加深对故事的印象;抑或将人物以某种属性进行分类:可以分为主公、谋士、武将,分为魏、蜀、吴、群雄等。最后还可以让学生以自己喜欢的方式如视频、手抄报等梳理自己喜欢的人物专题故事。

(2)课时安排:5＋n课时

(3)教学建议

阅读是基础。学生只有经过充分阅读,对书中所讲内容有了八九分的了解方才容易产生知识的碰撞。注意力的分配和转移产生的原因中重要的一点是人需要对其中一部分内容很熟知。假使学生在进行专题讨论时对主题故事不甚了解,又何来后续的分析和比较以及综合应用呢? 因而读是基础,在这个阶段可通过桌游"三国杀"引起他们的兴趣;我们在询问学生感兴趣的三国演义场景后,组织观看央视版《三国演义》中对应的剧集,用优秀的多媒体材料让学生喜爱三国演义,同时加深对人物的印象,让学生对三国演义产生兴趣,扫清学生不爱读的问题。

同时,要反复强调和实践在五年级下册第二单元学习的古典名著的阅读方法,初期学生可能阅读速度不快,但切莫因赶进度而使得学生囫囵吞枣,在实践中让学生学会使用阅读古典名著的方法,使其今后阅读古典名著的速度和效率能得到逐步提升。我们确保通过多种形式的检验,确认学生真真正正对三国故事有了充分的了解,而这种了解才是学生开启思维成长之路的第一步。

但本课程注重的是能力的培养而非知识点的识记,因而"温酒"这一阶段的初步阅读是基础,但仅是基础,若想真正实现学生审辩能力的提高,少不得"举杯""论天下"两阶段的学习。

2.第二部分

(1)课程内容

阅读鉴赏三国时期不同身份的典型人物故事,感悟他们的英雄品质:品析东吴谋士——周瑜;品析西蜀武将——关羽、廖化;品析魏国君主——曹操。虽然都属于人物鉴赏品析课,但在第一个人物周瑜的品析上,教师发挥的引导作用更多。先引导学生回忆《草船借箭》中周瑜的人物形象——心胸狭窄,抛出问题:周瑜真就是个心胸狭窄的小人吗? 让学生根据自己的经验并阅读《三国演义》中的故事谈谈自己的理解。教师再提供多方面的素材让学生从中感悟周瑜的人物形象,并将人物的特点进行归类,从不同维度归纳评价人物。后续几个人物的品析,则放手让学生根据总结归纳的不同维度去自主搜集不同种类的材料,并在课上自主交流讨论,完善人物形象。举杯论东汉君主:课前让学生自主搜集资料,从不同维度分析东汉君主人物的特点并以手抄报或思维导图等形式,课上让学生根据自己制作的材料向班级的同学讲述自己了解的东汉君主。

(2)课时安排:4 课时

(3)教学建议

学生在充分阅读的基础上,再进行"举杯"这一阶段的学习。

学生在初读完三国后多半容易仅从一个角度认识某个人物:仅从"德"的角度看待曹操,认为曹操奸诈;仅从"绩"的角度看待刘璋,认为刘璋软弱无能;仅从"才"的角度看待吕布认为他勇猛无双。"举杯"阶段我们对学生固有认知的英雄人物进行剖析,以分析描写细节和比对阅读为基本方法,第一课时教师可以先提供"赞诗""名言""战役""死亡""成语"等多方位素材,让学生阅读分析英雄形象,后续课时可以放手让学生自主收集这方面的资料,课上交流,从这些资料中了解人物的多面性。教师在课前需要自己充分搜集资料,当学生资源缺失时,可以适时提供,保证人物分析的全面性。学生逐步了解每个人物的多面性,全面而客观地了解英雄人物,从中归纳、分享、交流,发现每个人物具有多面性,发现应该从"德""才""绩"等多维度认识人物。学生在一步步分析、否定的过程中认识人物,初步形成自己的英雄观。在学生了解了如何评价英雄后,最后实现由扶到放再将课堂交给学生的过程,让学生能够以言语表达的形式多维度地评析三国英雄人物。

3.第三部分

(1)课程内容

何为英雄:组织学生讨论何为英雄,先引导学生结合自己的生活经验了解故事名言,阅读教师提供的多个时代的英雄故事,接着组织学生进行小组讨论,最后在师生交流分享中总结英雄应该具备的品质特点,学生得出英雄特点后会发现依然存在知识盲区。三国时期人民的呼声是什么? 时代的潮流是什么? 教师引导学生阅读有关三国背景的资料,了解三国时期人民的生活境况,知晓人民在连续的天灾和多年的战乱下,需要的是一个稳定而安乐的环境,人民渴求的是一个统一的国家,为之后的专题辩论做铺垫。

专题辩论:问卷搜集学生喜爱的英雄人物,整理成两种结构化辩题后开展专题辩论。其一是典型人物判断:他们是否被认定为英雄;其二是相近人物比较:相同身份且具有类似经历的人物谁更有资格称为英雄。专题辩论采用四人小组形式展开,教师观察倾听,在小组辩论陷入僵局时通过学生辩论时的笔记发现学生讨论的盲点,讲述相近故事打开学生思维盲区。

三国英雄我代言:课前布置学生宣讲自己喜爱的英雄人物故事;课后可以布置学生以小组为单位制作自己喜欢的"三国杀"人物卡。

可选课时内容:讨论当三国英雄穿越到现在是否还是英雄。从学生前面课时宣讲的英雄中选取最经常被提及的英雄人物，将他作为话题供学生讨论，先让学生讨论当今的时代背景，再讨论具有该特点和品质的人物在当代能否成就一番事业。

（2）课时安排：6 课时

（3）教学建议

"论天下"的论不仅指形式上的辩论，更是希望学生能在此阶段有理有据地表达自己的观点。不再人云亦云，不再受固有人物印象影响，能够在观察、搜集资料，分析整理后得出自己的观点。学生在通过前两个阶段的活动后，已经能够做到对书中人物的故事信手拈来且能够从德、才、绩等多维度来认识英雄人物，我们以问卷的形式收集学生喜爱的英雄人物，并整理成若干个辩题供学生思考和辩论。当然我们亦可以提前准备些焦点话题提供给学生：比如都说刘璋昏庸暗弱，但他真的一无是处吗；刘备、吕布两人都曾背弃旧主，为何刘备才是英雄而吕布不是；曹操曾言，生子当如孙仲谋，称赞孙权为英雄，那继承父兄二人基业的孙权为何能被称为英雄呢？在此需注意，不论是整理学生所得的辩题还是教师提前准备的辩题，我们都需要涵盖以下两个方面的内容。其一是典型人物判断：他们是否被认定为英雄；其二是相近人物比较：相同身份且具有类似经历的人物谁更有资格称为英雄。教师指导时注意在辩论偏离主题时将话题拉回正轨；在学生陷入思维争论盲区时可以通过出示与辩论主题相关的人物故事，讲述类似的历史人物故事或者三国时的部分历史背景以提示学生。两种结构化命题各两课时，均采用一课时教师辅助辩论的形式——教师倾听、观察，在陷入僵局时及时介入打开学生思维，一课时让学生自主辩论。

在开始辩论前，先组织学生讨论什么是英雄。学生可以结合自己的生活经验和阅读书中的故事得出英雄需要具备超乎常人的能力和忠君爱国的道德品质，但很难进一步得出英雄是顺应时代潮流的、是能响应人民群众呼声的。教师可以通过列举公认的英雄人物，如为人民奋斗终身的鲁迅，为人民而牺牲的董存瑞和黄继光；和平时期默默工作、扎根基层的焦裕禄和雷锋……学生归纳发现这些人物身上存在共同点：都是为了人民，从而提炼出第三个英雄的特征。学生得出英雄特点后会发现依然存在知识盲区：三国时期人民的呼声是什么？时代的潮流是什么？学生通过课程伊始推送的资源和自己搜集的资料，了解三国时期人民的生活境况，知晓人民的需求是一个稳定而安乐的环境，人民渴求的是一个统一的国家。在此基础上再让学生展开辩论，学生通过将人物不同维度不同特点进行比对，找出争论的矛盾点再与英雄特征进行比对，最后成功论证谁是英雄。逐步帮助学生养成善于思考的习惯，激发学生的好奇心，提升学生的审辨式思维能力。

当学生能够独立思考，并对《三国演义》有了充足的个人见解时，再让学生整理自己喜爱的英雄人物故事，并在"三国英雄我代言"环节品论自己喜爱的英雄，从而锻炼学生的语言表达。课后还能让学生根据自己喜爱的英雄故事 DIY 桌游"三国杀"的英雄人物卡,将英雄的高光时刻化为英雄技能,并以此来与小伙伴体验扮演英雄的乐趣。

最后本课程提供一节可选课时,如果课时富裕且学生感兴趣,可以让学生试着思考和讨论,假如自己喜爱的三国英雄来到了现今的中国,他们是否还能被称为英雄,能否还能再次成就一番事业。该课时内容难度较大,需得联系当前时代背景,因而学生可以此为目标,但不要求学生能完成一份详细的学习报告,学生能在这个过程中锻炼自己的审辩思维即可。

评价工具

一、道具

我们根据该课程,设立"青梅煮酒英雄会"的活动,学生在课程伊始会获得一张"青梅煮酒英雄会"的入场券(见图3)。这张入场券将伴随学生走完整个课程,在学生每个阶段的学习中都对学生进行评价,学生能够根据每个活动中自己的掌握情况对自己进行评价,评价等级由三到一不等。在不同的阶段分别有不同的学习成果展示,学生可以根据不同的学习成果和对自己的掌握情况对本阶段活动进行相应的评价。评价方式较为灵活而不死板,不要求学生在每一份学习成果上都有出色的发挥,在其中某几项成果上完成学习即可给予自己相应的评价,当然,考虑到每个学生的个体差异,我们并未要求学生每项活动都得三卡满分,学生最终在课程临近尾声时如果能获得"五卡"即可获得入场资格,证明学生已达成本次课程的基本目标。

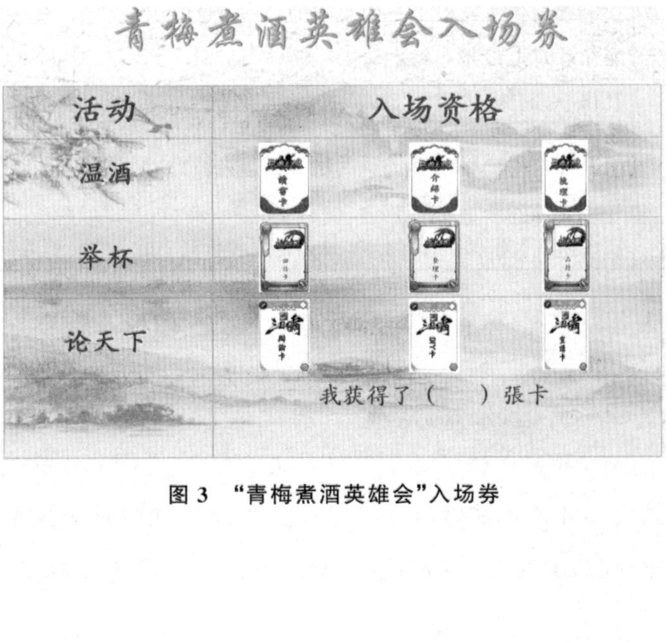

图 3 "青梅煮酒英雄会"入场券

二、评价细则

学生活动评价表如表 1 所示。

表 1　学生活动评价表

活动	评价卡	评价细则	评价对象
温酒	读书卡	读书卡背面有读书进度表，记录读书推进速度，由小组组长检查盖章，读完整本书，获得此卡。	小组组长
	介绍卡	有自己喜欢的人物，并较为熟悉这个人物身上发生的主要故事，与人交流。能与人交流至少一个人物获得一星介绍卡；能与人交流至少一个人物并制作相应的人物传记可获得二星介绍卡；能与人交流至少三个人物并制作相应的人物传记可获得三星介绍卡。	同伴
	梳理卡	整理故事并以思维导图、表格等形式展现。能够以表格将三国人物按照某种属性分类或者以思维导图梳理某个章节的故事内容，可获得一星梳理卡；能够以思维导图梳理人物关系图和某个章节的故事内容，可获得二星梳理卡；能够以思维导图梳理魏蜀吴三国中的发展，可获得三星梳理卡。	教师
举杯	回读卡	有目的地再读名著，能根据自己的阅读目的，有选择地阅读。	自己
	整理卡	查找并整理与人物相关的成语、歇后语、赞诗等多形式资源。能够查找并整理一个人物相关的成语、歇后语、赞诗等资料并以手抄报的形式呈现，可获得一星整理卡；能够查找并整理两个人物相关的成语、歇后语、赞诗等资料并以手抄报的形式呈现，可获得二星整理卡；能够查找并整理三个及以上人物相关的成语、歇后语、赞诗等资料并以手抄报的形式呈现，可获得三星整理卡。	教师
	分享卡	以视频或班级分享的方式呈现自己对人物的多维度认知。能够以视频或班级分享的方式呈现对一位三国人物的多维度认知，可获得一星品读卡；能够以视频或班级分享的方式呈现对两位三国人物的多维度认知，可获得二星品读卡；能够以视频或班级分享的方式呈现对三位及以上三国人物的多维度认知，可获得三星品读卡。	教师
论天下	辩论卡	能在课堂上参与小组辩论。	同伴
	DIY 卡	制作一张自己选定的"三国杀"人物卡。能够通过小组合作的方式制作一张"三国杀"人物卡，可获得一星 DIY 卡；能够通过小组合作的方式制作两张"三国杀"人物卡，可获得二星 DIY 卡；能够独立制作三张及以上"三国杀"人物卡，可获得三星 DIY 卡。	同伴
	宣讲卡	能在课堂上客观并有理有据，从多维度评价其中的人物是否为英雄。	同伴

课程**故事**

　　我自小酷爱三国。可是在我实际教学过程中发现学生们对于五年级下册的古典名著——尤其是其中的《三国演义》不是很提得起兴趣，这让我有些犯了难。于是，借由与学生们的聊天,我想到了"三国杀"中扮演的英雄人物。思绪万千之下,我找到了几个小伙伴开始整理资料,试图以一个课程来传达我们育人的想法——煮酒论英雄。

一开始,我和学生们一起玩三国杀,一起了解三国杀英雄技能如何生成,学生们开始对《三国演义》逐渐产生兴趣,自己读起了三国,课后还和我交流起书中的内容。然后我又票选了大家最想看的三国名场面,和学生们一起看书中的经典场景,跟学生们一起看央视版《三国演义》的"草船借箭"和"败走华容道",他们一下子发现三国原来可以这么有趣,还自己制作了三国人物的思维导图梳理内容。

等到学生们都熟悉了解故事,能做到对人物故事信手拈来后,我们开始走近书中人物,带领他们认识了三个经常被人脸谱化的人物:周瑜、关羽和曹操。

比如说曹操,学生们大多认为他很奸诈。我们通过学生课前制作的曹操人物故事思维导图再次从书中故事认识曹操的不同人物形象,我还提供了多方位的资料,比如"赞诗""名言""战役""成语"等,学生们从中了解曹操的不同人物形象并进行归纳:比如用人不疑,军令严明是他军事才能的表现,他还会写诗,文学造诣高,而这两个都是他"才"的一部分;奸诈、自私是他个人品质的一部分,这两个应该放一起,归属于"德"。学生们逐渐明白原来认识一个三国人物可以从德、才、绩等方面入手。

在学生们了解了如何从多维度认识三国人物后,我搜集他们喜欢的英雄人物,加以整理,将具有审辩性的英雄放在一块儿供他们辩论。学生们通过德、才、绩去比较不同人物的不同方面,一步步辨析和了解人物。但其实这部分并不顺畅,比如第一次辩论刘备和吕布谁是英雄时,在学生们比较发现了两位人物的不同点后,突然陷入了公说公有理婆说婆有理的情境,我们不得不先停下辩论,先去论证什么是英雄。所有人搁置了争议,一起讨论英雄应该具备什么样的特点,学生们很顺畅地从书中的故事和自己知道的名言中,讨论得出了英雄应该有超乎常人的能力和忠君爱国之心,但在我预设的第三点上停住了脚步,我适时地给学生们列举了诸多公认的英雄:为人民而牺牲的董存瑞和黄继光;和平时期认真工作奉献自我的焦裕禄、雷锋;学生们从中寻找他们的共同点,发现英雄应该也是人民的英雄。接着又从书中和网上寻找资料,查询三国时期的历史背景和老百姓的生活状况,了解三国时期人民的需求是什么,得出完整的英雄的定义并据此比照完成辩论。在这样的走走停停的两节课中,学生们终于完成了第一次论证。在有了这样的铺垫后,后续三次的辩论一次比一次顺畅,他们开始能向同伴有理有据地品论三国人物。

在这个过程中,我们的课堂有着一些沉默和尴尬,但这样的静静思考是对学生们自身思维过程的不断锤炼,这样的走走停停是对自身想法的不断求证,学生们在思维的碰撞中主动去了解、探索自己平常容易忽视的知识,不再直接以他人的判断作为自己的观点,据此帮助学生养成质疑、思考的习惯,逐步提高学生的审辩式思维能力。

参考文献

[1]徐虹,王禹.初中生物学教师创造性教学行为对学生批判性思维倾向的影响:学习投入的中介作用[D].武汉:华中师范大学,2021:10.

[2]赵亚琴.晋祠关帝庙及关公祭祈[D].西安:陕西师范大学,2021:56-58.

[3]裴晓逊.小学高年段古典名著整本书阅读指导研究[D].南京:南京师范大学,2021:2.

[4]王莹雪.《三国演义》英雄史观论[J].黑河学院学报,2013(6):98-104.

[5]黑格尔.历史哲学[M].北京:三联书店,1956:56.

[6]尹璐璐.中国共产党的英雄文化研究[D].焦作:河南理工大学,2020:20.

"煮酒论英雄"
课程纲要

"XMESX 设计公社"

——基于文创产品开发的设计思维课程

林 多

目标定位

　　设计思维作为创新解决复杂问题的方法体系,为课程的改革与教学创新提供了新思路。[1]本课程将设计思维定义为学生通过"校园文创"这一项目出发,摒弃过去死记硬背、单一的学习方式,关注学生学习的样态,通过不断定义问题、构思想法、创作原型、共情感受、评价测试,经过判断问题、创建想法、改进创作、调查分析、总结经验等一系列思考和行动的过程,通过"设计·应用",学生学会结合生活和社会情境,运用设计与工艺的知识、技能和思维方式,开展基于问题的学习,基于项目的学习,进行传承和创造。

背景分析

一、社会背景

　　艺术设计是一门实践动手能力的学科,从近年来的社会就业情况可以发现,设计专业是具有创意和创新理念的无形资源。随着科技的不断进步,当代社会的发展前景可谓日新月异、欣欣向荣,文化创意产业也被视为 21 世纪最有发展前景的产业。目前,我国对文化创意产业人才的需求越来越大,设计思维也直指设计人才的内核力量,设计思维的培养正是设计人才不可缺失的核心素养。小学阶段的美术课程作为促进学生设计思维的萌芽与生长的重要课程,有着不可替代的作用,建立"扎根本土""百草权舆""日新月盛"的校园美术设计思维课程,为未来创新、创意型人才的选拔厚植土壤,奠定基础。

小学美术国家课程中也有不少关于"设计"的内容，例如"我设计的自行车""设计文化衫"等，这些课程分布在十二册不同学段，通过这些课程的学习，学生能形成初步的设计思维，但这些思维仍是散点状的、固定的，只因通过一两节的学习，无法完整地构建学生的设计思维体系，学生的学习依旧是片段式的。不难发现，在如今的众多课程中，学生只完成了设计思维中"设计"这一环节，因为课堂时间分配、教师观念等问题，学生常常被动学习，多数在学完后，仅能设计出与课堂相关的作品，并没有对设计的内核问题、本质问题进行剖析，知"设计"而不知"为何设计""何为设计"。因此，通过本次课程的学习，学生点状的思维可以逐步搭建成一条灵活、动态的设计思维线路，在今后的生活中，学生能运用设计思维解决生活中的问题。

二、课程背景

设计思维不仅是一种方法，同样也是综合素质的体现，现如今的学生通过国家课程的学习，能具备初步的设计思维，但多数学生的设计思维仍处于缺失的状态。一是由于初期整体教育理念与教学方法过于陈旧，其中教育理念与教学方法的输出者并非单指学校、教师，而是包含了家庭与社会，大家过去的理念关注在知识技能的习得。在《义务教育艺术课程标准(2022版)》中提出，通过"设计·应用"，学生学会结合生活和社会情境，运用设计与工艺的知识、技能和思维方式，开展基于问题的学习，基于项目的学习，进行传承和创造。可见，新修订的课程标准已经关注到过去课程学习中，学生与现实生活的脱节并以更加多元的学习方式构建学生的思维和与生活联结的通道。二是由于课程设置的不合理性，各个课程内容之间处于割裂的状态，学生的思维状态在40分钟之后便会切换到下一节课，无法深入掌握设计思维。设计思维作为一种高阶思维，其缺失与不足会影响培养我国创新人才的进程。

本课程以高年级学生作为学习对象，就认知水平与创造水平而言，相对于低年级的学生，高年级的学生已经具备一定的基础，他们自主意识逐步增强，看待事物喜欢用批判的眼光，且性格特点鲜明，喜爱的事物都充满个性、创意，渴望表达自我的思想。但由于自主创作的思维受限，缺乏展现创意与个性的途径。因此，结合设计思维的特征，综合学生的特点，寻找一个带有"创意""个性"属性的项目作为课程的切入点，"文创产品开发"项目非常适切。文创产品作为当下社会新兴的一个产物，是文化内核的承载物，推崇创新和个人创造力，文创产品的风格多样，可以根据不同的文化内核自由表达，且形式没有具体的定义。设计思维的最终目的是解决问题，而文创产品开发的过程也正是解决产品开发过程中的一个个问题，这二者之间的思路和目的是高度契合的。

三、文献综述

2020年，笔者在《微学微创：生活式绘本创作》中提出，关注学生学习经验与生活之间的联系,在以有趣的教学活动点亮学生留心生活的感悟的同时,激发学生美术学习过程中的创新能力,即在真实的生活情境中,让生活的魅力在美术教学中发光发热。本课程,同样是以真实的生活情境作为出发点,以学生感兴趣的活动方式进行美术核心素养的发展。

本课程关注小学阶段学生的设计思维,笔者在中国知网(CNKI)数据库以主题为"小学生设计思维"进行检索,截至 2013 年 10 月 15 日,共检索出 382 篇相关文献。其中多数学者将小学生设计思维应用在 STEM①、创客、编程等领域,潘小番等多数学者都肯定了设计思维的重要性,指出设计思维对当代教育教学、对学生创造力的影响有着不可或缺的作用。

关注美术学科领域的设计思维研究情况,笔者以"小学美术""设计思维"为主题词进行高级检索,共检索出 8 篇论文,7 篇论文发表的时间在 2019—2022 年,可见近些年才有国内少数学者关注到设计思维对美术学科的影响。其中姚育晓在《以设计思维引领的小学美术"设计•应用"教学研究》中,关注到设计思维与"设计•应用"领域之间的关系,分析了目前美术教材中相关教材的类型,肯定设计思维在教学中的价值,也在文中提出在课堂实例"吉祥宝贝"中,将设计思维与"设计•应用"进行联结的教学策略。以教学策略作为观测点依旧注重教师立场,在新课标的修订中提出了对学生学习立场的关注,且该论文中只有单一研究案例,从单一案例或许只能对设计思维进行简单的摸索,无法深入探究,若以一个课程进行较为长线的学习研究,对学生设计思维的培养或许更加完整、清晰。

因此,笔者以"小学美术""文创""设计思维"为主题词进行高级检索,仅检索出 1 篇《文创设计在小学美术教育中的应用研究》。文章中阐述了文创与小学美术的联系以及文创在美术教育中的设计原则,提出将现有教材中被忽略的国宝资源以文创的形式作为载体展现,其目的在于帮助学生建立对国宝与中国传统文化的认识,产品的创作依旧出于教师之手,并非完全以学生的视角展现文创产生的过程,且文中并未提出设计思维与文创这二者之间的关系。

综上所述,笔者提出以文创产品开发作为内容载体的课程研究,目前尚未有相关文献和课程实例。因此,笔者认为,通过文创培养学生的设计思维这样的研究方向非常有实践意义和研究空间。

---

① STEM 是科学(science)、技术(technology)、工程(engineering)、数学(mathematics)四门学科英文首字母的缩写。STEM 教育是一种综合性的教育模式,旨在通过跨学科的学习和实践,培养学生的创造力、解决问题的能力、逻辑思维能力和团队合作能力。

学习**路径**

艺术新课程标准提出要更加聚焦中国学生发展核心素养,培养学生适应未来发展的正确价值观、必备品格和关键能力。本课程中文创产品基于校园文化,以校园文化的要素结合参考项目式学习方式组成三个子项目,学习过程围绕"学结构—用结构"循环展开,活动路径模拟文创产品的开发过程,通过不断的学习、运用,巩固、发展学生的设计思维。整体学习过程将通过三个子项目经历三个层级的跃进,每个层级单独的学习路径(见图1)也将不断升级,既有纵向的变化,也有横向的变化,本模块将对学习路径的横向路径进行阐述。

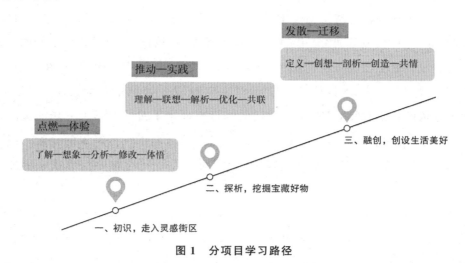

图1   分项目学习路径

项目一:"Hi,使君花"——初识,走入灵感街区

学习路径:了解—想象—分析—修改—体悟

学生在美术设计课程中,多数以想象开展学习活动。想象不仅是一种认知活动,也是理解的基础,更是创造的前提和起始阶段。[2]通过想象,学生也能在前期进行大胆的思维碰撞,在前期设计预留更多的可能,最终解决问题。

六年级的学生已经具备一定的批判性思维,在日常生活中能针对一些问题提出疑问。前期设计完成后,学生会对方案的可行性等实际问题进行观测,发现问题并加以解决,他们需要找到问题核心以及适当的处理方式。学生通常会以自己熟悉、可控的方式尝试进行解决,例如通过优秀的作品进行参考借鉴,这是教师在长期的课堂教学中遗留的一种痕迹,也是学生此时可以依赖的抓手。人类本能的学习方式是模仿别人的行为,对应的神经元叫作镜像神经元,0~12 岁的孩子本能的学习方式就是模仿大人的行为。教师可以在开展课程时将一些优秀的作品,例如"红点设计作品""福娃吉祥物"等以资源包的形式提前预备好作为学生的参考、"模仿"的资源。学生将自己的作品与优秀的作品进行共建分析,在修改中,学生会反复地回忆优秀作品的特征,将"使君花"结合"简化""与生活实际建立联系"等设计关键点进行修改,并最终得出作品问题的内核以及修改方向。在本次课程中,学习方式借"逆向思维"的结果导向为伊始,直接输出成果后逆向循证作品的可行性,借优秀作品"辅正"自己的作品,最终形成更切实际、可行的作品。

这一系列的学习方式是一种将已有认知结构转化为自我认知的过程,也是他们在构建设计思维过程中思维演变的历程。项目完成后,学生将对这一阶段的活动进行梳理、复盘,明确自己的优势与不足,为项目二的开展做好经验准备。

项目二:"Wow~明思"——探析,挖掘宝藏好物

学习路径:理解—联想—解析—优化—共联

项目二的学习,既要考查学生在项目一中学习成果是否迁移,又要关注学生在项目二的学习中学习能力是否有所提升,学生对任务关键词"明思"的理解相对于"使君花"而言更加抽象。"理解"目前已经成为教学中一项重要的价值追求。学生理解是学生带着原有的知识与经验、思想、观念对文本等进行理解后使自身知识结构深化的过程。通过理解,学生能将自我的思想外化,为联想创作做好信息储备。

联想是想象的基本形式,以记忆为基础。学生理解的"明思"含义可以是"明亮的思考""思绪如一轮澄澈的明月",再通过与这些词汇进行类似联想,找到了"灯""月亮"这些具象元素作为图形输出,创设"明思"灯,或者加以拟人变化,开发"明思"吉祥物。学生的意识由此及彼、由表及里、由浅入深,逐步突破自己的思维定式,学会通过已有的认知叠加组合建构新的认知结构。

每个原型或草图创设后,学生可能会再次提出疑问,面对质疑,检测是非常实用的解决方法。如何验证原型是否符合用户的需求,学生提出可以运用问卷调查与采访两种形式。随后设计调查问卷内容,从产品的样式、产品的选品方向、色调、风格、特点等方面进行问题设置,再对教师和学生群体进行采样调查。回收用户信息后,发现用户对作品的"实用性""创意性""文化性""成本"较为关注。以用户的视角再次反视自己的作品,重新探讨作品下一步的调整方向,助力作品更好地提升。

不同于修改,优化将采取一些措施让原本的方案更加优秀,例如抛弃方案中不可实施的部分,或将可取之处进行提升。根据用户调查的数据,学生结合实用性对原有的设计进行优化。每一次产品的开发都是不断迭代的过程,回溯这一项目的过程学生内心能够建立与设计、与自我、与人的共联,领悟设计的意义并非只要"美",而是更真切关注到

人们的心理需求。学生在解决问题的思考中不断反思、调整，使设计思维的脉络逐渐清晰。

项目三："Go！和·美"——融创，创设生活美学

学习路径：定义—创想—剖析—创造—共情

在以上两个项目中，学生能力和思维的提升呈现发展趋势，项目三将给予学生更大的空间进行学习，全力推动设计思维的发展。项目三以"和·美"为主线任务，这一文化理念包含了校园生活的千千万万，"明思""使君花"等现有资源都包含其中。学生的自主意识逐渐增强，能够自主选择创作方向，可以对原有元素进行深挖掘、再定义。定义相较于理解而言，将任务问题进行了扩展和延伸，注入了自己的思想，又或者是挖掘大文化下的潜藏元素进行再定义，另辟蹊径，例如不再以文字作为定义方向，而是以"活动""事件"作为隐形资源进行创作。

创想在于创造一个从未有的，一个全新的事物。学生可以观察校园、进行采访等，以自己喜爱的视角提取所需的元素服务于创作。例如，付同学创作的大队委纪念系列，结合校园的"大队委选举"活动将大队委的标志与实用的学习用品进行组合，既作为纪念产物又是对学生内心的鼓舞，使原本只作为学习用具的产品赋有更多精神内涵。以相同的起点衍生了不同方向的作品。每位创作者都找到了独特的切入视角，创意与个人风格都得到了最大的输出。

从古至今，创造无处不在，正是有了创造，我们才有了现代的繁荣，有了创造，生活才有了万千惊喜。以更多元的视角观察需求，以更多元的调研验证假设，以更多元的创造服务生活。他们学会借助用户画像分析不同人群的需求，以视频记录更多人群的想法，透过沟通感受更多群体的内心思想。通过多样的方法，剖析用户的心理，剖析产品的核心，剖析理念的内核，而这些行为的背后，是情感的支撑，即学会共情，以情感作为设计的出发点，一定会指向更有人文特点的产品创生。

纵观三个项目的学习历程，学生在最后一步都逐步领会"共情"的意义，最终在接下来的设计学会以"共情"作为第一视角洞察需求。学生逐步从原有的"美术"学习路径逐步转变为更加成熟的"设计思维"学习路径，进而利用这套系统的方法进行学习，我们经过三个项目的学习可以总结出最终的学习路径（见图2）。

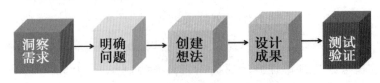

图2 设计思维课程总项目学习路径

课程**图谱**

学生在课程的学习将围绕设计思维的核心不断向上螺旋上升，随着设计思维的深入养成，学生将经历设计思维不同阶段的不断迭代。课程图谱原始模型（见图 3）以柱体为初始设计，柱体地面为设计思维的核心内容，支撑学生的学习路径。

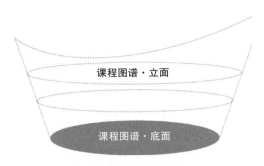

图 3　课程图谱原始模型

随着项目的深入，以及学生学习历程的丰富，将图谱的立面结合学生学习路径进行设计，可以观测出学生的学习路径不断螺旋、迭代，且在不同项目中，不同"设计思维"方法的时间占比也有所不同。

从课程图谱（见图 4）的呈现可以看出，项目一到项目三，学生思维迭代的过程、频次不断加快，因此教师也需要关注学生在此学习过程中的学习样态。

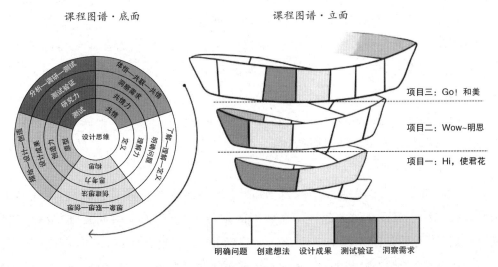

图 4　课程图谱升级模型

项目一:Hi,使君花

本项目注重学生的基础性,以学生原有的认知水平和学习经验为基础进行项目学习,重在挖掘学生的潜能和灵感。由于学生初入项目,需要教师引导学生逐步进行课程各内容的学习。教师可提供相对应的资源包作为学生学习的脚手架支撑学生完成学习,与学生共同分析并梳理出知识要点,知识要点的呈现可以用思维导图或表格等形式。整个项目的实施,或许仍需教师进行较多的引导,助力学生完成整个项目体验。

项目二:Wow～明思

这一项目是学生设计思维培养深入推进的重要环节,教师在这个过程中需关注学生的形象表达与理解词义之间的契合度,适时进行提醒。学生以更加灵活的形式参与过程学习,小组讨论问卷设计方案,选择一个班级作为样本班级或从教师群体测试最终得出思考结论。本阶段,教师应该以"半扶半放"的状态逐渐从课堂的牵引者状态抽离,给予学生更多的空间施展个人能力,更多关注整体方向的把握。

项目三:Go! 和美

从项目一到项目三,学生思维空间、设计维度空间最大化的拓展中,学生对概念问题的定义会呈现更多层次。教师以辅助的形式跟随整个课程的学习,鼓励学生以创造的方式输出对问题的定义,在创造的过程中提供创意参考或者让学生自主选择资料参考。阶段三,教师更多以"隐形"的状态存在于项目之中,辅助支撑学生。

设计思维原始模型对应本课程中学生应具备的必备能力有"移情—共情力""定义—理解力""构思—思考力""原型创作—创造力""测试—研究力",而这些能力的输出需要通过学习路径的实施体现。在上述模块对学生学习路径的表述中,依据项目的推进横向展开学习路径演示,若将项目之间的每个环节进行对应纵向梳理,可以呈现学生相同阶段设计思维跃进的过程,例如,从了解—理解—定义,可以归纳为学生在"洞察问题"这一环节中思维的提升,诸如此类,我们将纵向的环节罗列出"明确问题"(了解—理解—定义)、"创建想法"(想象—联想—创想)、"设计成果"(修改—优化—创造)、"测试验证"(分析—解析—剖析)、"洞察需求"(体悟—共联—共情)等五个纵向学习路径,以下将对必备能力与学习路径之间的联系进行阐述。

1.明确问题与理解力

设计思维是一种解决问题的能力,遇到问题,首先是对问题进行理解,因此具备理解力是设计思维不可或缺的一部分。在课程的学习中,学生前期对问题进行简单的理解,而项目后期,则是以任务驱动学生自己寻找问题,自我定义问题,以助力自己产品的开发。学生从"给问题"到"找问题"的学习活动转化中,视角从有局限性地、被动地理解问题转化为广泛地、主动地寻找、理解问题,深入地培养理解力。

2.建立想法与思考力

设计思维前期想法的建立尤为关键,任何一种想法都可能成为最后的一匹黑马,从而推进整个方案的落地。想法的创建需要通过强大的思考力辅助。因此课程通过创建想法这一学习路径来建立培养思考力的途径。学生以草稿、文字、思维导图等纸质书写方式记录从单一的物像思考到对物像之间进行联结思考再到对知识之间的结构进行思考,深化促进思考力的发展。

3.设计成果与创造力

设计思维并非一蹴而就的过程,其中需要进行反复的思维迭代,因此作品的调整与修改是必经之路。每一次改进创作的过程,都是自我创造力再次提升、再次发展的过程,通过思维的碰撞产生新的作品,通过创造力,作品才能呈现更加丰富的样态。

4.测试验证与研究力

设计思维需要通过多样的测试来检验方案,学生在本课程中通过调查分析得出用户的数据以及测试方案的可行性,调查过程中需要对调查的问题进行识别、设置,以实践的方式真正投入学生群体并进行研究,从而提升研究力,获得将方案向上跃动的动能。

5.洞察需求与共情力

设计思维需要学习者拥有更多的共情能力,以真实的情感体验和用户、群体等建立联结。现阶段的小学生因心理的内部稳定性较差仍处于较为自我的阶段,且社会阅历尚浅,共情力的培养需要通过课程项目的开展使其逐步体悟到,因此每一阶段学习后的总结分享便是对学生内心与深层情感的挖掘与触动,也是建立共情力的一种方式。

本课程的性质属设计课程,学生无论从学习方式、学习活动还是作品成果方面应当多角度、多样化呈现设计的丰富性,在课程实施中,可参考以下教学建议。

(1)唤醒经验

在课程前期,可以进行小型的交流会,鼓励学生们分享自己近些年看到的好玩好看的文创产品,以交流的方式拉近学生与课程之间的距离,同时结合已有的生活经验,为课程的开启做好铺垫工作。

(2)剖析自我

帮助学生剖析自我的优势,使项目事半功倍。根据每个人不同的优势鼓励他们在项目中寻找自己擅长的环节,可以个人行动也可以两两合作、三人合作,取长补短,以更加机动、灵活的方式开展课程。

(3)适当暂停

设计并非时时刻刻都能保持高昂的精神状态,应根据学生的情况及时进行调整,如学生的创作进入瓶颈期,告诉学生不能急于求成,要有一定的时间去顿悟、去思索,同时,看一部好的设计纪录片来调整学生的状态也是一个不错的选择。

评价工具

评价是指导、检测学生学习成效的一种方法，也是教学的有机组成部分。课程采用项目式的学习方式，设立不同维度和层次的评价表，既注重对课程进行整体评价，也关注学生整个学习阶段的学习评价，以下进行简要阐述。

一、以对话予作品之空间

质性评价是对课程相关的行为做出价值判断，不能完全用科学方法去评价教育和课程现象，那样只会导致人们认识相对僵化，且参与评价的主体不一定是老师，可以是学生或更多人群。在此次课程中，鼓励学生对自己的作品进行评价，例如可以以产品发布会的形式展开，学生撰写产品发布词，以学生更感兴趣的方式对课程进行评价。

二、以展览现课程之品质

表现性评价是通过客观检测以外的行动、表演、展示、操作等形式进行评价，表现性评价是一种注重过程的评价，在许多课堂教学与评价中受到欢迎。以美术课程为例，作品最终的展现也是表现性评价的一种，美术是视觉艺术，因此多数美术课程选择以展览形式作为首要呈现方式，此次文创作品的展示采用"展＋评"的形式，将作品通过展览在校园中进行展示，同时邀请全校师生参与到作品的评价中，以"最具创意""最有趣""最美观""最实用"等设计作品的维度对作品进行互动点评。

三、以图示较作品之差异

差异性评价以承认和尊重学生个体间的差异为前提，以促进学生的个性发展为根本目的，对学生个体的学习进程或学习成果进行有差异的评价。本课程以学习成果进行差异性评价，以图示的方式记录学生作品前、中、后的变化，形成图示表，从而直观地关注学习过程以及思维的变化。

四、以量表明活动之数据

量化评价是"数量化评价法"的简称，是指对事物发展过程和结果从数量方面进行描述、分析，采用数学相对方法取得数量化结果的评价方法。现代教学中，通常采用"评价表"的形式进行评价，评价的主体大多数是老师。在本次课程中，则是将老师和学生都作为评价的主体，在项目的调查研究中，调查问卷作为"评价表"在样本班级进行全班评价，让学生对前期的作品进行更加准确的评价，量化评价的运用能够让学生更加明确作品的优劣之处以及找明改进方向。

五、以记录存人本之变化

过程性评价是指在教育教学、计划实施的过程中,为了解动态过程以及及时反馈信息,记录学生学习行为的一种评价方式。其评价不是只关注过程而不关注结果,其评价中的"过程"相对于"结果"而言,具有导向意义,且不是局限在一个等级或评语上,更多是关注学生过去现在之间的差异变化,或者是将学生学习的相关方面,例如学习态度、学习效率等进行比较,从而得到评价结论的评价形式。本次课程关注学生在课程前后的变化,以"视频记录"的形式记录下学生的学习变化,在视频记录中,学生会以"自述""对话"的形式表达自己对课程的理解以及对自我的评价,这样的评价形式以"纪实"的方式较为符合美术中视觉表达的特点,从人本的角度出发也更加具有"生命力"。

根据以上评价方式,设置以下课程总体评价表(见表 1)与学生学习评价表(见表 2)。

表 1 "XMESX 设计公社"课程总体评价表

对象	评价内容	分值/分		
		3	2	1
学校	1.课程是否符合学校办学理念。			
	2.课程产品能否体现校园文化与风格。			
学生	3.课程是否培养了学生的设计思维。			
	4.课程的开展是否符合学生的认知规律与心理特征。			
	5.课程的产品是不是学生们喜爱的。			
	6.学生能否将课程学习的设计思维迁移至生活中。			
教师	7.教师是否以开放的视角参与课程开展。			
	8.教师能否在课程开展过程中根据实际情况对课程进行调整。			
	9.课程的实施是否有利于教师对课程思维的建设。			

表 2 "XMESX 设计公社"课程学生学习评价表

评价指标	考评要点			分值/分		
				3	2	1
判断问题	能对任务、问题进行基础的判断。	能对任务、问题进行较为深入的判断,并进行阐述、理解。	对任务、问题进行精准的判断或有独到的见解。			
创建想法	能简单地以草图形式创建想法。	可以将问题与思考进行结合,以草图、思维导图等形式表达自己的想法。	能建立自己的主张与想法,通过各种方式输出自己的创意与思考。			

续表

评价 指标	考评要点			分值/分		
				3	2	1
调查 研究	能简单地进行调查研究,如简单的对话。	对调查的内容能进行前期的规划,能有计划、有目的地开展调查研究,并对数据进行分析。	能主动、积极地以自己喜欢的方式进行信息调研,并通过数据分析归纳出数据要点等。			
改进 创作	设计过程困难,能对作品进行简单的调整。	能设计出产品,创作后能根据数据进行优化,作品和之前有明显的差异和提升。	大胆设计作品,作品有创意,且能不断地更新思想对作品进行提升、改进与创造。			
总结 经验	能简单地对学习经验进行总结。	能够建立自己与任务、与群体更多的联结,学会切换视角看待问题。	学会共情于任务、群体中,并以真实的情感体验去审视任务与问题。			
总评						

课程**故事**

会展北 45 号设计师法则

近些年来我国"文博热"持续升温,许多文创产品成为人们生活中的"爆款",无处不在。从"故宫文创千里江山图"的风靡再到"冬奥会冰墩墩雪容融"的热卖,我们不难发现,文创盘活了大家的生活,究其原因,在于其独特的文化内涵与创意形式。

《人民日报》指出,文创产品的灵魂是文化,文创发展的力量是创意,有生命力的文创是有精气神的。我们正在看见越来越多中国年轻设计师开始跳出"守旧"的圈子,跳出"封闭"的围墙,以更加自觉、自信的眼光传播中国人的创意思想。2022 年,厦门会展北里45 号 7 位同学在实践中体验着设计师的"快乐"与"头秃",他们以自己的亲身经历书写着设计师法则。

法则一:加法——"管他三七二十一,所有想法都 OK"

做设计师,第一步就要踏出自己的思考边界,每一个想法都像珍珠一样珍贵。结合我们学校的使君花元素,他们提出了"使君花"喜茶联名饮料、使君花蛋糕等神奇创意,这一刻的想法跳脱了"健康""成本""可行性"的圈子,走入"美食""饿了么"的城墙。但不得不说,敢想就是一个快乐的开始,他们的积极性在这时是高涨的,随后还设计了"明思"灯等好玩的作品,他们打破了我对文创产品的认知边界,让我知道了"初生牛犊不怕虎"这句话在"当代设计圈子"是怎样演绎的。

法则二:减法——"断舍离,放开你的执念"

人们常说,做设计师是要"头秃"的,那是因为要面临自我思想的筛选和甲方的各种要求,这就是选择的过程啊。这几位同学必然也要经历这样的过程,设计的"明思"灯泡在用户调研中就面临着成本问题,作为校园文创如果产品无法落地,那么一切就是纸上谈兵。如果方案不可行,他们决定不再过多留恋,把它丢进废纸篓,想法可以再有,但错过的时间才倍加珍贵,生活中总有许多的问题,正是有了问题,我们才有解决问题的机会。他们飞快地寻找 plan B,"低成本""符合主题",鬼才设计师上线了,"明亮的文件袋里装上带有思考的习题、资料"岂不就是低成本的"明思"方案,或者设计"零成本"的明思吉祥物,不得不说,他们真是平平无奇的省钱达人。

法则三:除法——"不必想得那么多,less is more"

在这些年的美术课程中,学生们总是处在"装饰"的学习氛围中,在"设计自行车"时会给自行车加上"翅膀",仿佛一定要有这些设计才够酷炫,但其实这些"装饰"往往是多余的,对设计并不能起什么作用,反而使它复杂化。这样的情况在这次的项目实践中也有所体现,他们似乎习惯性地将物品进行"点、线、面"的装饰,却忽略了设计产品本身的特性与属性、功能等实际问题。欣赏是一种互补,是一种促进,以欣赏更多优秀作品作为学习的路径来修缮自己思维中的弊端。从优秀的红点作品中,他们会发现,去除无效的装饰,回归作品的本身更容易让读者聚焦作品的本质与内涵,从感悟中,他们设计了"尚美"文件夹产品,这是较为简洁的一款,回归到"美"的定义,以简单的图形凸显对美的理解,我们可以从作品中尽量减少认知负担,以简单的样式呈现更多的信息量。有些设计哲学只有经过不断的实践洗礼与感悟才能发掘,有时候改变的并不只是作品,设计者的视角和心态也在潜移默化中改变。

法则四:乘法——"1×1不一定是1,创意像奖券一样翻倍"

做设计难吗?如果你问他们,他们可能说"有点难""还好吧""确实有点难",假如你问他们设计好玩吗?我想他们会说"好玩啊!"从设计图的草拟到走进用户的世界,一次次想法的迭代,迎来的是第一次产品真实的落地,看见产品摆在眼前,那一刻的满足感应该爆棚无疑了。大家像打满鸡血一样,以更加投入的状态进入创作,与前期不同的是,他们以用户的视角结合产品落地的可行性等多方因素进行更加细致的设计。"运动会贴纸""纪念勋章""表情包"等一系列趣味加创意的作品应运而生,有的还衍生出系列化产品。一个人、一支笔、一次思考、一次改变,真的不一定是一次创意,将思维的一扇门打开,我们能收获的或许是像奖券一般的惊喜。

　　"设计不是一种职业,它是一种态度和观念",我想,课程的意义并非只是产品的真实诞生,并非只是设计思维的养成,或许还应该是对生活态度的一次思考,我们总在自己的"舒适圈"里迎接一次次的挑战,我们的人生和设计一样,从幼童到成人时期,一直在做加法,为自己的成长增加砝码,成年后我们需要做明智的减法,舍弃毫无意义的内耗,面对复杂的困境,我们又尝试着做除法,以更加简单的状态对抗复杂的困境,我们又渴望生活中的小确幸像乘法一样加倍……

　　今天的课程结束,明天的生活继续。

参考文献

　　[1]王志军,严亚玲.教育领域设计思维评价:模型、工具与方法[D].江苏:江南大学,2021.

　　[2]郭元祥,李新.遇见与预见:学科想象的生成及想象教学[J].教育研究,2021,42(9):39-49.

"XMESX 设计公社"
课程纲要

12

"杠精"的品质
——辩论社课程

徐舒婷　蔡　彧　董一派　李春萍

司丽娟　吴雅欣　许　霖

目标**定位**

　　"杠精"的品质就是较真的性格和求真的精神,其背后需要具备批判性思维、审辩式思维、论辩式思维。因此,本课程目标定位是基于辩论,提高学生分析、运用信息的综合能力,以及培养学生的思辨能力、团队协作能力。

　　提升信息素养。百"辩"小达人课程,旨在提高学生捕捉信息的敏锐性、筛选信息的果断性、评估信息的准确性、交流信息的自如性和应用信息的独创性,从而提升学生的信息素养。

　　培养思辨能力与逻辑表达能力。在辩论中要讲究前后逻辑一致,做好立论及论点的阐述,能针对正反双方的证据环环相扣地表达自己的见解,同时对问题进行反思,大胆反问,在这个过程中,达成提升思辨能力和逻辑表达能力的目的。同时,学生辩论的话题包罗万象,从小学生的认知背景出发产生的辩题更能够引发学生在对自我、自然、社会、生活等方面的深入思考,树立良好的世界观与价值观。

　　发展团队协作能力。从赛前准备、查找资料,到上场辩论,再到赛后复盘,每一个步骤都需要团队中成员们的相互配合。每经历一场完整的辩论,都是团队协作能力的进一步提高。

背景分析

一、提出背景

当下，伴随着大数据、云计算、人工智能、5G 等技术的广泛兴起，不同领域、不同类型的信息数据爆发式增长、海量集聚，直接且深刻地影响着人们的生产、生活方式。正如哈佛大学社会学教授加里·金所说："这是一场革命，巨量数据正催动着社会全领域开始量化进程，无论学术界、商界还是政府。"[1]在这样的大背景下，信息素养已经成为这个时代人的核心素养和基本素质，是衡量人才素质及其综合能力的重要指标，一个人如果缺乏信息能力或不具备良好的信息素养，势必成为这个时代的"功能性文盲"，最终被社会淘汰。同时，中国学生在发展核心素养时，"学会学习"这一维度也强调了"信息意识"。以上内容都强调了"信息素养"的重要性。

二、文献综述

1.关于辩论的国内外研究

（1）国外研究现状

古代印度的因明精辟地阐明，辩论是在立论者与破论者之间进行的。因明详细具体地论述了论辩定义、论辩目的、论辩规则、论辩品德、论辩场所、论辩技巧、论辩内容、论辩题目、论题特点、论证方法、反驳方法等一系列论辩中的问题。这些理论，至今依然是论辩学中不可缺少的内容。日本社会科教育学会编订的《社会科教育事典》中比较详细地说明了辩论的规则和程序。[2]

古希腊哲学家苏格拉底通过经常与别人谈话和提问的途径发现对方回答中存在的问题，并对问题进行反驳，让对方陷入思维的自相矛盾中并承认自己的错误，从而达到教育目的。当时人们认为苏格拉底的提问法教学方式能够激发学生学习兴趣，调动学习积极性，因此他被人们称为"知识的助产士"。尽管苏格拉底并未留下任何著作，但他的哲学思想和教学方式被他的弟子柏拉图等人传承下来，以至于他在法庭上还通过与他人辩论表明他捍卫法律的信念。

（2）国内研究现状

我国古代很多思想家、教育家重视辩论活动对学生思维能力的培养，如孟子强调学生要善于思辨和论战，注重语言的逻辑性，让对方无言以对；《墨辩》中指出："辩也者，或谓之是，或谓之非，当者胜也。"（《墨辩·经说下》）意思是说在辩论中有人赞同这个，有人赞同那个，理由充足的人应当获胜。这些思想对我们今天运用辩论开展工作提供了借鉴。

王志凯、王荣生提出教师应当教会学生十种辩论技巧：树立正确的输赢观、区分思想和人际关系、区分自身价值与评论、积极听取意见、合理组织观点和事实、从对方角度思考、适当变通、解释别人说的不清楚的话、强调论证的合理性和数据的现成性、"黄金法则"。强调双方在辩论时应当注重得到更好的结论，这是为了获得对该事物的深刻认识，而不是关注哪一方的输赢。

2.对已有研究的评述

当前对于查找、运用资料这一方面的研究多将阅读教学中应用的资料定义成"背景知识""背景资料""拓展性资料""补充资料""补白""辅助系统"等。同时，大部分文献都是基于教师如何使用资料展开论述。但如何引导学生主动搜集资料，对资料展开探究的相关研究较少。辩论方面，国内外学者尤其是国内学者对辩论活动的研究成果较多，但基于资料运用能力培养的辩论课程建设的研究还存在空白点。

学习路径

认知发展理论认为，个体的智慧和认识是在与环境相互作用的过程中发现的，学习的目的不是获得越来越多的外部信息，而是在与环境的相互作用中掌握解决问题的程序和方法。皮亚杰认为，学习是图示建构的过程，它包含一连串的同化、顺应和平衡。信息素养强调利用信息工具来获取、判断、分析、传递、创造以及使用信息来解决实际问题的综合能力。[3]

本课程面向四至六年级学生开展，这一阶段，学生的抽象思维处于发展阶段，其中，四年级学生正处于具体运算阶段，他们的认知需要依赖实践和经验，而五、六年级学生的自主意识逐渐强烈，喜欢用批判的眼光看待事物，本阶段由于抽象思维、逻辑思维能力加强了，自我意识、评价和教育的能力也得到了充分发展。因此，我们在培养学生思辨能力、逻辑能力、信息素养、团队协作这四个方面的能力时，从学生认知背景出发，对学习路径进行长程设置，梳理出"识辩—寻证—立论—明技—实战"的学习路径，遵循由易到难，由浅入深的逻辑展开，辩题选择从对生活逐步过渡到对社会的关注，形式从个人立论逐步提升到团体辩论，横跨三个年级，逐步引导学生学会辩论。

一、看辩

辩论对于学生来说并不陌生，但是学习初期，学生对于辩论的理解仅停留在"是什么"的阶段，关于辩论的形式、赛制、礼仪等，并没有深入的理解，因此课程开始，学生需要通过观看经典辩论赛视频，阅读相关绘本故事等，初步感受辩论的魅力。本阶段，学生可以基于自己对于辩论的初步理解，进行辩论初体验，选择自己喜欢的辩题，以个人或微团队的形式进行辩论,进一步提高对辩论的兴趣。

二、析辩

学生的辩论往往只停留在以主观判断为前提的片面表达阶段,对于优秀辩手如何辩论还不够清楚,缺少对核心观点的佐证意识,不明白需要用相应例子佐证自己的观点,或者不能主动运用例子,导致例子与观点表达之间的脱节。因此,在"析辩"阶段,学生需要系统学习如何破题,如何基于立场查找资料、筛选资料、分析资料,并利用资料进行立论,本阶段也是提高学生信息素养的起始阶段。

三、试辩

"试辩"环节,强调学生要围绕一个主题,在圆桌会议上,尝试提出自己的观点,并阐明理由,学生之间互相聆听,表达自己的观点或建议。本阶段重点面向四年级学生,这部分的学生正处于辩论学习的初级阶段,首要基础是能够借助资料清晰地阐明个人观点。因此,在上一学习过程结束后,学生借助手中梳理好的资料,要进行与论点之间的分析与关联,形成立论稿,并有理有据地陈述自己的观点。

四、论辩

初步尝试观点表达后,这时的学生有了一定的思辨能力和逻辑表达基础,进入高年级,就可以开展团体辩论赛。"论辩"阶段,就要从个人观点输出走向相互倾听、团队协作对抗等能力的提升。本阶段要对辩论技巧进行更加深入的了解与讨论,明晰自由辩论中反驳、攻守、合作等相关技巧。

五、真辩

在有了一定的技巧之后,就进入真辩环节,学生开始自由组队,以 2 对 2、3 对 3 等形式围绕辩题进行辩论,并在辩论后及时复盘反思,总结经验。

六、成辩

从辩题库中抽取相应辩题进行实战辩论赛,让学生经历完整的辩论过程,辩题从个人与自我、生活、自然到社会现象等方面展开,难度逐渐攀升,在一场场的实战中,既磨炼了辩论的技巧,又对社会、世界进行深入思考,帮助学生树立正确的价值观。

最重要的是,无论哪一场比赛,实战后均要及时观看赛后视频进行复盘反思,思考自己与团队在语言表达、倾听思考和团结协作上的优势与不足,及时调整,形成经验。

课程图谱

一、课程图谱

百"辩"小达人的课程图谱(见图1),以"思辩能力""逻辑表达""团队协作""信息素养"为能力核心,针对小学四至六年级学生认知发展的特点,依托语文核心素养,以"辩论"为载体,将辩论能力的培养、核心能力的达成分为五大阶段,依托"看辩—析辩—试辩—论辩—真辩—成辩"的学习路径,本课程设计了9个模块的内容,整体呈螺旋上升的趋势,体现课程难度及学生能力的不断攀升。其中,"有理不在声高"在于让学生观看辩论赛,初步了解辩论、体验辩论,感受辩论的礼仪、规则,明白辩论不是靠声音大取胜,而在于逻辑观点等的表达。"开卷有益"和"事实胜于雄辩"重点在于在看完辩论赛后,分析优秀辩手们打好辩论赛的背后需要哪些能力支撑,"开卷有益"指导学生如何基于立场查找资料,丰富辩论例证的同时指向信息素养的培养。"事实胜于雄辩"则指向关注观点的形成,能够借助手中资料写成立论稿。"君子和而不同"则是结合圆桌会议等形式,学生初步尝试辩论,懂得摆事实找依据,从而进行观点的输出与表达。"知己知彼""好问则裕""其利断金"三个部分,从个人演说走向团队辩论,同时关注辩论本身,共同讨论、明晰形成思考、质询、合作等辩论技巧。"捉对PK"开始,就进行真正的分组辩论,学生以小组多人的形式,进行辩论。"舌战群儒"阶段则指向各种形式的辩论赛,在丰富的辩题中,提升能力,思考生活、自然与社会。

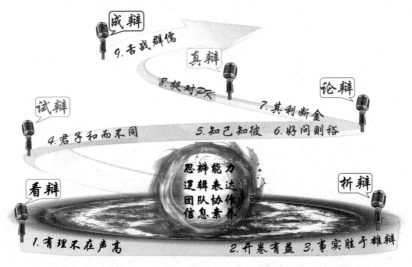

图1 "百'辩'小达人"课程图谱

二、课程内容的构成及组织形式

主题一：看辩——辩论初体验

（一）模块一：有理不在声高

◆课程资源：经典辩论赛视频《新国辩》、绘本《鸭子？兔子？》《总有一个吃包子的理由》《森林里有一块空地》

◆学习活动：

活动一：走进辩论知识库

活动二：辩论技巧知多少

1.观看经典辩论赛视频

2.初步了解辩论技巧

活动三：仁者见仁初亮剑

1.观看经典辩论赛视频。

2.分组读绘本《鸭子？兔子？》《总有一个吃包子的理由》《森林里有一块空地》。

3.表达观点

主题二：析辩——远离"资料迷失"

（二）模块二：开卷有益

◆课程资源：KWL量表、资料搜索问题单、资料梳理提示单、新闻稿等阅读材料

◆学习活动：

活动一：量表定位，定起点

1.抽取话题

就同学们喜闻乐见的生活、人际关系等话题，在话题库中进行抽取。

2.初探论点

抽取到各自的话题之后，简单思考就这一话题，可以建立怎样的观点，同意或不同意，好或者不好等。明确自己阐述的方向。

3.支架运用

基于先前的研究，这次继续引入"KWL量表"（见表1），借助量表，围绕手中的论点，思考已知的和未知的内容，并进行梳理。同时，一边梳理，一边罗列出需要搜索的关键词，从而借助网络、图书馆等进行进一步的有向搜集。让查资料不盲从。

表 1　KWL 量表

维度	我已经知道的 （What I have known.）	我想知道的 （What I want to konw.）	我学到的 （What I have learned.）
内容			

活动二：筛选分类，明思路

1.交流资料

经过一段时间的搜集查找，学生手中已有较为丰富的资料。将手中的资料与同伴分享，交流搜集资料的心得体会，互相启发。

2.梳理归类

利用"资料梳理单"，将资料进行分类。根据自己的论点，判断出资料与论点的相关度，首先给资料进行评分，满分 5 分，从而对资料进行"排名"。其次，对资料进行二次合并，合并相同资料，并从高分（并列 4 分或 5 分）资料中，再次筛选出"最有说服力"的几项资料。最后，再根据"数据""名人名言""新闻事件"等维度对资料进行归类。

活动三：图示关联，立逻辑

1.导图串联

将筛选、分类好的资料，提取出关键词，并将关键词与核心论点梳理成一张思维导图。以论点为中心，进行发散辐射，形成一张"资料网"。并将不同层级的资料进行关联，找出哪些资料可以互相佐证、补充，并形成"证据链"。

2.自我关联

围绕"证据链"，结合论点，在导图上补充自己的评论和看法，引发进一步思考。

活动四：实践比拼，促内化

掌握一定的资料搜集、分析技巧后，进行实践比拼，在规定时间内围绕论题梳理出相关资料并形成"证据链"的同学获胜。

（1）给予统一论题；

（2）推送相应资源，如新闻稿件等阅读材料；

（3）阅读并运用量表进行相关资料梳理；

（4）根据完成时间和完成质量进行综合排名。

（三）模块三：事实胜于雄辩

◆课程资源：媒体稿件、文献等资料

◆学习活动：

活动一：提炼论点，明确立意

1.点明论题

立论稿开篇先点明论题，稍加阐述，引出己方的论题。

2.开宗明义

对论题中所提及的概念进行定义，对辩题做出有利于论点的界定，以获得大多数听众的"公认"，确立立场。以此尽可能扩大己方立论范围，从而留下较大的回旋余地。

活动二:借助导图,突出中心

1.搭建思路

搭建立论稿的思路,构建主体结构是学生思维外化的初步体现,在主体结构的布局上运用思维导图,处理各层级之间的关系。运用并列式结构(见图2),搭建立论思路。以此避免学生在完成立论稿时,因缺乏整体意识,而出现"以例子代替议论"。

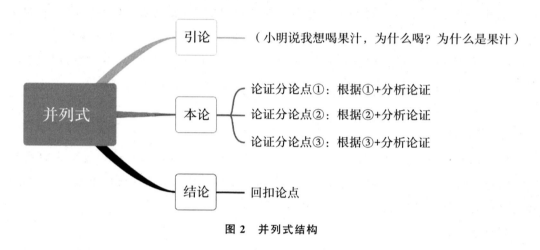

引论 —— (小明说我想喝果汁,为什么喝? 为什么是果汁)

本论 —— 论证分论点①:根据①+分析论证
　　　　论证分论点②:根据②+分析论证
　　　　论证分论点③:根据③+分析论证

结论 —— 回扣论点

图 2　并列式结构

2.综合方法

在写立论稿时,让学生在掌握主要论证方法的基础上,依据"论证方法对照单"(见表2),实现综合运用,从而突出中心论点。

表 2　论证方法对照单

方法	具体内容
事例论证	强调借助代表性的事例,对论点进行论证。
事理论证	对概念进行阐发与解读,多层次深度挖掘概念的内涵与外延,解读概念道理。
对比论证	列举事例内部或利用与其相关事例展开对比,总结异同,论证观点。
归纳论证	侧重以个别归纳共同,并将共有属性综合,论证论点的普遍性。

活动三:引经据典,添加实例

1.罗列事例

按照并列式结构,梳理"证据链"中的事例,围绕主要论点,将手中梳理好的资料与个人论点进行深入的关联,运用关联词,将事例与论点结合起来表述。

2.递进排列

将所述论点与事例按递进式的关系排列,层层递进,使立论更具逻辑性。

3.制作"立论大宝典"

将学到的方法,进行梳理整合,形成自己的"立论大宝典",成为一份立论工具书。

活动四:修改完善,确定终稿

1.梳理体系

借助不断丰富的"并列式思维导图"梳理学生的立论体系,聚焦学生所论证的问题,多角度、多层次分析观点或知识,进而细化分析。

2.完成终稿

让学生学习运用思维导图做提纲,完成立论稿框架的初步设置。而后以思维导图和"立论大宝典"为基础,指导学生完成个人立论稿。

主题三:试辩——同学听我说

(四)模块四:君子和而不同

◆课程资源:《世界听我说》《奇葩说》、互评表

◆学习活动:

活动一:言简意赅,精进表达内容

培养学生以"我的黄金三点论"为发言支架,学习精简叙事,如何抓住重点叙述,精进自己的内容表达。运用"黄金三点论",即把想说的话分成一、二、三点,把握发言重点,使对方更容易理解你的发言意图。

活动二:"圆桌思'辩'",练说焦点话题

1.观点分享,清晰表达范式

让学生关注焦点问题,开展"圆桌思'辩'会"。同学们围坐一起,然后一一分享自己的观点和理由。学生分享时,需进行观点陈述并说明理由。

2.接受提问,再添发言理据

在"圆桌思'辩'会"中,学生不仅要表达自己的观点,同时也要注意聆听他人的观点。并且,在发言结束后要接受来自老师、同学的深入提问,进而针对提问,再结合清晰、易懂、具体的资料例子进行解释与反驳,达成立论成果的有效输出。经过提问,学生再次进行头脑风暴,使自己的发言更具说服力。

活动三:学生互评,检验立论成果

当学生完成所有陈述后,教师进行总结,学生间进行相互评价,通过答辩来检验学习成果。学生发表观点后,其他学生可针对该学生的发言提出问题,发言学生完成答辩,提问学生借助"立论能手星级榜"(见表3)进行评价。

表3　立论能手星级榜

立论能手＿＿＿＿＿＿＿＿

行为表现	星级
陈词流畅	☆☆☆☆☆
说理透彻	☆☆☆☆☆
用语得体	☆☆☆☆☆
回答中肯	☆☆☆☆☆
反驳有力	☆☆☆☆☆
反应机敏	☆☆☆☆☆

主题四：论辩——完美的技巧

（五）模块五：知己知彼

◆课程资源：《世界听我说》《奇葩说》

◆学习活动：

活动一：理顺逻辑

1.反复推敲、斟酌辩题立意

把握辩题的核心和关键处，弄清辩题中每个概念特别是关键概念的内涵和外延，以及整个辩题的题意，以便明了辩论双方的逻辑地位和逻辑困难。

2.知己知彼，设计最佳逻辑

利用导图梳理对方可能出现的论点及论据。

活动二：罗列提问

1.分析对方论点

2.预设对方漏洞

在定义完对方辩题之后，预设对方的论点，开展头脑风暴，罗列对方论点，借助思维导图，逐一寻找突破口。

活动三：寻缺补漏

1.接用话语，制造预设

2.火眼金睛，识别预设

（1）预设触发语

触发预设的词或短语等因素叫预设触发语。对预设触发语的研究能够对预设的理解起到积极的作用。

（2）违反合作原则

辩论赛中辩手们为了在辩论中有突出的表现，既要遵守某些规则又不能恪守一个准则，在本质上并不是不遵守合作原则，只是说话人利用合作原则求得更好的意图表达。

（3）设置语境,取消预设

根据语用预设的这一特点,我们可以为语用预设设置不同的语境,从而取消语用预设的合理性。

（六）模块六:好问则裕

◆课程资源:《世界听我说》《奇葩说》《诸葛亮舌战群儒》视频

◆学习活动:

活动一:视频激趣,初始"辩论"

1.观看视频

观看《诸葛亮舌战群儒》的视频片段,说说你从中感受到这是一个什么样的诸葛亮。

2.尝试辩驳

围绕诸葛亮和虞翻的对话,你能看出来诸葛亮是如何一步步反驳对方的吗?

活动二:示例分析,学习技巧

1.分析辩手发言

观看辩论赛事,赛手们如何运用辩论技巧。哪些地方值得我们学习? 通过观看视频,欣赏和学习辩手们在赛场上的优秀表现。

2.拆解辩手发言

（1）在这一轮的交锋中,正反方是如何反驳对方观点的?

明确:反方一辩先是顺水推舟,接着用"但是"转到自己的观点,发出有利于己方观点的疑问。正方三辩顺着反方一辩所举出的例子,借力打力来重复己方观点。

（2）在这一轮的交锋中,正反方是如何反驳对方观点的?

明确:正方二辩利用对方提出的非洲难民的事情,采取以子之矛攻子之盾的办法,反击对方观点。反方一辩在不利的情况下,没有回答对方的问题,避其锋芒,抓住刚才话题中的有利于己方观点部分进行反驳。

3.提炼辩手发言框架

活动三:趣味参与,强化"辩论"

1.找漏洞:发现一两个可以反驳之处。

2.写辩词:尝试为反方写一段辩论词。

在实战中训练学生的"火眼金睛",迅速找到对方的漏洞。在反驳对方的基础上,逐步展示出自己的观点,并进行论证。

（七）模块七:其利断金

◆课程资源:团队分工表、著名辩论赛片段等

◆学习活动:

活动一:招兵买马,组建团队

1.明确分工

首先学习辩论队伍的分工,明确队内不同位置的不同职责,可以通过辩论队分工表(表4)针对组员所擅长的或者想尝试的领域,进行分工。

表4　辩论队分工表

分工	主要任务	需要能力
一辩	主要是阐述本方观点,要具有开门见山的技巧和深入探究的能力,要能把观众带入一种论辩的氛围中。	写作能力 演讲能力
二辩	主要是针对本方观点,与对方辩手展开激烈角逐,要求他们具有较强的逻辑思维能力和非凡的反应能力,要能抓住对方纰漏,加以揭露并反为己用,要灵活善动,幽默诙谐,带动场上气氛。	逻辑思维能力 反应能力
三辩		
四辩	要能很好总结本方观点,并能加以发挥和升华,要求有激情,铿锵有力,把气氛引入另一高潮。	分析能力 总结能力

2.人员搭配

分工组队也要注意人员的搭配,老师应根据具体情况适时进行调整。组队后也可以引导各个小组设计组名等,提高团队凝聚力。

活动二:团队合作,共同准备

1.头脑风暴齐破题

2.聚沙成塔写辩词

(1)维护己方立场

(2)考虑反方立场

3.时间管理巧分配

4.模拟演练提默契

活动三:范例研究,习得合作

1.观摩学习

观看经典辩论比赛,重点观看自由辩论环节,重点关注在自由辩论环节中的团队配合方法。可以借助团队活动记录表(见表5)针对双方的团队活动进行记录。

表5　团队活动记录表

正方表现	反方表现
1.例:二辩的观点不完整,三辩进行了补充。	1.例:三辩准备发言,二辩在准备好的发言稿中找出相应的事例帮助三辩发言。
2.例:三辩重新围绕定义进行发言,一辩立马跟进重新从材料中寻找事例进行发言。	……
……	……

2.组内演练

（1）确定自由辩论环节的发言顺序

（2）整理观点

首先列出己方所有的观点和事例，接着将这些观点和事例进行分级和归类，形成"一级观点—二级观点—对应事例"的逻辑链。

（3）模拟演练

在组内进行正反方的模拟辩论，分别从正方、反方的角度进行思考，并在练习中使用"补台"和"转移"的技巧。

主题五：真辩——小试牛刀

（八）模块八：捉对 PK

◆课程资源：辩题库、个人评分表、小组评分表

◆学习活动：

活动一：2 对 2 PK

（1）抽签分组；

（2）抽取辩题；

（3）赛前准备；

（4）PK 辩论；

（5）互动评价；

活动二：组对组 PK

（1）自由组合，三人一组，组队 PK；

（2）抽取辩题；

（3）分组辩论，限时 4 分钟；

（4）观众提问；

（5）评委点评。

主题六：成辩——百"辩"万象

（九）模块九：舌战群儒

◆课程资源：辩题库、团体评分表

◆学习活动：

活动一：团体齐亮相

（1）自由组团，四人成团；

（2）给团队取名字，并有团队口号，分别上台亮相介绍。

活动二:辩题对对碰

(1)抽取辩题,确定辩论主题;

(2)正反方做赛前准备。

活动三:唇枪舌剑

(1)开展团体赛;

(2)师生互评赛况,评选百"辩"小达人。

三、教学建议

1.支架搭建,凸显信息素养

辩论中,信息的搜集与掌握十分重要,教学中要注意引导学生从辩题正反角度出发,运用相应量表或导图等支架,定位搜索起点。在资料梳理的过程中,也要不断提醒学生运用筛选清单对资料进行分析、评价,以抓住关键证据支撑己方的立场。课程开设过程中,特别注意要以信息素养为内核逐层锻炼学生对资料的检索、选择和综合运用的能力。

2.分层实施,紧扣能力递进

不同年级学生认知不同,对于辩论的理解也不同,四年级主要关注将个人观点阐述清楚,有理有据地进行论证即可。掌握一定立论方法之后,随着学生思维深刻性的提升,五年级再逐步开展1对1辩论及小组赛。六年级有一定辩论基础后,再丰富展示形式,提升辩题难度,可结合毕业季,进行各类表演赛。

3.随程评价,落实技巧达成

要重视辩论技能的落地掌握、思维的深度、合作能力以及学生信息处理能力运用,对这四个维度的评价要重点关注,评价要精准,关注学生表现。评价可以自我评价、生生互评的方式进行。量表设计要注意涵盖表达、思维等各个维度。"个人—1对1—小组赛"这个过程,在学习完每一个技能点之后,都要注意给学生一个实战的机会,在实战中落实评价。

4.精选辩题,把握学生立场

小学生正处于理性思维的发展时期,选择贴近学生生活实际的辩题,才能激发学生更多的兴趣,让辩论的难度能够符合小学生的认知特点。可利用问卷等形式,调查学生的兴趣、喜好和困惑等,了解这一阶段学生的生活、学习状态从而拟定新的辩题,同时,还可以让学生们自己出题,使辩题扎根学生土壤,打造出能够让学生喜闻乐见的辩论。

评价工具

一、对课程的评价

本课程通过向学生推送调查问卷(见图3)进行课程评价。

辩论社学生调查问卷

亲爱的同学：

你好！

为了更好地了解本课程的开展情况,提高大家对辩论的兴趣,锻炼大家的思维能力,我们想了解一下你们对辩论社相关课程的看法,请大家如实作答,相信有了同学们的参与,我们的课程质量会不断提高。

1.你当前是几年级？
A.四年级　　 B.五年级　　 C.六年级

2.你以前是否有参加过辩论赛的经历？
A.有参加过,多于 3 次　　 B.有参加过,少于 3 次　　 C.没有参加过

3.学完当前阶段的课程后,你对辩论的流程是否熟悉？
A.对所有环节都非常熟悉　　 B.对个别环节熟悉
C.对各个环节一知半解　　 D.完全不熟悉

4.如果让你选择辩论中的角色,你想选择哪一个？
A.一辩　　 B.二辩　　 C.三辩　　 D.四辩　　 E.主席

5.你认为目前的辩论课程内容是否能够让你的表达能力、思维能力有所提升？
A.大有提升　　 B.提升较大　　 C.略有提升　　 D.帮助不大

6.经过学习你认为自己哪些方面的能力有所提升？（多选）
A.逻辑能力　　 B.反应能力　　 C.查找资料的速度、准确度、广度等方面　　 D.合作能力
E.性格方面（更开朗、自信、敢于表达等）　　 F.思考问题能力（更辩证、更多维度等）

7.你对什么类型的辩论话题更有兴趣？（多选）
A.社会热点类　　 B.自然环境类　　 C.生活学习类　　 D.人生哲理类　　 E.其他：_____

8.以下几种选择,您更希望以哪种形式开展辩论？
A.如《奇葩说》一样的唇枪舌剑,自由辩论　　 B.积分制,每参加一场比赛都可以积分
C.正规的辩论社团比赛　　 D.线上随时随地的辩论形式
E.其他：_____

9.如果要改进目前的课程形式,你有哪些建议？
A.很好,不用改　　 B.可以有多样化的活动　　 C.可以尝试不同的辩论方法　　 D.其他：_____

10.你有什么想要推荐的辩题呢？
_____

图3　辩论社学生调查问卷

二、对学生的学习情况及目标达成度的评价

1.达人晋级徽章

根据整体课程内容,我们设置了晋级模式:识"辩"小新星—明"辩"小能手—巧"辩"小诸葛—百"辩"小达人,每达成一个新的等级,学生将获得对应勋章一枚。

2.达人晋级规则(见表6)

表6 达人晋级规则说明

晋级模式	规 则
识"辩"小新星	1.完成模块一相关课程内容。 2.能在"辩论初体验"中大胆尝试、参与1次。
明"辩"小能手	1.完成模块二、三、四相关课程内容。 2.在"信息比拼"比赛中，能在规定时间内完成资料搜集、分析。 3.制作一份"立论大宝典"。 4.在"圆桌思辨会"上发言5次以上。
巧"辩"小诸葛	1.完成模块五、六、七相关课程内容。 2.每次备赛中，能补充双方漏洞各3处以上。 3.备赛和比赛中，能主动合作，贡献智慧。
百"辩"小达人	1.完成模块八、九相关课程。 2.能积极参加各类团队辩论赛3场以上。

课程故事

一、缘起

有一次，学生突然来跟老师探讨，《巨人的花园》这篇童话里，为什么大家都在说巨人把孩子赶走是他做错了，可那明明就是他的花园啊，他真的有错吗？听到这个问题时，我们就进班级和学生聊了起来，突然发现有类似想法的同学不在少数，但也有不少同学持反对观点，于是不如就在班级里来一场小小的辩论吧！同学们各抒己见，将自己的看法说出来，场面一度十分热闹。但是说着说着，发现他们总是在同样的问题上绕圈，同样意思的话反反复复来回说，谁也不服谁，但谁都没有办法让自己的观点完全站住脚。事后仔细想一想，因为他们的认知储备不够多，虽然此时思辨意识已经萌芽，但缺少例证的支撑，说出来的话难免干瘪，逻辑性和说服力都不够。于是本着培养学生的逻辑思维、信息素养等的初衷，尝试开发一个辩论课程，以选修社团的形式进行，并且结合已有研究，在之前远离"资料迷失"的基础上，将资料的搜集、分析与运用同辩论相结合，岂不相得益彰。就这样，在学校里进行了社团预报名的摸底，没想到场面十分火爆，名额供不应求。

二、亲历

同学们最兴奋的是拿到辩题的那一刻。每一个辩题，我们坚持从学生中产生、收集而成。学生们从环境自然、生活学习、社会热点、人生哲理甚至是阅读文学作品时产生的思考等角度拟下了不少的辩题。每当同学们拿到辩题时，总是非常兴奋，毕竟是他们最喜欢的热点问题,如"小学生该不该参加课外辅导?""我可以不用穿校服吗?""在家劳动换钱好不好?"等,他们总是热烈地开始讨论、寻找资料。每一个辩题,都让他们对各种现象有了更深入的思考,他们会懂得:我为什么要这样想? 我的理由是什么? 想法根源来自哪里? 我要如何佐证我的想法? 无论是个人立论陈述,还是1对1比赛,在每一次思想的交锋中,他们都可以畅所欲言地表达自己的观点,聆听他人不同的看法,有的学生甚至会改变自己的表达方式和思维方式,这非常难得! 的确,无关对错,热爱表达就是一个好的开始!

除了丰富辩题库之外,学生们还亲历了一次次的资料搜索、方法小结,尤其是提升了信息的搜集与运用能力,他们多次利用网络、图书馆查阅各种资料,无形间也在进行着大量的阅读、思考。从资料搜集到立论稿的撰写与观点的表达,更是语言的输入到输出的过程。每当看到他们在圆桌思辨会或是团队辩论中畅所欲言的样子,那一定是最美的风景。心理学专家认为,思辨能力强、会表达会说话的人都具有一种独特的魅力,相信随着年龄与辩题难度的增加,他们看世界的角度也会逐渐被打开。

参考文献

[1]何乐."提纯"大数据驱动发现与决策:哈佛大学加里·全教授谈大数据[J].群众,2017(8):56-57.

[2]吉尔伯特.如何在辩论中努力[M].田晓东,译.北京:北京出版社,1989:6.

[3]钟志贤.面向终身学习:信息素养的内涵、演进与标准[J].中国远程教育,2013(8):21-29,95.

"'杠精'的品质"
课程纲要

重构课程，
转变思维方式

13

披荆斩棘讲古人

刘丹鸿　黄妙婕　郑小妹

目标定位

统编版小学语文教材十分注重对学生复述能力的培养,本课程旨在培养学生"简要复述能力",即学生能抓住文章的关键信息进行简明扼要复述的能力。该课程聚焦这一关键能力,着力提升学生的语言运用、思维能力、文化自信等核心素养。

背景分析

统编版小学语文教材四年级上册第八单元提出了"了解故事情节,简要复述课文"的语文要素,旨在培养学生"简要复述"的能力,大部分教师在教授这一单元时,对目标缺乏清晰定位,将"详细复述""简要复述"和"创造性复述"混为一谈。同时,教师讲授简要复述的方法占据了大量课堂时间,学生缺乏尝试练习和开口复述的机会,即便有,能有机会展示的学生也只有凤毛麟角,大部分学生经历的是"沉默的复述"。

自 2010 年起,学者们对小学语文领域的复述开始了研究探索,笔者以"复述"为关键词进行检索,截至 2023 年 10 月 15 日,在中国知网上检索到 805 篇文献,其中期刊 93 篇,学位论文 31 篇。以"详细复述"为关键词,检索到 80 篇文献,以"简要复述"为关键词,检索到 152 篇文献,而以"创造性复述"为关键词,检索到 573 篇文献。通过阅读相关文献,目前学界对"简要复述"的研究大致分为以下几类。

一、简要复述的价值定位

"简要复述"作为"详细复述"和"创造性复述"的纽带,许多学者都肯定了其重要地位。蒋清锋[1]在《复述能力的"转角"——简要复述》中强调了简要复述的重要性，阐述了其承前启后的作用。他认为，简要复述能够帮助学生深入理解课文，完成"对课文整体内容的基本理解"到"对课文重要内容的把握"的过程。同时，"简要复述"又为五年级创造性复述中需要的个性化感悟奠定了坚实的基础。在语言表达层面，简要复述重在对文章语言的取舍、内化、归纳，为个性化表达奠定了基础。

王月霞[2]在《明确定位 彰显价值 拓宽路径——简要复述三部曲》中梳理了简要复述在整个小学阶段的编排情况，强调"简要复述"在"注重深度理解，凸显'承前'教学价值""教给复述方法，把握简要复述特点""鼓励个性表达，凸显'启后'教学价值"的三大价值。

二、简要复述的策略研究

许多学者对简要复述提出了各具特色的教学策略，如胡珊珊[3]在《学生简要复述能力训练策略》一文中提出了"按顺序复述—厘清层次结构—'简化'语言—从篇到类，迁移运用"的教学策略。黄琼雁[4]在《引领学生简要复述故事的步骤》中提出"扩展课题""借助支架""抓住线索"的策略，让情节变得丰富、外显、可视，帮助学生掌握简要复述的方法。

三、简要复述的课例研究

针对"简要复述"的课例研究，学界主要聚焦在统编版小学语文四年级上册第八单元。如蒋进芳[5]在《以〈西门豹治邺〉一课为例谈简要复述的落实》中提出了"了解主要情节""取舍复述重点""转换复述语言""搭建复述支架"的学习路径，并提供流程式、表格式、图表式支架帮助学生梳理情节，进行简要复述。黄慧英[6]在《"简要复述"有法可依》一文中以《扁鹊治病》为例，首先让学生进行有条理的简要复述，说清楚起因、经过、结果，接着在表格中加上"治疗方法"这一列，再次复述，让学生深刻了解扁鹊和蔡桓侯的人物形象。

综上所述，学者们对简要复述的价值地位进行了深刻的研究，其在复述能力中承前启后的关键地位得到了学者们的一致认可。此外，学者们还提出了多样的教学策略，提供多种支架，倡导从篇到类的拓展运用，并在课例教学中进行了实践研究。

但目前的研究仍存在一些不足，首先，研究中部分学生混淆了"简要复述"和"简单复述"的概念和内涵，再如，部分策略"支架"的提炼不够清晰，凭借情节发展的支架只能"有序复述"，如何将文本信息变得"简要"并未清晰地说明。再者，不同的文本间缺乏关联性和系统性，学生无法系统地利用表格梳理其他故事，其思维图示仍是含糊不清的。

对"简要复述"的研究在其他领域也有一定的空白点，如在评价方面，评价的标准没有清晰的说明，评价的方式局限、单一，评价的工具尚未确定。在学生的学习路径方面，缺乏在新课标理念下，以真实情境的任务群或活动为基础、能够激发学生学习的积极性的学习路径设计。"简要复述"能力的培养不是一朝一夕的，如何将这种能力的培养从篇章走向单元，从单元走向课程等仍留有较大的探索空间。

本课程将更多的时间留给学生,设计了"8＋X"的课程模式,依托统编版小学语文四年级上册第八单元教授学生简要复述的方法,采用课堂展示、录音展示相结合的方式对每个学生进行有效的学习评价,促进国家课程的落地。此外,本课程还拓展至课外系列历史人物故事相关主题的书籍,以不断拓宽学生视野。并设计 X 个课前 5 分钟,给学生提供实践、展示和评价的平台,以活动的形式激发学生参与的热情,从而在课程资源和时间安排上实现对国家课程的有益补充。

学习路径

叶圣陶先生曾言:"教育的最终目的为:自能读书,不待老师讲;自能作文,不待老师改。"就是说教是为了不需要教,语文教师的终极使命是培养学生的读书习惯和技能,使他们能够自己学,学到老。培养学生读书的技能离不开对学生身心发展特点及认知发展规律的了解。本课程正是基于此,设计了"披荆斩棘讲古人"课程。

认知心理学提出"学习的器官是大脑",而学习情绪会劫持大脑,进而影响大脑前额叶中感知觉、注意力以及逻辑推理等活动,负责记忆的海马体也会深受影响。[7] 为了唤起学生的学习情绪,我们结合了当前热度较高的娱乐节目,创设了"披荆斩棘历史人物故事传讲人"的大情境,邀请学生们参与到赛事中。课程学习以娱乐挑战赛的形式开展,能够充分调动学生的积极性。

四年级的学生已经具备了一定的复述基础与能力,这个阶段的学生以具体化、形象化的复述为主,在还原内容方面较为详细。四年级的简要复述需要学生在较长文本中提炼关键的信息,还需要分清主次,有序串联,这个过程需要动用学生的逻辑思维。因此,辅以一定的方法、策略,让学生有"迹"可循,形成一定的学习路径,可以降低其学习的难度,也更能培养他们的自学能力。

基于此,我们设计了"理—炼—串—讲(练讲、拓讲)—演—评"的学习路径,帮助学生掌握简要复述的方法,逐步培养学生简要复述的能力。

一、"理"文章

2022 年版新课标对第二学段的要求指出"课外阅读总量不少于 40 万字"[8],其中"阅读与鉴赏"和"表达与交流"的学段目标不断出现"把握主要内容"这样的字眼,可见在阅读文章时对主要内容的把握是这一学段阅读训练的重点。《西门豹治邺》一文约有 1200字,面对这样的长文该如何读?学生应先读懂课文,并尝试"理"清课文结构、分清主次。例如在学习《西门豹治邺》时,初读时思考"故事中有哪些人物?他们之间发生了什么事？"，再借助课后思考题的支架"（　　　）—（　　　）—兴修水利"帮助学生"理"出文章的主要内容。在梳理完主要内容后，学生马上能找到文章的主要部分，为后续的讲故事奠定基础。

二、"炼"文段

本课程设计着眼于学生逻辑思维的发展，帮助学生逐步从形象思维向逻辑思维过渡和提升。逻辑思维能力是学生掌握和运用概念、判断、推理、分析、综合、抽象、概括等思维方式、方法的程度。

在把握文章主要内容的基础上，如何"简要地讲"是本课程学习的重点和难点。教师引导学生逐步提炼出"长话短说"的方法，例如对比原句和精简后的句子，帮助学习理解"什么是长话短说""长话短说有什么好处"，以及"如何长话短说"，让学生将概念性知识转化为程序性知识。学习不同文本，提炼出"抓住关键""巧妙合并""改变句式""删减细节"四种"长话短说"的方法，使文段的复述更加简明扼要，突出重点。

例如，《西门豹治邺》的文本是由一次次对话构成的，在复述时，引导学生思考"每个部分的重点内容是什么""应该保留什么""删去什么"。如第一部分"调查民情"，学生分析出"田地荒芜、人烟稀少"是文段的关键，就能精准地提炼文章的关键内容。进而合并多次对话，改变句式结构，删减句中的生动描写，再次缩减文段。在这一过程中，学生对"简要复述"应"减"些什么有了更加深切的体验。教学第二部分时，则放手让学生自己尝试概括，经历了由"扶"到"放"的过程，学生的逻辑思维水平才能够得以发展。

三、"串"内容

2022 年版新课标指出，"语言运用"这一核心素养是指学生应通过主动积累、梳理、整合，逐步形成良好的语感，能在具体的语言情境中有效交流沟通。[9]学生在挑战复述时不是仅仅把删减后的句子照着读，还需要根据语言情境修改措辞、调整语序，复述时做到既简短又流畅，这就是"串"内容。

在复述《西门豹治邺》这一历史故事时，学生先提炼出了"田地荒芜、人烟稀少"的几个原因，紧接着，学生需要将他们提炼的语言材料进行有机组合、有序串联。学生在串起这些内容的过程中可以调整语序，将"夏天雨水少，年年闹旱灾"前置，并应适当加上地点。在这一过程中学生学会整合语言材料，逐步培养良好的语感。

四、"讲（演）"故事

"费曼学习法"被誉为"最高效的学习方法之一"，它不仅是一种学习方法，更是一种思维方式。美国缅因州国家训练实验室研究得出的"学习金字塔"（见图1）[10]，揭示了"教给他人/马上应用"的学习方式，两周后的信息留存率最高，要想让习得的方法融会贯通，将概念性知识和程序性知识成为学生自动化的动作，就要"马上应用"，而开口讲故事，就是本课程巩固成效最好的方式。

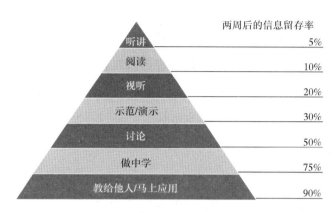

两周后的信息留存率

听讲　5%
阅读　10%
视听　20%
示范/演示　30%
讨论　50%
做中学　75%
教给他人/马上应用　90%

图1　学习金字塔

来源：美国缅因州国家训练实验室。

"讲"包括课堂"练讲"和课外"拓讲"。课堂上我们借用"西门豹"的故事帮助学生梳理简要讲故事的方法，利用"练习生资格挑战赛"的课堂活动对西门豹的故事进行简要复述练习。首先，学生先以4～6人组成小组，互相练讲备战，在这一过程中学生应互相帮助，小组备战中学生能将学到的方法教给未掌握方法的同学。接着，学生参与到当天的课堂挑战中去，未能在课堂上完成挑战的学生还可以在课下用视频录制的方式继续练讲挑战。

不仅如此，我们还设计了"拓讲"练习，学生利用课余时间读本课程推荐的课外读物《少年读史记》《吴姐姐讲历史故事》等关于历史人物故事的书籍，可以将印象深刻的历史人物故事用简要讲故事的方法在学校的微享会、课前5分钟等时间和同学分享。从"练讲"到"拓讲"，由课内到课外，学生在不断应用、实践中，促进了知识的内化。为了提升学生"练讲"和"拓讲"的积极性，本课程将开设"小剧场"，以多人合作演绎的方式传讲故事。在这项活动中，学生可以穿上合适的服装，配以生动的表情、语气等。

五、"评"成果

反馈作为一种学习支持，是完整学习活动的核心部分。有效的反馈可以帮助学习者更好地学习，激发学习者的内部动机，提高学习者的学习投入度，从而促进其深度学习。传统的课程评价以教师为主导，对学生最终的学习结果进行评价，对其学习提供的帮助甚微。学者莫剑霞[11]在促进学生深度学习的反馈模型研究中认为反馈模型整体上应由"先前信息反馈—动态过程反馈—后期结果反馈"三个环节组成，并由外部反馈和内部反馈两个部分共同组成动态循环系统。

在本课程的导学课上，学生先学习了挑战赛制，获取"先前信息反馈"。通过导学课的"评价先行"，学生明确了接下来的学习方向，在此基础之上再进行动态过程反馈，每一次颁发"Pass卡"都对标"简要复述"的要求。最后，在"拓讲"阶段，学生充分掌握评价的自主权，借助"互评表"这一评价工具开展生生互评，作为后期学习成效的反馈，以获得的星星数作为课程知识掌握程度的评价。

可见，评价贯穿于课程的始终。作为一种促进学习的评价，其评价的工具和标准也是学习的支架和方法，学生对照"Pass卡"的情况以及互评中所得的"星星数"进行自我监控，及时调整学习方法，针对薄弱点加强练习，实现"教—学—评"良性互动的循环系统。

课程图谱

一、课程内容构成及组织形式

复述能力在语文课程中有着极其重要的地位。在统编教材中，复述分为详细复述、简要复述和创造性复述三大类。顾名思义，简要复述是抓住课文的主要线索进行简明扼要的复述，是一种有效的学习策略。简要复述在复述能力体系中处于中间位置，是"复述能力转角处"。

为发挥好"简要复述"的接力棒作用，我们设置"披荆斩棘讲古人"课程，此课程旨在培养学生"简要复述"这一关键能力，即能了解简要复述的方法，大致把握故事情节，并运用所学的方法简要讲述历史人物故事，课程图谱如图2所示。

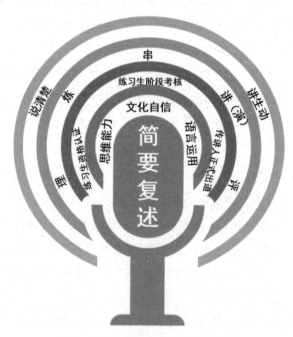

图2　"披荆斩棘讲古人"课程图谱

首先,历史人物故事是中华优秀传统文化的重要组成部分,承载着丰富的历史信息和文化价值,对传承和发展传统文化具有重要意义。在培养"简要复述"能力的过程中,学生能通过故事传讲,学习人物的优点,或者通过故事中的人物反思自己的不足。在潜移默化中树立正确的世界观、人生观、价值观。继承中华民族优秀历史文化,弘扬文化自信。其次,简要复述并不是简单复述,学生要对故事语言取舍及内化归纳并向听众输出,其语言运用能力也在逐步发展。最后,学生在简要复述时,需要在综合理解故事的基础上调整相关句式,重组故事内容,有序表达故事,在这个过程中学生的逻辑思维能力能够得到培养。在对故事中不同人物的形象品评中,其辩证思维能力也会得到培养。简而言之,整个课程活动能够有效促进学生的思维多元发展。

基于以上目标及能力,结合四年级学生的认知规律和学习心理,我们设置了系列化的课程活动:分别是活动一——练习生资格认证,活动二——练习生阶段考核,活动三——传讲人正式出道。

这三个活动指向的能力目标呈现三级阶梯式。第一个活动的目标是掌握简要复述的方法,第二个活动的目标是掌握生动讲述的方法,这是在把握关键信息的基础上再生动传神地讲故事。作为一个历史人物故事传讲人,只讲得对还不够,还需要讲得生动,才能凸显出历史人物故事中的精华,才能让听众印象深刻,达到文化传承的目的。

第三个活动的目标是能够综合运用简要复述和生动讲述历史人物故事的方法拓展讲述课外的历史人物故事。

结合每个活动的目标,我们细化了课时内容。活动一设置了"了解练习生资格""走进聪明的西门豹""走进医术高明的扁鹊""走进神射手——飞卫"四个课时。这几篇历史故事篇幅都比较长,可以让学生们以此为样本进行简要复述。活动二设置了"走进竹林七贤——王戎"和"西门豹故事剧表演"两个课时。其中"走进竹林七贤——王戎"是一个人的演绎,学习如何通过内容和形式两个维度生动传神地讲故事。而"西门豹故事剧表演"是多人一起生动演绎历史人物故事,类似舞台剧的形式,这是传承历史文化很好的载体,同时也能培养学生团结合作的能力。活动三,重点是开展"班级历史人物故事会",评选出"最佳历史人物故事传讲人"。这个阶段学生由课内文本拓展到课外文本,从教师推送的课外历史人物故事主题的推荐读物中选择自己感兴趣或喜欢的历史人物故事,通过课外练讲、课上传讲的方式,检验"讲清楚""讲生动"目标的达成情况。

在这三个活动开展过程中,学生始终贯穿"理—炼—串—讲(演)—评"的学习路径。其中"理""炼""串"是在教师的指导下习得方法,借助理清文章脉络,分清主次;提炼文章关键信息;有序串联内容。"讲""演"则由"扶"到"放",学生运用习得的方法进行自主讲故事,自选故事讲给同学听或者演绎给同学看。而"评"则嵌入学习的全过程,通过评价活动的开展,评价工具的嵌入以及评价标准的拟定,在教师评价、同学互评等评价形式中对"说清楚""讲生动"产生更深刻的印象，逐步提升"简要复述"这一关键能力，提升语言运用、思维能力核心素养，厚植文化自信。

二、教学建议

（一）创设情境，激发欲望

创设情境能够提高课程学习的生动性，有效调动学生的学习热情。学生在情境中学习课程内容，会不自觉地融入个人的主观经验与感受，从而产生更加深刻的情感体验，不断提高课程学习效果。因此本课程结合学生的成长特点、教学目标和课程内容，创设了"披荆斩棘讲古人"这一有针对性的情境，以提高课程质量，实现课程教学目标。

创设这个情境主要基于以下几个原因：现在很多综艺节目都有类似的选拔活动，比如《披荆斩棘的哥哥》《偶像练习生》《创造101》，通过一轮一轮的活动选拔，最终选出"出道"的人选。首先学生熟悉这种赛制，并且这样的方式能够激发学生参与的积极性；其次这个大情境能够合理地整合教学目标；最后，本课程要借助的是历史故事来学习简要复述，通过让学生传讲，帮助他们树立正确的价值观。

（二）搭建支架，长话短说

学生明晰了"简要复述"基本要素后，重点就是如何指导学生学习并掌握"简要复述"的方法，才能使其真正做到简要复述。而在把握文章主要内容的基础上，如何"长话短说"是本课程学习的重点和难点。这里需要搭建系列方法策略支架，引导学生拾级而上。

以"走进聪明的西门豹"一课为例，这则故事比较长，怎么实现"长话短说"以达到"简要复述"呢？我们可以这样帮助学生建立支架：在"走进聪明的西门豹"当中，第一课时学习长话短说的两个方法：抓住关键、巧妙合并，"西门豹到底想听什么？"这个问题让学生抓住关键。接着了解"西门豹的一次次追问其实都围绕为什么田地荒芜，人烟稀少"来合并信息，从而达到长话短说的目的。第二课时我们重点教改变句式和删减细节，借助三年级学过的"转述"引导学生转换句式，进而合并多次对话，改变句式结构，删减句中的生动描写，再次缩减文段。整个课程结束后我们可以和学生一起梳理出："抓住关键""巧妙合并""改变句式""删减细节"四种"长话短说"的方法，让学生在需要"长话短说"时更有章可循。

（三）提供舞台，鼓励分享

复述是一种语言表达实践活动，习得"简要复述"方法后，应鼓励学生进行大量的语言实践。因此，就需要教师为学生搭建"舞台"，增加学生复述的实践机会，在丰富的复述实践活动中提高学生的复述兴趣以及复述表达能力。

例如：课堂上教师可让学生运用习得的方法，参加"练习生资格认证"及"练习生阶段考核"，面向老师和全班同学进行简要复述。课堂上无法按照标准进行简要复述的同学课后还可以向家人进行传讲，并录制视频获得"Pass卡"。我们还会开展"班级历史人物故事会"，用简要复述的方式向其他同学推荐同类型的故事，吸引更多的同学去阅读，实现课内外的迁移运用，这样才能有效提升其"简要复述"实践能力。

（四）推荐书目，拓展阅读

阅读是获取知识、提升思维的重要渠道，更是提高阅读能力、丰盈精神最有效的途径。通过推荐《吴姐姐讲历史故事》《少年读史记》等历史人物故事主题作品，鼓励学生课后进行拓展阅读，并通过课前五分钟分享、展示、评价等活动，为学生拓展阅读提供时间、空间上的保障，以拓展学生的知识广度和思维深度，丰富学生的精神内涵和情感体验，从而提升对中华优秀传统历史文化的认同感，增强文化自信，实现文化自强。

评价工具

本课程聚焦"评选'披荆斩棘讲古人'"这一统领性的评价任务，根据课程目标及任务，对学生的学习情况及目标达成度我们设置了系列化的课程评价活动（见图3）。

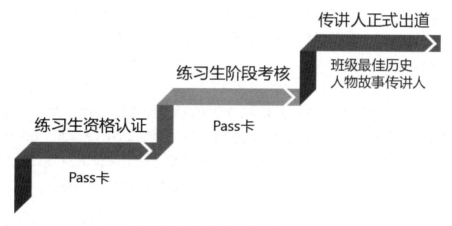

图3　"披荆斩棘的历史人物故事传讲人"评价活动

一、评价活动一：练习生资格认证

1.评价内容

在"练习生资格认证"中，学生通过学习"走进聪明的西门豹""走进医术高明的扁鹊"和"走进神射手——飞卫"课程，学习简要讲故事。

2.评价标准

能够抓住文章主次,按照顺序讲故事;能够利用抓住关键、删减细节、巧妙合并、改变句式等课程中习得的方法进行"长话短说",以达到把故事说简洁的目的;最后整合内容,简洁、流畅地讲故事。

学生需要达到以上三点要求,完成一课,即可得到半张"Pass 卡",至少完成两课即可拼成完整的"Pass 卡",并凭借"Pass 卡"获得"历史人物故事传讲练习生资格"。

3.评价实施及建议

本阶段的评价以师评为主。由于课堂教学时间有限,讲故事需要花费较多时间,一节课无法让每一位学生参与并经历这一评价活动。能力强的学生经历课堂的学习就能学以致用,课堂上就能完成评价任务并领到 Pass 卡。能力弱的学生,我们将评价的空间还给学生,利用课后时间继续练习,以视频的方式完成评价任务,视频通过考核也能得到 Pass 卡,进而获得"练习生资格"。

二、评价活动二:练习生阶段考核

1.评价内容

在前一个评价任务"练习生资格认证"中,学生的目标在于能简要地讲述历史人物故事,而在第二个阶段的评价任务"练习生阶段考核"中,学生还需学习如何生动地传讲历史人物故事。从"简要"到"生动",体现出"复述"这一关键能力在升级,学生需要统整提取、内化、整合关键信息的能力和对历史故事及人物个性化的感悟能力。

2.评价标准

在"走进'竹林七贤'王戎"一课中,学生获得"Pass 卡"的标准:一是借助注释说清楚文章内容,二是能够展开想象补白讲生动。在"西门豹"故事剧表演中,获得"Pass 卡"的标准有两个,一是演清楚,二是演生动。故事剧"演生动"有两个评价标准,一是能够展开想象,增加合理的情节补白,二是从形式上还要懂得配上适当的动作、神态、语气等生动的演绎。通过 Pass 卡的获取,激发学生讲故事的积极性,培养他们的创造能力。

3.评价实施及建议

本阶段的评价以师评为主。主要由于把故事表述清楚、生动的难度较大,因此,这个阶段的评价和前一个阶段有所不同,学生只要完成"走进'竹林七贤'王戎"的生动讲故事或"西门豹"的故事剧表演其中一个,即可得到一张"Pass 卡",获得"出道资格"。在评价活动的实施上,沿用第一阶段的"分层次安排"。

三、评价活动三:传讲人正式出道

1.评价内容

经过前两个阶段的练讲,学生进入第三个阶段的考核,即"传讲人正式出道"。借助

"开展班级历史人物故事会"的形式,评选出"最佳历史人物故事传讲人"。这个阶段综合评价学生前两个阶段"讲清楚"和"讲生动"的学习效果。学生由课内文本拓展到课外文本,从推荐读物中选择自己感兴趣或喜欢的历史人物故事,通过课外练讲、课上传讲,检验"讲清楚""讲生动"复述方法的习得程度。

2.评价标准(见表1)

表1 "最佳历史人物故事传讲人"互评表

评价人:_____

评价维度	评价标准	评价星级
讲清楚	语言流畅 按照一定顺序讲 详略得当	
讲生动	情节波折 人物形象鲜明 使用恰当动作 使用恰当表情 使用恰当神态	
总评	满足一个标准,得1颗☆,共得_____颗☆	

3.评价实施及建议

评价实施上,与前两个阶段有所不同,这个阶段的考核不占用完整的课时,将评价任务分解到每天的"微晨会"和"课前5分钟",学生按照号数轮流上台传讲,这样既能保证每个学生都有上台讲述的机会,又能节省时间。从评价主体上看,此阶段的评价主体不再是老师而是学生,从评价标准的细化到评价过程的实施都由学生做主,在经历全班一轮的传讲后,推选出"班级最佳的历史人物故事传讲人"。

四、问卷调查

课程学习结束后,向学生推送问卷调查,我们从"学习形式""掌握情况"和"课程建议"的维度对学生进行了问卷调查,以便了解课程实际开展情况,更好地提升并改进课程质量。

五、访谈

访谈提纲

1.在学习"披荆斩棘讲古人"课程中,你最大的收获是什么?

2.课程中哪一部分是你最感兴趣的? 请举例。

3.在该课程的学习中,你是否遇到困难,遇到的最大问题是什么? 最后怎样解决的?

课程**故事**

作为一名年轻教师,每学期初的首等大事就是——选课,准备公开课的过程最煎熬,但也是教师快速成长的重要时期。

翻开教材目录,我思索着如何呈现一堂出彩的研讨课。在大家的建议下,我选择了一篇"上烂了"的老课文。这时,耳边传来师父的声音:"哪个单元语文要素最难?从那个单元选一篇课文吧!"挑战最难的? 我翻开了"简要复述"单元……畏难情绪在我的小宇宙里爆发。还记得去年,同样是任教四年级,为了梳理"西门豹治邺"这样的长文,在教学过程中,我尝试了各种学习支架,如"表格""鱼骨图""流程图"等图示齐上阵,但学生梳理的内容往往和"标准答案"大相径庭,在花费大量课堂时间"统一了答案"后,面对下一篇长文时,他们依旧一脸茫然不知如何填表、画图。课堂接近尾声时,我请了几个学生站起来利用表格对文章进行复述,但有的学生依旧讲得很冗长,或是讲到一半就讲不下去了。

要教会四年级上学期的学生学会简要复述,这是一个难啃的大骨头,这对才任教几年的我来说是一个很大的挑战,今年我要如何教"简要复述"呢?

通过前期的文献学习,我对简要复述有了更深刻的理解,其实简要复述并不需要面面俱到,而是要抓住文章主要内容进行详细讲述,次要内容则应该简略。部编版四年级上册第八单元以"历史人物故事"为主题编排了许多经典的文章,其主要内容都在展现各个时期历史人物的智慧与魅力。于是,我开始尝试从人物形象入手,帮助学生梳理并抓住文章的主要内容。这次尝试,我以"你看到了一个怎样的西门豹"作为思考题,引导学生读课文,发现他们很快地就能把西门豹在治理邺县时的聪明之处找到,进而抓住主要内容和关键信息。

我开始明白,无论采用什么样的教学方法,教师只有在读懂学生学习的基础之上,才能更好地帮助、引导学生,跳脱出绚烂的形式牢笼。虽然课堂看起来朴素了,但学生的阅读、思考、表达等关键能力都得到了发展,有助于其奠定文化基础,成为全面发展的人。

当我讲授完简要复述的要求和方法后,新的问题又出现了。学生在课堂上练习的时间仅剩八分钟左右。当一个学生复述完后,课堂结束的铃声毫不留情地敲响了,其余的学生连张口的机会都没有,而且部分学生在同学复述的时候发起了呆。

我开始意识到,教师的教授固然重要,但学生才是课堂教学的主体,要让教学有成效,我应从关注教师如何教转向关注学生如何学。这就要求在这个单元的学习中,我要让每个学生都能开口练习,亲历学习的过程,循序渐进,才能让简要复述的关键能力在他们身上生根发芽。

可是课堂时间不够每个学生开口练习呀！"教师应该是课程的开发者和建设者"，这话如同一扇天窗，打开了我新的认知。简要复述难以在一两堂课中让学生真正得到提升，那为何不打破既定的课程架构？为何不将课程的理念融入我的日常教学当中，创造性地进行国家课程的校本化实施？

开发课程，就要将一篇课文放置在课程视野之下考虑，为了激发学生持续的学习热情，我打算设置一个大情境、大任务。当红的综艺节目给了我灵感，节目中都有类似的选拔活动，比如"披荆斩棘的哥哥""偶像练习生""创造101"，通过一轮一轮的挑战，大众评审投票，选出最终"出道"的人选。学生们都很熟悉这种赛制，我想这样的方式一定能够激发他们参与的积极性，让他们全员卷入、全员参与。

最后，我们课程开发团队决定以"披荆斩棘讲古人"这样一个大任务开启课程的实施。随着学生们的成功"出道"，我的小课程落下了帷幕，我惊喜地发现他们在讲述、评价的过程中，也在学习历史人物的优点，或者通过故事中的人物反思自己的不足。课间，他们喜欢拉着我，和我分享最近读到的故事，或是拿历史人物的故事劝阻同学的不良行为等。在思辨性阅读与表达中，他们逐渐树立起正确的价值观和情感态度，同时也爱上了阅读，爱上了表达。

回顾课程诞生—开发—实施这段时间，我突然发现原来教学可以这么有意思，原来我真的可以成为课程的开发者和建设者。

参考文献

[1]蒋清锋.复述能力的"转角"：简要复述[J].小学教学（语文版），2020(3)：20-21.

[2]王月霞.明确定位 彰显价值 拓宽路径：简要复述三部曲[J].小学教学参考，2022(13)：67-69.

[3]胡珊珊.学生简要复述能力训练策略[J].小学教学研究，2022(25)：92-96.

[4]黄琼雁.引领学生简要复述故事的步骤[J].广西教育，2020(17)：111.

[5]蒋进芳.以《西门豹治邺》一课为例谈简要复述的落实[J].小学教学参考：综合版，2020(25)：86-87.

[6]黄慧英."简要复述"有法可依：以统编语文教材四年级上册第八单元《扁鹊治病》教学为例[J].江西教育，2022(15)：75-76.

[7]贺岭峰.如何帮助孩子科学提升学习效果：基于脑科学和心理学的视角[J].人民教育，2022(10)：19-24.

[8]中华人民共和国教育部.义务教育语文课程标准（2022年版）[M].北京：北京师范大学出版社，2022：10.

[9]中华人民共和国教育部.义务教育语文课程标准(2022年版)[M].北京:北京师范大学出版社,2022:4-5.

[10]王珏."费曼学习法"教学原理分析及应用[J].广西职业技术学院学报,2020(4):98-102,115.

[11]莫剑霞.促进学生深度学习的反馈模型研究[D].浙江:浙江师范大学,2021.

"披荆斩棘讲古人"
课程纲要

14

悦绘数学
——低年级数学绘本课程

吴 盈

图文生动有趣的绘本是小学低年级学生学习的重要媒介。数学绘本是基于对低年级学生身心发展趋势特性的认知,将图像、文本,特别是数据、符号等具体化,生动诠释数学基础知识、基本概念。在小学低年级幼小衔接时期开发"数学绘本课程",作为国家课程校本化的实施,引导着学生自主积极参与数学新知学习,课程在调动学生学习积极性的同时,提升学生的数学核心素养。

目标定位

数学绘本课程的目标是培养小学低年级学生的"大数学观"。"大数学观"体现在以下两个方面。

(1)通过创设生动有趣的生活情境,调动学生学习兴趣,培养学生综合运用多学科知识解决实际生活问题的能力。

数学绘本课程中一个个生动有趣的故事,让学生不把数学当作纯数学来学习、认识、研究,而是将数学与生活紧密联系,在生活情境中学习数学,并将数学运用到生活中。学生在解决生活情境问题时往往要运用多学科知识,将数学与各学科融合,在学科融合的学习中,培养学生的学习兴趣和提出问题、分析问题、解决问题的综合能力。

(2)结构化、整体性的学习使学生在低年级就初步搭建起数学知识的框架,让学生的知识体系更完整。

数学绘本往往将一类数学知识集中在一本绘本,这样学生就可以通过更具结构化和整体性的学习,初步厘清数学知识脉络,初步搭建起数学知识框架,更好地调动学生对接下来数学新知学习的好奇心和探究欲。

背景分析

一、绘本教学的价值

(一)与"课程标准"的要求相契合

《义务教育数学课程标准(2022年版)》的"实施建议"指出："在教学中要重视对数学内容的整体分析,帮助学生建立能体现数学学科本质、对未来学习有支撑意义的结构化的数学知识体系。""通过合适的主题整合教学内容,帮助学生学会用整体的、联系的、发展的眼光看问题,形成科学的思维习惯,发展核心素养。"同时,课程标准在低年级的"教学目标"中指出,"利用生活经验和幼儿园相关活动经验,通过具体形象、生动活泼的活动方式学习简单的数学内容",让学生"对数学学习产生兴趣并树立信心"。[1]教育部《关于大力推进幼儿园与小学科学衔接的指导意见》中"改革一年级教育教学方式"也指出："国家课程主要采取游戏化、生活化、综合化等方式实施,强化儿童的探究性、体验式学习。"[2]

数学绘本课程作为国家课程校本化实施的课程,将依据课程标准要求,在生动形象的故事情境中解决"大问题",融合多学科知识,进行大单元整体性教学,让学生形成结构化的数学知识体系,提升核心素养。活动化、游戏化、生活化的课堂,调动了学生学习的积极性和自信心,让幼小衔接平稳过渡,让学生爱上数学。

(二)与学生的发展需求相匹配

(1)提高学习兴趣和增强自信心

低年级学生受年龄及认知特点等因素影响,常常会觉得数学抽象、内容枯燥乏味,数学绘本所具有的直观形象、丰富多彩、趣味性强等特点恰恰能提高小学生学习兴趣,并增强学生学习数学的自信心。

(2)符合儿童的认知发展规律

数学绘本教学强调数学和生活之间的关联,寓数学知识于故事情节之中,符合儿童认知发展的规律,有利于低年级学生由感性认知向理性认知转变。

(3)帮助学生积累活动经验

在数学绘本的辅助下,用数学思想引导学生学习和探索数学知识,促使他们动手操作,参与数学活动,获得数学活动经验。

(4)助推学生核心素养的提升

借助数学绘本教学可以引导学生展开对话与讨论,让学生在思考问题中培养思维敏捷性与灵活性。数学绘本用趣味的故事情境,直观形象地把枯燥无味的数学知识演绎得活灵活现，使学生在读中察、察中思、思中求，进而助推学生数学核心素养。

(5)使学生沉浸在人文滋养中

因为数学绘本故事性强、场景鲜活，容易引发学生情感上的共鸣，所以数学绘本教学容易使学生产生积极的学习态度。

二、文献综述

截至 2023 年 10 月 15 日，在中国知网(CNKI)中，以"数学绘本"作为主题检索，共检索到 1071 篇相关文献；以"小学＋数学绘本"作为主题检索，共检索到 808 篇相关文献；以"小学＋低年级＋数学绘本"作为主题检索，共检索到 747 篇相关文献；以"小学＋低年级＋数学绘本＋课程"作为主题检索，仅检索到 86 篇相关文献(其中学术期刊 6 篇、硕士论文 10 篇、中国会议论文 3 篇、特色期刊 67 篇)；以"小学＋低年级＋数学绘本＋国家课程校本化"作为主题检索，查无相关数据。

通过以上检索我们得知，"数学绘本"已有了一定的实践与研究，相关文献达到 1071 篇，其中以小学为主，尤其集中在低年级，但将"数学绘本"作为"课程"实施的实践和研究的相关文献仅为 86 篇，不到 10%。从"小学＋低年级＋数学绘本＋课程"作为主题的年度发表趋势看，从 2015 年起有所上升，到 2019 年达到高峰，之后有所下降，《义务教育数学课程标准(2022 年版)》出台和国家提出"幼小衔接指导意见"后，又有了明显的上升趋势(见图 1)。但将"数学绘本"作为"国家课程校本化实施"的研究，目前仍是空白。

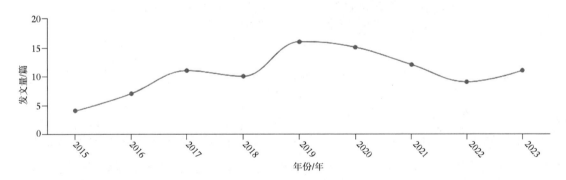

图 1　以"小学＋低年级＋数学绘本＋课程"作为主题检索的相关文献的年度发表趋势

综上所述，数学绘本在小学低年级数学教学中的应用，已有了一定的实践和研究，取得了一定的成效，值得学习借鉴。但仍存在不足：由于市面上没有现成的跟国家课程匹配的数学绘本，教师开展难度较大，需要花大量精力进行挑选和改编数学绘本，所以目前数学绘本教学研究大多是个别课例，只有教授小部分知识点的课堂适用，不具有普适性。大多只能称作数学绘本课，算不上数学绘本课程。而少有的数学绘本课程大多是数学兴趣班课程，作为国家课程的补充和拓展，重在培养学生的学习兴趣。因此，将本"数学绘本课程"定位为"国家课程校本化实施课程"进行开发和实施，具有重大意义。

学习**路径**

一、"沉浸式"学习路径

当数学遇上绘本,数学课堂变得有趣而高效。每一本绘本、每一个故事都让学生着迷和喜爱,数学知识也在不知不觉中渗入学生们的心田。结合课程目标,本课程依托大单元,通过一本或几本知识关联和递进的数学绘本,进行结构化、整体性设计,引导学生进行"沉浸式"学习。一节数学绘本课学生的"沉浸式"学习路径主要包含以下几个环节(见图 2)。

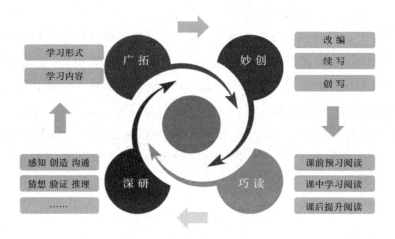

图 2 "沉浸式"学习路径

(一)巧读绘本

数学绘本色彩艳丽、图画唯美、文本易懂的典型性特点,使学生在阅读数学绘本时,能够更有效地提升对数学学习的兴趣,推动了学生的自主学习,使其取得好的学习效果。数学绘本的阅读根据课程内容和绘本特点,可以分为课前预习阅读、课中学习阅读、课后提升阅读,达到不同的阅读效果。

(1)课前预习阅读

在课前让学生进行相关数学知识的自主阅读或亲子阅读,是非常有效的预习方式,能够很好地调动学生学习新知的积极性。如在学习"克与千克"前,鉴于同学们已有的相关知识与生活经验较少,老师可充分利用绘本故事《妖精豆豆逛集市》引导学生进行课前预习阅读,通过趣味故事初步感知质量单位"克与千克",上课时大家就故事内容及理解做交流与演示,学生将很快在思维碰撞中进一步认识质量单位,教师适时结合绘本故事情节,引导学生进行动手掂一掂、称一称,不仅使枯燥的数学知识变得简单有趣,同时也发展了学生的量感。

(2)课中学习阅读

课堂上学生在老师的精心引导下共同进行课堂知识的绘本阅读,在引人入胜的故事情节中,潜移默化地进行数学新知的学习和探究。如在学习"统计"时,融合绘本故事《神通部落的人气调查》,制定了"神通部落竞选新酋长"的主题活动。课堂上让学生们跟着故事的发展,一边读绘本,一边饰演神通部落全部年龄层的族人,学生们一起讨论谁适合当酋长,酋长该做什么。接着,学生们一起讨论投票方式,确立调查者,制定投票标准、投票方法等,然后回到绘本阅读,对比制定的方案和绘本中方案的优劣,调整方案后组织投票,推选出新任酋长。学生们在推选新酋长的过程中,结合绘本的阅读,经历从制定规则到投票,最后得出结果的过程,亲身体验到什么是"统计",如何进行"统计"。一堂数学绘本课让学生在阅读绘本和参与活动中学习知识,不但提升了收集、分析数据与解决问题的能力,并且从中感受到了学习数学的乐趣,爱上数学。

(3)课后提升阅读

学生课后可对课上教学的绘本进行反复阅读,也可阅读老师推荐的同步绘本,在巩固课堂知识的同时,也对课堂知识进一步拓展和提升。如学习"认识整时"一课后,亲子共读数学绘本《嘀嗒嘀嗒当当当》。偷懒的小猪因为不会看时间,耽误了不少事情,后来学会了认识时间,后悔之前的虚度光阴,学会了合理安排时间。学生们通过阅读,在巩固整时的学习中,学会合理安排时间,德育教育在数学绘本阅读中潜移默化地得到渗透。

(二)深研绘本

在数学绘本课上,将学生带入有趣生动的故事情境的同时,教师引导学生梳理出绘本故事中的数学主线,结合学习目标,随着故事情节的发展,发现、提出数学问题,并通过操作探究等活动,积极思考、互动交流,共同分析、解决数学问题。由于"数与代数""图形与几何""统计与概率""综合与实践"等学习内容不同,以及每本数学绘本特点各异,每节课学习绘本的方式也都不尽相同。

如通过数学绘本《蜘蛛和糖果店》学习有关"统计与概率"的知识。蜘蛛通过统计得知咪咪买棒棒糖的概率比其他糖果的大,但自作聪明的女店主在老奶奶买什么糖的问题上却出了错。学生经历"观察与比较—猜想与预测—验证与结论"的过程,认识到概率虽然能判断某件事情发生的可能性大小,却不能保证100%正确。

如通过数学绘本《两条射线手牵手》学习"角的初步认识"。学生跟随着两条射线的脚步,经历一系列有趣的"找角—指角—辨角—画角—数角"的过程,通过丰富的活动体验,从具体到抽象,认识角的本质,建立正确表象。

如通过数学绘本《女巫的神奇罐》学习"运算的规律"。小女巫向两个神奇的罐子放入相同数量的物品,却变出不同数量的物品来,学生经历了"观察—猜测—再观察—验证猜测—总结规律"的过程,通过小女巫的多次操作,发现了两个神奇罐子的数学奥秘。

（三）广拓绘本

一本绘本的学习内容,有别于常规的课堂教学,大多是更系统更全面地讲解一类知识点。课堂在达到学习目标后,学生通过对绘本的完整阅读和理解,对相关知识将有更为整体的认识,构建结构化的知识体系,拓宽知识面。课后也可根据绘本故事,通过数学游戏、角色扮演、生活实践等形式,拓展延伸绘本的学习。

如通过数学绘本《小小储蓄罐》学习"认识人民币"。课堂上认识人民币以及人民币的换算后,课后可拓展进行"小小商店"亲子游戏。让平时很少接触人民币的学生们在定价、收钱、找钱的买卖游戏中,进一步巩固人民币的相关知识。

如通过数学绘本《一起一起分类病》学习"分类与整理"。主人公得了奇怪的病,见到任何东西都要将他们按一定的标准重新摆放。通过整理衣服、玩具等学习简单的分类,通过给人分类学习韦恩图,通过给动物分类学习思维导图。课上学生以学习简单的分类为主,但是韦恩图和思维导图可以作为课后的拓展,学生通过亲子阅读,丰富课堂相关的数学知识,为今后的学习做好铺垫。

（四）妙创绘本

数学绘本融入了童话故事、生活情境,包含了天文地理、历史人文、数学文化等。学生通过对绘本的改编和续写,深度学习绘本中的数学知识;创写绘本,学会用数学的眼光观察生活,分析和解决问题,积累数学活动经验,促进审美能力,丰富情感体验,提升学生的数学核心素养,让学生由衷地爱上数学。

一节数学绘本课"巧读—深研—广拓—妙创"的学习路径让学生爱上数学、学好数学,让数学学习真正回归生活,让学生真正学会"用数学的眼光观察世界,用数学的思维思考现实世界,用数学的语言表达现实世界"。

二、"沉浸式"学习路径的依据

（一）学生年龄特点

低年级学生对新知识充满着强烈的好奇心,但是课堂专注力较弱,如果只是按照教材上的内容按部就班地学习,难免觉得乏味无趣。兴趣是最好的老师,"沉浸式"数学绘本学习符合低年级学生年龄特点。学生通过绘本进行阅读、操作、演绎、游戏、创作等,走进有趣的故事情境中,经历生活问题的数学化过程,这架起了数学与生活联系的桥梁,激发了学生自主探究的欲望和积极参与的兴趣。

（二）课堂教学目标

数学绘本不乏故事味,更富有数学味,"沉浸式"数学绘本学习巧妙地在绘本故事的学习过程中落实教学目标。结合课堂教学目标,教师巧妙地引导学生有侧重地对绘本内容进行品读和探究,将其他的相关内容作为课堂的拓展和课后的补充阅读,拓宽知识面,让学生的数学知识体系更加完整。

（三）整体教学理念

低年级学生对学习内容的大量接触,使得课程内容的"结构化重组"成为教学的必然选择。"沉浸式"数学绘本学习,依托绘本故事,基于学情并超越学情。进行"大单元"整体学习,使得学生的学习由碎片化转向整体性,学生的思维结构由散点式分布转为系统性结构。

（四）全面发展需求

"沉浸式"数学绘本学习,不仅关注学生知识的掌握,还关注学生的情感体验,并在学习过程中渗透德育教育。对中国传统文化的渗透,让学生感受到我国传统文化的博大精深,培养民族文化自信。在学科融合中培养学生的审美情趣,体验劳动的快乐,进行德育的渗透,实现学生的全面发展。

课程图谱

一、图谱介绍

"悦绘数学"课程图谱（见图 3）中有一个富有创意的"绘"字,全面地展现了课程的内容和诠释了课程的理念。左边是一个逆时针旋转 90 度的大写字母"M",是 mathematics 的首字母,代表数学;右边上面的"人"呈现一本书的形状,表示绘本,代表数学绘本课程。右边下面的"云"字,由两个大人和一个孩子组成,表示教师、家长和学生三方共同配合完成好这个课程。左边整体看起来像"三",和右边的"会"合起来,即数学的核心素养"三会",相信"悦绘数学"课程能

图 3　"悦绘数学"课程图谱

让学生真正学会"用数学的眼光观察世界,用数学的思维思考现实世界,用数学的语言表达现实世界"。同时采用多模块组成,体现了课程课型的多样性,既平替课本知识教学,

又通过阅读、欣赏、游戏、巩固、提升等对课内知识进行拓展延伸,丰富了低年级学生的学习。课程图谱更是展现了课程的理念——大数学观,每一模块是一种课程,代表语文、美术、音乐、劳动、德育等,体现学科的融合和整体性,"巧读—深研—广拓—妙创"的"沉浸式"学习路径,让学生爱上数学,学好数学,将数学运用到生活中去。

二、课程内容

课程内容以大单元进行整体设计,一本或几本同一主题的数学绘本,根据学生的认知和教学内容的需要,进行创意改编,使每本绘本各自独立又体现递进关系,让学生在结构化的学习中进行大单元整体性学习。在课后推荐"亲子选读书目",在亲子共读中巩固提升知识,并增进亲子感情。课程内容包括一上、一下、二上、二下四册,对应人教版数学教材,并对教材进行提升。

三、课程课型

本课程根据每节绘本课的教学内容和教学目标,分为平替课和延伸课两大类课型(见图4)。平替课型细分为核心课、巩固课和提升课;延伸课型细分为阅读课、游戏课、欣赏课。

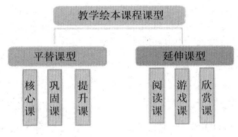

图 4 课程课型

(一)平替课型

平替课是指可以直接替代原数学教材进行课堂教学的课型。可以直接进行新知教学、练习教学以及拓展教学等。

(1)核心课:一个单元的核心,改编将数学知识很好地和绘本进行融合,让学生在故事中掌握新知。

(2)巩固课:核心课的巩固,可以理解为练习课或复习课,让新知在进一步练习和复习中加以巩固。

(3)提升课:核心课的补充课,是课内知识的提高,在进一步应用和提升中,培养学生的思维。

(二)延伸课型

延伸课是对课内知识进行延伸的课型。补充本单元课内知识的不足,可以是对单元整体教学的补充,可以是相关的数学历史文化的阅读,让知识更加结构化,更具完整性;通过游戏、欣赏等形式进行学科的融合,绘本的学习从数学走向学科融合,进而解决生活问题。

(1)阅读课:对知识的背景、知识的产生等进行的数学阅读,拓宽学生的数学知识面。

(2)游戏课:在游戏中巩固数学知识,也在游戏中培养学生的动手操作能力,更能通过传统数学游戏,学生感受到传统文化的博大精深,培养文化自信心。

(3)欣赏课:在学习过程中,感受到数学在生活中无处不在,体验数学跟音乐、美术、科学、物理等学科的融合,感受数学的美,学会欣赏数学的美。

以上课型大多并非单独存在的,有的绘本课是多种课型的融合,根据侧重进行分类,各种课型相辅相成、互相融合,共同构建完整的数学学习体系,让学生在数学绘本的学习中系统地搭建起数学知识框架,爱上数学,学好数学。

四、教学建议

数学绘本课程的开发,基于绘本生动有趣的特点,很好地调动了学生学习的积极性和参与度,但基于低年级学生的认知水平和年龄特点,还离不开老师和家长的帮助,因此,对教师的引导和家长的配合提出以下建议。

(一)教师方面

课堂使用的每一本数学绘本都是独一无二的,需要老师们在备课和教学时根据内容、课型,以及学生的学情做进一步调整,需要老师的精心引导。

(1)精挑细选:教师要在知识性、故事性、情感性、实操性等方面,帮助学生筛选出合适的、有趣的、有效的数学绘本。

(2)创意改编:基于数学知识内容和儿童的认知水平,教师可以将数学绘本进行二次改编,让绘本更有针对性、更具创意,让学生的学习更有趣、更高效。

(3)拓展延伸:以绘本故事为基础,在赏读绘本的基础上,开发出更多的探究活动、趣味游戏、实践体验等,让学习形式更加丰富多彩。

(二)家长方面

数学绘本课程的学习也离不开家长课后的用心配合和支持。数学绘本生动有趣,深入浅出地让枯燥的数学知识可视化,符合低年级学生的认知特点,也方便家长使用,为亲子学习搭建了简单有效的桥梁,很好地增进了亲子关系。

(1)亲子共读:课后和孩子一起分享课堂学习的绘本,孩子通过复述加强了对知识的理解和掌握。根据每单元的学习主题,老师同步推荐相关的数学绘本供亲子共读,家长除了阅读和倾听,也可以和孩子一起做阅读笔记、创编绘本故事、分角色演绎绘本、制作有声绘本等,让孩子在亲子共读中体会到自信、快乐和收获美好的亲子感情。

（2）持之以恒：家长可以结合学校的"阅读银行"活动，帮孩子及时在"阅读存折"打卡记录，鼓励孩子坚持阅读数学绘本，让阅读成为一种习惯，好习惯将受益终身。

（3）回归生活：家长要引导孩子从数学绘本故事回归到现实生活，用数学的眼光观察现实世界，用数学的思维思考现实世界，用数学的语言表达现实世界，学有用的数学。

评价**工具**

（1）阅读存折：进行课堂内外数学绘本"阅读存折"记录，累计 10 本书就可到校进行"心愿兑换"。

（2）绘本推荐：学生制作绘本推荐小报或录制推荐视频，在班级"5 分钟微享会"上介绍，或在班级学习作品板地、"数学绘本课程"公众号中进行展示和推荐。

（3）有声绘本：录制有声绘本，在"数学绘本课程"公众号中进行展播。

（4）绘本戏剧：师生、生生、亲子进行多形式绘本表演，在课堂、"5 分钟微享会"上表演或在"数学绘本课程"公众号展演。

（5）绘本创作：续写和改编绘本，在"5 分钟微享会"上分享，在班级学习作品板地或"数学绘本课程"公众号中进行展示和推荐。

课程**故事**

三年前，上小学五年级的儿子偶然在学校的图书馆翻到了一本叫作《数学百花园》的书，那是一本 1996 年出版的旧书，封面泛黄、黑白印刷，相比现在的读本显得枯燥无味。但正是这本其貌不扬的书，给儿子打开了一扇认识数学的窗户，书里的那个数学世界有趣而神秘，他迫不及待地想看看数学完整的样子。接下来他的数学一路开挂，不是因为书中给了什么学习宝典，而是他爱上了数学，这份热爱变成了内驱力。

这也再次提醒着我，"兴趣是最好的老师"，作为一个低年级的老师，我深知给学生埋下一颗爱数学的种子比什么都重要。可是低年级学生对数学的认识更多是加减乘除的计算，是枯燥的，即使创设情境地解决问题也是为解题而为，该如何打破这个困境呢？

直到有一天，我在给读幼儿园的女儿读到一本《两条射线手拉手》的绘本，名字就很直观形象，当看到里头通过鳄鱼和小乌龟的嘴巴吃水果来认识"角的大小和边的长短无关，和两条边张开的大小有关"时，我激动不已，我终于找到低年级数学合适的学习方式了。

接下来的几年,我迷上了数学绘本,经典套装必买,书城做活动必囤,女儿是最大的受益者。在几年的数学绘本学习中,我看到了她的热爱,很多知识点她未必明白,但是色彩丰富的图画、引人入胜的情节,带着她慢慢地走进数学世界,慢慢走向数学的深处。在数学绘本阅读中,我们是快乐的,没有测试,没有焦虑,看到她喜欢的样子,作为她数学的启蒙老师,我知道我已经成功了。

我也慢慢地把绘本中的情节融入数学课堂,接着把整本绘本改编后进行教学,深受学生喜爱,取得了很好的教学效果。近年来随着幼小衔接的深入,新课标的出台——多学科融合、大单元整体教学、提升学生核心素养,让我更坚信我一直在做的数学绘本教学是正确的、有意义的,更推动着我把一课变成一单元、一册书,直到成为一门课程。

卢梭在其名著《爱弥儿》中说道,最好的教育就是无所作为的教育,学生看不到教育的发生,教育却实实在在地影响着他们的心灵,帮助他们发挥了潜能,这才是天底下最好的教育。作为低年级数学老师,我任重而道远,在绘本教学的路上我将一往无前。相信在成就学生的同时,也成就了更好的自己!

参考文献

[1]中华人民共和国教育部.义务教育数学课程标准(2022年版)[M].北京:北京师范大学出版社,2022.

[2]中华人民共和国教育部.教育部关于大力推进幼儿园与小学科学衔接的指导意见[J].中华人民共和国教育部公报,2021.

"悦绘数学"
课程纲要

青出于"篮"

谢巍鼎

目标定位

　　篮球是一项复杂的运动项目，它有着身体对抗、攻防转换、团队配合等特点，篮球比赛的本质是竞技比赛，而且是有身体对抗的比赛，通过在比赛中与队友良好的沟通配合，与对手认真进行对抗比赛，培养学生尊重对手、服从裁判、遵守规则、正确看待胜负，发展学生的团队精神和集体荣誉感。

　　本课程旨在培养学生"实战能力"，即提高学生对篮球的动作组合、技战术的应用以及篮球比赛相关知识的掌握与应用，着重培养学生运动能力、健康行为、体育品德等素养。在本课程的学习中，学生需要学习篮球基本技术，进行篮球的专项体能训练，学习简单的篮球进攻与防守战术，通过学、练、赛、评的教学模式对所学的内容进行巩固，在"赛"的过程中逐步积累比赛所需的"情境要素"，锻炼打比赛的能力，发展"运动能力"这一核心素养。

背景分析

　　小篮球作为体育与健康课程教学内容的重要组成部分，从水平一到水平三都有教学。以下是人教版体育与健康课程中篮球部分的教学内容（见表1）。

表 1　篮球课程教学内容

阶段	学习内容
水平一	抛接球、球绕环、原地拍球比多。 各种姿势的拍球比多、投球进框、投球进活动框。
水平二	原地运球、行进间运球、原地双手胸前投篮、原地双手胸前传接球、发展小篮球活动能力的练习与游戏。
水平三	移动：侧身跑、变速跑、变向跑、行进间双手胸前传接球、体前变向换手运球、单手肩上投篮。

五年级的学生有一定的篮球基础，每学年都会进行一两个单元的篮球课，水平一以球性与抛接球为主，水平二以原地的传、运、投为主。但是从表格中可以看出，人教版教材中的内容注重的是单个技术动作教学，忽略了动作组合的练习与技战术的训练，这种教学与实际比赛情境相距甚远。学生虽然能在练习中良好地完成单个技术动作，但是在真实比赛情境中，无法在瞬息万变的比赛中将自己所学的技术动作在相应的场景中组合应用出来。在这种环境下，学生不仅要面临对手防守带来的压迫感，还要面临在紧张刺激的比赛环境下产生的心理压力，双重压力下学生更无法在比赛中有良好的发挥。

随着新课标的发布，体育与健康课程教学提倡以大单元来进行，大单元是指对某个运动项目或者项目组合进行 18 课时及以上相对系统和完整的教学，避免将运动项目割裂开来。大单元教学是以大任务、大主题或者大问题为中心，对学习内容进行分析、整合、重组和开发。本课程是以篮球大单元为基础，将学生所学的运动项目进行重组整合，以学、练、赛、评的教学模式进行教学。自 1962 年起，就有学者对篮球教学领域进行研究探索，笔者以"篮球教学"在中国知网上进行搜索，截至 2023 年 10 月 15 日共搜索到 8852 篇文献，其中期刊 7137 篇、学位论文 1347 篇。而以"篮球大单元"为关键词，只搜索到 7 篇文献，目前学界对"篮球大单元"的研究大致分为以下几类。

一、篮球大单元的价值定位

篮球大单元作为学生学习篮球技术，从而学会打篮球实战比赛的渠道，许多学者都肯定其重要的地位。韩超[1]在《小学篮球大单元教学设计与实践研究》中阐述了其价值，他认为篮球大单元教学不仅有利于技术的巩固，还有利于技术的衔接，而且通过篮球大单元教学，有利于学生对技术的应用。

程宏[2]在《体育课程中篮球大单元教学设计与实施策略》中指出：采用大单元教学模式不仅能让学生完整掌握其中一项运动的技巧和战术，还能促使学生形成良好的体育运动精神，感受运动的魅力。小学体育课程中的篮球教学可依照课程内容，设计具有校本特色的大单元教学方案，充分利用课外活动、课间操活动时间完成大单元教学任务，不断增强学生的身体素质。

二、篮球大单元的策略研究

许多学者对篮球大单元教学都提出了各具特色的教学策略,张小瑜[3]在《深度学习视域下篮球大单元教学的优化策略》一文中提出:教师在开展篮球大单元教学中,学生对于学习的态度、兴趣以及能力对教师的教学效果都会产生一定影响。为此,教师有必要在深度学习视域下,对篮球大单元教学进行优化,促进学生更好地进入深度学习状态,实现教师教学目标的达成。首先,教师应灵活设置问题,开展深度学习。其次,提炼技术要点,激发学生的运动潜能。再次,创设游戏教学模式,激发学生学习兴趣。最后,运用教学辅助,优化教学结构,以此深化学生对篮球知识的了解和掌握,进而达到优化篮球大单元教学促进学生学习能力进一步提高的教学目标。

三、篮球大单元的课例研究

小学阶段,学者对篮球大单元的研究主要集中于四、五、六年级。例如张丽莉、张庆新、崔宝春[4]在《基于实战情境的小学四年级篮球大单元教学设计》中以发展学生运动能力、培养学生健康行为与体育品德为目标,以篮球两个动作组合,每节课都由学、练、赛组成,让学生通过真实的攻防对抗,让学生在比赛中巩固提高。

综上所述,笔者对篮球大单元教学的研究是较为深刻的,大单元的教学模式得到了许多学者的认可。学者们提供了多种教学策略与方法,并在真实课例中进行了实践。但是依旧存在一些问题:实战情境下的篮球大单元教学方面的研究较少;研究内容方面也主要是在基础知识与基本技能、技战术的应用与体能方面,对展示或比赛、规则与裁判法、观赏等评价方面缺乏研究,在教学中,这些方面也往往容易被浅浅带过。本课程以"学、练、赛、评"为手段,除了让学生在教学中学练技术,在比赛中将所学技术进行应用,还要求学生能够良好地对一场比赛进行评价,不仅仅是对比赛队员进行评价,还需要从裁判的角度进行评价,良好地完成一场比赛的判罚。

学习**路径**

五年级的学生掌握了一定的篮球基本技术,但是对动作组合与比赛情境较为陌生,这个年纪的孩子正处于青春期初期,他们好胜心强,对比赛有着浓厚的兴趣,针对这个特点,在学习过程中,设置多样的比赛情境让学生在比赛中巩固所学动作技术并将其进行应用。针对水平不同的学生进行不同难度的练习,让学生在无人防守、消极防守、积极防守下进行练习,逐步提高难度,积累比赛所需的"情境要素"。

基于此,"青出于'篮'"校本篮球课程设置了"学—练—赛—评"的学习路径(见图1),

帮助学生更好地掌握与应用篮球技术,逐步学会打篮球比赛的方法。

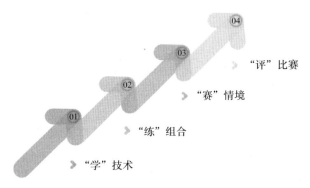

图 1 "青出于'篮'"校本篮球课程学习路径

一、"学"技术

《义务教育体育与健康课程标准(2022 年版)》提出要坚持课内外有机结合,指导学生学会基本运动技能、体能和专项运动技能,坚持课内外有机结合,逐步养成"校内锻炼 1 小时,校外锻炼 1 小时"的习惯。[5]

"青出于'篮'"校本篮球课程区别于以往的篮球课堂只重视技术的教学,而是在课堂上让学生不再是机械地跟着教师进行重复学练,更多的是在学练中让学生明白动作原理以及应用场景,在比赛中如何更好地应用。课内外有机结合,加强教学的一致性与连续性,通过课后作业的布置,学生查阅相关的资料与视频,在课后对所学的动作进行加强巩固,提高学生对所学动作的掌握程度。

二、"练"组合

本课程着眼于学生对篮球动作组合与专项体能的练习,学生在掌握单个技术动作后,教师设置比赛情境,例如行进间运球体前变向换手运球过人后双手胸前传球给队友,队友接球投篮。练习无人防守下过标志桶练习到面对消极防守下的练习,学生不仅可以在实战情境中对所学的动作技术进行学练应用,还能在实战情境中磨炼自身心理素质,避免在真实比赛中过于紧张,导致动作技术变形,成为"训练型选手"。

在练习的过程中,学生不仅可以对动作组合进行练习,还可以对简单的战术跑位、防守移动等内容进行练习。让学生不仅在进攻技术方面得到发展,防守、配合等方面也得到发展。篮球的进攻技术主要分为运球、传球、投篮,而各个技术之间又可以随意地进行组合,学生在掌握基本技术动作后,可以自行组合想象场景进行练习,通过不断练习为将来在比赛中应用打下基础。

三、"赛"情境

比赛是最容易激发学生运动兴趣的手段,《义务教育体育与健康课程标准(2022 年版)》提出,教师要提供更多的时间让学生进行充分的练习,巩固和运用所学的知识与技能,参与形式多样的展示与比赛,激发学生参与运动的兴趣,让学生体验运动的魅力,领悟体育的意义。

本课程旨在教会学生如何更好地进行篮球实战,利用"赛"来激发学生学习的兴趣,并且在"赛"中积累比赛所需的"真实情境"。"赛"并不单指篮球比赛,可以是所学的各项单一技术、动作组合、完整的篮球赛的比赛。例如学习了行进间运球后,立马进行行进间运球赛;学习了单手肩上投篮后,进行行进间运球接单手肩上投篮赛;学生在紧张刺激的比赛情境中将所学的技术动作进行实践应用,积累经验,最终学会如何去打一场篮球赛。

四、"评"比赛

《义务教育体育与健康课程标准(2022年版)》提出要重视学习评价的激励与反馈功能,要构建评价内容多维、评价方法多样、评价主体多元的评价体系,有效的反馈可以激发学生学习的内部动机。而观赏与评价也是本课程的教学内容之一。传统的教学评价由教师主导,一般在课程的最后对学生进行一个终结性评价,这样的评价方式产生的反馈效果收效甚微。

在本课程的学习上,评价方式不仅采用了教师评价,还采用了学生自评、学生互评的评价方式,学生不仅要学习篮球基本技术,还要学习如何评价一场球赛中队员的发挥,在比赛结束后对自己的发挥进行总结评价。评价不单单是从比赛谁得分多进行评价,还要求学生学会从防守、保护篮板球、助攻等方面进行评价,从整体的角度出发来评价一场篮球赛。

课程图谱

本课程由篮球基本运动知识与技能、简单技战术的应用、一般体能与专项体能、展示或比赛、规则与裁判法、观赏与评价六个方面组成(见图2),以学、练、赛、评为基本手段,让学生在"无人防守—消极防守—积极防守"下练习技术组合,进攻技术与防守技术同步学习,在接近真实的比赛情境中积累比赛所需的"情境要素",达到能够进行篮球实战的目的。比赛发展了学生的运动能力,让学生明白团队配合的重要性,发展学生的健康行为与体育品德。

一、课程内容及组织形式

经过前期的调查发现,学生对篮球的认识不够深入,主要停留在技术层面,对规则、战术等还了解不足,战术意识也还未形成,但是他们极度渴望比赛,渴望提升自身篮球水

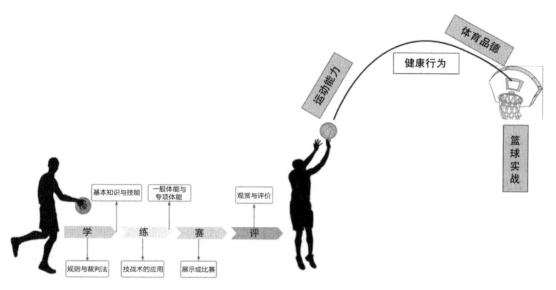

图2 "青出于'篮'"校本篮球课程图谱

平,基于以上学情,确定了本课程是以篮球实战情境下的半场5队5与2～3人的局部配合,在"青出于'篮'"校本篮球课程教学中,要包含篮球技战术、篮球文化、体能、知识与规则、篮球文化等,培养学生的健康行为与体育品德。

学生通过本课程的学习,能够参与篮球比赛体验场上队员、教练员、啦啦队员、裁判等不同角色的职责。课程围绕篮球基础知识与基本技能、体能、技战术的应用、展示或比赛、观赏与评价、规则与裁判法。课程是针对厦门市第二实验小学五年级的学生,学校坚持"和美共生"理论,促进学生全面发展,将所学的知识学以致用,学校定期举办校园篮球赛。各种形式的篮球活动吸引学生参与篮球运动,学校有数个男女生的篮球社团,让不同年龄、不同水平的学生都能够有合适的选择。提倡课上、课后、课外三管齐下,养成锻炼习惯,培养健康行为,塑造健全人格。

在课程的学习过程中,先进行进攻技术的教学,在掌握了基本的进攻技术后,立马加强防守,先是消极防守,让学生体验在面对这种进攻技术时该如何防守,同时让进攻队员体验面临防守时,如何将所学的技术应用出来。最后是在积极防守下进行应用,在这个过程中,进攻与防守技术同步提升。篮球的基本动作技术分为运球、投篮、传球,单一的动作之间可以随意进行组合,例如可以运球后投篮、接球后投篮,或者运球后传球等,学生在学习完单一的技术动作后,立马进行动作技术的组合,学会动作组合后,马上对相应的防守技术进行练习,让学生在"学、练、赛、评"的过程中渗透篮球规则,培养篮球意识,发扬篮球文化。

基于以上目标,结合五年级的身体发育规律及学习心理,我们设置了阶梯式的课程学习模式(见表2):"学"——学习基本的篮球动作与组合,"练"——对所学动作进行练习与巩固,"赛"——将所学的动作在真实情境中进行应用,"评"——对一次进攻回合或者一场比赛能够进行简要的评价。

表 2　五年级篮球课程内容

课次	学习内容	基本部分		
		学习活动	练习活动	比赛活动
1	对学生行进间运、传、投等基本技术进行测试。	1.测试情境:半场 2 对 1 进攻。 2.要点:行进间运球的节奏、突破的时机,传球与投篮的准确性。	1.外线队员传接球寻找空间完成投篮或运球上篮。 2.进攻运球至左(右)侧高位,有防守时,通过外线间传接球或进行内线结合的进攻,完成投篮或运球上篮。	半场 3 对 3 比赛:利用外线传接球或内外线相结合的方式进攻,防守实行人盯人策略。10 分钟内得分多者胜。
2~7	半场内的各种传接球策应进攻。	1.学习各种传球方式。 2.在半场 2 对 1、2 对 2 中,跑位或者卡位接球进攻。 3.明确走步违例规则。	1.边线卡位、跑位接球。 2.2 对 1、2 对 2 三分线外传切上篮。	1.边线发球,一人防守,一人接球。接到球得分,球被破坏则防守队员得分。 2.半场 2 对 1、2 对 2 接球进攻。
8~12	半场 2 对 2 战术挡拆战术配合。	1.明白挡拆的作用。 2.半场 2 对 2 掩护下突破。 3.半场 2 对 2 挡拆后传球给切入的队友。 4.学习侵犯圆柱体犯规与掩护犯规。	1.挡拆 2 对 1 突破上篮。 2.挡拆 2 对 2 突破分球助攻队友上篮。	1.1 分钟运球投篮、运球上篮比赛。 2.利用挡拆的半场 2 对 2。
13~15	半场 3 对 3、全场 4 对 4 的局部战术配合。	实战比赛中,进攻方队员能够运用对抗性运球和传接球策应配合通过前场,并形成进攻态势。防守方能进行人盯人防守,双方队员在攻防转换中能快速进入角色,各司其职。	1. 控球队员在后场运球推进过程中能通过对抗性运球和传球策应掌控球权。在进攻端视野开阔,有策略性地在半场高位两侧通过向内外线传导球主导进攻。 2.运球队员在消极防守情况下,能够在进攻时快速推进,通过传导球使策应队员在空位形成投篮时机。	4 对 4 比赛:在积极防守下,进攻方通过运球推进、策应传球、内外线传导球形成进攻,内线投进得 2 分,外线投进得 3 分,10 分钟内得分多者获胜。
16~18	"和美杯"篮球赛:单一技术比赛、组合技术运用比赛、有条件限制的教学比赛。	1.对各项赛事的比赛方法、规则、流程有正确认识,并为了取得优异成绩努力。 2.5 对 5 小场地对抗赛:学生 5 人一队,全班共 6 队,进行半场 5 对 5,上下半场各 6 分钟。	根据自身优势在教师引导下积极协作分工,参与比赛,为本队取名。抽签进行 5 对 5 比赛,未出场队员参与裁判和赛事服务,其间可让获胜方进入决赛日比赛。评选每场比赛的"MVP"选手、文明观赛奖、最强体能选手。	

区别于以往的篮球课,对于单个动作进行细致的"学"与"练","青出于'篮'"校本篮球课程更加注重"赛"的环节,学生无论是在学习单个技术动作、动作组合,又或者是跟队友之间进行战术配合,"学、练、赛"模式贯穿始终。这不仅给学生提供展示的平台,激发学生学练兴趣,能够让学生在真实的情境下将所学的技术动作进行应用,促进学生战术意识与比赛意识的发展,还能够让学生在紧张刺激的比赛中培养出强大的心理素质,从而养成终身锻炼的意识与习惯。

二、教学建议

(一)动作组合,实际应用

篮球教学与传统小学体育教学中的跑、跳、投等田径运动有着本质区别,以跑步为例,教师想要提高学生的跑步成绩,可以设计一些提高小学生奔跑速度、爆发力等的教学内容,便可以取得不错的效果。反观篮球,学生需要跑得快、跳得高,需要身体素质支撑,教师需要考虑运球、传球、投篮的教学,并且还需要教授篮球的战术配合、规则意识等。为了最终让学生学会打比赛,还需要考虑篮球动作组合的教学指导方向及其内容。所以在"青出于'篮'"校本篮球课程的教学过程中,教师应当更加重视动作组合的学练,并且充分地考虑各种动作组合教学的导入方式,激发学生学习、训练的积极性。帮助学生在整体性的学习中取得良好的成长与进步。

(二)自主学习,能力提升

传统的教学模式中,教师经常会将自己视为教学活动的主体与中心,要求学生按照自己的想法与要求进行学习与训练,在课程的设计上,更注重所谓的教学效果而不是学生的实际需求。这种机械化的教学方式,难以激发学生的学练兴趣,容易让学生对篮球产生本能的反感。教师应该充分尊重学生的主体地位,课堂中适当地留出部分空间,让学生可以进行自由发挥,引导其自主学练。

例如,教师可以在过人训练中,让学生自由发挥,用各种动作组合来进行尝试;还可以在导入环节播放篮球集锦精彩瞬间,不仅能够激发学生学习兴趣,还能够让学生通过模仿的方式进行自主训练,还能跟视频进行对比发现自身动作的不足,最后再与学生进行总结,引导学生在课余时间进行训练,不仅能提升学生的基础技能及其独立思考的能力,还能培养学生体育锻炼的意识与习惯。

(三)综合评价,培养兴趣

在"青出于'篮'"校本篮球课程教学中,教师要重视对学生进行综合性学习评价,构建评价内容多维、评价方法多样、评价主体多元的评价体系。良好的课程评价可以让学生充分地感受到运动带来的成功体验,激发学生参与体育运动的积极性。通过学习评价带来的反馈,教师可以及时调整学习内容,及时发现错误,并改正错误。

篮球是一项复杂的运动，对学生的有氧、无氧、态度、合作等方面都有着一定的要求，例如有些学生受限于先天条件，跑不快跳不高，但是却热爱篮球，在场上尽自己所能防守，认真训练，但是在比赛中却难以取得较好的表现，教师对于这种情况应当从多个角度对学生进行评价，对其态度等进行肯定，避免努力训练的学生无法获得成功体验导致"习得性无助"。

（四）连续教学，技术衔接

篮球只是小学体育课程中的一小部分，在以往的教学过程中一般几节课才能学完一个技术动作。下次上篮球课时，因为时间间隔过长，许多学生已经忘了上节篮球课所学的内容，因此，教师不得不带着学生重新复习之前所学的知识，这种教学模式不仅效率低下，浪费时间，还打击了学生学习的积极性。

"青出于'篮'"校本篮球课程采用大单元教学能很好地解决这一问题，连续不断地对学生进行18课时以上的教学，学生每节课上都有新的学习内容，不仅能够更好地激发学生的学习兴趣，还能够让学生保持学习的整体性与连贯性，使学生长时间沉浸在篮球学习氛围中，有利于促进学生球感的提升，加深对篮球技巧的记忆。

评价工具

一、多样化的评价方式

（一）评价活动一：单项技术赛

1.评价内容

在"青出于'篮'"校本篮球课程教学中，学生通过学习运球、投篮、传球和动作组合，进行各种各样的计分赛、计时赛。

2.评价标准

单一技术赛设置运球赛、一分钟自投自抢赛、传球比准赛。动作组合赛设置接球投篮赛、运球投篮赛，全场运球上篮赛。根据学生投篮进球数或者运球速度的时间来进行评价，进行单项赛的排行。

3.评价实施及建议

本阶段以时间或者进球数为标准，对不同的标准设置一等奖、二等奖、三等奖，在每节课后对单项赛进行排行并在下节课公布结果，不仅能让学生明确评价的标准，还能够发挥评价的激励作用，让能力弱的学生可以有明确的努力方向，在课余时间可以自己对动作进行练习。学生在课后可以通过观看视频的方式完成练习，取得更好的成绩后也可以对自己在排行榜上的成绩进行更新。

（二）评价活动二：比赛中奖项评选

1.评价内容

"青出于'篮'"校本篮球课程旨在教会学生如何将所学的篮球技术应用于篮球比赛中，但是评价一个学生篮球打得好不好的标准并不是在一场比赛中得分的多少。篮球比赛作为一项团队运动，每个位置分工明确，每个位置的球员有他的责任，有些队员在比赛中虽然得分不多，但是有的能够通过传球帮助队友得分；有的能够进行良好的防守；有的能够较好地保护了篮板，有些同学在整个教学过程中进步明显。教师可以通过这些方面对学生进行评价。

2.评价标准

在班级内部的比赛中，让裁判小组对比赛小组得分、篮板、助攻、抢断、盖帽进行统计，每场评出得分王、篮板王、助攻王、抢断王、盖帽王。教师还根据学生的防守表现，评选出最佳防守球员、MVP、败方MVP。由此来激发学生认真训练，努力进步。

3.评价实施及建议

本阶段以学生打比赛的数据与师评、生评为主，但是在比赛过程中，容易出现个别学生运动能力较好，篮球水平较高，不仅得分多，篮板、助攻、抢断等都多的情况。教师在进行单项评选时，每人只评选一个奖项。同时要考虑对在课堂上态度良好，表现积极的学生，进行最快进步球员、最佳防守球员的颁奖。

由于此项评价需要技术统计进行技术支持，教学要对学生进行更加正规的裁判法的教育，让学生能够更好地进行裁判制裁工作，并且进行好技术统计。

（三）评价活动三：后勤、裁判小组的评选

1.评价内容

前面两项评价比较看重学生自身身体素质、能力水平，有些身体素质薄弱的学生很难在这种情况下取得很好的评价。依据教学需要，教师对学生的后勤保障、裁判、啦啦队工作进行评价。

2.评价标准

因为此项评价的内容较为主观，也是为了使一些受身体素质影响的学生在本课的学习中，能够获得更多的参与感与成功体验。所以在这个阶段的评价中，会偏向一些身体素质受限，但是学练时态度认真的学生，由此激发他们的积极性。

3.评价实施与建议

本阶段的评价以师评为主，学生评价为辅。本项评价主要是以鼓励性评价为主。通过教师引导，学生之间进行互相评价，评价奖项向努力做好后勤、裁判、啦啦队等保障工作的学生倾斜。

二、问卷调查

课程学习结束后,向学生推送调查问卷(见图3),以便了解课程实际开展情况,更好地改进课程并提升质量。

<table>
<tr><td colspan="1">

校本课程学生调查问卷

亲爱的同学:

　你好!

　为了解校本课程实际开展情况,更好地提升课程质量,想了解一下你对《青出于"篮"校本篮球课程》课程满意度情况。请作出判断,在相应的题后填上序号。本调查采用无记名的方式,请如实作答,相信有了你的参与,我们的课程质量会不断提高。
</td></tr>
<tr><td>

1.总体而言,你对这门课程的满意程度如何?(　　　)

A.非常满意　　　　B.比较满意　　　　C.一般　　　　D.不满意　　　　E.非常不满意
</td></tr>
<tr><td>

2."实战情境下的篮球大单元教学"这个课程主题能否激发你的学习兴趣?

A.非常感兴趣　　　B.有一点兴趣　　　C.没有兴趣
</td></tr>
<tr><td>

3.学完了这个课程,你对"如何进行打一场篮球赛"的方法是否清晰?

A.非常清晰　　　　B.基本清晰　　　　C.模模糊糊　　　　D.完全模糊
</td></tr>
<tr><td>

4.学完了这个课程,你对篮球运动中发生的一些运动损伤的方法是否清晰?

A.非常清晰　　　　B.基本清晰　　　　C.模模糊糊　　　　D.完全模糊
</td></tr>
<tr><td>

5.在这个课程的学习中,课堂或者课后,你是否有机会练习或展示自己所学的动作技术?

A.有　　　　　　　　　　　　　B.没有
</td></tr>
<tr><td>

6.在课后,你一般一周进行几次篮球训练呢?

A.5~7 次　　　　B.3~4 次　　　　C.1~2 次　　　D.1 次都没有
</td></tr>
<tr><td>

7.学习了"青出于'篮'"校本篮球课程对你有哪些影响?(多选)

A.可以锻炼身体、增强体质　　　B.可以提高篮球技术　　　　C.可以促进同学之间的友谊

D.懂得了更多篮球相关知识　　　E.没有什么作用
</td></tr>
<tr><td>

8.本课程以比赛的形式进行评选各个奖项的评价方式是否能促进你学习的积极性?

A.非常认同　　　B.比较认同　　　C.一般　　　　D.不认同
</td></tr>
<tr><td>

9.课程结束后,你是否会经常跟自己家人或者朋友进行篮球活动

A.经常会　　　　B.偶尔会　　　　C.不会
</td></tr>
<tr><td>

10.对"青出于'篮'"校本篮球课程,你还有什么好的建议? 请写在下面的横线上。

　　　　　　　　　　　　　　　　　　　　　　　　　　　　　　　　　　
</td></tr>
</table>

图3　校本课程学生调查问卷

三、访谈

(1)在学习"青出于'篮'"课程中,你最大的收获是什么?

(2)谈谈你对篮球比赛的认识?

(3)学习了本课程,你觉得自己对篮球产生兴趣了吗? 以后是否还会继续进行篮球方面的学习与训练呢?

(4)在本课程的学习中,有给你带来学习或者生活方面的启示吗?

(5)你觉得"青出于'篮'"课程有哪些值得改进的地方呢?

课程故事

　　篮球在中国的普及度非常高,姚明上任中国篮协主席后,篮协大力推广小篮球,校园内也随处可见学生们矫健的投篮身影。篮球课程的最终目的就是让学生进行篮球实战,当看到学生进行几年的篮球课程学习后,依旧无法很好地进行实战,我陷入了思考……

　　去年的一节体育课上,我正带着学生练习体前变向换手运球,许多小男生轻松地完成了当节课的既定目标,吵着要打比赛,看来他们不是对篮球训练感兴趣,而是对篮球比赛感兴趣。"好啊。"我笑着说道,既然完成了本节课的目标,留点时间让他们进行比赛有何不可,作为学校篮球队教练的我,也想看看有没有球技比较出色的学生。但是当我看了几分钟之后,结果却让我大跌眼镜,大部分学生对篮球的规则完全不懂,个别学生通过校外的培训班了解一定的篮球规则,但是却也只是皮毛。在比赛中,不懂规则的学生会以经过校外培训班训练的学生所说的规则为准,当中不乏他们"自创"的规则。比赛中进攻无法将动作组合进行应用,防守中也只是一味地追着球跑。这让我意识到,单纯的篮球技术教学,无法支撑起学生的一场篮球赛,学生不仅对篮球的理解过于浅薄,更无法适应比赛中紧张刺激的情境。一场以"篮球实战"为主题的大单元篮球课程,不仅可以让学生们能更好地掌握篮球技术,还能够更好地了解篮球相关知识。

　　在课程实践中,有一位叫叶彦辰的学生很兴奋地跟我说:"原来跟队友进行挡拆配合打比赛这么简单,我以前都没这么轻松上过篮。"还有一位小朋友在下课后依依不舍地问道:"谢老师,我们下节课学什么配合呀?"通过局部2对2、3对3的配合练习,学生体会到配合的重要性,对每节课所学的内容保持好奇与兴趣。这也让我更有动力地进行备课。

　　通过一段时间的实践,课程采用单项赛排行榜的形式,每周进行更新,学生为了在排行榜上取得更靠前的名次,无论在课上还是课后,他们都会努力地进行练习,我看到家长们发来的一个个练习视频,看到学生在球场上肆意挥洒着汗水,看到排行榜上他们的成绩更进一步,那份骄傲溢于言表。有的学生还跟我分享,通过"青出于'篮'"校本篮球课程,掌握了篮球相关的运动损伤知识,能够将一些简单的运动损伤处理办法运用到日常生活中。

　　体育不仅仅是育体,还有育心、育智。很开心听到学生的反馈,通过"青出于'篮'"校本篮球课程,他们不仅仅学习了篮球知识,还能够明白一些人生道理与在生活中实用的小知识。

参考文献

［1］韩超.小学篮球大单元教学设计与实践研究［J］.教师,2022(1):66-68.

［2］程宏.体育课程中篮球大单元教学设计与实施策略［J］.小学教学参考,2022(27):74-76.

［3］张小瑜.深度学习视域下篮球大单元教学的优化策略［J］.运动-休闲:大众体育,2022(23):193-195.

［4］张丽莉,张庆新,崔宝春.基于实战情境的小学四年级篮球大单元教学设计［J］.体育教学,2022,42(7):11-15.

［5］中华人民共和国教育部.义务教育体育与健康课程标准(2022年版)［M］.北京:北京师范大学出版社,2022:2.

"青出于'篮'"校本篮球
课程纲要

16

一"典"就通
——字典工坊课程

纪晓君　黄丽玲　庄秀娥　林景琳　叶青青

目标定位

查字典,是语文学习的一种重要习惯,也是语文学习必不可少的一种能力;用好字典,则是新课标中发展学生素养的要求。为此,学校开发出了一"典"就通——字典工坊课程。通过课程,学生能够熟练使用常用的汉语词典,养成翻查检索汉语词典的习惯;学生能够探究字典的奥秘,感知汉字音、形、义之理趣,表达对汉字的感悟和体会,培养自主识字的兴趣;通过合作学习,学生能够运用多种媒介尝试实现自主编排字典和创意表达汉字。

背景分析

一、课标依据

《义务教育语文课程标准(2022 年版)》的课程目标指出,第一学段学生"有主动识字的愿望,学习独立识字";第二学段学生"对学习汉字有浓厚的兴趣,养成主动识字的习惯";第三学段要求学生"有较强的独立识字能力"。

综合以上要求,新课标对义务教育阶段学生识字的要求可概括为:低、中学段学生有主动识字的兴趣,到高学段发展为具备较强的独立识字的能力。

识字评价建议明确指出,考查学生是否识字,就是"要考查学生认清字形、读准字音、掌握汉字基本意义的情况"。因此,学生识字的过程,就是学生在头脑中构建起汉字音、形、义统一联系的过程。

"主动识字"是学生从自己的需要出发,自发自愿地想办法了解汉字的意思、知道汉字读音的过程。"独立识字"是学生无须教师教授而自主构建音、形、义统一联系的识字过程。从"主动识字的兴趣"到"独立识字的能力",反映了学生从想办法了解到掌握识字技能的转变,是从探索到掌握的转变过程。其中,汉字所具有的"音、形、义"的有趣联系、汉字本身的文化内涵为学生"自主识字"提供了强大的"吸引力",学生掌握了汉字"音、形、义"的规律,能够自主分析汉字,在头脑中构建起独特的汉字音、形、义的意义联系,让独立识字成为真正的"有意义学习"。

二、工具价值

(一)辞典的内涵

词典又作"辞典",是收集词汇按某种顺序排列并加以解释供人检查参考的工具书。广义的词典包括语文词典及各种以词语为收录单位的工具书;狭义词典仅指语文词典。其整体结构一般由前言、凡例、正文、附录、索引等部分组成。其中,正文以词条的形式解释词目。

(二)辞典的价值

1.作为汉字学习的权威性信息源

《新华字典》是我国第一部现代汉语规范字典,"国无辞书,无文化之可言",《新华字典》自发端,就汇聚了叶圣陶、陈原、金克木、邵荃麟、王力、曹先擢、游国恩等一大批学者专家。所谓"大学问家编小辞典",正是这些学者深厚的学术功底以及严谨的治学精神,使得一本工具书,历经几十年而不衰,发行量创世界辞书史上的奇迹。而其出版者商务印书馆,更是因创造了差错率为零的图书出版纪录赢得了社会各界广泛的尊敬,先后获得国家辞书奖荣誉奖和国家辞书奖特别奖。

2.作为汉字归类和排序的思维框架

中国的汉字,繁复无比。即便是中国人学汉字,也不是一件容易的事,经过十余年小学阶段到中学阶段的学习,也仍然不够用,还有许多字不认识,要靠查字典来解决。字典是一本按照汉字的读音或笔画等方式排列而编写的工具书。它把汉字按照一定的顺序归类和排序,使得使用者能够方便地查找和使用汉字。字典的编写体现了汉字归类和排序的思维框架。《新华字典》的编排体例是部首查字法、音序查字法和数笔画查字法。[1]

数字时代,为了方便读者,新版《新华字典》首次同步推出纸质版和应用程序(App)。单色本和双色本在正文各页增加了一个二维码,用"新华字典"App扫码,就可看到当页所有字头的部首、笔画、结构等信息,免费收听标准读音、观看笔顺动画、查检知识讲解等,全面实现了融合出版的二次升级。

3.词典的细分化和专业化发展趋势,极大地丰富了汉字学习的多元性信息

随着社会的发展和知识的进步,词典的细分化和专业化发展确实给汉字学习带来了

更多的多元性信息。如,为了满足专业学习和研究的需求,出现了各类专业词典,如医学词典、法律词典、科技词典等。这些词典提供了特定领域内的专业术语解释、相关知识和用法说明,有助于提高相关领域的专业素养;随着互联网的普及,网络词典开始兴起。网络词典更加便捷和灵活,网友们可以随时通过互联网进行查询,同时也拓展了词典的功能,如提供在线翻译、自动补全、语音发音等。随着科技的发展,词典开始向数字化和多媒体化发展。现在人们可以通过电子词典、手机 App 等多种方式获取和使用词典,同时词典也可以提供语音发音、例句解读、图片示范等多媒体内容,丰富了学习者的学习资源。总的来说,词典的细分化和专业化发展为汉字学习提供了更多的多元性信息,使得学习者能够更准确、全面地理解和运用汉字,同时也方便了学习者的查询和学习。

（三）查检辞典的意义

1.激发自主识字的兴趣

通过查检字典,学生们可以学习到汉字的读音、笔画、意义和用法,从而加深对汉字的认识和理解。这种学习方法可以激发他们的学习兴趣,提高学习的积极性。

2.培养自主识字的习惯

当下学生需要掌握的字越来越多,就需要学生主动识字。当学生阅读时,遇到不认识的字,既不知道它的读音,更不知道它的意思,这时就需要查字典;阅读时,遇到一个认识的字,但是在新的语言环境里不清楚是什么意思,也需要查字典或者词典;写作时突然忘了某个字怎么写,或者对字形拿不准,为稳妥起见也需要查字典。培养学生养成良好的查字典习惯,是促进自主阅读活动的重要策略之一。学生越早使用字典、越多使用字典,就可以越早实现阅读"任我行"。

在使用部首查字法的过程中,学生需要分解汉字、确定汉字准确笔画数,这有利于学生精细感知汉字。如果语文老师要求,课堂上人人准备字典、时时翻查字典,对查字典的考查方式稍作改进,学生自主识字的习惯会迅速养成。

3.发展独立识字的能力

养成查字典、词典习惯,是培养独立识字能力的最重要和最有效的途径。[2]在查检字典的过程中,学生们可以通过多种方式来学习汉字。例如,他们可以通过拼音索引查找汉字的读音,通过部首索引查找汉字的笔画和结构,还可以通过字典中的例句来了解汉字在不同语境下的用法。这些学习方式都可以帮助学生们更好地掌握汉字,并提高他们的阅读和理解能力。

4.启蒙和渗透信息检索思维

特级教师、教育专家周一贯老师认为,"查"也是指向核心素养的语文能力,随着时代的进步,学生对语文知识、语文能力的认知也在不断发展。放眼当代展望未来,对标语文核心素养,笔者以为,"查"也是一种不容忽视的基本能力。

所谓"查"，这里指的是信息的检索。它不仅有"找"的意思，如"查寻""查找"；还有"查验""探究"的意思，如"查究""查勘"等。[3]此外，查检字典还可以帮助学生们培养自主学习和探索的精神。当他们遇到不认识的汉字时，他们可以通过查检字典来解决问题，而不是依赖他人。这种自主学习的方法不仅可以帮助学生提高他们的知识水平，还可以培养他们独立思考和解决问题的能力。

三、实践短板

（一）现有查字典之于学生识字的使用率不高

目前学生们对于查字典并没有形成意识、养成习惯。低年级的学生虽人手一本《新华字典》，但是遇到生字的时候，他们不愿意、不爱查字典，觉得查字典很麻烦，更多的是问老师、问妈妈、通过手机或电脑上网搜。《新华字典》如果成了摆设，就无法发挥它本身的价值。

由于过于依赖电子设备识字，导致了全社会汉字书写能力的下降，人们经常提笔忘字，淡忘笔画的顺序，甚至对汉字的规范书写持无关紧要的态度。这股思潮也渐渐冲击着学校，影响师生对汉字书写的态度。

（二）查字典之于识字学习的研究不足，且呈下降趋势

在知网上以"查字典"作为关键词进行检索，截至 2023 年 10 月 15 日，检索到的文献总体数量较少，2009 年以来除少数年份文献数量较高外，整体呈下降趋势（见图 1），说明相关研究数量少。检索到关于"部首查字法"的文献总数 33 篇，文献数量也是极少，可见，学界对字典之于识字学习的研究不足。

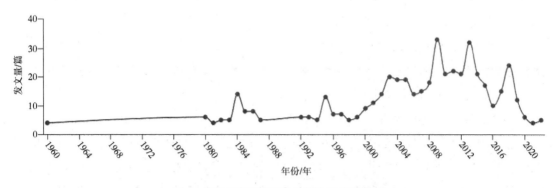

图 1　有关"查字典"的文献数量总体趋势

现有的研究，多以确保学生人手有字典、随时查字典成常态、开展查字典竞赛活动、加强查字典技能的评价、鼓励学生在读写活动中查字典等方式，以增加教学活动中查字典的次数和频率为切入点。

学习**路径**

"一'典'就通"课程通过工坊式学习方式，主要采取"查字典、玩汉字、创字典"的学习路径(见图2)。只有汉字，没有字典，缺少方法、工具和抓手，缺少课程内容的载体；只有字典、没有汉字，缺少内核、任务驱动和精神魅力。

图2 "一'典'就通"学习路径

通过"查"，学生在探索、观察、对比中认识各种类型的字典，在交流、思考、自我建构中了解字典的编排、编纂方式的异同，丰富对字典用途、工具书意义的认识。课程创设了"字典研究所"的学习情境，学生要在纪录片中探寻中国典籍的起源，在学校图书馆中查找各种类型的字典，丰富对字典种类和功能的认识；每一本字典又是一部百科全书，字典中有丰富多彩的图示、表格等，他们不仅要查找汉字、词语，还要查找相关的插图、百科知识等。

通过"玩"，驱动学生积极查检字典、词典，领会汉字造字的乐趣，学会以意定音、据字解意，掌握汉字音形义的规律；领会汉字的文化内涵，获得语言文字带来的雅趣和真情。根据儿童的心理特征和年龄特点，我们将查字典、学汉字与画汉字、编故事、玩游戏巧妙融合，学生玩汉字的方式多种多样——看甲骨文猜字义、猜字谜、用图来画汉字、使用汉字扑克、独体字乐高字塔作为游戏道具，玩起偏旁对对碰游戏……学生在学中玩，在玩中学，在玩中思考，在玩中创新，同时学生的信息检索能力、分析比较能力、视觉传达能力、感受领悟能力也逐步得到提升，主动查字典的学习习惯得到培养。

通过"创"，学生将工坊课程中学到的技巧和对汉字的理解投入创编的任务中。实践和任务最能检验和评价学生的学习效果。班级里各个小组的成员按照自己的兴趣、特长成立自己的"字典编辑部"，并分工合作，展现小主编的作用，有的用学过的思维导图的方式组词，学习《新华字典》目录、正文的编排，抽取一些常用汉字，编辑出一本本思维导图字典。有的大胆对《新华字典》进行改编和创新，创造出"品字形结构字典""身体奥秘字典""形近字易错字字典"……学生通过组织分工、确定选题、创作编纂、校正编纂的过程，充分体验工坊作品的产生，在做中学，促进合作学习、交流沟通、问题解决能力的整体提升。

课程**图谱**

一、图谱结构

"工欲善其事,必先利其器"。字典是学生学习语文不可或缺的工具,使用字典的根本目的是帮助学生主动识字、阅读和写作,打牢语文学习的根基。

取灯泡的"一点就亮"之意,"一'典'就通"课程图谱(见图 3)以灯泡为图谱创作原型,电流经由底部的灯丝,共同配合,使电灯的玻璃罩内发出耀眼的光亮。

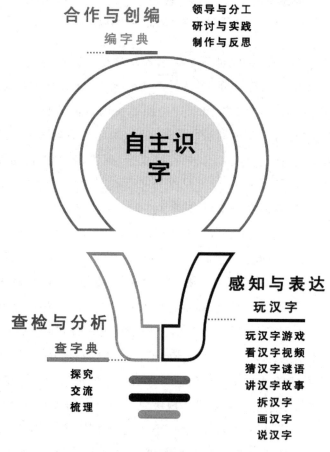

图 3 "一'典'就通"课程图谱

在课程的顶层能力设计方面,"一'典'就通"课程围绕培养学生"自主识字"的核心能力目标而设计,以字典的查检与分析能力、汉字的感知与表达能力作为底层能力,以新字典的合作与创编能力作为显性能力,共同实现"自主识字能力"的激发、培养和迸发。

在课程的实施方面,"一'典'就通"课程以"查字典—玩汉字—编字典"作为主要学习路径,学生在"查字典"中获得字典查检与分析的能力,在"玩汉字"中获得汉字音、形、义的感知能力并学习如何对汉字进行创意表达,在"编字典"中加入合作学习,经由团队能力的分工和整合、个人字典查检能力和汉字表达能力的整合,团队分工合作进行新字典的创编,使"自主识字能力"在实践中得到迸发和升华。

二、课程内容

"字典工作坊"课程本身,即一个大的学习任务——由低年级小学生创编一本适合小学生使用的"字典"。如何编一本字典?理解字典的编排、整合字典对汉字的解释方式、明白各种字典的种类和功能是必备的。但是,对小学生传授讲述这些"字典知识"的过程一定是枯燥的,也不利于学生编纂字典的实践。

在本课程的整体架构中,我们创设了"字典工坊"的学习情境,将编写字典的"任务",拆分成多个子任务,每个子任务就是每一堂课的课程目标。学生在每一节课的学习和实践中,掌握多样的有关汉字和字典的知识,最终能够使每堂课的小任务组合运用起来,小组合作完成课程的"大任务"。

(一)在"字典研究所"中"查字典"

创设"字典研究所"的学习情境,通过探究、交流和梳理学习方法,通过看一看、比一比、翻一翻,从内容、形式、篇幅等方面进行分析比较,认识各种各样的字典,丰富学生的字典认知,开阔他们的眼界,无形中满足更多学生的个性化需求并提高他们的学习兴趣。学生认识了字典、了解了字典,使字典摆脱了大家对其固有的旧观念。

学习活动 1:明起源

课程内容:学生探究字典的历史演变,了解有关字典的小知识,了解中国的典籍文化,了解中国著名的典籍和经典。

学习任务:完成"字典历史鱼骨图"。

课程资源:《典籍里的中国——永乐大典》纪录片、《康熙字典》溯源视频。

学习活动 2:论编排

字典的索引就像是一本地图,将数以万计的汉字按照一定的规则排列起来,为查检汉字提供了便利。

课程内容:"爱'拼'才会赢"游戏——使用汉字飞行棋作为游戏道具,运用"音序查字法"进行查字典比赛,通过生生比赛、小组比赛,使学生分辨音序、分清音节,熟练掌握音序查字法。

翻阅《新华字典》,探究部首目录、检字表、汉语拼音音节索引、字典页码等字典索引设计的奥秘,探究检字法的选取依据,了解汉字的编排顺序和编排逻辑,讨论不同编排的优点,习得查字典的方法。

学习任务:为查汉字绘制字典门牌号、查字典速度大竞赛、录制查汉字过程的讲解小视频。

课程资源:《新华字典》、各种检字法的发明过程和介绍视频。

学习活动3:识种类

字典的种类丰富多样——从载体上分,不仅有纸质版,还有手机App版;从字典功能上分,有正音字典、释义字典、笔顺字典、字体设计字典、对外汉语字典、图解词典、字源字典、文化字典等多种。

课程内容:学生走进图书馆,动手翻阅不同的字典,分析、比较各种不同类型字典之间的区别,从中发现异同,有助于培养归纳和整理的思维品质,进一步激发学习兴趣。

学习任务:补齐空白的字典书架、"我为××字典代言"学习活动、绘制手抄报或者拍摄代言视频,在同学之间进行交流和学习。

课程资源:各类纸质字典(《新华字典》《汉语大字典》《字源字典》《歇后语字典》《绕口令字典》《成语字典》)、各类字典App("以观书法"App、"新华字典"App等)、商务印书馆介绍视频。

学习活动4:读插图

一典一世界,字典附录有丰富多彩的图示、常识简表,让学生查一查字典中这些知识的解释,寓教于乐,情境真实,构建以主题情境带动认识一串字词的自主学习方式,鼓励学生用专题式的方法形成自己的主题字词语言库。

课程内容:查检《新华字典》和《澄衷蒙学堂——字课图说》,查检祖国各民族、各省市简称、二十四节气、人体器官图、房屋构造图等内容,获得所需信息,理解字典中附图和附录的价值。

学习任务:选择插图、设计图等媒介,为一些专有名词的汉字、带有百科知识的汉字做出图画解释。

课程资源:《新华字典》附录和附图、《澄衷蒙学堂——字课图说》。

(二)在"汉字设计院"中"玩汉字"

爱玩游戏是孩子的天性,是孩子最愿意接受的。根据儿童的心理特征和年龄特点,我们将查检字典、认识汉字与解汉字、画汉字、玩游戏融合起来,创设了"汉字设计院"的学习情境,以游戏、故事、图画融会造字规律和汉字雅趣,乐趣与智趣荟萃。

在拼一拼、搭一搭、画一画、猜一猜等有趣的学习活动中,学生愿意主动参与课程,充分激发学生使用字典、查检汉字、建立汉字音、形、义联系的兴趣,学生不仅能够充分感知汉字中的雅趣和哲理,而且还能够学到运用图画、故事、游戏、思维导图等方式解释汉字的表达方法,为创编字典做好技术铺垫。

学习活动1：妙解汉字

课程内容：从汉字的字形入手，结合甲骨文的造字，对汉字进行"说文解字"，渗透汉字"六书"的知识内容，学生从分析字形、看甲骨文猜测字义、猜字谜的过程中，掌握拆解和分析汉字、据形猜意的思维方法。

学习任务：巧解汉字、汉字故事、说汉字。

课程资源：《"字"从遇见你》纪录片、有趣的汉字讲解视频、汉字谜语、汉字和成语故事、甲骨文。

学习活动2：巧绘汉字

课程内容：从汉字的字形入手，与美术课进行学科融合，以图画、动画的方式重新设计汉字，用图画表达汉字的意思，用视觉的方式传达汉字的意思。以"爸爸妈妈为什么给我起了这个名字？"这个疑问为探究点，引导学生查自己名字的含义，并做一次个性化的自我介绍。

学习任务：绘"名字里的美意"手抄报，从汉字的意思、笔画、使用情境方面，绘制汉字手抄报，达到看图画解字义的效果。

课程资源：有趣的汉字动画视频、相关图书和识字卡片、各类花名、名著中的人名。

学习活动3：趣玩汉字

课程内容：偏旁对对碰游戏——使用汉字扑克、独体字乐高字塔作为游戏道具，运用"部首查字法"进行查字典比赛，两人比赛，逐渐掌握汉字的构形规律，强化形声字形旁表意、声旁表音的规律，熟练掌握部首查字法。

学习任务：运用正确的检字法查到汉字的正确页码，并在竞赛中取得名次。

课程资源：汉字飞行棋、汉字扑克、独体字乐高字塔等游戏道具。

（三）在"字典编辑部"中"编字典"

学生可以根据感兴趣的内容自由组建小组，完成字典的改编和创编，搜集、整理所需的字词等方式，培养整合和创新能力。

学习活动1：讨论选题

在选题讨论会中，教师引导学生进行改进建议的调查，了解自己需要改编或者创编的字典类型，再分组进行交流，确定自己小组所要编辑的字典类型。如有的学生认为《新华字典》里面没有象形字，想做一本关于象形字的字典；有的学生发现"竹字头"的字特别有意思，想要成立竹字头字典小组；还有的在查字典的时候，关于造句的例子很少，想补充一本《新华字典》造句宝典等。通过开展讨论，学生能从不同角度提出结合自己学习中遇到的难题，有意识地归类整理。

学习活动2：创作编纂

班级里各个小组的成员按照自己的兴趣、特长成立自己的"字典编辑部"，并在小组内分工合作，他们创编的字典包罗万象，图文并茂，个性十足。

学习活动3：发布成果

通过举办"成果发布会"，班级里的各个编辑部成员们带着自己创作的作品进行展示介绍、分享交流，不同的编辑部之间互相学习借鉴，进而改进自己的成果，最后进行生生自评、互评，并记录在课程评价手册里，最终以投票的方式评选出优秀成果作品。

三、教学建议

在小学语文教学中，识字教学是一项贯穿整个小学阶段的重要工作。对此，教师需要根据新课标的要求探究识字教学的有效方法，从自主查字典中提升学生的识字效率，为学生学好语文打下基础。

科技的发展与进步给传统的教育教学带来了巨大的冲击，无论是老师的教学方法还是学生的学习方式，都在潜移默化中发生着变化。当前教育应该探索的方向，是在新旧之间寻找平衡，让学生获得更多实用的技能。

综上所述，查字典，是一种能力，更是一种习惯。目前知网中还未出现关于查字典课程的研究，为适应时代的发展要求，我们需就字典进行个性化的创新思考。因此开发"一'典'就通"课程，这才是我们教学的着力点。学会，只是万里长征的第一步。

（一）以学法之趣，融创编之顺畅

"一'典'就通"课程本身，即一个大的学习任务——由低年级小学生创编一本适合小学生使用的"字典"。如何编一本字典？理解字典的编排、字典对汉字的解释方式、各种字典的种类和功能是必备的；对小学生传授讲述这些"知识"是枯燥的，也不利于学生编纂字典的实践。

在本课程的整体架构中，我们将编写字典的"大任务"，细致拆分成"任务群"，将子任务分布在"一'典'就通"课堂中，学生在每一节课的学习和实践中，掌握多样的有关汉字和字典的知识，最终能够将每堂课的小任务组合运用起来，小组合作完成课程的"大任务"。

（二）以汉字之趣，启自主识字之意识

汉字具有音形义统一的特点，本课程将汉字作为一项重要的课程资源，选择符合学段特色、具有特点的汉字，作为学习资源；通过带领学生想象、联想、描画、重构汉字，了解汉字背后的故事，学生在认识汉字时，能够充分结合自身生活实际、联系中国传统文化、联系日常应用，从而充分感知、体认汉字形意之趣。

在本课程的学习中，学生充分浸润在汉字的趣味中，探究汉字、了解汉字的兴趣将会在不知不觉中开启学生自主识字的意识，让识字成为一种自觉自愿。

（三）以字典之律，搭系统之思维

课程内容对字典编纂方式的理解和分析，能够帮助学生在头脑中建构完整的汉字体系,掌握汉字造字规律,掌握借助造字规律分析汉字的技能;培养学生自主识字以及自主查检汉字、认识汉字的技能。

评价工具

一、对课程达成度的评价

本课程采用问卷调查的方式,对课程目标的达成度进行评价(见表1)。评价指标共分为5个方面,分别是查字典技能、自主查字典的兴趣、编字典技能、批判性思维和团队合作能力,共12道题目,邀请家长对课程进行评价,最后按照分值统计评价课程目标的达成度。

表 1　课程评价表

评价指标	评价标准	达成度评分
查字典技能	1.课程能否教会学生熟练运用字典查找生字,是否教会学生了解字义、读音、笔画等基本信息。 2.课程能否提高学生使用常用的汉语字典的频率。 3.课程能否教会学生有目的地选择和整合不同字典的相关解释。 4.课程能否教会学生根据查检字词的实际需要,选择恰当的汉语词典,获得所需信息。	1～5分
自主查字典的兴趣	5.课程能否有效地调动学生学习汉字、认识字典的积极性,丰富学生对汉字的认知和理解。 6.课程能否使用有趣的教学方式,让学生在游戏中学习、在动手中动脑,获得直观性的认知和理解。 7.课程能否促使学生自主解决生字问题。 8.课程能否启发学生主动探究字义和读音等知识。	1～5分
编字典技能	9.课程是否使学生理解字典的编排原则和规律。 10.学生能否根据主题或字母顺序编排生字。	1～5分
批判性思维	11.课程能否激发学生对字典中的错误或不准确信息进行识别和纠正,能否启发学生主动提出字典的改进意见。	1～5分
团队合作能力	12.课程能否激发学生在小组合作中积极参与、协调配合,共同完成任务。	1～5分

二、对课程学习者的评价

本课程设置了"字典工坊"的大情境,每个进入该课程的学生都是工坊的访客,能获得一本《一典就通工作手册》,它记录了每位访客的学习过程,同时手册内还记录了学生在本课程中的所有任务成果,学生、老师都能通过该学习手册进行评价。

　　学习手册包括了课程中的活动内容规划、与课程内容相关的题目、学生在学习过程中的成果、课程评价栏等，将材料、图片、题目、成果有机结合，通过启发性的问题，锻炼学生的思维能力，同时将学习过程和评价可视化，激发学生学习的动力。

　　该课程对学生参与的每一项活动内容都会进行评价（见表2），评价主体为同学和老师。每一项活动都有获得六颗星的机会，分别为同学三个，老师三个。在课程结束后根据每个访客获得的星星数量，前30%评选为"金牌访客"，接下来依次为"银牌访客"和"铜牌访客"。

表 2　学生活动评价表

活动内容		评星标准
查字典	明起源	★能够了解字典起源。 ★★能够主动了解字典起源并完成鱼骨图。 ★★★能够主动了解字典起源并在完成鱼骨图的基础上，将鱼骨图补充得更加丰富。
	论编排	★能够翻阅字典，主动对字典编排进行了解。 ★★能够在探索字典编排的同时发现编排规律。 ★★★能够发现字典内的细节并主动了解，例如部首右上角小圆圈的意义。
	识种类	★能够走进图书馆进行工具书了解。 ★★能够对了解到的工具书在空白书架上进行记录。 ★★★能够对了解到的工具书在空白书架上进行记录，并对个别工具书进行深入的了解。
	读插图	★能理解字典中插图的作用。 ★★能借助字典，读懂插图中相关汉字的意思并进行解释。 ★★★能够用插图解释一个汉字或者一个专有名词，能够利用插图扩充百科知识。
玩汉字	妙解汉字	★能够主动运用字典。 ★★能够从字典中准确找到所需要的信息，能够完成活动内容的相关题目。 ★★★能够在字典中找到所要信息的同时，对信息进行拓展和整合。
	巧绘汉字	★能够主动运用字典。 ★★能够从字典中准确找到所需要的信息，并用图画表达字典中查到的信息。 ★★★能够在字典中找到所要信息的同时，用图画对汉字进行多个方面的趣味表达。
	趣玩汉字	★能够参与游戏，懂得部首查字法。 ★★能够熟练运用部首查字法。 ★★★能够在游戏中熟练运用部首查字法，并能够总结出查字典的秘诀。
编字典	字典创编	★能够在使用字典的过程中，发现字典的不便之处。 ★★能够根据自己的想法，自己或和同伴一起进行字典创编。 ★★★能够创编字典并对所创编的字典进行交流分享。

让汉字在指尖起舞

你还查字典吗？作为一名小学语文老师，我每一天都在查字典、翻字典，因为要教学生识字。

你呢？相信很多人早已经用百度搜索替代了"手动的"查字典、翻字典。家访时，我曾看到一个学生用上了"小爱同学"智能音箱，只要问一句，这个人工智能的小机器人就能回答学生所有的提问。可能，查字典这项"古老的"学习方法，早已经被很多人扔进了学习方法"杂物间"。

其实，很多人忽略了一部字典的内容价值，同样被忽略的，还有查检字典的思维价值。义务教育阶段常用的就有3500个字，如果把每个汉字当作一粒沙石，这么多要认识的汉字只能是一盘散沙，学生们学到的也是一盘散沙。课标指出，识字教学最终的目标指向培养学生"自主识字的能力"。当遇到不认识的字、不理解的词语时，学生需要找到有力的工具书帮助他解决识字难题。字典作为一种工具书，正能够满足学生的需要。

要如何让查字典识字充满魅力和乐趣，让学生愿意主动通过查字典来识字呢？这一个问题的思考点亮了我们的课程灵感。我们的课程实施根据学生的年龄特点，以"趣"为主，带领学生遨游"创意字典工作坊"，去认识字典，体会学习的乐趣。

一部大部头、只有文字的字典，确实无法让学生提起兴趣。于是，我们放大了视野，带学生进入图书馆的字典区，他们第一次发现了还有这么多不同的字典。内容上，有字典、词典、歇后语辞典、典故辞典、成语辞典等；形式上，有专门的笔顺字典，古文字字典，有图画词典，汉字字源辞典；篇幅上，有短小精悍如《新华字典》，也有庞大丰富如《辞海》……"哇，原来字典有这么深的起源，有这么多的种类啊！"一双双小手忙碌地寻找着，一只只小眼睛里不断地涌动着好奇与兴趣。

"哈哈，边玩汉字飞行棋边查字典，学习一点也不单调，可有趣了！"在课程学习中，学生们兴致勃勃地徜徉在各种学习游戏中：这边两两合作，一边下飞行棋，一边查字典；那边三五成群，也在查字典，叠字塔；有的学习小组还围绕着字典展开探究学习，进行归类识字……有趣的学习形式激发了他们的学习兴趣，一双双小手不停地翻阅着，一个个汉字也跟随着舞动。

识字也可以很感性。实际上，汉字如茶，需要慢慢品，才能饱尝个中滋味，往往是通过感性思维、想象力、触摸等方式，丰富学生对汉字的感性体验，才能更好地转化成他们的口头表达和文字表达。

每一个低年级的学生都喜欢涂涂画画,虽然是语文课,但我们也会提倡让学生们用图画和色彩来表达对文字的感受。当看到他们对汉字的图像表达时,你会发现图画和色彩所传达的信息丰富程度远高于文字。也许,每个汉字都需要经历由简到繁,再由繁到简的转化过程,才能真正融入学生的语言血液,渗透到他们的语言思维中。

参考文献

[1]王素坤,赵希武.汉字笔画系统辅助小学语文汉字教学的研究[J].内蒙古师范大学学报(教育科学版),2013(4):3.

[2]施笑妹.拨开独立识字能力的认知迷雾[J].语文教学通讯,2022(12):71-72.

[3]周一贯."查":指向核心素养的语文能力[J].小学语文教师,2022(21):3.

"一'典'就通"
课程纲要

17

玩转索玛立方体

陈书涵

儿童心理学家很早就研究过儿童是通过游戏认知世界的，如果我们能把数学知识和内容不看作任务去教授，而是让学生以一种玩的心态去探寻，相信对于抽象而复杂的概念学生也能容易明白。作为数学教师的我，本身也是一个器具爱好者，我发现这些器具就是一个能激发思考的玩意，它们能让你在玩中思考，在玩中解决问题，同时还能让你感受到纯粹的乐趣。索玛立方体就是这众多器具中的一种，我也将通过它带领学生们去享受空间数学。

目标定位

课程"玩转索玛立方体"是面向二年级学生的一门选修课程，以索玛立方体为载体，引导学生用眼看、动脑想、动手拼、用心创，促进学生注意力的发展，提高专注力。通过认识索玛立方体，熟悉器具的玩法、算法和规则，在好玩有趣的过程中，发展学生的空间观念、空间思维和空间意识，能够创造新玩法，培养创新思维。补充低段学生对立体图形认识的缺失，有助于学生在"沉浸式"体验的过程中对空间的探索有新的体验和感悟，为空间观念数学核心素养的有效培养奠定了扎实基础。

背景分析

一、现有数学课程的局限性

查阅我国几十年数学教育中对中、小学生数学能力的培养内容，从最早的1952年编制的《中小学数学教学大纲》，到最新的2022年发布的《义务教育数学课程标准（2022年版)》对学生培养内容始终包含空间能力的因素。美国数学教师协会(NCTM)也指出"空间观念是儿童智力发展的重要因素之一。"[1]

但是，在数学教学中，几何教学所占比例还是比较少的。单就小学第一学段而言，据统计，现行人教版教材一年级上册安排课时为59课时，其中，涉及几何教学内容的为第四单元"认识图形(一)"，共3课时的教学；一年级下册安排的课时为59课时，其中，涉及几何教学的为第一单元"认识图形(二)"(3课时)；二年级上册共计60课时，其中涉及几何教学的为第三单元"角的初步认识"(2课时)、第五单元"观察物体(一)"(4课时)；二年级下册共计60课时，其中，涉及几何教学的为第三单元"图形的运动(一)"(4课时)。

从比例上看，小学低段数学合计为238课时，其中，涉及几何教学的课时合计为16课时，占总量的6.7%，涉及立体图形的仅有7课时，仅占总量的2.94%。同时，一些作业设计也因为种种原因，较为抽象，不利于培养学生的空间观念。事实上，在人教版教材一年级下册第一单元"认识图形(二)"中以七巧板为载体，通过多层次的拼摆活动，体验拼出图案的千变万化，因此在体验的过程中，学生的参与度和学习兴趣是其他新授课所不能及的。但是这部分内容更多是开发学生平面图形的空间观念，对于立体图形的空间观念是缺失的。由此可以看出，开发一门符合低年级学生认知发展规律的选修课程，弥补学生在立体空间观念的缺失是很有必要的。

二、索玛立方体的提出

益智器具索玛立方体(见图1)是一个有名的"装嵌游戏"，又称立体七巧板、索玛立方体、鲁班立方，是由丹麦人皮亚特·海恩发明的。1936年，海恩在听一场关于"量子物理"的演讲"如何把空间切割成立方体"时，以敏锐的想象力捕捉到以下几何原理：将四个以内，大小相同的立方体，以面相连接，构成的所有不规则形状，可以重组成一个较大的立方体。由7个各不相同的立方体组合而成，其基本规则是根据7个积木单元拼出3×3×3的立方体。在拼搭立方体的过程中，提升学生手眼协调能力、专注力和动手能力，调动多种感官参与学习，关注学生多元表征形式。

课程"玩转索玛立方体"打破原有规则，设计游戏闯关卡，点、线、面、体多个视角观察立方体，探究立方体的截面图、展开图，感知立体图形二维、三维间转化，提高空间想象力，形成初步空间观念。经历由体切入，初步观察；由面深入，动手操作；由面到体，设计创造的过程，打通索玛立方体在二维和三维间的转化，在潜移默化中提升学生对立方体特征及三视图的理解。

三、"玩转索玛立方体"课程与国家课程的关系

索玛立方体有着丰富的数学元素。它的规则是利用7个基本的积木单元组成一个正方体，拼法共有四百余种。索玛立方体除了玩法多、烧脑等直观特点外，更多是因为它

图 1　索玛立方体结构图

对开发儿童智力具有显著效果,如颜色形状认知力、空间表达力和艺术创造力。

　　"玩转索玛立方体"作为人教版教材小学数学二年级的选修课,隶属于校本课程,作为国家课程的补充,以索玛立方体为载体,利用学生已有的经验,以索玛立方体为工具,打破原有规则,通过认识、观察、操作、游戏等活动,丰富学生学习空间,提高对图形知识的兴趣,逐步提高学生学习兴趣、发展学生空间观念和推理能力。

学习**路径**

　　"玩转索玛立方体"通过玩乐式的学习方式,主要采取"识、玩、创"在玩乐中认识立方体及相关玩具、器具的玩法、算法和规则,在好玩有趣的过程中,发展空间观念、空间思维和空间意识,培养创新思维。

　　通过"识",学生学会认识玩具、器具,以及玩法和规则;通过"玩"的行为,获得情感体验和成就感,获得身与心的协同,即思维与手部动作的协同,引发人思维上的再发展,对空间的重新建构和认识;通过"创",能够关注游戏规则、玩法和玩具的应用。从发现规则、重构规则到重新生成规则,激发学生兴趣和成就感,培养创新性思维,让学生在学习中更有趣。

一、构建"乐玩式"学习路径

　　基于乐玩式学习方式,结合索玛立方体的结构特点,搭建"玩转索玛立方体"的学习路径(见图 2),创设识立方体—玩立方体—创立方体三个层次的活动。由体切入,由面展开,最后回到体。

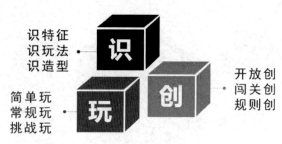

图 2 "玩转索玛立方体"学习路径

（一）识立方体

任何几何图形的学习过程都是从认识开始的。学生通过手、眼、口等多种感官去认识立方体面的特征、体的特征,熟悉索玛立方体的基本玩法、拼组方式,初步感知索玛立方体。

1.我型我辨

索玛立方体的 7 个积木单元是各不相同的,按立方体层数分可以分为单层和双层;按数量分又可以分为三立方体和四立方体。熟悉了这些基本的特征,能够为后续的拼组和想象提供支撑,同时也为学生发展空间观念奠定了基础。

2.我型我变

以数学文化和基本概念为切入点,介绍索玛立方体的由来和基本的玩法。利用这 7 个积木单元拼出 $3 \times 3 \times 3$ 的正方体,增强学生的好奇心和自信心。

3.我型我编

二年级的学生有着丰富的想象力,充分利用好索玛立方体这一"脚手架",引导学生观察、想象,为 7 个积木单元取上喜欢的名字,如"闪电型""L 型"等,加深对 7 个积木单元的认识。

（二）玩立方体

对于低段学生空间观念的培养应该是潜移默化的,在利用索玛立方体这一直接兴趣的同时,也要避免活动目的性差的弊端。设计出分层挑战的任务卡,逐步增加难度,通过建立积极的心理准备状态,更好地帮助学生达成目标、体验成功的喜悦。我们将任务卡以立方体的数量和拼组难易程度分为三个等级,分别是简单玩、常规玩、挑战玩(见图 3～图 5)。设计与之相匹配的三节课(各积木单元及编号见图 6):一星级的"初出茅庐"、二星级的"崭露头角"和三星级的"精益求精"。

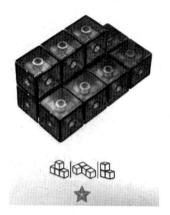

图 3　"简单玩"示意图　　　**图 4　"常规玩"示意图**　　　**图 5　"挑战玩"示意图**

编号	A	B	C	D	E	F	G
积木单元							
组合方式（可自由选择）							

图 6　积木单元示意图

1.简单玩

任务卡上定为 1 星，一般由 2～3 个积木单元组成的组合体。如组合体①是由积木单元 A、C、D 组合而成。

2.常规玩

任务卡上定为 2 星，一般由 4～5 个积木单元组成的组合体。如组合体②是由积木单元 A、C、D、G 组合而成。

3.挑战玩

任务卡上定为 3 星，一般由 6～7 个积木单元组成的组合体。如组合体③是由积木单元 A～G 组合而成。

索玛立方体除了有形状上的特点，也有着颜色上的特点，学生可以根据颜色进行判断,一定程度上降低了识别难度。三个层次的内容穿插在创立方体的过程中,可避免游戏的单一性,增强了趣味性。

(三)创立方体

创立方体的环节,由体验到思考,从感性认识逐步过渡到理性认识。分为三个层次:全开放、半开放、全封闭。对应"天马行空""图形疾跑"和"最终挑战"三个课时,一步步规定、逐渐缩小图形的范围。

1.开放创

开放创不要求学生一定要拼出哪种规定的图形,让学生充分发挥想象力,从美感出发,追求形似或神似、自己动手设计、组装出喜爱的图形,并在班级内进行介绍。

2.闯关创

对应三个层次中的半开放型,利用图形墙闯关卡,打破学生的刻板性。出示卡纸制作的图形墙,要求拼组出的组合图形能正好一个面通过,再到正好两个面、正好三个面。在活动中初步形成逻辑推理能力。实际上,当拼组一个面、两个面能通过的情况时,将原本三维认识的立方体转化为"面"来认识,实现从"体"到"面"的转化过程,培养学生的抽象思维与逻辑思维能力,在潜移默化中认识了三视图。通过三个面的图形墙又从"面"到"体"认识了立方体,发展了学生的空间想象能力。

3.规则创

与自由想象的开放创和半封闭的闯关创不同,规则创属于全封闭型,要求学生拼组指定的立方体,如长方体、正方体等。这就要求学生具有较强的抽象能力,不仅要考虑拼组的合理性还要考虑成品的完整性,并且拼组的方法也并不唯一,也考查学生的发散思维。

识、玩、创三个层次的活动过程都创设具体、分层的学习活动,在做中学、在玩中学。在拼组、交流、说理等过程中,潜移默化学习立方体的特征、三视图等内容。感知"体—面—体"的过程,帮助学生从简单到复杂,实现螺旋式上升的学习。学生在具体的操作活动中掌握立方体的特征,初步形成抽象思维。在活动的过程中考虑到学生的身心发展具有不平衡性,在同一方面不同速、不同方面不同速和个体差异性等客观因素,因此需要通过设计展示等言说过程,丰富学生的感官认知,进一步帮助学生更好地理解。例如:在"认识索玛立方体"的展示环节学生通过想象给立方体取名字,通过用眼看、动口说多种感官认识索玛立方体;"天马行空"中上台展示自己拼组的各式各样的图案,在"图形疾跑"中学生们能够有理有据地说出自己拼组的方法和思路,发展学生的空间观念。

课程**图谱**

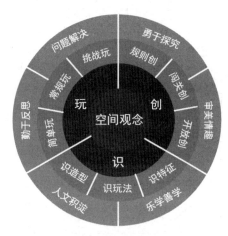

图7 "玩转索玛立方体"课程学习路径结构图

一、图示结构

课程"玩转索玛立方体"根据学生的心理特征和玩具特点,打破索玛立方体现有规则,以发展学生空间观念为目标拓展其玩法,设计"识—玩—创"作为学生学习路径(见图7)。通过充分的感知和体验,在难度逐级上升、循序渐进的活动中发展核心素养(见表1)。

表1 "玩转索玛立方体"课程中发展的主要素养

《中国学生发展核心素养》有关内容	基本要点	课时中的体现
人文底蕴	人文积淀	认识索玛立方体
	审美情趣	天马行空
学会学习	乐学善学	初出茅庐、崭露头角
	勤于反思	精益求精
科学精神	勇于探究	图形疾跑
实践创新	问题解决	最终考验

二、课程内容

"识、玩、创"三个层次的活动过程不应该是线性的,而应该是同步进行、螺旋上升的。作为一门二年级学生的选修课程,其定位为综合性拓展课程和文化课程。课程内容具有由简单到复杂,从具体到抽象的纵向与层次性的逻辑顺序。在课程内容组织层面,呈现出螺旋式结构,以索玛立方体这一益智玩具为载体拓宽其在数学上的广度及深度。下面对课程内容进行具体介绍(见表2)。

表2 具体课时安排

单元内容	课时名称	课时内容	课时目标	课型	课时
识立方体	认识立方体	1.介绍索玛立方体的积木单元 2.动手把玩,取上喜欢的名字	介绍索玛立方体的积木单元,初步认识立方体中面、体的特征	体验课	1

续表

单元内容	课时名称	课时内容	课时目标	课型	课时
玩立方体	初出茅庐	拼出1星的组合体（2～3个积木单元组成）	将组合体以图形个数和拼组难度分为简单、常规、挑战3个等级，按要求进行拼组，提高兴趣，养成动手能力。考查学生空间思维能力和想象能力	操作课	1
	崭露头角	拼出2星的组合体（4～5个积木单元组成）		操作课	1
	精益求精	拼出3星的组合体（6～7个积木单元组成）		操作课	1
创立方体	天马行空	全开放:拼出自己喜欢的图案	经历动手操作、上台分享等环节，提高审美情趣、语言表达能力	说理课	1
	图形疾跑	半封闭:通过指定的图形墙（1个面、2个面、3个面正好通过）	经历"体—面—体"的转化过程，整体把握立方体的特征，发展动手能力、空间想象能力	体验课	2
	最终考验	全封闭:拼出正方体、长方体等几何图形	在充分的感知、体验后拼出指定几何体，丰富对立体图形的认识	操作课	1

（一）识立方体

该模块安排了"认识立方体"1课时的学习,学生通过观看视频了解索玛立方体的由来,初步熟悉索玛立方体的基本使用规则。接着动手把玩,观察、拼组,熟悉索玛立方体中7个积木单元关于数量、颜色及形状上的特征,并给7个积木单元分类、取名,进一步掌握立方体的特征。最后上台分享,与同学交流自己的想法。教学形式上多以学生观察、说理为主,教师适当解释说明相关名词。

（二）玩立方体

该模块单元分为"初出茅庐""崭露头角"和"精益求精"3课时的教学内容,这3课时的内容是依图拼图,学生按照给定的任务卡进行拼组。任务卡以组合体中的图形个数分为简单、常规、挑战三种等级,对应任务卡中1星、2星、3星。学生先要观察任务卡,包括积木卡中各积木单元的颜色、形状和拼搭方式等。结合观察到的特征说出任务卡中组合体由哪几个积木单元组成,并说出拼组的先后顺序。最后,根据任务卡进行依图拼图,正确拼出任务卡中的组合体。经历看图、拼图、说图的全过程,有目的、有计划地培养学生分析问题、解决问题及反思的能力,使学生逐步获得解决问题的一般方法。

（三）创立方体

该模块分为"天马行空""图形疾跑"和"最终考验"三节课,4课时的学习。

"天马行空"一课是全开放型的创造,学生用索玛立方体的7个积木单元进行自由拼组,发挥想象力,设计、创造各式各样的图形,并上台介绍自己的作品。在动手操作中发展想象力,在想象中发展空间观念。

"图形疾跑"属于半开放型创造,学生利用纸板做成的图形墙(见图8),以闯关的形式,想象、拼组出一个面正好能通过图形墙的组合体,并逐级提高难度,设计出两个面、三个面能正好通过的组合体。学生在拼组的过程中,不断尝试、变化组合,在潜移默化中建立对三视图的初步认识。如果说"天马行空"是学生自由拼组,"图形疾跑"则是学生有目的地拼组,对有些学生来说,可能设计出正好通过两个面、三个面的组合体有一定的难度,但是如果将操作与思考探究结合起来,就比较简单了。

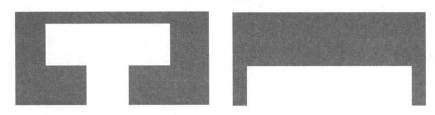

图8　图形墙示意图

"最终考验"是全封闭型的创造,是在熟练掌握了拼组各种组合体的基础上,拼组出长方体、正方体等几何体。这是在有了之前丰富的想象、拼组、思考后再进行的拼组,学生掌握了一定的策略和方法,拼组的难度就会大大降低。全封闭型的创造更多的是考验学生拼组的多样性和速度。

三、教学建议

(一)重视体验

"玩转索玛立方体"作为一门低年级选修课,能够提升学生对立体图形的认识,更多地注重感知与体验,发展初步的空间观念。例如在"认识立方体"的学习过程中,不要求学生一定要用特别规范的语言或严谨的思维去思考、判断拼组的过程,而是用自己的语言描述,在体验中感悟图形的特征。

(二)重视操作

《义务教育数学课程标准(2022年版)》在对第一学段学业质量描述中指出:通过操作、游戏、制作等丰富多彩的活动,学生对数学产生一定的好奇心,形成学习数学的兴趣和初步的合作交流意识与独立思考的学习习惯。其中,操作是学生参与知识形成过程的重要形式,是学生获取感性认识的主要来源,是培养学生创新意识的重要途径。在玩立方体单元的教学过程中,应尽可能为学生提供操作的条件和机会,鼓励学生在动手操作中,发现和提出问题,并进行分析和解决。在操作课中给予学生充足的时间进行操作和拼组,实现在做中学、在玩中学。

（三）重视说理

说理能力的相关培养,实际上就是将知识内容要点中的逻辑与思维进行"抽丝剥茧"的教学,不仅可以提高学生学习的积极性,还可以活跃课堂的氛围。所以教师应将说理能力的相关培养加以融合,进而达成全面培养学生思维与素养的教学目的。例如在"天马行空"中就可以让学生上台言说,分享自己的拼组过程;在"图形疾跑"挑战成功后,让学生上台说说自己的拼组思路,养成先观察、思考,再动手操作的习惯,培养学生的有序思维和说理能力。

评价工具

"玩转索玛立方体"课程是在国家课程的基础上,以益智器具索玛立方体为主要载体,通过丰富的感知体验活动,在设计、想象、拼组、说理的过程中,对立体图形有初步的认识,形成初步的空间观念。

作为一门立体图形的体验课、感知课,应注重过程性评价。首先,作为一门以玩为主的课程,能玩、会玩索玛立方体是必不可少的。其次,除了能动手操作,低年级的学生还应该具备初步的说理能力,能有理有据地说出拼组的思路和过程。

一、任务卡

在玩立方体"初出茅庐""崭露头角"和"精益求精"三节课中以任务卡为主要评价工具,学生分别依照简单、常规、挑战三种逐级上升任务卡难度,进行拼组,比拼拼组的速度和完成度。

二、闯关卡

在"图形疾跑"一课,以闯关卡为主要评价工具,学生根据给定的图形墙,拼组出一个面、两个面和三个面能正好通过图形墙的组合体,将立体图形转化到二维上认识,比拼拼组的速度和多样性。考验学生的抽象能力和空间想象力。

三、课程评价量表

课程评价量表如表3所示。

表3　课程评价量表

单元内容	课时名称	评价内容		得分
		基础项	加分项	
识立方体	认识立方体	1.能介绍索玛立方体的玩法。（5分） 2.能根据索玛立方体的特征取个性化名称。（10分）	对积木单元有多样化的分类方法。（5分）	

续表

单元内容	课时名称	评价内容		得分
		基础项	加分项	
玩立方体	初出茅庐 崭露头角 精益求精	1.能在任务卡指定时间内拼组成功。（分数＝星数×2）2.能说出具体的拼组过程。（5分）	能有条理地说出拼组的思路，如根据立方体特点、拼组合理性。（5分）	
创立方体	天马行空	1.能设计出图案。（10分）2.能说出具体的拼组过程。（5分）	设计出多种（大于5种）图案，并能进行介绍。（5分）	
	图形疾跑	1.能在闯关卡指定时间内拼组成功。（分数＝通过面数×2）2.能说出具体拼组的过程。（5分）	能有策略地设计符合要求的组合体，如先观察闯关卡特征再动手操作。（10分）	
	最终考验	1.能在2分钟内拼出指定图形。（10分）2.能说出具体拼组的过程。（5分）	能有多样化的拼组方式。（每种5分）	

课程故事

玩出乐趣，玩出智慧

在低年级数学周的七巧板比赛项目中，七巧板的巧妙之处和学生们天马行空的想象力，让我惊叹不已。我不禁在想：平面的7块板尚且有这么多的组合，如果是立体的空间七巧板那会有多少种组合呢？在这样的契机下我开发了"玩转索玛立方体"这一课程。这门选修课一共是8个课时，虽然课时数不多，但是对低年级学生空间观念的初步建立和空间感的发展是有一定帮助的。

其中学生们最喜爱的一课，莫过于创立方体单元中的"图形疾跑"了。这节课学生要设计出能恰好通过图形墙的组合体。学生们从一开始拿着积木单元一个一个地比较，发现能通过的组合体特别多，就急着喊我成功了！我知道了！这时就有学生提醒到，不对，陈老师让我们设计的是能正好通过的，要不多不少呢。是的，这和我们数学上的三视图（虽然现在他们还不了解）有着异曲同工之妙呢。学生们就再次思考，我发现这个时候他们不再是和玩立方体时依图拼图了，更多的是先去看看我设计出的图形墙都有哪些特点，再根据特点有选择地进行拼组。有的学生会说，这个闯关卡是单层的，要把所有一层以上的积木单元全部放到一边；有的学生会说，这一层闯关卡只有3格大小，我们要把太长或太高的积木单元也排除，可见他们已经能从题目（闯关卡）出发去寻找答案。还有的学生发现评价量表中对于多种方法拼组是有额外加分的，他就在挑战一个面时下足了功夫，研究出了一套"叠加拼组法"，例如用两个积木单元就已经挑战成功了，只需找出剩下的 5 个中哪些是能"藏"在这个组合体之后的,那么就一定能通过这张闯关卡,凭借这一快速方法,他成了当堂课得分最高的同学。这不禁让我联想到数学上数立方体数量的题目,许多学生会多数、少数"藏"在下方的立方体,也许在上过"图形疾跑"一课后就能对这些"看不见"的立方体有更深的感悟。

在设计出两个面能正好通过图形墙的组合体时,我以为学生们会感到困难重重,没想到他们有的是办法! 让我记忆最深刻的是,有一个学生说:"和拼一个面是一样的,我们只要先拼出一个面,再凑一凑把另一边的立方体也给拼出来,就能恰好通过了!"虽然这并不是很高明的技巧,但是却是最多学生使用的。确实,对于低年级的学生而言,在脑海中想象拼组符合要求的图形再进行拼组是特别困难的,他们更愿意"走一步算一步",先把问题分成一个个部分,把容易拼的部分先拼组出来,在实操中将困难逐个击破。

在日常的教学活动中,我们通常可以发现这样一种现象:当学生对学习活动充满兴趣时,他们就会产生一种强烈的求知欲,从而对学习产生一种愿学、乐学、爱学的心理倾向。索玛立方体之所以深受学生们的喜爱,正是迎合了低年级学生自身的特点,在动手操作、言说表达中激发起学生主动学习的欲望,进而提高学习兴趣。事实上,类似于"图形疾跑"这样沉浸式学习过程是贯穿于"玩转索玛立方体"课程的始终的。在玩的过程中学生们发现的是立方体图形的特征、快速通关的方法,而我发现的更多是益智器具背后的价值和学生们空间感的发展。同时,学生们也在玩的过程中深深埋下了空间观念的种子。

参考文献

[1]全美数学教师理事会.美国学校数学课程与评价标准[M].北京:人民教育出版社,1994:16.

"玩转索玛立方体"
课程纲要

18

山川之灵

——小学中高段山水画项目式学习课程开发

杨双双

目标**定位**

"山川之灵——小学中高段山水画项目式学习"课程让小学中高段学生开启山水画的学习，初步感受中国传统文化的魅力，打开对山水画的启悟之门。以山水画为学科学习载体，项目式学习的方式使学生综合学习中国水墨画的技能技法，特别是在工具使用、意象表达、审美养成方面，完成对中国传统绘画艺术的学习，体味中国山水画的意境、格调、气韵和色调。通过观察山脉的不同山貌、风情、文化，感受画中灵动美的表现及作者情感与心境的表达，滋养学生的学习与发展，以学科融通、思维融通及其他更广泛更联通的视角，引导学生了解、认识山水画"天人合一"的哲学思想，更自主地建构对祖国传统绘画之山水画的通识了解与基础掌握，借以提高其核心素养，培养有利于其身心发展的多维能力。

背景**分析**

一、小学中高段山水画课程的价值需求

坚定文化自信，推动中华优秀传统文化创造性转化、创新性发展是新时代对美育的呼唤及要求。中华优秀传统文化是中华民族的根与魂，本课程的开发与学习是践行和弘扬中华优秀传统文化的教育使命、积极回应国家美育倡导的课程实例。

2022年艺术课程新标准首次将课程内容定义为：音乐、美术、舞蹈、戏剧（含戏曲）、影视（含数字媒体艺术）五门科目，突出综合美育的大概念。课程理念更是明确提出突出课

程综合。以各艺术学科为主体，加强与其他艺术的融合；重视艺术与其他学科的联系，充分发挥协同育人的功能；注重艺术与自然、生活、社会、科技的关联，汲取丰富的审美教育元素，传递人与自然和谐共生理念，促进学生身心健康全面发展。[1]山水画作为国画里的重要题材之一，学习内容包括自然景物、风土人情、绘画技法、人文情怀及意识修养等，学习体系具有多内容、多维度、多层面的特点，与新课标提出的注重学科融合、注重艺术与自然，传递人与自然和谐共生的理念高度一致。课程具备能满足学生综合学习的内容资源，是相对优质的课程素材。

小学中高年级的学生，随着年龄和经验的增长，各学科知识与能力有了一定的积淀，身心都得到很大的发展，思维形式由抽象逐步转变成具象，心理活动的层次性和自觉性也在不断提高。在绘画上，他们力求表现得更真实、更深刻。因此，通过项目来实践对国画的承载学习是可以预期的。而本课程所设置的各类项目也正适用于这一年龄阶段学生的学习及持续发展。学生在美术基础课程中发展了艺术表现、审美态度、创新能力、文化理解等核心素养及关键能力，配合以问题为导向的主题学习，能够完成收集资料、评价画作、感受意趣、尝试作画、展示成果等学习任务。在项目式的学习条件下完成对学生的全方面培养。

二、小学中高段山水画课程的文献综述

笔者在知网进行相关内容的文献查阅与梳理时，以"中国画"为关键字进行搜索，截至 2023 年 10 月 15 日，相关研究文献多达 10.66 万篇，由此可见中国传统绘画中中国画的研究价值之高，也可看出中国画是中国学者竞相研讨的主要对象。继续以"中国画课程"为关键字搜索，文献锐减至 183 篇，可见关注中国画课程的研究相对较少，而以"山水画课程"进行检索时，文献篇数为 50 篇。从"山水画课程"研究发展趋势数据我们可以看出：

1.研究内容单一片面

在山水画课程的内容结构中，以山水画的内容与技能学习为研究对象的为 30 篇，其中包括青绿山水教学、山水画临摹及写生、地方山脉研究与创作等，大部分的学者将研究的着力点立足于学科本身、技能本身，相对于比较传统的山水画教学，对山水画的学科融合、项目学习、综合活动等探究及关注度是偏少的。

2.研究力度持续加大

山水画课程的研究与近年来国家对中华优秀传统文化的弘扬及社会各界对民族文化的关注与重视是不谋而合的。新时代对文化的研究走向是热忱的，是积极的，是不断持续发展的。

3.研究形式较为稀缺

综合以上的文献调查，以项目式学习的形式进行山水画课程的开发是十分稀少的。

大部分学者将研究的着力点放置在学科本身,而与新课标对接的更融合、更广泛、更育人的教育理念还存在一定的距离。

基于以上综述,在小学阶段实施山水画项目式学习课程具备其重要性、可行性和挑战性。前人对山水画的临摹、写生、欣赏等为课程提供了有价值的学习方法,而本课程与更综合的项目式学习方式进行科学融合,探索更适合学生、更适合现代教育的课程实施方式也是颇具挑战,更是本课程开发与实施的重要价值属性。

学习**路径**

山水画课程旨在引领学生走进中国传统文化——国画中的山水画,在了解山水画历史、基本掌握技能技法的有形成果教学中,以项目式学习的组织方式对山水画进行迁移创造,与学科科学融合,多维感受东方哲学的审美意识;在此预期成果的引导下,课程辅以"提供证据"的学习计划与项目活动实施询证将无形的能力培养、素养培养进行有形化,最终使学生正确理解课程内容与内核。基于以上的"以终为始"逆向思维的课程设计原则,山水画课程学生学习路径以四个学习阶段为主(见图1)。

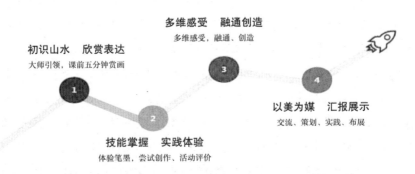

图1 "山川之灵——小学中段山水画项目式学习"课程学习路径

一、分析山水画——初识山水 欣赏表达

项目式学习的基底就是建构主义,学生在学习主题的路径中需建构自己对学习内容的认知,这也是课程顺利开展的基础。山水画的学习底部逻辑应是何为山水画,比如山水画的历史、发展、人文等,这是对固定知识的必要认知,在认知过程中不应只是教师单方面无互动的知识传授,而应是建构主义中所提到的学生自己建构知识的过程,学习者不是被动的信息接收者,而是主动建构信息的传递者。在面对相对枯燥的知识时,要及时转换教师的教与学生的学。本阶段的学习路径尝试在教学中"反客为主",将资料的收集、整理、分析、分享的任务交给学生,学生来"教",教师来"学",学生在整理与输出的过

程中对山水画的历史发展、名家名作、审美态度等进行了自我建构,通过课前五分钟的分享与输出再次巩固,达到学习的目的。分享的主题有:我最喜欢的山水画画家、五分钟山水画史、你喜欢哪种山水画构图呢……主动建构与输出的学习方式将学生定位为不断学习的主体,教师只是从旁引导、总结,鼓励学生积极思考,真正把课程的主动学习权交给学生,同时也达到了对山水画学习的教学目标。

二、"挖掘"山水画——技能掌握 实践体验

山水画的技能掌握是本课程的有形成果教学主线,传统的山水画教学大致以教师的引导及学生临摹作品为主。而小学中高段学生无论是心智还是手法都不够成熟,对于通过机械记忆式的临摹而获得的能力成效是薄弱的。将这一阶段的生情特点及课程采用的项目式学习进行有机结合,引导学生主动学习,在理解与体验的前提下主动掌握技能。解决问题的前提是发现问题,因此在课程学习中首先发动学生尽可能对学习内容提出问题,在培养学生问题意识的前提下,还可以使其在教师的引导下有效解决问题,从而达到深入学习的最终目的。

例如:在掌握山水画"石"的画法中,学生对原有印象中的石头利用水墨进行再现表达。完成作品后,学生发现问题"水墨画成的石头怎么没有硬的感觉,圆圆的像馒头",基于此情境,教师对学生加以引导,提出开放式的大问题"如何用水墨画出硬且方的石头?"围绕这个问题,学生采取的是开放式的解决办法,有的学生跑到校园找到石头标本进行观察摸索,有的学生在教室里进行水墨小实验,如何调出硬质感的水墨效果,有的学生找来画册,尝试进行临摹表现……在第二次的水墨石头作业中,石头标本写生的同学画出了石头的外形并尝试表达出石头肌理;水墨实验的同学则得出结论,水少墨多的干墨更能表现出石头硬的质感,而相反地,湿墨却有软绵绵湿润的感觉;临摹画册的同学发现了石头分为几面,画家画的石头纹理是有规律的,疏密的墨法让石头有了向阳的感觉。至此,学生在解决问题的过程中采用了多样的方法,虽采取不同的路径却通向了同一个方向——水墨画石。最终,教师结合学生的体验实践发现进行总结,当第三次画石头的时候,学生对比第一次第二次的作品又精进了很多。通过这样深刻的体验,学生的技法提升效果十分明显,而且画作也具有儿童画的真诚表达,虽不似芥子园画谱中的画石那样规整,却同样充满生活与艺术气息。

三、升华山水画——多维感受 融通创造

旅行的意义并不在于到达目的地,而是旅途中的经历和获得的心灵成长。学习的过程也是如此,本课程的最终目的与意义并不是学会画好一幅山水画,而是在学习的过程中不断去体验、尝试、感受绘画之美,只有更多维地去感受学习,才能厚积薄发地融通创造。以临摹为主的传统山水画学习显然不足以满足现代教育所提出的"大教育"的综合

教育理念。此阶段的学习路径建构，不局限于学科本身多样式的体验学习，可跳脱理念和"想当然"本身，将更多的可能性与山水画结合，氤氲出不一样的化学反应。如：以装有水的透明的矿泉水瓶为画介，看山石树在瓶身上的立体表现，感受不同材质本身的惊奇；留白卡片，将名画或自己创作的山水画留白处做成贺卡，遥寄情思与想象，展现与画家或自己对话的文艺美感；收集山水画诗歌并尝试配画，走进诗人的世界，用画感受诗情……在学习的过程中，能够清晰地感受到学生高涨的参与热情，也能在多维的学习活动中进行再创造，体现个性美与创造力。

四、转化山水画——以美为媒　汇报展示

阶段汇报展示是项目式学习的一大特征，尤其与美术学科进行结合更显其价值。汇报展示是学生个体对学习成果的自我总结，在汇报展示的过程中，不仅让学习成果有了被认可的仪式感，筹备、展示、总结的过程也是学生关键能力的养成过程。在本课程的学习过程中，学生关注自我绘画自画像、关注情感绘画山水画、多元体验掌握水墨石头的画法，在不断的线性课程学习中走入山水、感受山水、评析山水。东方哲学对艺术的渗透与感知润物细无声地融入了课程，也让学生的审美力与创造力再次提升。汇报展示主要以拍摄身边的"山水Vlog"、青绿山水与水墨山水孰美辩论赛以及"在乎山水之间也"山水画小展策划与布展等方式呈现。学生以美为媒，确定活动计划与目标，寻求合作伙伴，组队讨论与配合，最终形成展示活动，在独立的、碰撞的、合作的、思辨的各种汇报展示中，转化山水画纯学科的课程学习为有组织有思考的独立的学习场域，最终达到项目式学习多元发展的课程学习目标。

课程图谱

课程图谱（见图2）以图像检索为工具牵引整个课程的内核，它是课程开发的实践导向，能快速引领课程的面貌、轮廓，它包含了课程的底层逻辑及价值。课程以"文化研究—项目设计—项目实施—成果汇报"为路径，以项目式学习法作为方法论，以过程性、综合性评价为循证，汇聚4阶段12课的课程内容，开展课程研究。

一、"灵山蓄云彩"——课程总起

课程以中国画重要题材里的山水画为教学载体，以山野灵气、山水画意趣、东方哲思，引导学生知山水之美、识文化之源、品思辨之意、成养成之灵，在项目式的线性学习活动中完成课程，锻炼能力，启悟自我。有形物的传统文化课程常见之，而无形物的东方审美、哲思文化课程则寥寥无几，这是课程形成的总起。

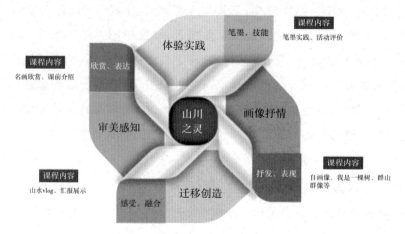

图2 "山水之灵——小学中高段山水画项目式学习"课程图谱

二、"长啸深能动岳灵"——课程关系

围绕本主题课程,以四个模块的阶梯式教学深入内容:一阶:通过山水画历史了解、美学解析、名作欣赏等内容提升学生的文化理解与审美感知;二阶:山水画技能技法学习掌握,以实践与体验为主要学习方法促进学生的实践能力与艺术表现力,进行立足于学科内的课程学习;三阶:借助山水画的东方美学与哲学思想,引导学生初步感受"天人合一"自然观的内涵,通过"画像"式的绘画载体,抒发表达自我的情感意趣,近距离接近山水画的人文内核,也进一步学习美术抒发与表达的学科本质;四阶:通过山水画与不同媒介的有机结合,创新山水画教学的现代教育方式,跳脱学科,达到新课标所重视的突出课程综合的课程理念,在协同育人功能上做足功夫。

三、"下学而上达"——课程推进

课程的组织与推进主要分三个阶段进行统筹设计,在逆向而至的总体推进中关注教育细节的落实,以三阶推进思维促进课程图谱的科学组构,具体如下。

山水画课程以山水画为教学载体,四个教学内容与模块不断地与美术核心素养"审美感知、艺术表现、创意实践、文化理解"进行共振,根据中高段学生的生情特征,以"听、说、画、思、辨"等多活动促进多感官深入课程,试图逐步培养学生的审美感知力、表达力、创造力等素养。本课程以课程图谱为内核,运用追求理解的教学设计模式 UbD(understanding by design),通过下列三个实施板块进行阶段式推进。

1.阶段一:明确预期学习成果

我们希望在此课程中,学习者能够初步了解山水,能掌握山、石、树、屋、水等山水画基础技能,在课程推进中感受山水的意趣之美,融合创新地创作山水画相关作品,并且能在作品评价或展示活动的抒发、交流、表达、思辨中构建自我素养。与之相对应的阶段学习目标与迁移分别是：首先，学习者可以初步了解山水画，实践体验习得山水画绘画技能技法；其次，学习者能迁移创造，融通山水画与其他，在活动中培养审美能力；最后，我们期待学习者能感受"天人合一"的东方哲思，并迁移运用至自我学习与生活中。

2.阶段二：确定恰当评估方法

多样化、科学化的课程评估活动有助于推动课程的开发与实施。在课程的开发中，可有如下几项真实情境任务。

开展山水画知识快问快答竞赛，在快问快答中检测学习者对山水画知识的了解情况；画出一个硬的石头，驱动学习者主动观察、对比、实践，学会水墨画石；进行水墨与青绿山水熟美辩论赛，利用辩论的思辨意识，驱动学生主动挖掘山水画的意趣之美、东方哲学思想等，在活动中培养合作、团队意识；拍摄山水 Vlog，录制生活中的山水元素，向家人分享，目的在于化被动为主动，主动发现、主动分享，将美学思维内化为审美感知能力。

基于以上真实情境的任务布置及实施，以了解、熟练、表达、创意、合作、沟通、迁移等素养为基础评估要素进行过程性、综合性的评价。

3.阶段三：规划相关教学过程

课程开发之前，通过调查与实验，对学习者的中国画（山水画）知识、技能、理解和态度进行评估。人教版的中国画课程起步较晚，中国山水画在高段教材才正式出现，且出现频率不高，所以学习者对中国山水画的认知基本为零，调墨、调彩等技能陌生且不熟练，但学生对于水墨所表现出的特殊艺术风格是喜爱的，能感受到中国画独特的艺术魅力。在教学活动中，主要围绕山水画载体，以"欣赏评述—体验实践—迁移创造—内化升华"为学习路径开展。在此过程中，不断校正教学方案，如倾诉、借代、联想、实践等的教学方案可根据实际反馈再调整。

课程以追求理解的教学设计模式（UbD）为指导，遵从学生的发展规律设计项目式活动，最终强化教育的目的与意义。使学习者学会迁移是课程教育的长期目标。[2]当学生能够将所学的东西独立地应用于新的情境中，例如，在绘画展览中深入欣赏山水画，在游览山水风景中感受自己的情义，在纷扰的城市中观察以山水元素作为装潢的设计等，他们就一定能真正理解所学内容并达到新的境界，这也是在传统山水画生搬硬套的学习中较难做到的。

评价工具

课程开发的实质是实施者在一定的教学理论或经验的基础上进行对主题教育的设想、策划、实施的过程。虽然课程在设想时已经积极地考虑了学生、当前的教育环境与生态、课程的教育意义，但这并不够，在推进的过程中还需审视整个课程的设计、互动、影响等因素并不断地进行调整。所以在课程的推进中实施者必须不断对课程进行持续的评价和反思，继而不断调整课程的方向，以达到最终的教育目标。课程开发评价方案如表1所示。

表1 "山川之灵——小学中高段山水画项目式学习"课程评价方案

评价内容	评价等级			评价反馈
	3	2	1	
1.课程目标是否清晰，能否真正实现预期的学习成果。				
2.理解性目标是否以学生作为主体而发生教育行为。				
3.核心问题是否开放、引人深思并能有效解决。				
4.相关的标准、任务和目标是否在三个阶段清晰阐明。				
5.预设的知识和技能是否足以实现既定目标，让学生能理解，获得预期的教学效果并能促进迁移。				
6.具体的评估、循证方法及所开展的活动能否保证检测预期学习成果。				
7.具体的评估、循证方法及所开展的活动是否足够丰富，使学生有机会展示其已掌握的课程知识。				
8.创设的教学活动是否有利于学习者将所学知识技能迁移到新情境中。				
9.课程准备的教学活动是否高效、引人入胜。				
10.三阶段之间是否保持协调一致。				
11.考虑到综合情况，课程设计是否可行、合理。				

在不断审视、评价、调整课程中，秉持教学评价一致的原则，最终确定总课程评价方案（见表2）。

表2 "山川之灵——小学中高段山水画项目式学习课程开发"学生评价方案

主要环节	过程性评价				总结性评价
	山水画主题研究	山水画绘画探索	山水画融合创造	项目活动参与	总体成效
评价内容	能够自主选择山水画主题进行课前知识分享，制作PPT或组织故事会等，思维清晰、表达大方。	掌握水墨技能技巧，能在核心问题上进行实践体验，大胆创作作品，兴趣浓厚、热情饱满。	在掌握传统山水画基础创作后能大胆与生活中其他项目或学科进行创造性融合，深度感受东方美。	在项目式学习活动的牵引与开展中积极跟进，有效参与，发挥主观能动性，解决问题。	在项目中各方面的总体表现与成效。
目标能力	执行、表达	分析、投入	实践、创造	沟通、合作、思辨等	
权重	15％	15％	20％	20％	30％

课程内容与教学方式除在总课程的评价中需不断进行调整外,开发者还要关注学生在不同主题学习中的具体表现,接纳不足,采用更丰富的评估(评价)方法,以纸质测评、活动检测、后续迁移等更开放、更趣味的活动来获取多维评价。此处以第四主题学习——"以美为媒　汇报展示"中第一、二课时的具体评价为例进行阐述。学生以"水墨山水与青山绿水孰美"为题进行社团小组辩论赛,设置辩论规则如下:①学生根据自己对主题的认知与感受自主选择持方,水墨或青绿;②由不同持方的学生自主报名 8 名主辩手,其余为场外辩手;③辩论分为五轮,分设一辩到四辩轮流进行观点分享;④场外辩手根据主辩手的陈述可因被说服而改变持方,根据票数统计,前后差距票数最多的辩论队获胜(即说服群众改变立场的人数最多的队伍获胜);⑤统计每轮辩手发言的跑票数,跑票数最多的辩手获最佳辩手奖;⑥根据辩论情况,分别评出最佳场外辩论手奖、最佳辩论队长奖及观点突出奖。学生完成评价记录表(见表3),最终评选"最佳辩论队""最佳辩手""最佳辩论队长""最佳场外""观点突出奖"等。

表3　山川之灵——山水辩论赛评价记录表

对象	评价表记录 (优秀 4~5☆　一般 2~3☆　差强人意 0~1☆)					反馈与调整
	准备	状态	表达	专业	自信	
水墨辩论队						
青绿辩论队						
场外群众						
最佳辩论队: 最佳辩手: 最佳辩论队长: 最佳场外: 观点突出奖:						

课程**故事**

笔墨当随时代
——"山川之灵——消学中高段山水画项目式学习"课程故事有感

在"山川之灵——消学中高段山水画项目式学习"课程实践推进的过程中,有一个画家时时萦绕在我的脑海,他便是当代著名画家、美术教育家吴冠中先生。如果你以为是吴冠中先生的画作如此让我推崇与牵挂,那并不全面。除了绘画艺术,他的"笔墨等于零"和石涛提出的"笔墨当随时代"的教育言论才是我与课程实践碰撞的切点。

彼时，吴冠中先生发表"笔墨等于零"言论后一度引发争议。他认为，笔墨只是奴才，它绝对奴役于作者思想情绪的表达，情思在发展，作为奴才的笔墨手法永远跟着变换形态。所以，脱离了具体画面的孤立的笔墨，其价值等于零，正如未塑造形象的泥巴，其价值等于零。他写文章的目的就是想解放我们，不困于古人的那种固定程式的标准里面。年轻的我并不懂其深意，奇妙的是在开设本课程后倒是慢慢有所感有所悟。

本课程提出以项目式活动为主要教学手段，不主张无意识的传统临摹，不拘泥于无目的的笔墨技巧，不推崇以精美的画作成果为傲，而是注重学习者的思想情绪表达，注重对东方审美意趣的主动感知，注重更为创新地将美与生活融合，提升育人的综合教育思想。在课程实践中发生的两个小故事令我印象深刻。

故事一

在讲解山水画中的情感表达与自我画像中，教师鼓励学生将自己的情感融入笔墨与内容中，从而关注到自己的情绪。本课主要以"自我画像"为教学内容。在评价欣赏环节，有一个女孩的作品瞬间吸引了我。画面的"画像"显然不是一个具体的人物形象，它是一张正方形的脸，五官不具体，且几乎都是用浓墨进行表现。显然，这幅画的笔墨是脱离传统意义的，我正准备向她讲解笔墨浓淡的技法时，女孩给出的回答居然是："老师，您不是说可以寄托自己的情感吗？实话实说，我觉得学习压力挺大的，画画时我真的很慌，所以我用浓墨、用方形脸。"当时的我听了既震惊又汗颜，当学生已经开始尝试将情感凌驾于笔墨之上时，我却还停留在对技能技法的固执追求，显然，这波教学改革他们已成了先锋，而我却还未做好准备！

故事二

在课程最后汇报展示的教学设计中，有一场辩论赛活动，以水墨与青绿的美感比较作为主题进行两队的辩论。活动举行前，我真的忐忑不安，怕中高段的学生无法具备辩论的能力。没想到，任务一经发布，学生参与的热情高涨，报名辩论队的占课程学生的三分之二。而在接下来的观点准备中，他们更是意气风发，组织、讨论、辩驳，还时常带着观点来与我探讨。更令人惊艳的是，在辩论赛中，辩论者能预测对方辩者的观点并驳斥之。短时间里，他们在开动脑筋，不断地想观点，驳观点，同时还要动之以情晓之以理地说服观众席的听众……例如：水墨山水给予人丰富浪漫的想象空间，青绿山水用青绿之色更清晰更唯美地展示了当时的风景状态，甚至观众席有人提出，既然青绿山水所用矿物质材料那么昂贵与稀有会不会破坏生态环境……他们的语言组织不是最精美的，但所呈现的思辨状态与对山水画更深层次的理解是我始料未及的。

诸如此类的故事在课程中时常发生，我们要做的是充分相信学生！如果课程的最终成果是一幅幅精美的、技术高超的山水画画作，那显然不是课程开发者所期待的结果。

而如果课程结束了,参与课程的学生能够有自己喜欢的山水画画家,能够关注生活中存在的具有山水(东方)审美意趣的包装、装潢、设计等元素,能够关注自己的情感并通过媒体进行抒发表达,那么一定是笔者翘首以盼的课程目标以及美育工作者的幸福收获。笔墨当随时代,何况我们处在这么好的一个时代!

参考文献

[1]中华人民共和国教育部.义务教育艺术课程标准(2022年版)[M].北京:北京师范大学出版社,2022:2.

[2]格兰特·威金斯,杰伊·麦克泰.理解为先模式:单元教学设计指南(一)[M].盛群力,等译.福州:福建教育出版社,2018.

"山川之灵"
课程纲要

我的四"季"成长图鉴之"入学季"

钟莉娜　林淑娟

目标定位

面对每天都在成长、每天都有所不同的学生，作为教育者，我们要基于学生实际，积极主动地去调整原有的教育方式。教育的重要任务是促进和提升学生的需要层次，而不只是停留在关注学生现在表现出来的需要。因此，我们在教育学生的过程中，一定要根据学生的成长需求确定教育主题与活动，不能以我们成人的思考方式、价值观去为学生考虑。对于一年级新生而言，初入学，此时他们最迫切的需要便是如何顺利适应小学生活。基于此，笔者设计入学季课程，将其目标定位如下。

(1)注重内容的生活化

入学季课程与学校生活密切联系，是帮助一年级新生适应小学生活的活动载体。以新生适应性课程为内容，围绕学生进入小学所需的必备素质，选择新生即将面临的校园生活场景进行模拟与实践，引导学生初步了解学校及在学校的学习生活，快速融入校园。

(2)注重形式的游戏化

游戏是儿童的天性。小学一年级新生身心发育尚不成熟，如若依靠老师单纯地讲解学校学习与生活的要求，难以帮助他们顺利适应入学后的生活。因此，在课程实施方面，我们将适应性课程游戏化，将学生置身于游戏化的学习情境中，强化儿童的探究性、体验式学习，让学生感受入学乐趣，培养热爱学习的浓厚兴趣。

(3)注重实施的整体化

入学季课程打破学科之间的边界，各学科衔接课程群的教学，使班级日常生活和学科生活联合孕育，共同帮助学生更快地适应学校生活。

(4)注重自我的认同感

以课程推进为轴，以五彩新生章等评价激励为尺，以郑重的典礼宣告仪式为成，长程化实施入学季课程,引导学生在课程学习中获得成长,强化对自己的角色认同,完善自我,同时增进朴素的集体主义情感,争做文明向上的小学生。

背景分析

一、背景分析

十年树木,百年树人。教育关系到国家和民族的前途命运,基础教育则是这一重要工程中的第一步,而小学一年级新生入学适应教育则是基础教育体系中的重要组成部分。

（一）社会背景

2021 年 3 月教育部发布的《关于大力推进幼儿园与小学科学衔接的指导意见》中指出:"小学实施入学适应教育。小学要强化衔接意识,将入学适应教育作为深化义务教育课程教学改革的重要任务,纳入一年级教育教学计划,教育教学方式与幼儿园教育相衔接。国家修订义务教育课程标准,调整一年级课程安排,合理安排内容梯度,减缓教学进度。小学将一年级上学期设置为入学适应期,重点实施入学适应教育,地方课程、学校课程和综合实践活动主要用于组织开展入学适应活动,确保课时安排。改革一年级教育教学方式,国家课程主要采取游戏化、生活化、综合化等方式实施,强化儿童的探究性、体验式学习。要切实改变忽视儿童身心特点和接受能力的现象,坚决纠正超标教学、盲目追赶进度的错误做法。"[1]

随着基础教育改革的深入,学生不仅要掌握科学文化知识,同时还要养好品行、培育健康心理素质。仪式教育可以成为学生正确价值观念形成的重要途径。因而,学校教育越来越重视仪式感教育。"入学礼"对于一年级新生的启蒙、激励作用得到越来越多的关注,"入学礼"的形式也是层出不穷。然而,纵观众多学校的"入学礼",大多由一场仪式替代,入学适应教育的内容多是零散的,尚未形成完整而又系统的小学入学适应教育体系,对新生入学心理以及行为适应缺少更为长程的关注与引导。

（二）学情背景

一年级新生,从幼儿园生活迈入小学,对校园环境、老师同学、课堂习惯、课间作息等,既陌生又新鲜。因其年龄小,好动且注意力易分散,要让他们从幼儿园以活动课程为主,转向课堂 40 分钟的学习,是一大挑战,较难适应。这一阶段的学生,"我"的观念较重,不懂得合作学习和交流,却也渴望融入"我们"这个集体,得到师长、同伴的认同,正是处于行为习惯训练的最佳时期。

基于以上背景分析,我们不禁反思:在入学适应视角下,哪些入学适应问题是一年级新生目前迫切需要得到解决的？有哪些具体有效的实施策略呢？如何将这些策略长程化实施？在经过几年的探索与实践的基础上，我们得出一些经验和心得，基于新生的成长需求，设计入学季课程，不以仪式为终点，而是贯穿整个学期实施，将入学适应教育延伸至日常教学，借助班队与学科课程，结合争章卡，帮助学生适应新校园新生活。

二、文献综述

课程的开发与实践需取他人之所长及研究的经验，笔者在知网进行相关内容的文献查阅与梳理时，以"小学新生""入学适应"为关键字进行搜索，截至 2023 年 12 月的研究文献共 94 篇（见图 1），可见国内仅有少数学者关注到入学适应教育对小学新生的影响。

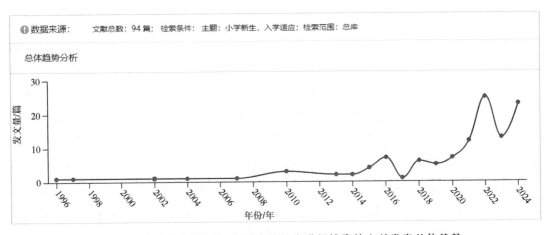

图 1　以"小学新生""入学适应"为关键字进行搜索的文献发表总体趋势

笔者继续以"入学季"为关键字进行搜索，文献锐减至 1 篇。

对数据进行分析，我们可以看出如下问题。

1.入学适应研究重作用，轻策略

前人虽然在小学新生入学适应方面有所研究，但大多皆是关于入学适应教育重要性的研究，对于如何解决入学适应性问题的研究稀缺。

2.入学适应研究较少从学生需求出发

大多数的入学适应教育以学校、教师和家长为主体进行研究，要求学校要树立衔接意识，教师要关注个体差异，家长要积极配合，却较少从学生需求出发。所得的文献都是教师所思所想，而学生在其中的参与很少。

3.入学季课程研究和长程化实施稀缺

综合以上的文献调查，以学生需求进行入学季课程的开发是十分稀少甚至是为零的，目前尚未有相关文献和长程化课程实例，因此，笔者认为，通过"入学季"课程解决小学新生的入学适应性问题，这样的研究方向有非常大的实践意义和研究空间。

学习**路径**

对于幼儿和小学的教育，它们有着截然不同的特点。这种差异并非只表现在学习环境的改变，而且还包括了学生们积极的学习精神、独立的生活方式、迅速适应课堂氛围和严格纪律的能力等。学生在"幼小衔接"的过渡中，如何帮助新生更快地适应小学学习生活，更快实现"小学生"身份的自我认同，实现新的发展？

"学生的发展是在实践、关系和自觉中，化为具体的素质，并形成反馈的力量，生成新的实践、关系和自觉。"[2]因此，我们找准新生的成长需求，从与一年级新生紧密相连的生生、师生、关系世界的拓展几方面入手，直观搭建学生与之相关的学习课程，开发五大课程内容——"你好，新同学"课程、"你好，新课堂"课程、"你好，新队伍"课程、"你好，新校园"课程、"你好，新生活"课程，设计"入学季"课程的学习路径为"初体验""初适应""初养成"三阶成长路径。

第一阶段：初体验——萌自主实践意识

当"上学"开始成为一年级新生生活中的头等大事，他们的生活也发生一系列变化。总之，儿童将由自然的生活状态进入一种"文化式""文明式"状态，转变为带有目的的学习，理性地生活。一年级将是这段缓慢而长期的转变过程的开始。所以，一年级学生生活引导中的大主题应当定为适应生活方式的转变，顺利开启新生活样态。

本校的新生适应性课程第一阶段——初体验，在刚入学的第一周进行。我们深刻明白，小学生的班级日常生活，是学生融入集体的重要载体。看似不断重复的日常，蕴藏着学生生命自主性、丰富性和富有活力的动态生成性。因此，我们在第一周的初体验阶段，送出"五彩新生大礼包"，激励学生开启"五彩新生争章"之旅，引导学生在"你好，新同学""你好，新课堂""你好，新队伍""你好，新校园""你好，新生活"这五大课程内容中，熟悉校园环境，了解学习常规和学生生活的必备自理能力，一周生活化、游戏化、多元化的实施，让学生在班级日常生活初次面临的事件、资源中实践，有目的、有意识地与身边的小伙伴、老师进行交流，引导学生熟悉校园环境、老师，让学生了解学习常规，提高学生生活的必备自理能力。

"初体验"阶段的目标，指向学生在老师的指导下快速明白在校园生活中自己应该知道些什么，可以做什么，该怎么做，并尝试做做看。如，"你好，新同学"课程中，记住自己的校名、班级，向伙伴介绍自己；在"你好，新课堂"课程，了解教室中有不同的功能分区，物品摆放有固定的位置，学习课堂常规要求；在"你好，新队列"课程中，会倾听指令，完成基本列队动作要领，知道列队要求；在"你好，新校园"课程中，了解校园基本的场所区分，向他人分享自己喜欢的校园一角;在"你好,新生活"课程中学习用品的收纳、分类和劳动工具的使用,初步形成物品管理和垃圾分类意识。像这样的课程目标设置,符合一年级新生的"最近发展区",通过多方位、浅体验、小步走的方式实施五大课程内容,促进学生自主实践意识的萌发。

第二阶段:初适应——育自我融入情感

"个人的正常生命活动不仅要求与环境交流信息,而且要求同环境建立某种有情感意义的关系。"[3]对学生来说,他们在班级日常生活中建立着与物、事、人的多种类型关系。关系的质量极大影响着学生发展的状态,换言之,关系的发展决定了学生的发展。

经过第一阶段"初体验",学生萌发了自主实践意识,逐渐唤醒、觉察自身与新的"大家庭"关系的意识,唤醒对于班级日常生活创生与发展的责任,觉悟到个体、群体学生与班级日常生活水乳交融的关系。与此同时,学生向阳向上的本性带来了自我发展的期待,将成为一种更有力量的驱动力引领学生再实践、再创造,这成就了学生进一步的成长需要——融入。简而言之,在第一阶段"初体验"中,一年级新生将走向为期一个月的"自己人"关系建立期——"初适应"阶段,学生在教师的引领下深入实践体验,建构新关系、新情感。

入学后的第一个月"初适应"阶段,正是这段关系建立的黄金时段。师生共同生活在一个空间,提供了关系建立的直接前提,经过一周的体验,揭开新生活的面纱,随后,学生之间在不同校内场所的接触、人际交往中更深入的课堂合作共事,课间的游戏交往,班级的文化共建,班级生活的参与、反思,校园生活的共同约定……这些都是即将摆在新生面前的同伴交往课程。班级之于学生是"成长之家"的概念,而教师则为"家长",起到促进同伴关系真正建立、发展与深化的职责。通过班级日常生活和学科生活的联合孕育,培养新生爱师、爱友、爱班、爱校的朴素情感。

"初适应"阶段的目标,指向学生在老师的指导下,更为清晰地懂得自己应该做什么,该怎么做,并在做做看的过程中习得一些经验、方法和在集体生活中该具备的习惯、品质,收获有成就感的体验,等等。如,"你好,新同学"课程中,在不同的学科指导下,乐于用喜欢的方式分享自己的家庭与班级,进一步向新朋友展示自我,同时能在相互深入了解中,欣赏他人;在"你好,新课堂"课程中,践行课前准备的流程和课堂常规要求时,逐步强化应当坚持的习惯和品质;在"你好,新队列"课程中,以升旗仪式和集队风貌为切入点,进一步习得仪式流程规范,强化集队纪律,提升坚守准则的意志力;在"你好,新校园"课程中,学习基本的场所礼仪,了解课间游戏的准则,进一步认识校园文化;在"你好,新生活"课程中,认同班级公约,学习承担固定的班级小岗位,习得健康的生活方式,亲子订立可实施的小目标——"爱的约定"。像这样的课程目标设置,将一年级新生从"我"推向"我们"的关系建构,培育自我融入集体的情感。

一个月的课程后,"五彩新生"争章之旅在一场为新生量身定做的"入学礼"中画上一个圆满的句号,以此为重要节点事件,激励新生学榜样,补短板,更加勇敢追求新自我,坚定热爱新集体。

第三阶段:初养成——积自觉成长力量

第一阶段"初体验"中,以"五彩新生"争章评价激励,萌发出学生自主实践的意识。在第二阶段"初适应"中,在各学科的幼小衔接合力下,积极发挥班级日常生活对学生的作用,培育新生自我融入的情感,同时在情感关系的建立中指引新生自我的再实践、再创造,在该阶段为期一个月的课程后,通过兑现"五彩新生"奖章,组织一场展现自我与班级关系的"入学礼"仪式,实现"小学生"身份的自我认同,提升学生自主实践价值的获得感。在此基础上,通过延长至整个学期的第三阶段"初养成",实施全学科、全过程、全时空的全员共育,对学生有效指导、督促、评价。

"初养成"阶段的目标,指向引导学生在班级日常生活中友好交往,接纳集体,自觉遵规守纪,在岗位实践、互动、反思、评价中掌握技能,承担责任,维护班级秩序感;在不同学科的交互指导中,强化课堂学习习惯,培养必备学习品质;在学校大教育空间中,熟悉一日作息,亲近校园文化,自觉践行小学生应有的行为规范;在家庭中学会分享交流小学生活,提高自理和劳动能力,体验家庭责任担当的成就感。

第三阶段,将从原有的"五彩新生争章",衔接到"红领巾争章"评价的校本化、班本化实施。以此激发学生成长的内驱力,从而有意识地在日常校园生活中,逐步养成良好的学习生活习惯。就像杜威所说的"习惯是生长的表现"[4],唯有自觉成长力量的积淀与觉醒,才能使一年级新生在身心适应、生活适应、学习适应、社会适应几方面得到充分协调发展。

课程图谱

一、课程内容的构成与组织形式

厦门第二实验小学的学生将在校经历独一无二的"四'季'课程"——"入学季""入队季""成童季""毕业季",如图 2 所示。

2021 年 3 月教育部颁布的《关于大力推进幼儿园与小学科学衔接的指导意见》。附件中《小学入学适应教育指导要点》(以下简称《小学指导要点》),对我们有效衔接课程有重要的指示作用,以此作为风向标,来看我们学校的幼小衔接课程。

如图 3 所示,我们的"入学季"课程,落实《小学指导要点》中强调的以促进儿童身心适应、生活适应、社会适应和学习适应为目标,依托"你好,新同学""你好,新课堂""你好,新队伍""你好,新校园""你好,新生活"五大课程内容实施教学,实现"初体验""初适应"

"初养成"的三阶学习路径。课程评价中,前两阶段借助"五彩新生争章"评价活动(见表1、表2),激励学生争"交友小达人"章,"礼仪小明星"章,"队列小军人"章,"校园小主人"章,"自理小能手"章,评价与课程内容一一对应,到了第三阶段与校本化实施的"红领巾争章"评价体系进行衔接(见表3),使得"入学季"课程得以有目的、有计划、有组织、有质量地实施。

图 2　我的四"季"成长图鉴

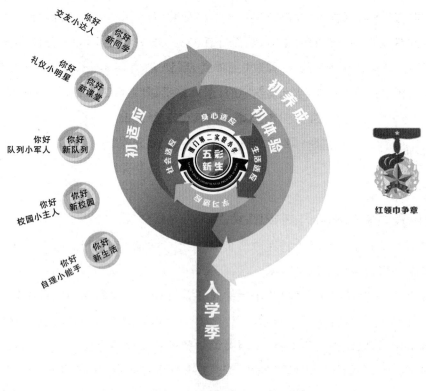

图 3　"我的四'季'成长图鉴"之"入学季"课程图谱

表 1　第一阶段:初体验阶段课程安排

阶段	五大课程	你好,新同学	你好,新课堂	你好,新队列	你好,新校园	你好,新生活
初体验第一周	课程目标	1.能记住校名和班级,知道自己是一名小学生。2.入座、排队守秩序。3.愿意向新伙伴介绍自己。	1.了解教室功能分区,知道物品摆放有定位。2.学习课堂发言、倾听、站姿、坐姿等课堂常规。	1.会倾听指令,知道队列要求——快静齐。2.能根据指令,基本完成列队动作要领。	1.了解基本的场所分区。2.参观校园环境,会听从指令。3.能向他人分享自己喜欢的校园一角。	1.学习收纳、分类管理好物品,做好课前准备。2.学习使用劳动工具,有垃圾分类意识。
	课程建议	（3课时）1.新生有"礼"2.报到有序3.交友小达人	（3课时）1.物品有定位2.课堂有规范3.礼仪小明星	（3课时）1.列队有法2.集队演练3.队列小军人	（3课时）1.场所会区分2.和美校园行3.校园小主人	（3课时）1.物品"慧"收纳2.工具"慧"使用3.自理小能手

表 2　第二阶段:初适应阶段课程安排

阶段	五大课程	你好,新同学	你好,新课堂	你好,新队列	你好,新校园	你好,新生活
初适应第一个月	课程目标	1.乐于向他人分享我的和美家庭与班级。2.在活动中认识新朋友,愿意用喜欢的方式展示自己,进一步了解他们。	1.做好课前学习用品准备,养成课前诵读习惯。2.能静心倾听、思考,尊重他人发言。发言时声音响亮、态度大方。	1.熟悉升旗仪式流程,神态庄严,会行礼,会唱国歌,会诵读社会主义核心价值观。2.在队列中做到快静齐。能根据指令展示队列训练成果。	1.学习基本的场所礼仪。2.了解课间安全活动的要求。3.认识校徽,会唱校歌,会诵读校训。	1.热爱班集体,遵守班级公约,愿意承担班级小岗位。2.初步习得健康的生活方式。3.定立新学期"爱的约定"。
	课程建议	（2课时）1.我爱我家园2.友谊集结令	（3课时）1.课前大比拼2.听说小标兵3.读写大考验	（1+3课时）1.升旗有礼仪2.列队一二一	（3课时）1.场所有礼仪2.安全享课间3.我爱我校园	（3课时）1.我爱我班级2.健康享生活3.立约向前看

表3　第三阶段:初养成阶段课程安排

阶段	五大课程	你好,新同学	你好,新课堂	你好,新队列	你好,新校园	你好,新生活
初养成第一学期	课程目标	1.喜欢上学,接纳新集体。 2.遵规守纪,维护班级秩序。 3.人际交往,与同伴友好相处,初步掌握交友的文明礼仪。	养成良好的课堂常规和作业习惯。	1.遵守纪律。会倾听指令,在队列中做到快静齐。在集会中保持安静,注意仪态。 2.动作灵活。能根据指令,手脚协调地完成列队动作要领。	1.遵规守纪。掌握基本的场所礼仪。 2.文明有序。进行安全的课间活动。 3.爱校如家。有校园小主人的认同感。	1.学会自理。学会及时收纳、分类管理好物品。 2.热爱劳动。积极主动参与班级、家庭劳动。能分担力所能及的家务劳动。 3.热爱小学生活。能与师长订立短期目标,并为之努力。
	课程建议	在校园日常生活中逐步培养,结合要点: 1.争章评价　2.岗位建设　3.树立榜样　4.家校沟通　5.活动分享				

二、实施建议

1.滚动式迭代研究

课程实施应明确定位小学一年级上学期为幼小衔接适应期,一年级组将本学期工作重点紧紧围绕衔接任务进行。以"年级长"牵头引领年级组的老师进行持续研究。新年级组组建之初,上一学年的年级长或优秀班主任代表,做好经验分享,在传帮带的过程中,让新年级组的班主任们快速、高效学习。从而可做到,"在上一学年研究的基础上,加入自己的研究重点和教育特色,保证小幼衔接滚动式的研究。"[5]

2.长程化课程设计

新生入校第一天,即为课程实施的开端。我校送上一份匠心"礼遇"恭贺萌宝开启新征程,"五彩新生大礼包"中有"五彩新生争章卡""五爱善行本",还有"会说话"的小物件,比如,彩笔——愿你能享受彩色的小学生活;日记本——愿你记录新生活的点滴美好;荧光便利贴——愿你找到自己的闪光点,写下来,贴在书桌前,不断发光;创可贴——愿你学会独立,学会保护自己,也努力成为别人的创可贴……礼物虽小,情真意切,更是一份教育的期待。

"入学季"课程,以"季"凸显长程化实施的时段,即一年级上学期为课程实施期。"入学季"中设计了为期一周、一个月、一个学期的"初体验""初适应""初养成"三阶成长路径。新生在这三个阶段中,学习五大课程内容——"你好,新同学"课程、"你好,新课堂"课程、"你好,新队伍"课程、"你好,新校园"课程、"你好,新生活"课程。基于螺旋上升的课程目标,进行课时安排建议,允许班本化课程建构,全学科卷入实施,鼓励班本化评价与校本化"争章"评价体系衔接,达成长程化课程实施愿景的落地。

3."手拉手"跨级引领

老生与新生"手拉手",做好新生适应期的过渡。新生入校前,校内招募"小义工",担任"小助教"。在第一周的"初体验"阶段中,布置班级、护送萌娃、跟班示范、辅助评价。在"初适应"阶段中,"小助教"进班指导、规范晨间和午间生活,指导基本的劳动技能,扶助新生适应班级日常生活。在特殊事件,如体检时,陪伴弟弟妹妹有序迎检。在"初养成"阶段,随程应班级、校级活动之需,为弟弟妹妹们排忧解难,做榜样示范。

小学与幼儿园"手拉手",见证新生成长点。"幼小衔接"也是幼儿园毕业班教学指导工作的重中之重。小学与相邻的幼儿园进行"手拉手",组织即将毕业的大班幼儿来我校参观,例如,观看升旗仪式,进班观摩课堂常规,参与班级晨会,学习校园一日常规视频,开展主题式实践活动,等等。通过这一节点事件,激励一年级学生,展示"入学季"课程的实施效果。

4.全过程适应指导

课程实施应注重学科生活、班级生活、校园生活和居家生活的全过程适应指导。学科生活要求在全学科的衔接课程指导中,不断强化不同学科的课堂学习习惯,培养必备学习品质;在班级生活中,指导学生遵守班级公约、友善交往、岗位实践、珍视评价;在校园生活中,指导学生紧跟校园作息,践行遵规守纪、文明有序、爱校如家的风范;在居家生活中,做好家校沟通,指导亲子阅读、运动、沟通、评价等良性互动。

5.进阶式争章评价

"入学季"课程采用进阶式争章评价,并贯穿"入学季"始终。学期伊始,倡导由班本化评价方式,对接"五彩新生争章"评价活动,激励学生争"交友小达人"章、"礼仪小明星"章、"队列小军人"章、"校园小主人"章、"自理小能手"章,继五大章成功闯关后,获得"五彩新生奖章"一枚,以此为新起点,进阶转向校本化实施的"红领巾争章"评价,争少先队"基础章"和校本"特色章",最终竞得本学期的个人"一星章"。

6.仪式感强化认同

一个月之后的"入学典礼",成为"入学礼"这一长程设计的重要节点。仪式感能为每一个普通的日子,标定它背后的精神内涵。它庄重而有意义,足以让平凡的日子散发出光芒。因此,我们为学生创建仪式环境,彰显独特、难忘的信念磁场。仪式上的主角就是成长蜕变的一年级新生。富有仪式感的环节能让学生更为振奋,例如,"新生宣誓",颁发"五彩新生奖章",以及"心愿投递"环节中,入学一个月的新生用自己喜爱的方式写信,父母也将此刻的心情与期待化作文字,写给6年后的孩子……"爱自己,每天进步一点点;爱家人,每天付出一点点;爱他人,每天关心一点点;爱厦门,每天奉献一点点;爱祖国,每天感恩一点点。"这是我们与学生"爱的约定",这是有温度的信念,它从此根植于学生们的心中。

评价**工具**

如何引领一年级新生通过实践，初步自主参与到有序而高质量的小学生活中呢？这一过程自然少不了外部的唤醒、激励和帮助，更离不开学生自主创造的内驱力。因此，通过"教—学—评"一体的课程设计，整体规划一年级新生的适应性课程和评价，可以助推学生自主实践意识的建立，促进学生喜欢上学的情感。

"入学季"课程设计了两大评价工具，由"五彩新生争章卡"对应的"五彩新生奖章"，进阶到"红领巾争章卡"对应的"一星章"。

"初体验"和"初适应"阶段，借由"五彩新生争章卡"（见图4、图5）这一校级评价，各班班本化实施得章积分要求，拉长评价激励的时限，让学生的达标行动分批获得"交友小达人"章、"礼仪小明星"章、"队列小军人"章、"校园小主人"章、"自理小能手"章。该阶段应当积极发挥得章小先锋的引领示范作用，鼓励更多的学生争新章，鼓励落后的学生补章。对学生进行有针对性的观察、指导和评价，使全班同学都能得到"五彩新生奖章"的阶段性激励。

图4 "五彩新生争章卡"封面

图5 "五彩新生争章卡"内页

"初养成"阶段，借由"红领巾奖章"的校本化实施，激励学生争6枚"基础章"（见图6、图7）和"崇和章""明思章""尚美章""笃行章"4枚校本章，最终从中择优评选"一星章"获得者。

图 6 "红领巾争章卡"封面

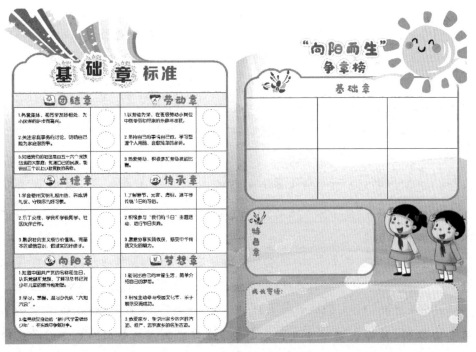

图 7 "红领巾争章卡"内页

课程**故事**

篇章一:大手拉小手,共生共长

新生第一天入校,招募来的"小义工"们一路迎接、护送一年级萌娃,在新生适应性课程的集中训练期间,全程跟班,在新生班主任的指导下当起了"小助教",为弟弟妹妹们排忧解难,当好榜样。

迎接新生——

灿烂的九月,充满希望,阳光明媚,微风正好,我们迎来了新一届的一年级新生。开学前一天,"小助教"们会协助班主任做好迎接新生的准备工作,在班级黑板上画上美丽的欢迎板报。

开学第一天,他们早早地就来到校门口,协助老师将新生萌娃们带进班级。

"小朋友你好! 欢迎你来到二实小大家庭,让我带你到你的班级去吧!"温和的笑容,瞬间安抚了萌娃们的忐忑不安。一路上,大哥哥大姐姐呵护着小弟弟小妹妹,并向他们介绍学校教学楼、图书馆、篮球场等。很快地,弟弟妹妹们就找到了属于自己的班级,轻松、愉快地走进教室。

协助评价——

新生训练的第二天上午,我带着学生们认识了新教室的设施功能,辨别上下课铃声、学习小学课程的各种规范,从坐姿到举手,从站姿到发言,都进行了细致的要求。

"要发言——""先举手!"瞧,学生们的小手举得真笔直呀! 四名"小助教"还会根据学生们的情况给他们及时肯定与奖励的贴纸。如果有小朋友在哪个指令上做得不够规范,"小助教"们还会上前去耐心帮助弟弟妹妹们,帮助他们顺利成为"礼仪小明星"。

指导常规——

入学第一周里,萌娃们在日常常规方面稍显薄弱,非常需要帮助与指导,光靠班主任一人,就算有"三头六臂"也不够。怎么办呢? 幸而,有学校安排的每班 4 名"小助教",帮助班主任解决这一烦恼。

每天早晨,我来到班级不久,小助教也会随后步入班级,帮助老师指导班级学生们正确进行早读。"小弟弟,读书时注意坐端正,眼离书本一尺,胸离桌子一拳,椅子坐三分之一。 正确的坐姿才能保护我们的视力哦!"一个"小助教"弯下腰提醒道,被提醒的学生瞬间就把腰杆挺得直直的。"小妹妹,读书的姿势也很重要,要一手按着书本,另一只手指着读,才不会多字、漏字呢。"有了小助教的帮忙,训练效果显著提升。

中午五分钟劳动时,也能看到"小助教"们在班级指导学生们打扫卫生的忙碌身影。

有的小助教正手把手教学生怎么用扫把把纸屑与灰尘扫到奋斗里,有的会提醒他们将桌椅摆整齐,有的则是提醒学生们要注意垃圾分类。在老师和"小助教"们的提醒下,学生们初步养成了良好的卫生习惯。

带领体检——

学生们入校不久,就会参加学校统一组织的体检。但是这对于一年级新生来说,无疑是在迷宫里绕圈——学校太大了,很多一年级学生根本不知道体检位置,加上年龄较小,独立完成体检难度大。这时候就能彰显我校"大手拉小手"这一传统活动的益处了。高年级哥哥姐姐一对一带领一年级弟弟妹妹前去体检,既能培养高年级学生们的责任心,又能给低年级学生树立好榜样,同时还能保证体检顺利进行,可谓一举三得。

共生共长——

在老师和"小助教"的帮助下,经过为期一个星期的新生适应性训练,一年级萌娃们不仅初步熟悉校园环境、师长、同伴,了解小学学习和生活的必备自理能力,同时也感受到和美大家庭的温暖,甚至还有学生跑来和我说,希望自己快快长大,以后也可以带领弟弟妹妹们进校园。虽然"小助教"们告别了萌娃,回到自己的班级,但此行颇丰,虽然辛苦,却从中汲取了爱心与力量。当我看着他们微笑着互相道别时,心里也觉得暖洋洋的,相信他们必能将这颗爱的种子继续传播下去,使它们扎根生长……

篇章二:停下脚步,静待花开

沐浴着和煦的阳光,怀着对成长的兴奋与期待,一年级新生开启了"五彩新生"的争章之旅。闯关成功就能获得"交友小达人""礼仪小明星""队列小军人""校园小主人""自理小能手"五项奖章。学生们一个个精神抖擞,在交际、礼仪、纪律等方面都有了很大的进步。瞧,收获了争章贴纸的他们笑得多开心呀!

训练的第三天下午,体育老师正在训练学生的队列。突然,从队伍里传来了一声大哭:"哇——"我循声望去……

山重水复——

原来这哭声是浩浩发出的,只见他坐在地板上揉着眼睛大喊着:"这里太无聊了,没有玩具,没有我熟悉的同学,每天还有完不成的训练,我不要上小学了,我要回家!"无论我和副班主任怎么安抚劝慰,一直到放学时间,浩浩依旧无法平静下来参加训练,我们只好先让他回家。

但是意想不到的是,第二天早晨,浩浩妈妈便给我打电话说浩浩拒绝上学,怎么劝都劝不动,各种方法都试过了,依旧不起作用。当天中午我便和副班主任前去家访,但是孩子却拒绝与老师交谈。在努力了一个小时后,我们却只能无功而返。

下午训练时,有些学生便关注到浩浩并未上学,原本兴致勃勃参加新生训练的他们,顿时也像泄了气的皮球，无精打采。

另辟蹊径——

我立马暂停了训练，请学生们回到班级，请他帮忙思考："孩子们，现在我们的同学浩浩遇到了困难，他对学校以及你们都不太了解，有些紧张，不想来上学。你们有什么办法可以帮助他吗？"一年级的萌娃们纷纷提出自己的办法："我们可以给他写贺卡，让他觉得我们都想和他交朋友，他就会想回来上课啦！""我们可以用微信给他发语音，让他变得开心起来。""我们家很近，我平时可以多和他一起玩。"

于是，结合学生们的建议，我给全班小朋友录音，一条条语音，都满含对浩浩回来的盼望；在班队课上，学生们纷纷拿起手里的画笔，给浩浩制作贺卡，写满对他的思念。与此同时，我也拍下学生们在入学训练中的照片，发给浩浩，鼓励他像同学们一样勇敢……

柳暗花明——

奇迹就发生在发完录音与照片的第三天早上，浩浩妈妈突然致电我："浩浩愿意去学校了，虽然还是不想进入课堂，但是想去看看同学们。"我忙不迭地答应，只要浩浩愿意来学校，可以让妈妈陪着他在美丽的阅书房学习，按照作息时间上下学。同时，我也引导学生多鼓励浩浩，于是，一到下课时间，总会有几个学生来到阅书房，和浩浩聊起天来。在同学们的鼓励下，我第一次在浩浩的脸上看到了笑容。

渐渐地，浩浩也会走出阅书房，找他的小伙伴一起玩，甚至和我们一起参加早操练习。在这样暖意融融的氛围中，两个月后，浩浩终于愿意踏进班级，和同学们一起上课了。虽然仍是需要妈妈在一旁陪读，但是对比起初入学，笑容已时常爬上他的嘴角。

虽然浩浩无法像其他同学那样，按部就班地完成入学季课程，但这样"循序渐进"的步伐却更适合他，虽然慢一些，但却能让他克服心中对小学生活的惊慌与焦虑，迈入新校园。有时，我们不妨停下脚步，等一等那些"走得稍慢"的学生，给予宽容与时间，让他们真正能做好入学的身心准备。

参考文献

[1]中华人民共和国教育部.教育部关于大力推进幼儿园与小学科学衔接的指导意见[J].中华人民共和国教育部公报,2021(4):39.

[2]李家成.班级日常生活重建中的学生发展 教学方法及理论[M].福州:福建教育出版社,2015:62.

[3]杜威·科恩.自我论:个人与个人自我意识[M].上海:三联书店,1986:367.

[4]约翰·杜威.民主主义与教育[M].王承绪,译.北京:人民教育出版社,2001:54.

[5]韩雪.小幼科学衔接:提高新生入学适应能力[J].辽宁教育,2021(18).

20

我的四"季"成长图鉴之"入队季"

赖小燕

目标定位

队前教育是带领适龄儿童接受组织教育的开端,对小学生具有较强的启蒙作用。为了积极响应"全童入队,分批入队"的号召,使少先队员对组织产生较高的光荣感、归属感、认同感,培养"诚实、勇敢、活泼、团结"的少先队作风,为我国少先队队伍整体壮大发展奠定坚实的基础,我校结合"大手拉小手"的优良传统,设计了具有双向教育资源成效的"我的四'季'成长图鉴之'入队季'"课程,具体目标定位如下。

新队员目标定位:

(1)了解少先队基本知识,形成组织认同归属感。

(2)掌握少先队必备礼仪,养成良好的行为习惯。

(3)树立坚定的理想信念,明确自身发展的方向。

老队员目标定位:

(1)重温少先队基本知识,坚定社会价值认同。

(2)组织策划少先队课程,提高协作综合能力。

(3)指导传授知识与技能,增强责任与使命感。

背景分析

1.社会背景

《中国少年先锋队章程》中规定凡是 6 周岁到 14 周岁的少年儿童,愿意参加少先队,愿意遵守队章,向所在学校少先队组织提出申请,经批准,就成为队员。在此基础上,团中央、教育部和全国少工委联合有关部委印发了《关于构建阶梯式成长激励体系增强少先队员光荣感的指导意见》的少先队政策性文件,旨在进一步探索儿童政治身份的阶梯式成长,充分激发儿童内在潜力,促进少先队员情感能量的迸发与释放。[1]同时还指出:逐渐改变"全童同时入队"的方式,要有组织、分批次地吸收适龄少年儿童加入少先队,从源头培养少先队员的光荣感和组织归属感。

因此,全国各地的少先队组织纷纷行动起来,结合校园文化特色开展丰富多彩的队前教育,如云上学习少先队知识,辅导员指导少先队礼仪,大队委上队课以及仪式感满满的少先队仪式,等等。但是,我们在看到少先队组织重视利用信息技术资源和线下教学资源,以及注重仪式感的同时,也发现了当下对队前教育缺乏长程化的推进,缺少对新队员自主学习能力的培养以及老队员组织策划能力的提升等问题。

2.校情分析

一年级是小学生涯的开始,加入中国少年先锋队,成为光荣的少先队员,这是一件极其庄严而神圣的事,将会改变每一名队员的学习和成长轨迹,在他们整个人生中都会留下浓墨重彩的一笔。我校经过不断实践与创新,通过问卷调查、访谈、日常观察等途径,找准新生的成长需求,从新生入学开始,我校"四'季'课程之'入学季'"便正式上线,如"你好,新同学""你好,新课堂""你好,新队伍""你好,新校园""你好,新生活",精准培养准队员的交友能力、生活能力及自主学习能力,为"入队季"课程打下了坚实的基础,充分体现课程的长程性。

回顾我校以往的入队课程,除了按照章程规定对一年级学生做必要的队前教育外,还充分利用高年级学生得天独厚的资源,进行"大手拉小手"——高年级"拉手"低年级。每到"入队季"来临之际,高年级的老队员们便早早重温少先队知识、pk少先队礼仪、准备少先队课……在帮助新队员学习队知识和队礼仪的同时,发展高年级老队员的个人能力,充分体现课程的育人价值。

近几年,在不断实践与探索中,"入队季"课程更加体现"以生为本"的理念,注重发挥准队员学习的自主性以及提升老队员自主策划的能力,让"入队季"课程成为一种双向的教育资源。

3.文献综述

在中国知网(CNKI)数据库以主题为"分批入队"进行高级检索,截至2023年3月16日,共检索到30篇文献(见图1),其中硕博论文3篇,学术期刊11篇,国内会议1篇以及特色期刊15篇,其中主要主题为"分批入队"的论文仅有5篇。

自2016年开始,国内学者对"分批入队"的研究逐渐增多。刘倩和刘丙元[2]在《少先队入队仪式的教育功能及其实现》中大力强调注重少先队入队仪式的教育功能;刘翀[3]

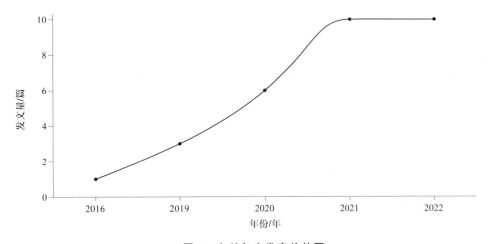

图1 文献年度发表趋势图

在《试论新时代少先队员光荣感的培养》中指出分批入队要优化入队评价体系,明确少先队权利义务,优化干部选拔方式,提升少先队活动质量;徐倩[4]在《少先队分批入队制度的建设研究》中指出要选拔优秀的辅导员任教,开展家长思想动员活动,构建科学的评价体系等开展分批入队工作;万欣[5]在《新时代少先队工作方式改进研究》中指出分批入队可结合"红领巾奖章"争章活动进行评价,将综合评价贯穿学生学习成长过程;马桂花[6]在《分批入队进行时》中提出分批入队是一种能够从儿童内心深处调动其积极性的有效方式,合理利用分批入队为红领巾保鲜,让红领巾更加耀眼与鲜艳。孟晓莹[7]在《少先队分批入队的教育功能研究》中提出构建校本化分批入队评价体系,加强少先队专业素养与专业情意培训,通过丰富的少先队活动提升内在组织认同感与光荣感。由此可见,目前国内学者在分批入队的仪式和评价体系上,已经开展了较为细致的研究,如"红领巾奖章"争章体系等,对于少先队工作有一定的启发性。

然而,笔者继续以"分批入队""长程"为主题进行高级检索,检索到0篇文献。综上可知,我国对分批入队的探索主要在于入队仪式和评价体系的初步完善上,但在"入队季"课程的长程化设计,重心低以及在新老队员传承上还有待深入研究与探索。

学习**路径**

基于目标定位和背景分析,"我的四'季'成长图鉴之'入队季'"课程,将学生成长分为三个阶段:"向光而生、追光而行、聚光闪耀"逐层递进;成长路径为"初识、回首、定标—体验、内化、深探—反思、立志、笃行"循序上升(见图2)。

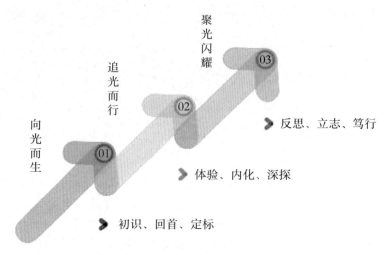

聚光闪耀

追光而行

向光而生

③ 03

② 02

① 01

反思、立志、笃行

体验、内化、深探

初识、回首、定标

图2　"入队季"学生成长路径

一、向光而生——初识、回首、定标

向光,即向着党的光辉。向光而生,寓意准少先队员初步了解少先队知识,萌发爱队、爱党、爱国的信念。中国少年先锋队作为少年儿童政治社会化过程中第一粒组织纽扣,少年儿童从加入少先队那刻起便开启了其漫长的政治面貌塑造之路。分批入队作为儿童加入少先队组织的前奏,承载着政治启蒙的教育使命,旨在从政治思想萌芽之初唤醒少先队员的光荣感与组织归属感。少先队队前教育是信仰萌芽的重要阶段,可以启迪少年儿童对真善美、美好人生和社会理想的追求,打下正确的世界观、人生观、价值观基础;可以引导少年儿童通过感知党带领人民建设中国特色社会主义、创造幸福生活的伟大实践,了解共产主义远大理想,明白"国家好,民族好,大家才会好",永远热爱伟大的祖国,永远热爱伟大的人民,永远热爱伟大的中华民族,憧憬人类美好未来,初步树立为实现理想不懈奋斗的信仰。

1.初识

为了使队前教育行之有效,我们在幼小衔接之初进行关于少先队的问卷调查,经过调查发现,一年级的学生对于少先队的了解,大部分都停留在佩戴鲜艳的红领巾,对于少先队的基本知识以及胸前红领巾的含义都较为陌生。因此,结合儿童身心发展特点和时代发展需求,在"向光而生"的阶段,开展"理趣"相融的队前教育,队前教育的适龄儿童主要以初识少先队知识为起点,回顾入学后的进步与不足,并为成为一名光荣的少先队员定下奋斗的目标。

例如,在"入队季"课程初始,依托"和美号入队争星之旅"的大情境,一年级学生通过观看微课"你好'红领巾'",初步了解少先队基本知识,在心中对少先队有了初步的建构。

再通过低年级学生喜闻乐见的方式,"画一画""说一说"心中的"红领巾",在一画一说的过程中,学生们建立了少先队与"我"有关的勾连,拉近与少先队的距离,增强心中对少先队的无限向往。不仅如此,家中"红领巾"——曾经的少先队员,就犹如红色推动剂,拉近了学生和少先队的距离,增强紧密性。学生通过访一访家中"红领巾"的活动,主动用图画或文字的方式,记录家中"红领巾"的故事,通过与家中"红领巾"一问一答的亲子沟通,加深对少先队的认知。班级"红领巾传声站"更是为学生们提供分享"红领巾"故事的展示平台,学生利用微享会或班队课时间在"红领巾传声站"分享家中"红领巾"的故事,在班级营造出了积极向上的氛围,使学生在心中种下了"红色"的种子,充分发挥了学生的学习自主性。

2.回首

从踏入小学半年多的时间里,学生们逐渐适应了小学校园生活,也都能很好地遵守校园常规,但聪明伶俐的他们也有犯小迷糊的时候。通过问卷、访谈以及家长反馈,我们发现大部分一年级学生集中出现的问题是:不能很好地自主穿搭,技能课的器材经常忘在家里,作业本皱皱巴巴的,还有一些随身物品一拿来学校就"失踪"了……借助队前教育的契机,鼓励学生回首入学以来的成长过往,发现不足,改正不足,向一名合格的少先队员靠拢。

3.定标

以"加入少先队的行列前,每一个预备队员都应做到的事就是改掉一个缺点、养成一个好习惯"为倡议,引导学生制定目标,养成好习惯。在这个过程中,不仅要增强学生的自我意识,还要培养集体意识。加入少先队后,班级也将成为新的少先队中队,那么可以激发学生展开讨论:想要成为一个优秀的少先队中队,班级今后需要努力的方向,从而制定"班级公约"。在学习填写"入队申请书"后,准少先队员们就可以换取"和美号通行证",开启"和美号入队争星"之旅。

二、追光而行——体验、内化、深探

追光而行,重点在于学生的体验、内化和深探。知识是珍宝,但实践是得到它的钥匙。开展新队员"和美号入队争星"队前教育主题活动,让学生通过闯关争星的形式掌握队前教育知识,激发学生加入少先队组织的兴趣,充分感受少先队组织的良好氛围,体验少先队的实际生活,提高小学生加入少先队的积极性。这样不仅是对小学生实际发展需求的高度尊重,而且还能将队前教育具有的活泼性和生动性充分呈现出来。更重要的是,我们要一改"由中队辅导员全包式"的教育传统,充分发挥队前教育中"大手拉小手"的传承意义。

1.体验

入队的一大标准就是学习"六知六会",六知:知道队名、队旗、队的标志、队礼的意义、队的领导、队的作风。六会:会读入队誓词、会唱队歌、国歌、会戴红领巾、会敬队礼、会呼号。那如何让准队员们高效学习"六知六会"? 整个"入队季"课程,有一个团队起到至关重要的作用——高年级红领巾帮帮团。在"入队季"开始之初,少先队大队辅导员便会在校园内吹响"红领巾集结号",实际上就是面向五年级的学生发布帮助一年级准队员学习队知识和队礼仪的通知,中队辅导员便会在班级进行红领巾小辅导员的选拔,将老队员分成"红领巾小辅导员、红领巾小站长、红领巾小传人"三个小分队,进行培训指导。紧接着联系事先统筹安排好的拉手班级,开展问卷调查。在展开充分的问卷调查之后,为了增强一年级弟弟妹妹的学习兴趣,高年级的红领巾小辅导员们会设计形式多样的闯关游戏,让弟弟妹妹在游戏化且趣味性十足的氛围中学习了解少先队各项知识。在指导"六会"环节,重在操作和体验,高年级的红领巾小辅导员们会根据学生的水平不同调整教学方式,如挑选优秀小助教指导同学队礼仪,或者采取小组竞赛的方式训练"六会"。

2.内化

从家中"红领巾"到家添"红领巾",是准少先队员们角色转变的重要阶段,是对所学的知识从了解到体验到内化的体现。作为家中即将诞生的"红领巾",学生们能为家里做些什么呢? 也许是帮妈妈做饭洗衣,也许是帮奶奶扫地擦窗,也许是帮家里的垃圾分类……在这一阶段,鼓励准少先队员们用行动证明自己的成长,自己的蜕变! 同时,家中的"红领巾"作为见证者,也是评价者。

3.深探

不仅是家中角色的转变,还可以是社会角色的一次新尝试,准少先队员们可以从校内走向校外,比如调查访问、参考观察、社会参与等,参观英雄故居、少年宫、历史博物馆、红色文化基地等,使小学生深刻体会到革命先辈在队组织伟大的奋斗历程中,顽强不屈、英勇向前的精神。

三、聚光闪耀——反思、立志、笃行

从角色的变化到场域的变化,每一次小小的变化,便是一次质的成长。从初识、回首、定标到体验、内化、深探,这是学生向光、追光的成长过程,在前期的积淀之后,学生不断汇聚光芒,在"反思、立志、笃行"后,逐渐成为熠熠闪烁的星光。

1.反思

与第一阶段的"回首"不同,学生通过一段时间的学习后,了解并掌握了少先队的基本知识和必备礼仪,在心中对少先队有了较为全面的建构。角色上的多重转变,使学生解锁了许多未知领域的知识,增加了学生学习的参与度和体验感。一次有意义的反思再建构,就显得尤为重要。进入学习的第三个阶段"聚光闪耀",学生聆听他人的成长故事,对照自身成长收获,为下一阶段的成长拓宽道路。

2.立志

经历前期"六知六会"的学习,紧接着便是学生们最喜欢的"和美号争星闯关"环节。和以往不同的是,评价主体从单一走向多元,除了中队辅导员增加了学科老师和高年级的红领巾小站长以及家长。在正式上岗考核前,大队辅导员需要对红领巾小站长进行严格的岗前培训,根据"六知六会"的内容,每个班级分设三个考核站点。考核当天,一年级的学生手持"和美号通行证",通过"连""说""画"等方式进行现场考核,获得相应星数。同时,大队委中还设有"采访组",负责随机采访一年级的学生,交流通关感受。一年级的准队员们在你追我赶的良好氛围中,闯关立志。

3.笃行

为期一个多月的"入队季"课程,学生从初识、回首、定标到体验、内化、深探再到反思、立志、笃行,就犹如正在萌芽的小草,向阳的信念逐渐萌发。在"大手拉小手"的过程中,老队员和新队员会在一次次的指导和学习中,碰撞出不同的火花。一次仪式感满满的入队仪式,更是为"和美号入队争星"之旅画上圆满的句号。曾经在一次入队仪式后,主持人现场采访新队员成为少先队员了有什么感受? 只见新队员用着稚嫩但坚定的语气回复道:"我们想像哥哥姐姐一样,以后也给弟弟妹妹戴上鲜艳的红领巾。"那一刻,"传承"便有了意义,胸前飘扬的红领巾也不再是一块红色绸布,而是一份责任,一份向阳的信念,一次笃行的新启航。

课程图谱

一、图谱的基本组成

"入队季"课程是我的四"季"成长图鉴的第二个阶段课程,处于"向下扎根—向阳萌芽—迎风展叶—使君花开"四"季"成长图鉴的"向阳萌芽"阶段,是少先队员树立坚定理想信念的重要阶段。以培养"诚实、勇敢、活泼、团结"的少先队优良作风为信念导向,本课程分为"向光而生""追光而行""聚光闪耀"三个学习阶段(见表1),依托"和美号入队争星之旅"的大情境,分别从"你好'红领巾'""立正,向后转""亲亲'红领巾'""齐步,向前走""飘扬'红领巾'"五大主题开展"入队季"课程(见图3)。

1.你好"红领巾"

"你好'红领巾'"是"向光而生"学习阶段的第一个课程内容,是学生初知少先队知识

图 3 "入队季"课程图谱

的起点。以"了解少先队基本知识,形成组织认同归属感"为基本目标,通过观看视频、画一画、说一说等形式引导学生自主掌握少先队基本知识。同时,队前教育自然少不了家校的高度配合,要充分挖掘一切教育资源,为学生的成长保驾护航。在一年级学生的成长过程中,一直都有一群"红领巾"陪伴在身边,那就是家长们。对于学生们来说,爸爸妈妈曾是少先队员的事情,是十分自豪且新奇的。通过访一访家中的"红领巾",聊一聊他们作为"红领巾"时的故事,在班级成立"红领巾传声站",享一享家中"红领巾"的故事,拉近与"红领巾"的距离,增加亲切感,树立榜样意识。

2.立正,向后转

"立正,向后转"重在引导学生"回首、定标",为后续的学习环节,奠定内在情感基调。引导学生回顾半年来的小学生活,谈一谈自己的进步,说一说自己的小毛病;论一论"想要成为一个优秀的少先队中队,我们班今后要努力的方向是什么?";写一写"红领巾奋斗卡""入队申请书";亮一亮"通行证",开启"和美号入队争星之旅"。

3.亲亲"红领巾"

"亲亲'红领巾'"贯穿"追光而行"的整个阶段,最大的亮点是继承我校"大手拉小手"的优良传统,在高年级发布"红领巾集结令",鼓励老队员自发组织分工策划,组建"红领巾小辅导员""红领巾小站长""红领巾小传人"三个小队,助力一年级的新生入队,让入队课程成为一种双向的教育资源,帮助新队员学习少先队知识的同时,提升高年级队员的个人能力。在老队员的指导帮助下,准队员吸收内化所学到的"六知六会",积极主动向爸爸妈妈展示。作为家中即将诞生的"红领巾",你能为家里做些什么呢?享一享,红领巾的成长足迹,报名"红领巾一日体验";计一计:从家中走出校园,作为即将成为少先队员的你,能为社会做些什么力所能及的事情呢?写下小计划,并在周末行动起来。一年级学生的成长路径从"体验—内化—深探"逐层递进。

4.齐步,向前走

"齐步,向前走"是"聚光闪耀"的考核环节,真实呈现出学生"反省—立志—笃行"的成长路径。和以往不同的是,高年级的红领巾小站长作为主要的考核评委,中队辅导员、学科老师及家长亦是评价者,促使评价主体更加多元,体系更加完善。一年级的准队员,在闯关争星的过程中,逐步养成"勇敢、诚实"等优良的少先队品质。新老队员的有效互动,在准队员的心中也埋下"团结""传承"的种子。

5.飘扬"红领巾"

为了积极响应新教改的要求以及"全童入队,分批入队"的号召,我们开展了形式多样,层层进阶的入队课程,并在"和美号入队争星"环节中评选出30%的第一批少先队员,第一批队员在少先队群体中起到榜样作用,营造良好的学习氛围。通过一阶段的学习,以仪式感满满的入队仪式作为少先队员践行少先队优良作风的新起点。"入队季"课程内容安排如表1所示。

表1 "入队季"课程内容安排

阶段	课时建议	课程名称	课程内容	课时目标
向光而生	3课时	你好"红领巾"	(1)观看微课"你好,'红领巾'"; (2)画一画"心中的红领巾"; (3)说一说"心中的红领巾"。	(1)初步了解少先队知识。 (2)通过画一画,说一说的形式,激发对少先队的向往之情。
			(1)访一访家中的"红领巾",聊一聊他们作为"红领巾"时的故事。 (2)成立"红领巾传声站",享一享家中"红领巾"的故事。	(1)拉近与"红领巾"的距离,增加亲切感。 (2)通过"红领巾传声站"平台,树立榜样意识。
		立正,向后转	(1)回顾半年的小学生活,谈谈自己的进步,说说自己的小毛病。 (2)论一论:想要成为一个优秀的少先中队,我们班今后要努力的方向是什么? (3)写一写"红领巾奋斗卡""入队申请书"。 (4)颁发"通行证",开启"和美号入队争星之旅"。	(1)回顾过去,发现自己的不足。 (2)学写"入队申请书"。 (3)有计划、有目标地进行"入队争星"之旅。

续表

阶段	课时建议	课程名称	课程内容	课时目标
追光而行	3课时	亲亲"红领巾"	(1)高年级的红领巾小辅导员进行自我介绍。 (2)介绍校园的红领巾电视台和少先队大队部。 (3)介绍少先队发展史。 (4)知识问答。	(1)认识校园里与"少先队"有关的事物。 (2)了解少先队的发展进程,增强自豪感和荣誉感。
			(1)高年级的红领巾小辅导员介绍"六知六会"。 (2)赛一赛"六知六会"。	学会少先队"六知六会"知识。
			(1)向爸爸妈妈展示学到的"六知六会"。(居家实践) (2)作为家中即将诞生的"红领巾",你能为家里做些什么呢?(居家实践) (3)享一享:红领巾的成长足迹。 (4)计一计:从家中走出校园,作为即将成为少先队的你,能为社会做些什么力所能及的事情呢?写下小计划,并在周末行动起来。	学会用行动践行少先队员热爱劳动,勇于奉献等优良品质。
聚光闪耀	2课时	齐步,向前走	(1)高年级的红领巾小站长上岗。 (2)一年级准少先队员参加"入队闯关争星"考核。 (3)诞生新队员,领取终点站车票。	(1)能够有序参加"入队闯关争星"考核。 (2)通过体验式活动,加深对少先队"六知六会"知识的了解。
		飘扬"红领巾"	(1)"和美号"到达"终点站",队员们参加入队仪式。 (2)高年级的红领巾小传人为新队员授巾。 (3)新队员宣誓,成立新中队。	(1)培养学生的主人翁意识,培养新队员的爱队意识。 (2)真切感受入队的仪式感和光荣感。

二、教学建议

1.创设大情境,趣味推动

基于校园文化特色,"入队季"课程依托"和美号入队争星"之旅的大情境,极大程度上增加了队前教育的趣味性,调动了一年级学生入队的积极性,符合学生的心理发展需求。一年级教师应加强对少先队知识的专业学习,结合校园文化的大情境,从新生入学的第一天起,将"和美"文化浸润于学生的心灵。

2.大手拉小手,资源生成

高年级教师应加强班级小队的建设,为"大手拉小手"的系列活动储备人才。在日常班级活动中,教师应逐步放手,鼓励小队分工合作,自主策划组织活动。在点滴小事中,注重培养学生的责任意识;在班级学习上,提供更多展示的平台,提高学生的沟通表达能力;在上队课期间,引导高年级学生多关注低年级弟弟妹妹的成长需求,不断创新指导方式,提高思维能力。一年级教师也应学会放手,加强和高年级红领巾小辅导员的沟通交流,注重资源的生成,为准队员的学习提供有力的保障。

3.多元化评价,家校融合

家长作为学生学习的陪伴者和见证者,也应是"入队季"课程的评价者之一。教师不仅要关注校园内不同的评价主体,如各科老师、同学等,还应抓住家长资源,科学评价学生的综合能力。整个"入队季"课程的学习,几乎都有居家实践的环节,如访一访家中"红领巾",做一做家中"红领巾"等,都可以结合具体的评价标准,指导家长进行科学评价。

4.注重仪式感,长程延展

仪式感有一个共同作用,便是由一种状态转换为另一种状态的象征。成长是一瞬间的事,这一瞬间往往就发生在仪式感带来的触动。教师可以结合学生平时的表现,不定期进行阶段性仪式及终期的仪式升华,如"红领巾一日体验""入队仪式"等,实现课程教育价值的最大化。

评价工具

"入队季"课程的评价遵循"多维角度,多元主体"的原则,结合"和美号通行证""红领巾争章卡"以及日常评价机制,评价主体包括同学、家长、老师等,进行客观的量化评价。"和美号入队争星之旅"的总星数为100颗,由队知站60星、队章站24星、笃行站16星组成(见图4)。

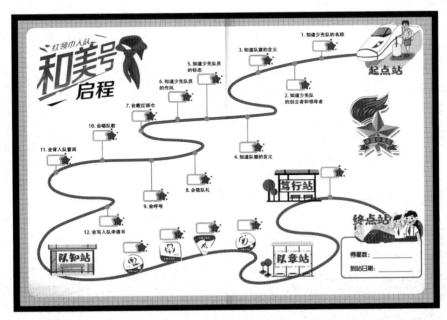

图 4　和美号通行证

1."队知站"即队知考核(60%)

主要考查"六知六会"，六知：知道队名、队的创立者和领导者、队旗、队徽的含义、队员的标志、队的作风；六会：会戴红领巾、会敬队礼、会呼号、会唱队歌、会背入队誓词、会写入队申请书，总共 12 项，每项满分 5 星，共 60 星(见表2)。主要由高年级"红领巾小站长"和大队委现场"队知站"考核，部分项目由中队辅导员和音乐老师考核。

表2 入队"六知六会"考核一览表

序号	项目	内容	评星标准	考核方式
1	知道少先队的名称	中国少年先锋队。		站点，问答。
2	知道少先队的创立者和领导者	中国共产党委托中国共产主义青年团直接领导中国少年先锋队。		站点，填空问答。
3	知道队旗的含义	五角星代表中国共产党的领导，火炬象征光明，红旗象征革命胜利。	5☆：一次性全对； 4☆：经提醒后答对； 3☆：经提醒后不会。	站点。连线。
4	知道队徽的含义	能识别队徽即可。		站点，图片选择。
5	知道少先队员的标志	红领巾。		站点，问答。
6	知道少先队的作风	诚实、勇敢、活泼、团结。		站点，问答。
7	会戴红领巾	实操，会正确佩戴红领巾。		全班一起戴，戴好后上讲台排队等待中队辅导员评星。有困难可举手求助"红领巾小站长"进行口头指导。
8	会敬队礼	实操，能规范敬队礼：五指并拢，由胸前举到头顶，手掌要高于额头，掌面45度向左下方，与额头一拳头距离。	5☆：非常标准； 4☆：有些不够规范； 3☆：经提醒后不会。	上一项评星结束后敬队礼，班主任评星。
9	会呼号	师：准备着，为共产主义事业而奋斗！ 生：时刻准备着！（右手握拳，拳心朝前，放在耳旁）		中队辅导员带领全班一起呼号，叮嘱姿势，"红领巾小站长"评星。
10	会唱队歌	队歌。	5☆：会背歌词； 4☆：能看歌词跟唱； 3☆：不会唱。	音乐课评星。
11	会背入队誓词	誓词。	5☆：会背誓词； 4☆：能一句句跟读。	中队辅导员一句句带读，评4☆； 会背的到站点挑战5☆。
12	会写入队申请书	填表。	有交表即可得5☆。	提交给第一个站点。

2.综合评价(40%)

"红领巾奖章"之"队章站":团结章、劳动章、立德章、向阳章,每条标准 2 星,共 24 星。笃行站:日常学习共 16 星。由自评、同伴评、家长评、班主任评、道德与法治老师评等方式共同组成。

（课程**故事**

红领巾代代传

少先队是温暖的集体,是我们成长进步的摇篮。我们是光荣的少先队员,都在少先队组织里茁壮成长。我是来自六(3)中队的吴沚诺同学,几天前,学校发布了"红领巾集结号",老师便开始在班级征集红领巾小辅导员。听到这个通知,我的脑海中便浮现出五年前,一位姐姐为我佩戴上红领巾的画面,还记得那天姐姐对我敬了一个标准的队礼,并恭喜我成为一名光荣的少先队员。从那天起,"红色"的种子便在我的心中生根发芽。

通过选拔,我终于有幸成为一名红领巾小辅导员。为了帮助一年级的弟弟妹妹们加深对少先队的了解,提高他们争取入队的积极性和主动性,在老师的指导下,包括我在内的 6 位红领巾小辅导员,便开始行动起来,利用下课时间召开了"红领巾"首次会议,制订了指导计划,并进行了详细的分工。晚上,完成作业之后,我们各自开始重温少年先锋队的知识,并互相考查,加深对队知识的理解。我们还来到一年级,提前了解弟弟妹妹的喜好以及知识储备,制作了精美的PPT,准备了问答的小奖品,一切准备就绪。

带着激动的心情,我们穿戴整齐,队长手持一面中队旗,一起来到了一年级的教室,我们先轮流给一年级的同学们分享了少先队的基本知识:少先队的队名、少先队的队旗、队徽、呼号以及如何敬礼等。一年级的小朋友们积极参与,在一个个有趣的知识问答挑战中,将少先队的知识牢牢记在心中。

"鲜艳的红领巾,飘扬在前胸!"戴上红领巾,对队员们来说是一件非常光荣和自豪的事,轮到我教小朋友们系红领巾了! 为了这一刻,一个简单的系红领巾的动作我不知重复了多少次! 小朋友们听到要学系红领巾,兴奋得不得了,纷纷拿出事先准备好的红领巾。我小心翼翼地捧出我昨晚就熨好的红领巾认真地给小朋友做示范,但有的小朋友怎么都系不好,幸好我提前准备了口诀,"领巾披在肩,左尖压右尖,右尖绕个圈,圈里抽出尖",小朋友们跟着我念起了口诀,在稚嫩的声音中努力尝试,将红领巾系得又快又好。

在学习完系红领巾后,到了答疑解惑环节。一年级的同学们都在问我们要怎样才能加入少先队,我告诉小朋友们要成为优秀的少先队员,必须学会写入队申请书,学会六知六会,通过入队考核,在生活中还要文明有礼、乐于助人、团结友爱等,才可以成为一名光荣的少先队员。同学们纷纷表示,一定努力学习,争取早日提交入队申请书,成为一名正式的少先队员。

时光匆匆,队课圆满结束了,一年级小朋友们的少先队生涯才刚刚开始,红领巾,必将成为小朋友心中最美的追求。我也体验了一回当老师的艰辛,也明白了自己要起到良好的模范带头作用,把少先队的作风发扬光大,将"红领巾"的光辉代代相传,真正地为共产主义事业奉献力量!

参考文献

[1]齐亚静,张倩.《中国少年先锋队章程》的发展历程与逻辑[J].少年儿童研究,2019(11).

[2]刘倩,刘丙元.少先队入队仪式的教育功能及其实现[J].教育导刊,2019(6).

[3]刘翀.试论新时代少先队员光荣感的培养[J].少年儿童研究,2019(12).

[4]徐倩.少先队分批入队制度的建设研究[D].南宁:广西师范大学,2020.

[5]万欣.新时代少先队工作方式改进研究[D].山西:山西大学,2022.

[6]马桂花.分批入队进行时[J].少先队活动,2020(10):29.

[7]孟晓莹.少先队分批入队的教育功能研究[D].山东:山东师范大学,2023.

21

我的四"季"成长图鉴之"成童"修炼记

林　媛　刘丽君　黄智明

目标定位

"成童礼"是帮助儿童强化道德原则、培养社交技能、发展自我意识和自信、培养学习能力、培养生活技能,以促进其身心健康和综合素养成长为目标的课程。通过尊重学生的个体差异和成长规律,激发其自主学习和思考能力,培养其团队协作及沟通能力,从而帮助他们形成正确的价值观和健康的生活方式。课程将以学生为中心,积极参与到课程设计和实施的过程中,让学生成为课程的创造者和主体,不断挖掘和发掘自身潜能,以实现全面发展和个性化成长。通过"成童礼"的学习和实践,学生将能够更好地适应社会和生活的挑战,变得更加自信、创新、包容和具有责任感。这个仪式的课程目标旨在帮助学生在道德、社交、学习和成长等方面成为更好的人。

背景分析

一、礼制历史渊源

"成童礼"源于周朝,是古代中国贵族教育子女所行的一种礼仪,士大夫、诸侯都会为自己 12～15 岁的儿女行此类仪式,表示孩子告别了童年,踏入少年时期。"成童礼"意在"告别童年,感恩立志",这是个体由童年成长为少年所必须经历的一种仪式。

"成童礼"一般包括沃盥净手、正衣冠、习礼仪、拜圣人、诵读经典、朱砂启智、提笔描红、孝子奉茶、击鼓明志等环节。整个流程复杂,父母全程参与,众多亲友见证,过程严肃隆重,旨在帮助儿童理解生命的意义,知晓父母养育之恩,学会孝敬父母,学会感恩,立志成才。[1]

二、学生发展需求

孩子的成长是一个复杂的过程,不同的成长阶段有不同的成长需求。10岁的孩子处在儿童的后期阶段,这个年龄段的孩子心理上发生了明显的转变,渐渐从家庭中游离,更多地与同伴一起交流、活动,结交志趣相投的同学为知心朋友,他们无话不谈、形影不离,视友谊至高无上。也就是说,他们在情感上由原来对亲人的挚爱之情,拓展到对同学、老师、明星、科学家和领袖人物的崇敬和追随,由自爱到爱集体、爱家乡、爱万事万物,逐渐展现出社会性。[2]学习上,他们从被动转变为主动,虽然开始产生一些自己的想法,但是辨别是非的能力还是极其有限的,社会交往经验缺乏,经常会遇到很多自己难以解决的问题,是不安的开始。

如果经过正确的引导,孩子可以安然度过这个不安的时期,综合能力得到快速的提高,在成长的旅途中将会实现一次具有人生意义的深刻转折。[3]通过"成童礼"这样隆重的仪式,可以提供一个有意义的学习和成长机会,帮助学生建立自信心和自尊心、增强社交技能,培养出具有家庭责任感和正确价值观、了解和尊重文化传统、学习独立思考和行动、具备社会责任和公民意识、保持健康生活方式的学生。从外在表现形式到渗透心灵,促进他们对自身身份和角色的认知和理解,从而增强其社会归属感和认同感,提高其自我管理和自我控制能力,促进个人成长和发展。

因此,在孩童的第一个整十的岁数举办"成童礼",不仅可以用来记录孩童成长的关键时刻,更对参与仪式的孩童来说有着至关重要的教育意义,它意味着他们将告别稚嫩天真的童年,开始迈入朝气蓬勃的少年时代,逐步走向成熟。

三、文献综述

课程的开发与实践需取他人之所长及研究的经验,笔者先后以"成童礼""成长礼""成长仪式""十岁生日"为关键词进行搜索,截至2023年10月15日,研究文献累计查询到的仅有95篇。"成童礼"的盛行使得该研究在2016年后走势逐渐提高,这与近年来国家对传统文化的倡导与追求的相关文件是不谋而合的。然而,相关领域并没有系统的文章或课程的梳理,国内研究近乎空白,更多的是学校、社区层面的活动报道各地区的教师。目前可查询到的文献中,绝大多数是江苏、上海老师的研究成果。阅读文献,我们可以看出目前对于"成童礼"的探究特点如下。

1.重传统,轻创新

"成童礼"应该是小学阶段非常重要的活动,然而大多数学校的10岁成长仪式都是固定的流程、相似的环节,缺少价值的引领和意义的挖掘,缺少对学生成长的观照。"成童礼"应该从文化仪式入手,让学生理解文化的根脉,然后通过系统设计,引导学生看见彼此的成长,学生在活动体验中蓄积成长的力量,进而走向生命自觉。

2.重说教,轻实践

综合以上的文献调查,以课程或者以项目式学习的形式进行"成童礼"课程的开发是十分稀少甚至几乎为零。"成童礼"是"八礼四仪"的重要组成部分,但很多学校或者班级的"成童礼"陷入了说教式、娱乐式的藩篱。以课程学习的方式来开展"成童礼",课程引导、课程实施、课程展示,让目标从庸俗走向深邃,让德行从教化走向生长,让仪式从单一走向丰盈,这个不一样的"成童礼",让学生在10岁这个特别的驿站获得不一样的生命启迪,激发成长的"生命自觉"。

在研究"成童礼"的过程中,还需要注意到其与现代社会的联系和差异,以更好地理解其在现代社会中的意义和作用。例如,随着现代社会的发展,传统文化的传承和发展面临着新的挑战,如何在现代社会中重建"成童礼"的意义和价值,也是一个重要的研究问题。此外,由于中国社会的多元化和全球化趋势,如何在不同文化背景下推广"成童礼",也是一个需要探究的问题。

学习路径

基于以上目标定位和背景分析,以2022年道德与法治新课标核心素养为依据,"'成童'修炼记"课程设计的学生成长路径通过以下三个阶段开展,方能彰显其意义与价值(见图1)。

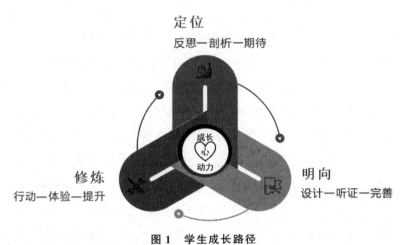

图1　学生成长路径

一、定位:反思—剖析—期待

四年级学生应"初步了解中华优秀传统文化的主要代表性成果,感受中华优秀传统文化的魅力。"因此有必要先引导学生通过认识古代"成童礼"的内涵及仪式，了解古人对10岁孩童提出的要求，明确"成童礼"活动的目的和意义。初步感受"成童礼"中蕴含的中华民族传统美德以及中华优秀传统文化的魅力，进一步体会中华文化源远流长、博大精深，激发民族自豪感，树立文化自信。

在充分"识古礼"后，引导学生思考如何让当今的"成童季"更具有现实意义——应结合自身情况而有所创新，不断丰富其思想内涵。可通过问卷调查让学生反思并剖析自己，意识到自身的不足之处，确定"10岁的我们现阶段要努力的方向"，由此对未来产生新的期待，并据此讨论、设计相关的体验活动。

结合我校近几年向四年级学生和家长发布的问卷调查结果来看，以2016级学生和家长的问卷结果为例，对问卷结果进行分析，学生与家长的反馈情况大体上是比较接近的。一方面，大部分临近10岁这个年龄阶段的孩子在生活独立性和学习自觉性上有所提高，在家里更懂事、会感恩和照顾家人了，在学校也更友善、乐于助人、有集体荣誉感；另一方面，在待人接物、面对困难时也存在不成熟、缺乏沟通技巧、有畏难情绪的现象。而问卷调查的意义更在于在答题的过程中，学生们能够对自身的现状进行深入的思考和分析，为学生提供了一个反思、定位、剖析自己的宝贵机会，在这个过程中，学生能够渐渐明白对于自身而言，想要得到成长，目前最需要挑战与突破的重点是什么。而学生与家长问卷调查结果的相似，也更能够证明在此过程中学生们的反思是非常有意义和价值的，我们相信在问卷调查后，学生与家长都会对未来的发展有更清晰的规划与目标。

二、明向：设计—听证—完善

小学中年级学段的学生在道德修养上应懂得个人成长离不开社会和他人的支持与帮助，在法治观念上应具有规则意识并学会遵守规则。因此，为了帮助每个学生实实在在地解决他们在此阶段成长中最需要重点突破的问题，同时培养锻炼学生的合作意识与合作能力，我们以"临时小队"为载体，以"头脑风暴"为活动方式，在问卷调查的基础上，对学生的选择结果进行分析，而后对具有相似特征的学生进行分组，各组内的学生在这一阶段的成长中需要挑战与突破的重点是比较相近的。在此基础上为学生创造一个与同伴合作完成任务或调查实践的机会，并分工合作整理信息，在班里交流汇报。同时，组建小队进行头脑风暴、策划方案、体验活动等一系列流程，就是一个很好的实践和学习过程。

学生在小队讨论的过程中必然存在思维的碰撞，教师此时再介入，指导各小队活动设计围绕本小组的核心问题（即自身需要突破的问题）进行讨论，并将讨论出的方案进行分类。学生在这个过程中学会倾听和表达，学习换位思考，从输出观点到整合、分类方案，不断提升交际能力，形成合群而独立的健康人格。

　　小队内讨论后的方案是否可操作？是否有实效？步骤是否清晰？明晰活动方案所需要素是各小队出具方案后在班级内进行队际交流、进一步修改和完善队内方案的必要举措。不同小队之间必然存在更多的质疑与观点的交锋，教师在此过程中引导学生从队内的"小交际圈"跳进班级的"大交际圈"，仔细聆听并聚焦问题，清晰地给出建议，由此促进学生个人交际能力的提升；小队根据班级交流建议再次对方案进行讨论整改，促进学生团队协作能力的再提升。

　　在此过程中各个小队的同学们相继迸发自己的思想火花，为各小队的方案提供更多改进的角度和思路。即使面对部分同学的质疑，展示队的同学也会在思考、判断后进行对答和坚持，正是在这一来一回的观点碰撞中，班级学生们的表达能力、交际能力和团队协作能力都得到了有效提升。

三、修炼：行动—体验—提升

　　在"健全人格"这一核心素养维度中，本学段学生需要提升的思维品质包含"能够识别消极情绪，学习调节情绪的方法""做事有耐心，在克服困难中增强自信心""能够表达自己的感受和见解，倾听他人的意见，体会他人的心情和需要"。因此，教师在各小队完善自己的方案以后，更要积极推动各小队按照策划的方案分头进行活动，在活动中反思，逐渐克服自己的不足，达成个人期待，从而"以行正道、以养其正"。

　　同时，在践行班级、小队活动的过程中，学生及时总结、反思个人或合作活动的体会和感受，有利于后期的改进和提升。通过前期同学们设计的各类小队体验活动，学生或从"角色体验"中体会到生命来之不易，懂得感恩父母，尝试与父母友好沟通；或从"打卡活动"中逐渐克服畏难情绪，面对困难更有勇气与耐心；或在"互动游戏"中收获与同伴相处的锦囊……在此基础上，全年级学生参与学校的成童活动，增强仪式感。同时反思自身成长过程，更加认识到在自己的成长过程中家人倾注了无数的心血，由此倍加感恩父母，倍加珍惜生命。

　　"过新礼"是"成童季"课程中的重要节点，"过新礼"将儿童成长为少年的重要时刻用严肃而隆重的仪式具象化，并用神秘的礼物给学生带来震撼的感受，同时邀请父母参与，共同见证孩子们的成长，具有很强的仪式感，能够给孩子留下深刻的印象，继而让学生明白"过新礼"的真正含义：经历过"新礼"就将变成一个真正的少年了。在此重要活动节点中，学生将逐渐明白一名少年与儿童的区别，并将成长为一个懂事、感恩、独立、明事理、有责任心的少年作为自己的目标，同时增强对少年这一身份的认同感与归属感。

　　在"过新礼"活动结束后，教师应及时引导学生开展阶段活动成果汇报，及时总结前阶段的活动感受，及时进行自我评价、同伴评价，反思不足；并制订后续实践计划进行提升，有效落实"道德修养"这一核心素养，从而实现自己真正的成长，迈入美好的 10 岁！

课程**图谱**

一、课程图谱的基本组成

儿童成长的过程是阶段性、连续性的，每一个被赋予重要意义的事件或时刻都可能影响其生命成长的宽度与深度。[4]因此，我们以生命成长为内核，选取"植物成长会经历舒枝展叶"的过程作为模型参考，以原始模型分别对应学生在本课程中应具备的能力以及课程中的实现途径，课程整体结构由内向外生长、发散，课程图谱如图 2 所示。

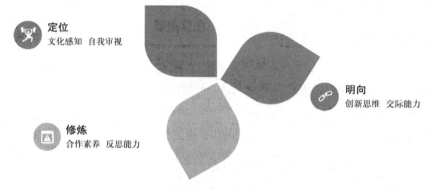

图 2　"成童季"课程图谱

课程以三阶段课程为输出载体：定位—明向—修炼。三个课程内容呈推进关系。

"定位"以了解"成童季"的起源、激发学生兴趣为主，学生在了解中国古代传统文化的基础上，提升文化认同感，了解自己在社会中的责任和角色，借助问卷进行自我审视，进一步明确要成为一个怎样的人，旨在激活学生对优秀文化的感知，更好地理解文化的根脉，从而凝聚成一股向上的力量；并通过问卷调查进行自我审视，明晰自己的不足，由此产生成长新期待，为下一阶段"创新礼"做准备。

"明向"借助"创新成童季"这一路径，以设计实践活动为推进手段，学生基于问卷调查的结果，明确个人及班级的成长和不足，在回顾和反思中经历克服自身问题和真实的活动策划、体验过程。通过为改善自己的不足设计相关主题的成长体验活动，在多次的方案相互碰撞、修改中，逐步提高学生的表达与倾听能力、创新思维、思考能力、团队协作能力以及规则意识，并为后续的修炼阶段做好思想与理论准备。

"修炼"是学生根据前期的学习与交流、思考与总结，真正践行成长系列活动的过程。学生在修炼阶段中收获满满，可能是亲子关系获得缓和，也可能是同伴关系得到改善，或是面对困难更有勇气和耐心等。在"明向"阶段的基础上，全年级学生在父母师长的见证下一起参加学校的成童仪式,用正式而隆重的方式让学生加深印象。仪式结束后,学生在教师引导下开展阶段活动成果汇报,总结前阶段的活动感受,进行自我评价、同伴评价,反思不足;并制订后续实践计划进行提升,真正把"成童季"各个阶段的收获实践于生活与学习的方方面面,做到"内化于心,外化于行"。让学生们逐渐成长为一个具有良好的行为习惯和道德品质,身心健康和综合素养全面发展,具有自信、创新、包容和责任感的现代公民。

二、课程内容

【阶段一】

课时安排:1课时

课时名称:识古礼,创新礼。

课时目标:

(1)在了解"成童礼"的起源及发展过程中,尊重中国古代传统文化,提升文化认同感。

(2)了解自己在社会中的责任和角色,进一步明确要成为一个怎样的人。

学习内容:

(1)通过多媒体及课件了解"成童礼"的由来和内涵。

(2)交流"我期待的'成童季'是什么样的?"

(3)完成问卷调查,进行自我审视。

【阶段二】

课时安排:2课时

(一)课时1

课时名称:出点子,亮方案。

课时目标:

(1)基于调查明确自身不足,将其确立为努力方向,为设计"体验活动"做好铺垫。

(2)在设计方案的交流与汇报中提升合作意识,提高表达能力。

学习内容:

(1)回顾成长节点,反思自己十岁这个阶段的不足。

(2)围绕现阶段的不足组建小队,根据自己目前最需提升的能力设计体验活动。

(二)课时2

课时名称:聚问题,促修炼。

课时目标:

(1)在完善方案过程中明晰方案所需要素,理解"目标达成"是策划的核心要点。

(2)明确现阶段自己存在的不足(亲子沟通、同伴关系、畏难情绪等)并愿意主动反思,积极采取措施锻炼和体验,促进个人"成童"修炼。

(3)在小队策划与分享中促进思辨与总结归纳能力,提升集体意识和协作力。

学习内容:

(1)观看年级采访视频,谈谈对十岁后自己的期待,回顾自己小队最想解决的问题。

(2)小队上台分享,其他小队认真倾听,从该方案中学习梳理、互动质疑、提出建议。

(3)小队内部讨论出各自方案的亮点和提升点,完成学习单,并完善方案。

(4)小队再次展示或汇报方案的亮点和提升点。

【阶段三】

课时安排:2 课时

(一)课时 1

课时名称:践活动,共提升。

课时目标:

(1)在与父母互动的实践活动中,体会到父母的不易,培养感恩之心。

(2)培养良好行为习惯,培养坚持的良好品质,塑造坚毅人格。

(3)在反思中不断认识自己,培养思考能力、解决问题能力与创造能力。

学习内容:

(1)在校内外与同伴、家长等开展实践活动。如"角色扮演""角色互换"。

(2)每日都应当进行相关的活动,每日打卡,逐渐养成习惯。

(3)在活动过程中坚持进行反思,根据需要调整方案。

(二)课时 2

课时名称:过新礼,同成长。

课时目标:

(1)在自编节目中巩固学习成果,同时增强信心与勇气。

(2)借成长纪念册回顾成长中的进步,从中感受成长的喜悦,意识到珍惜时光的重要性。

(3)在亲子读信过程中促进亲子关系和谐发展。

学习内容:

(1)将进行"成童季"过程中的收获融入演讲、歌唱等文艺节目中,在班级、学校进行表演。

(2)老师颁发"成童奖状"以及成长纪念册。

(3)收到父母写的信,亲子共同读信。

三、实施建议

本课程主要属于德育的范畴,因此我们建议将课时安排在班会课或道德与法治课。

同时根据各班不同的实施进度,依需求可在道德与法治课中增加 2～3 课时,以便学生进行充分、深入的探讨,进一步增强课程的效果,以便达成对学生的教育期待。

本课程从课型上看属于项目式学习,项目式学习是一种强调以真实的问题情境为中心、以项目活动为主要方式的教学,它可以综合多学科知识、培养学生综合运用所学知识解决实际问题的能力、培养学生交流沟通和独立解决实际问题的能力。项目式学习与普通课程及实践活动相结合,既可以充分调动学生学习的主动性,又有利于教师更准确掌握学生真实的课堂表现和学习情况,从而提高教学效果。基于本课程特点,我们提出以下几点实施建议。

1.暴露真实问题,激发成长需求

教学中,教师要注重以问题为导向,创设真实的学习情境,达到真正暴露学生真实问题的目的,进而激发学生的成长需求。以学生感兴趣的话题或事物为出发点,引发学生的好奇心和探究欲望,同时注重学科核心知识和真实问题之间的联系,促使学生对学习内容有更深层次的理解和掌握。在实施学习活动的过程中,教师可以从以下几个方面设置情境:一是从实际生活中提取问题;二是根据实际生活经验创设情境;三是通过查阅文献、收集信息等创设学习情境。在创设问题时,要注重开放性、互动性、探究性等特点,引导学生发现问题、解决问题。例如在引导学生"识古礼"的过程中,可以先引出问题,让同学们先思考我们的日常生活中有什么样的礼仪,进而引出古时人们对于 10 岁孩童提出的要求,了解古礼的意蕴与内涵,在此基础上让学生对比古今"成童礼"的异同之处,搭建支架,使学生完成新旧知识的融合。

2.拉长修炼过程,彰显自主体验

关于本课程的实施,建议教师在课程实施过程中要下移重心,要互动生成,要关注每个学生的实践体验,让不同层次的学生都能得到真实生长。本课程旨在强调学生在真实的情境中完成完整的学习任务,学生在整个过程中不是被动地接受教师灌输的知识,而是主动地参与学习过程,掌握知识和技能,教师应该是一个支持者、引导者及合作者。教师要引导学生思考并表达出自己的想法,交流"我希望的'成童季'是什么样的""如何让我的'成童季'更有意义""10 岁的我们现阶段的努力方向"等与学生自身息息相关、以认识自我为主体、能够引发学生对于自我生存状态产生思考的有意义的问题。学生在深入思考后会给出各式各样的答案,教师不应该用对与错来判断,要对学生给予正向反馈,进而在活动中培养学生的信心,激发学生发展的内在驱动力。

3.倡导小队合作,鼓励多元创新

课标中明确指出本学段学生应当掌握基本的社交礼仪,明白个人成长离不开社会与他人的支持,在法治观念上应当具有规则意识并学会遵守规则。因此在进行"成童季"策划小组活动的过程中,教师可以让学生自由组建小队,小队成员之间可以根据自身情况,采用面对面交流或者利用微信等线上交流渠道进行互动，从而完成项目任务。在教学过程中，教师要注重鼓励学生合作，引导学生从不同角度思考问题，培养他们的合作意识和交流能力，促进学生多元创新思维的发展。学生在"头脑风暴"时必然会迸发出不同的火花，小队与小队之间会产生更加精彩的碰撞，在此过程中教师要引导学生从队内的"小圈"拓展到班集体的"大圈"，既培养了学生的表达与倾听能力，又使得学生的团结协作能力得到提高，在合作学习的过程中不断提升核心素养。

4.整合评价手段，增强家校合力

在课程实施过程中要关注学校、家庭、社会协同机制，教师可以通过家访、调查问卷等方式多与家长沟通，了解学生在家的真实情况。在提升教育合力的同时，还应对学生的成长体验进行多元评价。在过程评价中，要注意对学生进行全面的考查，既要考查学生的学习过程，也要考查学生的能力发展状况，包括学生在解决实际问题和交流合作过程中所表现出来的学习积极性、小队活动中的团队精神与行动力、辩证思维和实践能力等。评价主体也应当呈现多样化，包括学生自我反思、同学互评、教师点评、家长反馈等。例如，在活动后通过班会活动让学生交流活动心得、演讲等方式，评价自己在"成童季"后有什么收获与进步，让朝夕相处的同学们互相发现闪光点，让家长通过学生在家的行为习惯、言谈举止的改变来反馈孩子们在"成童季"后的收获，等等，这样才能做到对每个学生全面而不失重点地考查。

5.教师专业提升，增强学科互动

在"成童季"实施过程中，教师应做好以下准备：一是教师应不断提升自身专业能力，学习教育理论指导下的与项目式学习有关的知识以及和"成童季"有关的文化知识，增强本课程与其他学科课程的相互关联和渗透，例如心理活动、综合实践活动等，以更好地支持和促进学习活动的发展。二是基于每一届学生的差异，教师应当在教学活动前做好充足的准备工作，充分了解学生，读懂学生需求，在基于对学生了解的基础上进行指导。三是加强与同年级伙伴的合作，增强学科互动，形成教育合力，包括但不限于同年级班主任、学科老师之间。只有在完整且具有系统性的教育环境下，教师才能更好地指导学生完成课程内容，获得发展。

6.创新设计理念，增强仪式感

在课程中要加强仪式感的设计，我们要明确"成童季"的独特之处，即在"成童季"中，学生产生的主要是对于自身成长问题的反思，是在学生自主思考，家校共同探讨的情况下，家校共同参与的重要仪式。因此在仪式感的设计上要体现出学生、学校、家长三者的沟通，"过新礼"作为"成童季"课程中的最重要节点，将儿童成长为少年的重要时刻用严肃而隆重的仪式具象化，同时邀请父母参与，共同见证孩子们的成长，在此过程中，应该创新设计理念，设计一些独特的，具有"成童"含义的活动，如孩子在仪式当天收到来自家长的神秘礼物,家长为孩子梳理 10 年来的成长足迹等具有强烈仪式感的环节,感悟长辈、老师为他们成长付出的努力,感悟生命的奇迹,让学生明白"过新礼"的真正含义,进而真正使课程对学生产生影响。

评价工具

为了制定有效的"成童季"课程评价工具,需要考虑多个因素,包括课程目标、评价对象、评价内容、评价方式和评价标准。"成童季"课程的目标是多元化的,评价工具应该能够全面地反映这些目标,以确保评价结果的准确性和可靠性。评价对象包括学生、家长和教师,评价工具应该注重对其认知、情感和行为等方面的评价。评价内容可以包括"成童礼"活动的参与情况、对传统文化的理解和认知、自我意识和责任感的培养情况、交际能力的提高情况等方面。需要选择不同的评价方式,包括问卷调查(见图 3)、观察评价(见表 1)、访谈等多种形式。评价标准需要综合考虑"成童季"课程的目标、评价对象和内容等因素,确保评价结果的客观性和可比性。只有综合考虑这些因素,才能制定出符合实际需求的有效的评价工具。

吾家有娃初长成调查问卷（家长篇）

亲爱的家长们,您好! 步入四年级,孩子已是一名中高年级的学生。无论在学习还是生活上,相信您和我们一样,都发现了孩子的变化: 加速成长,却也伴随着一些困扰。为了更好地发挥家校合作的力量,我们特开展本次问卷调查,希望能得到您的真实想法。恳请您用几分钟时间帮忙填写这份问卷。本问卷实行匿名制,所有调查结果只用于统计分析, 请您放心填写。谢谢!

*1. 您的孩子就读于 ( )。
○1班
○2班
○3班
○4班
○5班
○6班

*2.在过去的一年中,您觉得孩子在学习习惯、生活习惯或人际交往上有哪些方面让您觉得自豪、欣慰?请您具体举例说明。

*3.在2020—2021这一学年,您希望孩子在学习习惯、生活习惯或人际交往上有何突破或提升?请您以某个事例具体展开说明,表达清楚在现阶段您希望孩子达到的理想程状况。

图 3　调查问卷(家长篇)

表1　评价量表

评价项目	评价要点	自评	互评	师评	家长评
参与态度	1.认真参加每一次活动				
	2.努力完成自己承担的任务				
	3.做好资料积累和处理工作				
	4.主动提出自己的设想				
	5.乐于合作,和同学交流,尊重他人				
获得体验	6.善于提问,乐于研究,勤于动手				
	7.在活动中,有一定的责任心				
	8.能对自己进行"反思"				
	9.实事求是,尊重他人的想法与成果				
	10.不怕吃苦,勇于克服困难				
学习方法掌握	11.能通过多种途径获取信息				
	12.能运用已有的知识解决问题				
实践能力发展	13.有求知的好奇心,探索的欲望				
	14.独立思考,自主学习,主动发现并提出问题,寻求解决问题的方法				
	15.积极实践,发挥个性特长,施展才能				

课程故事

篇章一:柳暗花明又一村

问卷调查结束,我带领学生们在班级里梳理出现阶段他们主要面临的三大难题:"亲子沟通""同伴关系""畏难情绪",方案策划课随即启动,由此组成的七支小队成员迅速散开,围绕本组想解决的问题设计活动方案。

在一片热烈的讨论声中,一隅寂静无声的角落吸引了我的注意,那是期待解决亲子沟通问题的"和谐队"。此时队员们或缄口不言,或百无聊赖地四周张望,连队长都只是眉头紧锁,无人开启这"默局"。我好奇地走近一探究竟……

陷入迷途

见我走来,队长哭丧着脸对我诉苦:"林老师,我们不知道怎么下手啊!""是啊,我们知道自己在亲子沟通上有问题,但怎么把解决这个问题变成活动方案呢?"小庄跟着附和道,有个别同学连连点头。原来是找不到切入点啊,看着一张张面色凝重的脸,我忍不住笑了:"要解题得先破题,你们的问题是亲子缺乏沟通还是沟通方法不行?"队员们仿佛被问住了,一个个若有所思。

没一会儿,小陈先发话了:"其实我是觉得我妈插手太多了,很多事情我都懂,她老爱管这管那,我就很烦,不想跟她说话……""我也是!我希望能多一点自己的空间,可他们老是越界。""我觉得我爸不理解我,我做什么他都不满意,动不动就被吼……"像是被触发了机关,小队成员们纷纷打开话匣子。

寻机引路

我借势引导:"这么听下来,咱们有亲子缺乏沟通的问题,也有沟通不畅的问题。但听来听去,好像问题都出在爸爸妈妈身上啊!"小何听罢,不好意思地挠挠头:"也不是,我知道自己平时做事拖拉,所以我妈就爱唠叨,希望我手脚麻利点。"其他同学也纷纷表示自己和父母之间的沟通问题多数有自身原因。

于是我趁热打铁:"你们看,根据问题的具体原因我们可以将它分为两类——'缺少沟通'和'不知如何沟通'。现在你们又明白解决问题的关键不仅在爸妈,也在于你们,这是不是有两个角度了?"

"哦——"小陈激动地站了起来,迫不及待打断我,"我明白了!'缺少沟通'的话需要创造机会与时间,'不知道怎么沟通'的话就得寻找方法了!"

云开雾散

一语惊醒梦中人,队长边思索边说道:"也就是说我们设计活动可以从创造机会和寻找方法两方面入手……""对了!我们可以设计'角色体验'活动,和爸妈身份互换一天,尝试去理解对方平时生活中是怎么想的,这样是不是更容易找到沟通方法?""这个好!我觉得也可以设计一些亲子活动,邀请爸爸妈妈来参加,比如考验默契度、配合度之类的……"

接下来的时间,小队成员们像是被打通了任督二脉,再无先前的沉默,金点子频频冒出,还你一言我一语地相互补充,"彩笔绘心声""亲情 up 大挑战""你知我心否?"等意图改善亲子关系和沟通方式的系列活动方案不断涌现。

教育不是灌输,而是点燃火焰。作为教师,应当及时关注到学生的疑惑和难点,并适当地给予点拨,启发他们不断迸发思维火花。在这次活动策划过程中,那些平时比较腼腆、不善表达的同学也慢慢鼓起勇气,尝试输出自己的想法,在小队讨论和提问质疑中一次次拓宽思维的广度,比以前更敢想、敢说。

篇章二:思想源于碰撞时

在课程的方案听证阶段,我请各小队依次展示自己的方案,并鼓励其他小队"点赞"展示队的优点,对有疑惑的环节提出追问,对于不完善的环节提出看法或合理的建议。

方案亮相

其中,梦之队的同学围绕"克服畏难情绪"策划了方案"自我挑战打卡行动":首先通过思维导图呈现自己面临的困境、造成困境的原因及可能的解决办法；其次借助《疯狂动物城》的电影片段向同学们展示主人公朱迪在面临"沙尘暴、冰坑、对手强壮"等困难时，是通过不断提升自己的知识和体能来克服的，并向大家推荐观赏《中国机长》等"挑战困难"系列电影；接着又从影视作品返回身边寻找同伴榜样的影响力——向有畏难情绪和没有畏难情绪的同学分别做采访，并适当总结出相似性问题的解决办法；在汲取了克服困难的力量之后，最后他们计划通过"自我挑战卡"来克服自身的畏难情绪，向大家展示说明打卡表格及使用细则——通过"青铜、白银、铂金"等等级的提升鼓励同伴们坚持打卡。

多维评价

在方案听证会上，同学们及时"点赞"展示队的优点。小毕第一个站起来："我觉得播放电影片段的方式很吸引大家、有创意，值得点赞！"我借机启发学生思考好方案所需的要素："看来'有创意'是一个好方案的重要条件，但仅仅如此足够吗？"两三秒的沉寂过后，小简高高举起小手："我觉得梦之队能在挑战卡中设置21天的打卡天数，比较符合好习惯的养成时间，是可以实施的。"我笑了："是啊，对习惯养成天数的合理设置，让我们的方案更有实施的可能性，也更具操作性。"

有了评价方向，接下来的时间，各小队的同学们相继迸发自己的思维火花，为友队方案提供更多改进的角度和思路。比如小林建议"可以将思维导图和电影鉴赏的环节调换顺序，因为先获取克服困难的动力，再梳理出自己的问题和办法，会更有信心解决困难。"小武认为"对组内出现频次最高的两三类问题，以及将实施一段时间后行之有效的解决办法公示在班级里，这样有利于同样有畏难情绪的同学学习和借鉴……"当然，面对同学的部分质疑，方案展示队的同学也会在倾听、判断后进行对答，吸取建议或坚持思路。

反思改进

在活动方案依次展示完毕后，各小队在课堂上进行了初步的修改和完善，梦之队的同学们对自己活动方案中有修改的地方继续进行班级交流。例如对于"在画思维导图时可能还没有想到解决办法，无法在挑战卡上写下来"这一问题，他们在表格中增设了"办法预测"栏和"办法补充"栏，以便于打卡的同学在自我挑战的过程中，如若发现解决困难更好的方式，可以把它补充在表格中。

苏霍姆林斯基说过："教育技巧的全部诀窍就在于抓住儿童的这种上进心，这种道德上的自勉。要是儿童自我不求上进，不知自勉，任何教育者就都不能在他的身上培养出好的品质。但是只有在群众和教师首先看到儿童优点的那些地方，儿童才会产生上进心。"学生在这个年龄阶段所表现出的思维交锋实属平常，作为教师，我们理应多一些倾听、鼓励与引导，每一份思考都值得被珍惜。

在课程进行的各阶段,各个小队经历了数次的头脑风暴、方案汇报、听证和修改,不同程度地告别了原来纪律散乱、有不少人游离在外的状态,成长为队长能够根据队员优势合理分配任务,队员们都能参与到活动中,最大限度地发挥自己的作用,学生们的表达能力、交际能力和团队协作能力也在整个课程推进的过程中不断提升。

参考文献

[1]唐文.巧用仪式教育,助力学生成长:以班级"成童礼"为例[J].现代教学,2019(20),62-64.

[2]黄德英.叛逆期,我们一起度过[J].平安校园,2021(3):74-77.

[3]吴妹宁.当好班主任的"四一"要诀[J].教师,2019(31):11,36.

[4]孙晔隽.十岁成长礼:从文化仪式到成长设计[J].江苏教育,2022(71):49-52.

我的四"季"成长图鉴之"毕业季"

林欣颖　黄冬敏　张丽民

目标定位

人的一生中要经历几次大大小小的毕业,幼儿园三年毕业,第一次感受到什么是不舍,迎来了有学业任务的小学。小学六年毕业,脑中装满了学识,心中浸满了酸甜苦辣,迎来了更加独立、学业任务更加艰巨的初中……每一次毕业都是成长旅途中某个阶段的结束,也是下一个阶段的开启,它意味着成长的过渡、身份的转换,也是时间、文化、价值观的延续。毕业,承载着丰富而独特的意义。

我的四"季"成长图鉴之"毕业季"课程立足学生视角出发,将尊重学生成长规律和年龄心理特点作为实践导向,以中国学生发展核心素养和我校"和善包容、快乐阳光、学习思考、锐意进取、彰显特长、多元发展"六大和美品质的育人目标为核心,将课程目标定位在以下几个方面。

1.发展综合素养

学生的自主学习意识、综合素养被唤醒,真正成为课程的出发点和共同创生者,在课程开发和实施的过程中,最大限度地参与,最终逐渐成为课程的中心。在课程的每个阶段,学生锻炼到的能力呈现螺旋式上升。不论是活动创生、策划、协调、组织、反思、解决问题等能力,还是勇于探究、理性思维、审美情趣、批判质疑、乐学善学、信息意识等素养,每个学生的成长起点不同,学生在长程化设计的不同阶段都能有不同程度的发展。

2.强化价值认同

学生从被动参与者,变为主动参与者,激发主体意识与生命自觉。学生在课程的体验中,强化了六年来逐渐形成的对自我、对班级、对学校的身份认同和文化认同。

3.积蓄情感能量

学生在丰富多彩的课程活动中能感受到来自师长、同伴和家人的温暖和正能量,珍惜当下的友情,能一定程度上改变青春期敏感多愁的心态,学会正视情绪,合理表达,培养出一颗乐活心和感恩心。

4.衔接初中生活

经历"毕业季"课程后的学生,综合素养、价值认同和情感能量都达到了现阶段的最高水平,他们能消除恐惧和困惑,带着成长的喜悦,从容地过渡到初中的生活,自信地迎接初中的挑战。

背景分析

一、学生分析

六年级的学生,正逢一个特殊的时间节点——毕业。母校六年时光,记录了大家相处的点点滴滴,有喜有忧,有笑有泪,这一切都将珍藏在每个人的心里,成为最美的回忆。《国家中长期教育改革和发展规划纲要(2010—2020 年)》中提出:"教育学生学会知识技能,学会动手动脑,学会生存生活,学会做人做事,促进学生主动适应社会。"首先,"毕业季"课程,不仅要提升学生的实践能力,还着力于培养学生的合作交往及综合创新等能力,进而促进学生社会适应能力和社会责任感的提升。其次,"毕业季"课程能够助力中小学衔接,为学生终身学习奠定基础。在之前的六年里,他们在学校体验过各种不同的节点课程:初入学校,尚且懵懂的"入学季";有信仰理念的"入队季";蜕变成长的"成童季"……尽管尚有很多不足,但随着学生群体发展与综合素养的提升,他们在活动中,自主策划、组织活动的能力逐渐增强,学生逐渐喜欢上全纳性的自主活动,渴望拥有展现自我的舞台。而"毕业季"课程,用长程式的任务进行驱动,让学生能够自主地合作、策划,主动承担任务、学会合作付出,用不同方式开展学习,从同伴身上发现闪光点,学会接纳、学会分享、学会欣赏、学会感恩。

六年级是小学学习的最后阶段,学生的身心发展正处在蜕变、发展的高速时期,呈现出新的生命活力。青春期身心方面的发展变化,对学生的性格产生深远的影响。他们情绪的持久性和强度迅速增强,拥有强烈情绪体验的同时,又缺乏自我分析、自我宽慰的能力。同时,他们在生活过程中积累了丰富的具体经验,渴望多维的人际交往和多彩的生活,关注社会信息,兴趣越来越广泛。

但是,目前大部分的毕业季活动都侧重在最后的仪式,或是设计过于简单。整个学期的时间，多用于准备学习考试，却忽略了活动过程当中对学生能力的培养。如果活动设计过于简单，学生就很难在这个阶段得到有效的锻炼，各项能力也很难得以培养、实现。因此，从六年级下学期到毕业的这段时间，是一个自我意识提升和自我调节作用凸显的时期。把握好它，这段时期将是促进发展的好时机。为了满足毕业班学生的成长需要，做好小升初的衔接，让他们更好地经历这一转折点，以积极的心态去迎接、适应中学生活，毕业季课程就是一个有效的载体。

二、文献综述

在 CNKI 以"毕业季"为主题进行检索，截至 2023 年 3 月，发现相关文献 1500 多篇，通过数据可视化分析发现，25.24％的文献与高等教育相关；以"毕业季"＋"小学"进行主题检索，共有文献 48 篇；以"毕业活动"进行主题检索，共有文献 233 篇；以"毕业活动"＋"小学"进行主题检索，共有文献 21 篇；以"毕业典礼"进行主题检索，发现相关文献 3300 多篇，通过数据可视化分析发现，22.7％的文献与高等教育相关；以"毕业典礼"＋"小学"进行主题检索，共有文献 146 篇；以"毕业季课程"进行主题检索，共有文献 41 篇，通过数据可视化分析发现，45.65％的文献与初等教育相关；以"毕业季课程"＋"小学"进行主题检索，共有文献 9 篇。

通过上述关键词检索可知，有关"毕业季活动""毕业典礼"的实践活动和相关研究对象，主要集中在大学生群体，对小学阶段的"毕业季"活动关注不足。不管是高校还是中小学，把"毕业季"当成校本课程进行设计和开发的研究，总体数量仍然很少，已有的"毕业季课程"相关研究，以初等教育为主。

通过对小学阶段毕业季课程进行更为精确的检索和阅读，本研究从小学阶段"毕业季"课程开发的资源、内容、方式、育人价值等方面入手进行梳理。

郑瑞芳[1]在《小学毕业课程体系建设与实践研究——基于学生终身发展的视角》中，以中国人民大学附属小学为例，指出了该校从"体验中学生活""毕业旅行""关注社会问题"三个维度构建毕业课程体系，并制定了具体详细的实施策略和评价体系。毕业课程不仅培养了学生的实践能力，还增强了其社会责任感、综合创新能力、合作交往能力等，同时改变了教师的教学方式，促进了教师专业发展。

刘畅、商红领[2]在《"自主发展课程"：基于儿童立场的学校课程重构》中，以北京海淀区中关村第一小学为研究对象，指出该校六年级设置毕业课程，从"曾经的我们、明天的我们、未来的我们"三大板块进行构建，重点以"社会初探——职业"为主题进行项目研究，学习策划与实施、总结与讨论、表达与展示等方法，领会科学研究的意义；引导学生树立正确的劳动观、职业观和人生观，初步发展他们自我规划、自主选择、自主发展的意识和能力。

朱玉萍[3]在《以"活教育"理念引领毕业季课程实施》中，以上海市静安区第一中心小学为例,阐述了该校以"活教育"为理念,课程开发,源于学生年级需求;课程内容,从"我与自然""我与母校""我与中学""我与世界""我与未来"五个板块构建,指向学生素养提高;课程的实施,重视学生的成长体验。

钟桂芳[4]在《"创想·毕业——小学毕业课程的构建与实践"》中,以江苏省星河小学为例,课程的设计基于儿童立场"向下生根",从学生成长需求进行设计,关注育人目标,以"学校、家庭、社会"为资源开发,打造成长社区;在课程实施方面,进行学科、资源整合,立足课堂,创造仪式;在课堂评价方面,关注学生个性化评价、表现性评价、可视化评价。

李红梅[5]在《德育实践促成长——小学毕业季德育活动设计》中设计了以下"毕业季"活动:开设理想课程、爱国教育、科学教育、感恩教育、毕业典礼。

尹军[6]在《小学大主题项目式毕业课程实践研究——以"在灿烂阳光下"主题课程为例》中,以北京学校为例,指出该校在小学毕业生离校前两周,以毕业典礼主题汇报形式,打破班级、学科限制,开展多种项目式学习,将爱国爱党、感恩师亲、个人成长等内容融入其中。

综上所述,小学阶段"毕业季"的相关研究仍然较少,而把"毕业季"上升到课程层面进行的相关研究更是少之又少;已有的小学阶段"毕业季"课程的相关研究在"毕业季"课程开发的资源方面,注重在地文化的挖掘,但挖掘范围相对狭窄;在"毕业季"课程开发的内容方面,多数学校能够针对学生当前存在的问题进行构建,但涉及的内容范围较广,难以更为深入地开展,且缺乏连续性设计;从"毕业季"课程实施的方式看,虽注重学生的体验,但仍以学校层面的顶层设计为主,学生主体性设计不足;从"毕业季"课程的育人价值来看,缺乏有效的育人价值。

三、现状分析

2005年教育部在《关于整体规划大中小学德育体系的意见》中明确提出,大中小学都要举行隆重的开学典礼和毕业典礼,培养学生荣誉感和责任意识。十多年来,党和国家又相继出台相关文件,要求精心策划、组织毕业典礼等重要的校园仪式活动,使学生在活动中受到思想、情感上的感染和激励。以中央文件的形式将做好毕业典礼等仪式活动上升为国家意志,彰显了党和国家对毕业典礼等校园仪式的重视,映现出毕业典礼的特殊属性与学校育人活动基本诉求的耦合性,表明毕业典礼具有重要的育人价值。

近年来,小学"毕业季"活动常见的形式有典礼、留言、研学、班队会、家长会等,活动形式有较大的创新和改善,活动内容也紧跟时代步伐,不仅拓宽了"毕业季"外延,丰富了"毕业季"的内涵,而且与时俱进,深受学生喜爱。虽然很有意义,但存在不少问题:有些只是在临近毕业时开展活动,"毕业季"的外延没有得到拓展;有些流于形式,无法触动学生,学生的成长困惑和成长需求在"毕业季"并没有得到很好的解决和满足;有些完全由学校设计,老师和家长付出了很多精力和财力打造活动,学生参与面不广,只是参与体验,能有所触动和感悟,但活动的价值仅此而已。

究其原因,近年来的小学"毕业季"活动总体上仍停留在仪式和形式层面,存在诸多问题,如缺乏学生立场、缺乏实质内容、缺乏长程设计、缺乏育人价值、缺乏生命自觉等。我校立足于学生,重心下移,将毕业季筹划权和组织权还给学生。经过几年对毕业季课程的探索和实践,学校不仅重视活动过程,更聚焦活动前的筹划,有效解决了大部分毕业季活动的共性问题,真正激发学生生长的内驱力,让毕业季的成长更有生命气息。

学习**路径**

"毕业季"课程的实施对象是六年级下学期的毕业生,是培养学生综合能力,唤醒学生情感意识的有效载体,基于六年级学生的成长需求与情感需要,梳理出学生在"毕业季"中的成长路径(见图1):创生—筹划—行动。通过一系列活动的推进,学生在每一个阶段碰撞出的成果有愈发成熟的趋势,在每一个阶段体验到的内容有愈发深刻的趋势,在每一个阶段实现的成长有愈发积极的趋势,每个阶段收获的情感体验和综合能力,都推动下一个阶段活动的开展。

图1 "毕业季"成长路径

一、创生

在班本策划阶段,学生从小队策划开始,全员卷入,通过畅所欲言的头脑风暴,碰撞出许多思维的火花,点亮灵感,由一个个小点子创生出一个个小活动。学生在体验创造的过程中不断提升创造力和创新意识,提高学会学习的核心素养。

融通方案形成项目环节,学生需要分析现有的活动,通过整合和完善,创生出更优的项目,他们体验到创造的乐趣和成就感,提高思辨能力,策划和统筹的能力,形成项目意识,以及更高层次的创新意识和能力。

二、筹划

筹划,即策划和筹备,是方案成功实施的关键环节。学生自由组建项目组后,根据班级情况去做策划,在衡量、验证方案可行性的过程中,他们需要做一些调查,有的还要利用周末的时间去落实场地等问题,最后才形成一个比较具有可行性的方案。项目的推进,对项目组成员的责任感、执行力,以及团队协作和解决问题的能力都是前所未有的挑战。班委在跟进的过程中,需要根据时间轴去督促每个项目组的筹备工作,需要协助项目组解决部分难题,他们的统筹能力和协调能力由此得到了进一步的发展。

项目正式实施之前,方案在班级还需要进一步论证,聚焦计划与行动的问题,从前期筹备工作中寻找资源,围绕一个个的项目,提出自己的建议、想法,让方案不断趋于完善。学生基于自己的经验和思考,辩证看待问题。他们意识到停下来是为了更好地前进,遇到问题要及时反思、解决,让下一个阶段的活动更加顺利,更是提高了勤于反思的核心素养和问题解决的能力。而每一个方案都是经过全员思维碰撞而来的,活动的价值和意义,以及班级的认同感,就在这个过程中得到升华,同时后面的活动开展也将会得到大家更多的支持和配合。

三、行动

行动,包括班本活动和校本活动两个层面。学生在行动中拥有跨越时间和空间的广阔互动场域,有不同程度的情感与思维的碰撞,在丰富且有深度的体验中,实现综合能力的提高和情感的升华。

在班本活动阶段,学生将投标成功的项目方案付诸实践,组织全班开展活动,在这个过程中他们要进行协调、组织,每个项目都倾注了成员的智慧和心血,当项目得以顺利实施时,项目组成员体验到前所未有的成就感。不同项目侧重的能力点不同,用不同的形式也会触发不同的情感体验。下面以项目群做例子。

"回忆过去"项目群中,有的项目组号召同学们通过各种途径,回忆小学六年的点滴,并用多样的形式记录下来,为"毕业季"活动开展奠定了情感基础,感受"我"与班级的情感联结,感受小学六年的成长,同时也挖掘出班级活动的更多可能性。有的项目组在组织毕业典礼班级节目的讨论和毕业纪念册的设计中,学生不仅运用了前两个阶段中获得的能力,更是形成信息意识的核心素养,提升了审美情趣和勇于探究的核心素养,在借鉴的基础上增强创新意识,形成班级认同感。

"感恩现在"项目群中,有的项目组带领同学们通过不同方式的表达,学会正视情绪,合理表达情绪,培养健全人格,还能感受同学的温暖,以及温暖他人带来的愉悦感。有的项目组通过有组织的行动,做力所能及的事,用外显的方式表达对母校和师长的感恩之情。在这个过程中,学生不仅学会了关注现实和调查探究,培养问题意识,更是培养了一颗感恩的心和用行动表达感恩的能力。

"拥抱未来"项目群中,有的项目组走进初中生活,把了解到的带给同学们,满足他们部分的好奇心,消除对初中生活的恐惧,形成憧憬。有的项目组收集中学的学霸秘籍,不仅能提高同学们乐学善学的核心素养,更能激发自我管理的意识。还有的项目组放眼未来,组织了毕业旅行,促进整体发展。

在校本活动阶段,学校每年会有不同的思考和尝试,无论如何设计,学生都能感受到满满的仪式感。有时会有走出校园的毕业研学,两天一夜的经历给学生们留下了珍贵的集体记忆,他们也在丰富的课程中提升能力素养。每年的固定项目是毕业典礼,毕业典礼以特殊人物的致辞、多媒体的运用、毕业证书的颁发、氛围的营造、班级集体节目等构成一个完整的仪式符号系统,并以其特殊的时空场域、符号群体和象征意义,形成了学生的校园文化记忆。基于学生在班级活动阶段的相似性思维,即过去、现在、未来,毕业典礼中的仪式符号发挥着意义的生产与再生产作用,强化了学生在班本活动中形成的品格和能力,他们的情感得到发酵,实现升华,最终沉淀,带着母校的爱勇敢起航。

随着"创生—筹划—行动"三个阶段的推进,学生形成了特有记忆、价值认同,以及精神动力。认同是人类与生俱来的心理活动,是在一定的群体活动过程中产生的自然心理状态。[7]群体记忆的产生是身份认同的前提条件之一。对于厦门第二实验小学的毕业生而言,和美校园文化、六年的小学生活、共处于同一场域中的师生群体,以及"毕业季"课程中的每一个课时,都是形成群体记忆的关键要素。学生在课程推进的不同阶段形成特有记忆和价值认同,带着毕业生身份,带着学校文化和班级文化,进入中学。精神动力也是在课程推进的整个过程中自然生成的。学生经历了"毕业季"课程中回忆过去、感恩现在、拥抱未来的特定项目,内心的爱己与爱人之情、感动与感恩之情交织,激发了精神动力。加之,"毕业季"因其强烈而深刻的象征意义,决定了必然具有巨大的心理暗示作用,能在学生的心里烙下深深的印记,让学生切身体验到成长的喜悦,从而注入其继续奋斗的行动驱动力。

课程图谱

"毕业季"课程分为活动创生、活动筹备、班本活动、校本活动四个阶段。在活动创生阶段,学生经历小队策划的启动期,分享方案的融通期,以及项目投标的斟酌期。在活动筹备阶段,学生制订计划,推进项目,筹备过程,还有进行中期调整。在班本活动阶段,大致分为以下三个篇章:"回忆过去""感恩现在""启航未来"。最后在校本活动阶段,以毕业典礼为主,辅之以毕业研学。"毕业季"课程图谱如图 2 所示。

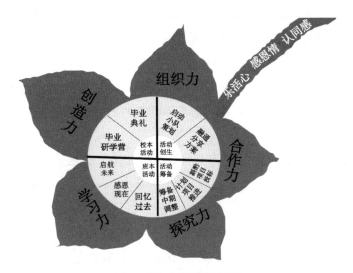

图 2 "毕业季"课程图谱

一、课程安排

1.活动创生阶段

(1)启动,小队策划。班主任引导学生思考"毕业季"活动的目的和意义,在产生认同的前提下,抛出话题:我们想过一个怎样的"毕业季"? 启动"毕业季"。在头脑风暴中梳理出丰富的关键词。接着由此展开小队讨论,设计毕业季活动,初步形成各个小队的活动方案。

(2)融通,分享方案。各个小队分享各自的活动方案,班主任组织队际交流,从活动的内容、形式、成本、规则、价值等角度进行称赞、质疑和建议,在队际交流过程中,分析方案的共性问题,达成大方向的共识。设计活动要考虑能力、情感、价值,并生成"毕业季"活动方案的一些原则和要点。最后,各小队继续讨论,完善方案。

(3)斟酌,项目投标。各小队汇报完善后的方案,从创意性、趣味性、可操作性和参与度等角度去辩证分析,最后投票表决,确定班本实施的项目。

2.班本筹划阶段

(1)计划,项目推进。全班学生根据各自的兴趣特长,自主选择项目,组建"毕业季"活动项目组,制订项目计划。与此同时,班委统筹项目方案,形成完整活动计划。初步形成项目计划后,班主任选取具有典型意义的计划,组织学生围绕"什么样的计划是好计划?"从大问题辩证分析,得出分工明确、进度合理、考虑周全、善用资源等好计划的标准,进而用这样的理念和标准进一步修改完善各自的项目计划。

（2）筹备,中期调整。项目计划制订后,各项目组就开始利用课余时间进行筹备工作。在整个课程的推进中,班主任鼓励学生独立完成,家长和老师的介入少之又少,项目推进必然存在不少问题,这段时间,班主任和班委观察记录了筹备过程中的问题,归纳共性问题,主要有以下两个方面:一是计划问题;二是执行问题。大部分学生缺少"计划与行动"的关联意识,虽然有计划,但计划中存在问题,甚至计划和行动成了剥离的两码事。但学生并没有因为问题的存在而停下脚步,积极面对,解决问题。因此安排一课时,进行反思和解决,及时调整计划或方案,并细化下一阶段的筹备工作。

3.班本活动阶段(范例)

班本活动项目是结合班级文化设计的,各美其美。大致分为以下三个篇章开展活动。

（1）回忆过去

活动范例一:收藏旧时光。学生提前收集照片、剪辑视频、绘制漫画或撰写文稿,通过各自擅长的方式,回顾在班级与个人的点滴成长,全班掀起一波"怀旧浪潮"。课上进行交流分享,增强班级认同感。进而开展"搞点疯狂的小事儿"活动,如吐槽大会、真心话大冒险、默契大考验等。

活动范例二:掀纪念风暴。每个班级都会请专业的摄影团队来拍毕业纪念照,定制毕业纪念册,甚至拍毕业视频留念。市面上流水线作业,千篇一律的毕业纪念册淡化了群体记忆的独特性。因此,厦门第二实验小学大部分毕业班的学生都会结合班级文化,讨论设计毕业纪念册脚本、造型等。此外,毕业典礼上的班级集体节目也是重头戏,是对班级凝聚力的最后一次考验,所以在这个篇章的节点,班级也会顺着毕业纪念册的话题,接着讨论毕业典礼上的班级集体节目。

（2）感恩现在

活动范例一:情绪杂货铺。学生通过有声或无声的方式,对同学或老师,表达藏匿多时的情绪或者情感,倾诉或者建议、祝福。

活动范例二:有你们真好。活动前先思考成长背后的"贵人",在交流后产生价值认同和情感共鸣,激发感恩之情,进而策划为恩师、同学准备毕业小惊喜,如视频拍摄、小礼物等。也可以通过各种途径走访调研确定的问题,再用实践为母校解决一个问题。

（3）启航未来

活动范例一:初中预告片。一条线是提前联系学姐学长或老师,用直播或录视频的方式了解初中生活。另一条线是通过各种方式搜集了解初中学习秘诀,课堂上进行交流展示。

活动范例二:更好的我们。各自规划初中生活,交流后完善,进一步描绘自己初中的模样。

4.校本活动阶段

每年校本的"毕业季"活动内容也不尽相同,主要以毕业典礼为主,辅之以毕业研学营或其他形式的社会实践活动。

(1)毕业典礼大致分为回忆篇、感恩篇、启航篇三大板块,重体验,重仪式。每年的节目和环节也不尽相同,根据该年的时事热点,赋予毕业典礼新时代的意义。

(2)毕业研学营。会安排学习营规、整理内务的开营仪式、生产劳动、拓展团建、非遗技艺,以及总结性的闭营仪式。项目不固定,如耕种、马术飞盘、闽南中草药。

二、课程实施建议

1.学生立场,重心下移

学生立场不完全是以学生为中心,而是要在课程的开展中关注师生的互动生成。学生的实际状态不仅是课程的起始点和出发点,也是课时目标的制定依据。"毕业季"中,学生会留恋校园生活,珍惜友谊。要升华这样的情感和精神状态,需要通过毕业活动,激活学生的生命意识和存在感。因此,我们的"毕业季"课程,立足学生立场,遵循学生特殊成长阶段的需求,倾听学生的心声,充分挖掘"毕业季"的育人价值。

课程实施过程中的重心下移,一是把"毕业季"设计权还给学生,征集学生的"毕业季"创意。可以将课程战线再拉长,寒假就发出征集令,激发学生对"毕业季"的畅想;二是可以组织学生分析活动,学会权衡,在选择中明确"毕业季"的意义。项目清单形成后,在活动筹备阶段可以引发学生思考这些项目作为"毕业季"活动的价值和意义是什么?引导学生学会科学选择,在表达观点中互相碰撞,提炼要素,从而明白不能纯粹出于个人喜好。而学生在筛选和合并项目的过程中,也学会了分析、归类与整合。

2.长程设计,整体策划

不能将"毕业季"活动作为一次性活动,安排在学生临近毕业时才开展,甚至是以一场毕业典礼代替毕业季活动。课程设计要做到以下两点:一是活动的阶段设计贯穿整个学期,班级活动阶段的三大项目大致按照时间线进行,有的可以穿插,体现整体策划的设计理念;二是单项活动要长程设计,阶段进行。以"毕业旅行"项目组为例,从策划到最终实现,要经历数月。

3.注重体验,动态生成

"毕业季"课程中的所有活动,都需要学生在体验中去感悟,才能实现成长。动态生成是基于学生现阶段存在的困惑和需要,动态地改变"毕业季"活动整体设计推进的过程,以及学生之间的互动生成。比如"感恩母校"的项目组,学生通过走访或问卷等调查之后,可能会推翻原有的计划,重构行动。

4.融通思维，多元成长

"毕业季"课程不能以单一项目组各自开展活动，而应该是全纳性的，整体策划、整体协调，努力做到跨领域和更多学科的融合，以及项目组甚至是班级之间的融通。融通思维也会在活动过程中动态生成。

在整体统筹"毕业季"项目的过程中，学生会发现，有些活动可以安排在一起进行，比如在"毕业旅行"时，融入"毕业派对"；有些活动可以整合学校的节点活动，比如"最美时光"微视频可以和学校的篮球赛一起拍摄，实现组际间的融通。

此外，学生还需要走出班级，跟其他班交流毕业活动策划，打破班级独立组织"毕业季"活动的局限，把部分项目扩大到年级一起进行。比如，每个班都有"献礼母校"环节，于是，这个项目组的负责人就可以跨班级聚在一起策划。

评价**工具**

一、评价课程——问卷调查

在课程实施的不同阶段，运用不同类型的问卷调查，了解学生真实需求，推进课程更好地实施。

例1：策划展示阶段评价设计（见图3）

评价时间：各项目组策划时　　评价人：全班学生

	项目组：	项目组：	项目组：	项目组：	项目组：
 👍					
 ❓					
 💡					

图3　策划展示阶段评价

例2：活动中期调查问卷设计（见图4）

评价时间：各项目组策划展示过后　　　评价人：全班学生

"毕业季"活动调查问卷
1.在刚刚展示的策划活动中,你最感兴趣的活动是(　　　)(可多选) A.××活动 B.××活动 C.××活动 D.××活动 E.××活动 理由：_____ _____
2.目前推进的"毕业季"活动,你觉得比较不理想的活动是(　　　) A.××活动 B.××活动 C.××活动 D.××活动 E.××活动 理由：_____ _____
3.截至目前的"毕业季"课程,你的满意程度如何?(　　　) A.非常满意　B.比较满意　C.一般　D.不满意　E.非常不满意
4.对于毕业季活动,你还有什么建议,请写在下面的横线上： _____ _____

图4　活动调查问卷

二、学生自评互评——成长地图

学生从"毕业季"课程的第一节课"启动,小队策划"开始,就踏上了成长之旅。每个人的成长需求略有不同,项目任务不同,锻炼到的能力也具有独特性,也就是说,学生的能力成长点和情感生发点大致相同,但轨迹却有所不同。因此,"毕业季"课程的评价具有开放性和个性化,学生在自评互评中绘制个人专属的成长地图(见图5),课程结束后即能呈现独一无二的个人成长地图。

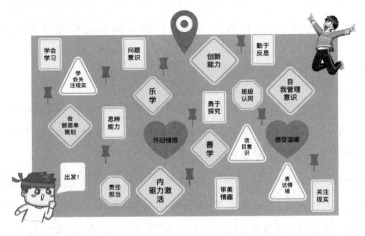

图5　课程评价——成长地图

课程**故事**

我们的"毕业季"

篇章一·创意的诞生

从进入六年级的那刻,"快毕业了哦!"成了每个六年级学生无形的闹钟,提醒着,催促着,大家等待着,期盼着。"毕业季",将要怎样度过? 寒假伊始,问题抛给了每一个毕业生,由此展开了他们对"毕业季"的幻想。想开一个大派对,吃吃喝喝;想要一起去旅行,踏遍祖国大好河山;想要制作一本纪念册,珍藏六年宝贵回忆;想要,想要……学生们内心的真实想法,在寒假阶段不断创生。

开学后,所有的学生都提交了自己的方案,班队课上,我们以"畅想会"的方式让学生们一一交流自己在寒假阶段的所思所想。舒服的交流环境下,人人能发声,人人能表现! 想法或许会重叠又或是不够新颖,但是这样基于学生需求的活动,让孩子获得真正的参与感。

创意收集阶段,有一个读《解忧杂货店》入迷的学生,"如果我们学校也有这样一个神奇的信箱,该有多好!"依循着内心真实的想法,她提出了"解忧信箱"的"毕业季"活动畅想。所有在学校里学习的同学们,都可以将自己的疑惑、烦恼放进信箱。而作为毕业生的六年级哥哥姐姐是解惑的主力军,倘若遇到难解问题,可以邀请老师或者父母帮忙一起解答疑惑。与此创意截然不同的,还来自一个名字特别复杂的学生。"六年了! 全班都没办法正确写对我的名字!"相处六年,能把朝夕相处的同伴们的名字写正确吗? 快毕业,我们好好地再来认识一下自己的同学,又该会是一个多么有趣的事情。

多好的想法,多棒的决定,就这样如同枝蔓开始在寒假逐渐蔓延开去,新鲜创意一个接着一个诞生了……

篇章二·碰撞出火花

收集了学生们五花八门的创意之后,我们将创意汇总、分类,按照过去、现在、未来重新整合大家的创意,并以项目组的形式展开了项目策划活动。每个学生按照自己的想法,加入对应的项目中,开始共同筹划"毕业季"活动。

"灵魂工程师"是A组策划的活动。活动的点子还要从这些从小就有"教书育人"使命的学生们说起。作为在学校生活学习六年的学长学姐,他们有太多太多这个学校的生活之道想告诉学弟学妹了:哪条路回班级速度最快、哪门学科的活动最多、哪位老师的课堂最好笑、什么时间点能闻到食堂的饭香、到了高年级遇到烦恼怎么办、有什么学习的窍门……大千世界,无所不教,都想告诉弟弟妹妹们。老师,是人类灵魂的工程师,而他们,也想当个小小工程师,因此,灵魂工程师,应运而生!

作为老师,教什么是最重要的内容。根据各个年级的年龄特点,小伙伴为一到六年的学生定下了环游校园之课、别样艺术之课、电子教学之课、学习妙招安利之课、心理辅导之课。而所有班级内,也想进行教学的伙伴们,可以自由多人组队,选择自己想要上的课程,为学弟学妹们上课。

如何让这样的内容在投票会上脱颖而出,让小伙伴们都选择这样的方案?大家绞尽脑汁。"我们设计的这个课很好!比别人好,怕什么!""我们……我们家……""啊啊啊啊!"灵感奔涌而出。当时,在抖音上十分流行一个"高粱饴广告",其中的台词就是:我们家的高粱饴QQ弹弹还能拉丝,好吃又健康。同样是要推销,为什么不做一个高粱饴版的灵魂工程师呢?就这样想着,大伙儿拿起书本、粉笔,借用了二年级的教室,开始布置拍摄场地,阅读答题方法、拼音、田字格,手头能用上的道具全部上场。演员就位,老师万万、犯困的岩岩、认真做笔记的湿湿、偷看漫画书的涵涵和拍摄林老师。模仿着广告里的剧情,大家有模有样地拍起了属于自己的宣传广告:正在写板书的万万老师,遇到了挑事的岩岩:"这是不是你们家的课,那么无聊沉重压抑?"万老师悠闲答道:"我们家的课生动有趣,不信你看!"有趣的剧情,让方案的介绍更加吸引人。

在一次又一次的火花碰撞中,各个小组的方案都不断优化,变得更加合情合理,也更加吸引人。

篇章三·好玩"毕业季"

方案制定完毕后,班级共同选出灵魂工程师、特别特别考试卷、追梦者等作为"毕业季"的活动,开始实践。

特别特别考试卷,这个独特又有趣的活动,成为大家难忘的记忆之一。活动前期,对于试卷的命题方向小伙伴们就脑洞大开。选择、填空、大题,这些"折磨"了他们六年的题型成了他们的首发阵容。"英语有听力,那我们也来出听力题吧!""听下课铃!""听一年级的歌曲!""听老师的声音!"……新鲜想法层出不穷。一石激起千层浪,六年的生活中还有哪些值得拿来出题的呢?在一次又一次的思想碰撞中,同伴们的笔迹、老师的口头禅、学校的教学楼、课本里的插图、班级的十大事件……全部成了考题。

终于迎来了六一当天,大家收到了这份"特别特别"的考试卷。原本应当安静严肃的阅卷时间,一下沸腾了,笑声不绝于耳。"哈哈哈!这是什么啊!"大家开启了原本从没有过的"作弊"模式。交流着、讨论着,回忆着。"老师,不如给我们一个场外咨询时间吧,有几题真的不会啊!"说着,小黄就站起来,朝教室外走去。原来试卷里考了这样一道题:学校门口的石头上刻着的字是?几千天的时间,每天都经过,一时间竟怎么也想不起来。

不一会儿，小黄就回来了，大声和伙伴们说道：是"和美！"大家纷纷下笔。就这样，谁也不管是不是考试了，像是在与六年的伙伴、老师、校园重新认识般，沉浸在这份回忆的快乐中。

考试结束后，策划活动的小陈，感触颇深地说道："没想到，我们真的完成了一次活动，而且圆满结束了，真奇妙！"何止是他，从梦想中的方案到最后的落地，我们都觉得收获颇多。

参考文献

[1]郑瑞芳.小学毕业课程体系建设与实践研究：基于学生终身发展的视角[J].中国教育学刊,2014(5).

[2]刘畅,商红领."自主发展课程"：基于儿童立场的学校课程重构[J].中小学管理,2016(1).

[3]朱玉萍.以"活教育"理念引领毕业季课程实践[J].现代教学,2018(19).

[4]钟桂芳."创想·毕业"：小学毕业课程的构建与实践[J].班主任,2018(8).

[5]李红梅.德育实践促成长：小学毕业季德育活动设计[J].河北教育（德育版）,2019(21).

[6]尹军.小学大主题项目式毕业课程实践研究：以"在灿烂阳光下"主题课程为例[J].创新人才教育,2022(1).

[7]杜小琴.高校毕业典礼的育人功能及其实现路径[J].学校党建与思想教育,2022(17):71-73.

聚变课程，走向社会参与

23

民间奇闻

李丽丽　石玺玲　郭瑶婷　徐秀芳

目标定位

　　民间故事作为中华文化的产物,是一种丰厚的教育资源,具有独特的教育价值。"民间故事小传人"校本课程旨在培养学生的创意表达能力,其核心目标是在学生独立阅读的基础上,领略民间故事的传奇色彩和丰富想象,感受主人公身上所闪耀的人性之美,了解故事中朴素的价值观,继承和弘扬中华优秀传统文化,培植文化自信。同时,引入多元学习资源,开发多种表达形式,将前期习得的民间故事文本符号与编码规则进行重组,综合运用有价值的文学资源,进行主题式、跨学科的创意表达,以高质量的阅读输入与表达输出的转换,促进学生创造性思维能力和个性化表达能力的发展。

背景分析

一、背景分析

　　民间故事是古代劳动人民创作并传播的口头文学作品,是继承和弘扬中华优秀传统文化的重要内容。

　　综观统编教材,已经进行过多次讲故事的练习:低年级"听故事,讲故事""看图讲故事";三年级选择别人感兴趣的内容讲,讲清楚了解的信息;四年级使用恰当的语气和肢体语言,使讲述更生动,要求不断提高;到了五年级,要求学生创造性地讲故事,这是促进学生讲故事能力的又一次提升。

　　关于民间故事的学习,大部分学生复述故事的能力差异化明显,更不用说文体意识薄弱化、阅读浅层化等问题。学生讲故事的形式单一、重复，势必影响学生讲的兴趣，尝试采用学生喜闻乐见的形式，会收到意想不到的效果。

因此，基于"创造"的出发点，从创造性地复述、创绘连环画、创写剧本、创演故事、创编民间故事等多角度感受民间故事的魅力，创设"民间故事小传人"课程，进行言语实践活动，逐渐丰厚学生对民间故事的阅读，以提升学生的审美与创意表达能力，促使学生传承民间文化。

二、文献综述

笔者以"创造性复述"为关键词，截至 2023 年 10 月 15 日，在中国知网上检索到 586 篇文献，其中期刊 88 篇，学位论文 10 篇。通过阅读相关文献，将目前学界对"创造性复述"的研究简要分为以下三类。

1.创造性复述教学的整体安排

石群[1]在《民间故事"篇本类"联读实施路径——以五年级上册"快乐读书吧"为例》中，通过项目化学习的方式引导学生完成从"篇"到"本"的"阅读链"。薛祖红[2]在《大单元的项目化学习》以"讲述民间故事"为单元项目主任务，促进"创造性地复述民间故事"这一目标的达成，具有一定借鉴意义。

2.创造性复述教学的具体方法

2021 年，张旭旦[3]《创造性复述：让语文要素落地生根——以五年级"民间故事"单元的教学为例》提出了课文细节补白、转换叙述角色、调整文章顺序、续编故事情节等指导创造性复述的方法。值得注意的是，近些年提到的创造性复述训练策略往往离不开"变""扩""补""演"四种基本方法，创新较少。

3.创造性复述教学的作用价值

梁永凤[4]在《例谈"创造性地复述故事"语文要素的落实》提到创造性复述可以让学生充分感受民间故事中丰富的想象，也能帮助学生发掘民间故事中相似的思维。关于作用价值的研究，一部分从传承民间故事的角度展开，更多的则着眼于提升学生的能力素养。可以看出大多数研究仍然将其作用价值聚焦于对口头表达能力的训练，而对其在创造性思维培养方面的价值则研究得较少。

目前，对民间故事的研究不少，在中国知网中以"民间故事"为关键词检索，显示 1112 条结果；但以"民间故事 语文教学"进行关键词检索，仅显示 8 条结果。在中国知网中以"民间故事小传人"为篇名作为检索词进行检索，弹出的页面显示"找到 0 条结果"。由此可见，虽然越来越多的学者意识到民间故事的魅力，研究成果较多，但立足于统编小学语文教材特点进行民间故事研究太少，尤其缺少系列课程的推进。

本课程的设计力求为民间故事的研究填补空缺，也为今后的研究提供一定的参考。

学习路径

　　民间故事是劳动人民集体创作的一种口头叙事文学作品,具有鲜明的特点:一是因为是口头叙事作品,要便于讲述,故事情节要有规律,往往呈现复沓式结构;二是故事中经常出现神奇的人或人格化的物,充满神奇诗意的想象;三是它能代代相传,往往反映人类社会生活百态或者表达人民大众的理想愿望,主题美丽温暖。其中,想象力、创造力是贯穿民间故事情节、故事内容、故事主题等角度的核心。

　　基于五年级学生的阅读心理、认知能力和民间故事的文本特征,笔者梳理出民间故事创意表达的学习路径(见图 1):理—鉴—创—链,通过一系列学习活动的推进,学生在表达内容、表达方式、表达质量上呈现螺旋上升的趋势,逐步达成课程目标。

图 1　民间故事创意表达学习路径

一、理

　　理,即了解、辨别和梳理,梳理出故事的主线,了解人物的主要特点,读懂故事的内涵主旨。

1.梳理

　　民间故事文本线索单一、通俗易懂,一般按起因、经过和结果来进行描述,根据这一文本特点,厘清故事脉络并整体感知故事内容是学生自主阅读民间故事的基础环节。五年级的学生可借助适当的阅读工具,辅以一定的提示方法,能从较长的文本中分清主次,提炼关键信息并有序串联,厘清故事的发展顺序,进而展开深入阅读。

2.缩减

学生把握故事的整体脉络后，通过摘录、删减、改写、概括等方法将故事缩短，在尊重故事原意的基础上保持故事情节的完整、连贯，保持人物形象和中心意思不变。

两个步骤均是"理"的阅读过程，厘清脉络、提取主要信息是将故事缩简的基础，接着将情节抽离并抽象，在辨析中分清主次，再串联主干，形成表达的雏形。

二、鉴

鉴，是基于感知的阅读体验，学生通过反复品读、对比、甄别、分析、想象等多种手段，提升审美能力。民间故事除了从大处着手感知故事情节，还要从小处抓住重点词句进行品味，感受神奇，感悟形象。

1.品神奇

通过细节分析、构思的奇妙之处等角度进行品读，圈画出关键词句，走进人物的内心世界，寻找民间故事的神奇之处，感悟神奇。

2.悟形象

引导学生将多则民间故事进行横向对比，把故事中的人物形象与生活实际联系起来，感悟其中的精神与美德。

3.明结构

绘制情节地图，对比发现民间故事在情节发展和写法上的特点，让阅读从感性走向理性，破译这类"民间爱情故事"的编写密码，让后续的个性想象和创意表达有较为稳固的支架。

三、创

创造性表达，是指个体将自己思维所得的新颖独特而又合理的想法和感受传达给他人。民间故事的亲民性满足大部分学生的阅读兴趣，可以依据不同学生的特长进行个性化表达。

1.巧变

学生可以对简化后的故事情节在叙事方式上进行艺术性的处理，采用变换人称讲述、变换讲述顺序、增加合理情节、丰富故事细节等方式，将故事讲出创意。

2.添绘

学生通过想象联想、还原情景等方法，将故事文字转化为优质想象力，并通过画面与细节呈现。学生在经历"分解情节—添加场景—想象细节—绘制画面"的过程，思考绘画的内容及每幅图画搭配的文字，使其以图文并茂的形式呈现。

3.展演

通过创作分幕剧本、布置场景、角色排练等活动，融入个人感受与理解，以跨学科活动对民间故事进行个性化创演。

四、链

1.对比

学生在阅读后将中外故事进行对比,链接不同的文化,探究文化异同。

2.创编

学生借鉴前期阅读所掌握的情节范式,对已有的民间故事进行续编或改编,也可以原创民间故事。

课程**图谱**

"民间故事小传人"课程图谱(见图2)以蒲公英为创作原型,民间故事的"传"为创作理念,在聚与散中寻求课程的价值。图谱以创意表达能力为核心,借助民间故事单篇、群文到整本书等进阶式载体,遵循学生"理—鉴—创—链"的阅读逻辑,设计与学习路径相对应的课程内容,在"初读理脉络—品读鉴价值—趣读创复述—链读续改编"的内容中设计系列评价工具,在"故事收纳家—故事品鉴家—故事传讲人—故事文旅家"的进阶评价中,对学生的创造性思维能力和个性化表达能力进行螺旋上升的培养。

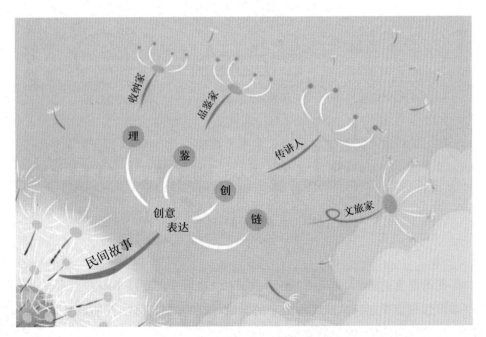

图2 "民间故事小传人"课程图谱

统编五年级语文上册"快乐读书吧"基于更好拓宽学生课外阅读面的理念,从中国民间故事走向外国民间故事。这就是"1+X"的类化阅读模式,由重点学习课内的"1"拓展到课外的"X",链接课内外,走向阅读世界。

"民间故事小传人"课程分成四个模块,分阶段推进,以下具体阐述课程结构、课程内容及课程组织形式。

模块一:初读理脉络

· 阶段目标:通过情节地图厘清故事脉络,感悟民间故事特点,提取主要信息,提高概括能力和表达能力。借助情节地图缩写民间故事。

· 课程资源:《猎人海力布》《牛郎织女》

· 课程成果:情节导图

· 阶段任务

任务一:读民间故事,理故事脉络

(1)为了评选出"民间故事小传人",我们先召开一个"中国民间故事会"热身活动。学完《猎人海力布》和《牛郎织女》,你能选择一个故事,复述主要内容吗?

(2)在复述前,若能用情节地图(见图3)将故事的主要脉络梳理出来,就会更加完整、简洁。学生运用鱼骨图、流程图,提取主要情节,梳理故事脉络,借助情节地图复述内容。

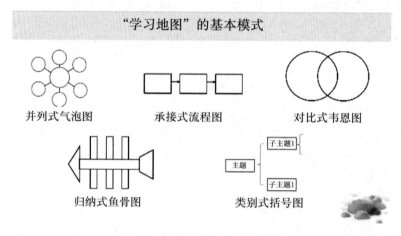

图3 思维导图五种情节地图

核心问题:

(1)你能简要复述《猎人海力布》和《牛郎织女》这两个民间故事吗?

(2)如何运用情节地图梳理民间故事的脉络,做到完整、准确、流畅地复述?

任务二:借情节地图,缩简洁故事

(1)简要复述故事和缩写故事有什么异同点? 学生探究复述故事和缩写故事的异同

点,发现缩写故事还需要注意正确分段和书面化的表达。

(2)对照评价标准,你缩写的故事还能怎样优化? 学生对照评价标准自评、互评、修改习作(见表1)。

表1 缩写故事评价标准

等级	优秀	良好	入门
缩写故事评价标准	缩写后故事完整,情节连贯,语句简洁、流畅。	缩写后不改变故事原意,故事完整,语言简洁。	缩写后不改变故事原意。

核心问题:

(1)你们觉得简要复述故事和缩写故事有什么异同点?

(2)对照评价标准,你缩写的故事还能怎样优化?

模块二:品读鉴价值

• 阶段目标:通过情节地图发现中国民间故事的文体特点,品析人物形象,感悟民间传统文化的内涵。

• 课程资源:《中国民间故事》

• 课程成果:连环画、复述音视频、分幕剧本、小剧场视频等

• 阶段任务

任务一:品神奇之处

(1)精读《猎人海力布》《牛郎织女》书中的一个故事情节,圈画出关键词句,找一找民间故事的神奇之处?

(2)聚焦文本,感悟神奇:读这两个故事,你有什么感受? 民间故事神奇在何处? 神奇的想象合理吗?

任务二:品人物形象

(1)阅读《中国民间故事》全书,完成学习单,不同故事中的主人公具有什么样的品质? 故事的结局是什么? 两者之间有什么关联? 选择书中喜欢的故事,自主完成学习单(见表2)。

表2 品鉴中国民间故事人物形象学习单

故事	主人公	人物品质	故事结局

(2)民间故事里的人物品质和故事结局有什么关联? 学生在四人小组内探究,发现人物品质与故事结局之间"善有善报,恶有恶报"的因果关系。

任务三：品情节模式

读《中国民间故事》，对比《金斧子、银斧子和铁斧子》和《猎人海力布》的情节地图，你发现了民间故事在情节发展上有什么特点？学生自主探究，发现中国民间故事的写法特点：三段式和线性式。

（1）三段式：一波三折（反复）

示例：

《金斧子、银斧子和铁斧子》：捞到金斧子—捞到银斧子—捞到铁斧子

《雪山之巅的幸福鸟》：遇黑发妖怪，闯过乱石滩—遇黄发妖怪，走出大沙漠—遇白发妖怪，失明爬上雪山……

（2）线性式：事情发展顺序（见图4）

图4 线性式发展情节图

核心问题：

（1）不同的故事中的主人公具有什么样的品质？故事的结局是什么？

（2）民间故事里的人物品质和故事结局有什么关联？

（3）你能发现中国民间故事在情节发展中的写法特点吗？

模块三：趣读创复述

• 阶段目标：通过变换叙事顺序、变换人称角色的方法复述课文，提高创造性表达的能力。通过想象创作连环画，感受民间故事魅力，提升审美与创意表达能力。在创编、导演、演绎民间故事的过程中沉浸式地走入故事更深处，加深对民间故事的理解，丰富想象力。

• 课程资源：《中国民间故事》

• 课程成果：连环画、复述音频视频、分幕剧本、小剧场视频等

• 阶段任务

任务一：变顺序口吻，讲创意故事

（1）书中不少民间故事都是我们熟悉的，老故事要如何"翻新"说，才更吸引人？学生自由交流碰撞，提出对于创造性复述的设想。

（2）根据之前画的情节地图可以发现，民间故事一般按照事情发展顺序、以主人公为第一视角去讲述。除了这种叙述方式，我们还可以怎么变化，让故事更有趣？学生以《猎

人海力布》为例分组讨论,发现可以抓住故事矛盾点、转折点倒叙、插叙讲,还可以从村民、动物视角变换人称口吻讲。

(3)学生选好变顺序、变口吻的"创意点",创造性复述故事(可自备道具、服装)。

核心问题:

(1)老故事要如何"翻新"说,才更吸引人?

(2)除了按事情发展顺序讲述故事,还可以怎么变化,让故事更有趣?

(3)如果你是故事中的人物,还有可能发生哪些神奇的事情?

在引导学生变换顺序和变换口吻讲述故事时,要注意关注学生在创新的同时,复述是否偏离故事原意、是否遗漏重要情节、是否符合故事情感基调等,避免顾此失彼。

任务二:添画面细节,绘连环故事

(1)在阅读《牛郎织女》时,你觉得哪个情节最有意思?学生发言讨论。

(2)这个情节在故事中讲清楚了吗?你认为可以怎么给这个情节"添枝加叶"?

(3)除了口述,还可以用绘制连环画的方式来表现。在绘制《牛郎织女》连环画时,有什么需要注意的地方?学生分组讨论,发现可以对背景环境、人物细节等进行夸张化的处理,还可以捕捉文字空白点添加想象的画面,并在每幅画下面配上简单的文字。

(4)学生绘制连环画。

核心问题:

(1)在《牛郎织女》中,我们如何给喜欢的情节"添枝加叶"?

(2)如果用绘制连环画的方式来"添枝加叶",应该注意些什么?

任务三:写分幕剧本,演微型剧场

(1)走入影视拍摄的幕后,了解《白蛇传》和《梁山伯与祝英台》影视的拍摄流程。

(2)学习写分幕剧本的基本规则,选择感兴趣的民间故事情节,创编剧本。

(3)小组合作讨论:如何选择合适的场景、服装、道具进行拍摄?

(4)演员彩排表演,其余组员观摩、记录,给出修改建议。

(5)正式表演、拍摄,完成 3 分钟左右的微型小剧场。

(6)后期剪辑,上传视频。

核心问题:

(1)剧本中的语言、动作、神态等描写如何做到生动具体?

(2)为了适配民间故事的基调,应该如何选择合适的场景、服装、道具进行拍摄?

(3)你认为表演、拍摄、背景音乐等可以如何优化?结合故事说明理由。

模块四:链读续改编

•阶段目标:对比阅读中外民间故事,了解文本背后的文化异同。借鉴前期阅读所掌握的情节范式，汲取新编创意，在"范式"框架下进行优质想象，对已有的民间故事进行续编、改编，或者原创民间故事。

- 课程资源：《中国民间故事》《非洲民间故事》《欧洲民间故事》
- 课程成果：导图、图表、续编、改编、创编民间故事
- 阶段任务

任务一：对比中外故事，探文化异同

（1）三地民间故事在"幻想"这一表现形式有什么异同点？

（2）小组合作探究，借助韦恩图呈现（三个圆圈重合之处填入共同点，不重合之处填入不同点）。

（3）找找民间故事中的典型宝物，想想宝物在主人公的关键事件里起什么作用？

（4）小组合作探究，分析宝物与主人公命运的关联点。

任务二：汲取新编创意，编民间故事

（1）如果你身边的人就是一种动物，你认为他/她更像故事中的哪一种动物呢？

（2）把他/她当作一种动物，写写他们的趣事吧！

教学建议：

1.纵向梳理目标，定位学习起点

本单元的阅读要素是"了解课文内容，创造性地复述故事"。语文教材在三、四、五年级分别进行了"详细复述—简要复述—创造性复述"的安排，循序渐进地对学生的语言表达能力和语言思维品质进行阶梯引领。

本单元的习作要求则是"提取主要信息，缩写故事"，同样指向复述。学生在三、四年级阅读的复述练习中，获得有条理表达、想象和概括的语言经验都可以迁移运用到缩写故事的语言实践中。我们可以以此精准定位学生的学习起点，可以采取边读边写、读写融合的活动，推进读写目标的达成。

2.创设阶梯任务，促进深度学习

首先，借助《猎人海力布》《牛郎织女》的情节，学会变换顺序、变换人称、增加情节等进行创造性复述。其次，升级挑战任务，鼓励就重要的情节绘制连环画、创作剧本或演剧本。再引入《中国民间故事》，学生选择一到多种喜欢的方式创造性复述。最后，引入群文共读，对《中国民间故事》《欧洲民间故事》《非洲民间故事》进行横向对比阅读，形成单篇、多篇、整本书、多本书交替读或一起读的复合阅读活动。

3.创新评价方式，多元体验成长

通过本单元的学习，学习成果从原先单一的讲述变成了复述、阅读卡、连环画、剧本、视频等多形式的丰富呈现。可以开发"听从前的故事""民间故事采集卡""民间故事阅读记录卡""民间故事热搜榜""剧集目录""拍摄指南""剧情发布会"等为学习成果呈现方

式,形成可以公开的综合性高质量作品。

评价工具

　　本课程评价采用多元评价方式,将诊断性评价、表现性评价和终结性评价贯穿使用,有量化的数据,也有学生的课堂反馈、课后作品集等作为评价工具,以评导学,落实课程目标。

　　相关评价通过填写"寻找'民间故事小传人'地图"(见图5、表3)的形式开展。

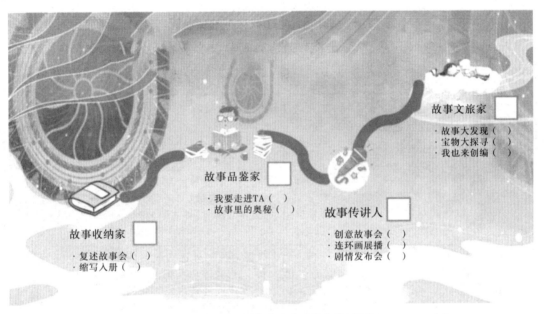

图5　寻找"民间故事小传人"地图(正面)

表3　寻找"民间故事小传人"地图(背面)

称号	活动	评价标准	评价人
故事收纳家	复述故事会	1.能用情节地图梳理故事脉络,图示运用合理。文字简洁明了。 2.复述故事时完整、准确、流畅。	语文老师
	缩写入册	1.缩写的故事完整,情节连贯,语句简洁、流畅。 2.书写工整、美观。	

称号	活动	评价标准	评价人
故事品鉴家	我要走进 TA	1.能通过故事情节自主探究人物形象,完成学习单。 2.发现或理解民间故事中"善有善报,恶有恶报"的因果关系。	语文老师、同学
	故事里的奥秘	1.与同伴合作探究,对比不同民间故事的情节地图,发现民间故事在情节发展上的不同点。 2.了解中国民间故事"三段式"和"线性式"的情节发展模式。 3.能正确说出其他"三段式"和"线性式"模式的中国民间故事。	
故事传讲人	创意故事会	1.能通过变换叙事顺序、变换人称角色等方法创意复述民间故事。 2.在讲述时能加入动作、神态等细节描述。	同学
	连环画展播	1.能选择自己感兴趣的故事情节进行加工想象,绘制成连环画。 2.为画面加上简单的文字,体现情节和想象。	
	剧情发布会	1.与同伴合作,在原有故事的基础上创编剧本,剧本内容合理、具体。 2.演绎剧情时动作、语言、神态等自然,入情入境。	
故事文旅家	故事大发现	1.借助思维导图对比中外民间故事的异同点(背景、情节、形象等角度任选一个)。 2.与同伴合作,发现或理解中外文化的差异会导致故事的不同,感受中华文化的魅力。	同学
	宝物大探寻	1.自主探究,发现中外故事中的不同宝物。 2.与同伴合作,分析宝物与主人公命运的关联点,通过宝物感受不同国家的文化。	
	我也来创编	1.基于国家文化,自主创编民间故事。 2.能够个性化呈现创编的故事。	

课程**故事**

当创意穿越时空

一、课程实施

进入——沉浸·美妙

世界上最美的姿势,是手捧一本书阅读的姿势;世界上最好闻的香味,是书中淡淡的墨香。课间,教室、海洋长廊、绿荫树下的草地上……总是能看见学生们捧着一本民间故事,或独自埋头沉浸阅读,或三五成群激烈讨论:牛郎虽受兄嫂的百般虐待,心地却一如既往的正直善良;孟姜女对爱情坚贞不渝,誓死相随;九色鹿冒着生命危险,去救不相识的溺水者;一代名医华佗是如何成长起来的? 木兰是如何代父从军的? 刘墉又是怎样与和珅斗智斗勇的? 学生们自然就亲近了民间故事,津津有味地阅读开了,构成校园一道最美的风景。

输出——创意·精彩

随着课程的推进,学生们已经不满足于仅是输入性的阅读,于是老师们也开始尝试创造各种学习方式,帮助学生讲好民间故事,玩转好民间故事,找回民间故事原有的味道。

我们针对"创造性复述"这一语文要素,开展形式多样的复述活动。当创意穿越时空,学生们感受到了无穷的惊喜:找了弓箭当海力布边讲边演;穿上古装,秒变织女讲演故事;把自己变成那块石头、变成牛郎的孩子,从全新的角度创意演说故事……学生们个个眉飞色舞、抑扬顿挫、滔滔不绝,一个个故事在他们的口中鲜活又生动,在他们的讲述中立体而饱满。

不仅如此,学生们又开始升级挑战新的方式,绘制精彩连环画,创作分幕剧本并精彩演绎……他们在一次次的挑战与展示中,从最初的羞涩害怕慢慢到大方自如,故事改变着学生,丰富着学生。

二、课程价值

内化——品悟·传扬

为了传承文化,继承并发扬民间故事这一文学形式,我们建立"民间故事工作坊",对比中外民间故事,指导学生们在感受经典民间故事的同时,学习民间故事语言形式,发现民间故事的表达特色,学习民间故事的创作方式,改编、续编、创编民间故事。为此,我们提出了一主题、一伏笔、一对比的"三一"要求,根据这一要求,学生们在创编时做到中心主题明确、伏笔铺垫安排巧妙、人物形象对比鲜明突出,表达颇有进步。

课程的终点应该在远方。让我们带着好奇,收获惊喜,一起读民间故事,品百味人生,学传统文化。

参考文献

[1]石群.民间故事"篇本类"联读实施路径:以五年级上册"快乐读书吧"为例[J].小学语文教学,2021(28):12.

[2]薛祖红.大单元教学中的项目化学习:以五年级上册民间故事单元为例[J].教育研究与评论(小学教育教学),2020(8):61-67.

[3]张旭旦.创造性复述:让语文要素落地生根:以五年级"民间故事"单元的教学为例[J].小学教学研究,2021(11):57.

[4]梁永凤.例谈"创造性地复述故事"语文要素的落实[J].小学教学参考,2020(16):54.

"民间奇闻"
课程纲要

24

趣玩有道

曾璐瑀

每当人们论及"玩",总将它与浪费时间、影响学习、不务正业、不求上进相提并论。但是"玩"本身是生活中重要的部分,是孩子健康成长的必经之路。多人参与的"玩"能培养规则意识及多种能力;独自"玩"亦能锻炼思维、发展专注力、提升逆商,培养勇敢、自信等优良品质。"玩"与"学"同样密不可分,学生在玩中学,学中玩,在体验与思考中不断成长。

目标定位

本课程作为普惠性社团课程,是传统数学课程的补充。以桌游为学具,立足人际情境、压力情景、内在动力、自我认知的发展,重点培养思维与发展综合能力。相较于传统数学课程重视知识的整体性和结构性,本课程则更注重发掘知识的深度,以点带面深入思考,以及学生自主学习习惯的养成。

本课程在开展过程中着重培养六种高层次思维能力(见图1):迁移能力(综合运用、调度课内外知识的能力)、沟通能力(语言表达、沟通交流的能力)、问题解决能力(发现提出问题、抽象研究对象、验证假设猜想、实验调整结论的能力)、逻辑推理能力(完整有逻辑地思考的能力)、创造性思维能力(实践创意想法)和批判性思维能力(打破规则和框架、寻根溯源)。

图1　六种高层次思维能力

背景分析

一、背景分析

中国教育对"玩"的轻视在于绝大部分人提到玩就联想到浪费时间、影响学习、不务正业、不求上进。我们的教育也缺乏玩的因素,忽视了玩的价值,也断绝了玩与学的联系。"双减"虽然为学生腾出"玩"的时间,却没能教会学生该怎么去玩,反倒助推了学生对电子产品、虚拟网络的依赖。玩是儿童的天性,只要读懂孩子就知道他们需要的是在玩中学、在学中玩。本课程的方向就是让学生要带着志向去"玩",能玩、会玩,玩出能力、玩出思维!

二、文献综述

截至2022年11月,以"桌游"为关键词在知网中进行精确搜索,共有179篇学术文章,以"桌游""教学"为关键词在知网中进行精确搜索,一篇学术论文也没有。

1.玩的价值

张娅[1]认为"'玩'是儿童天性的释放;是儿童的社会化经验习得之主要途径;是儿童建构意义的主要方式。玩是儿童最本质的生活形式,正如席勒认为的那样,人在感性冲动和理性冲动之外,还有游戏冲动。感性冲动是儿童行动的主要动力。儿童在凭借对'玩'的执着和把握充分展现其感性特征的同时,也进入理性的自发性体验与运用之中,也正因感性冲动推进了认知探索和能力训练,儿童的理性素养才能提升和发展。理性冲动则让儿童在某种意义上会体验到道德和形式、规则和约束对其进行的强制,而这种强制使他们的社会性逐渐成熟。而'玩',就其以游戏的方式呈现的时候,规则本身就是对儿童理性冲动的培育。"

何善蒙、易楚越[2]指出"不是'玩'这一行为本身有问题,而是'玩'的对象有着重要的限定作用。由于'玩'的对象限制在具体物体上,使得个体心灵容易陷入其中,而导致对于个体品性的破坏的话,那么,显然也存在着一种正当的'玩'的形式,即有正确的'玩'的对象,从而能够对个体起到提升作用的'玩'。"而陆世仪把玩分成了三种层次,所谓玩物丧志、玩物怡情以及玩心高明。

玩的核心价值是什么?随着这样的思路进行查询,"玩兴"一词映入眼帘。

"玩兴"一词源于美国著名的实用主义哲学家、教育家和心理学家 John Dewey 在 1946 年出版的《社会学》一书的一句话——"玩兴和认真有可能并存,事实上这也是处于最佳心智状态的表现。"关于"玩兴"最早具体的定义是 Webster 在 1953 年提出的,他认为"玩兴"是一种"在休闲或游戏中所具有的发自个人内部的态度"。Rubin 等主张"玩兴"是一种在游戏时个人所主导支配的并主动投入的潜在特质。Singer 等认为"玩兴"是"个体在行为中所体现出的想象力、情绪的表达力、主动寻求新奇和沟通的能力。"Starbuck 等描述"玩兴"是一种可以从活动中立即获得愉悦并深度投入的气质。[3]

皮亚杰认为:"对游戏的玩兴是人的本能,是个人自发性的人格特质,我们常常看到小孩子并没有人教就会自己玩。"虽然定义、描述各不相同,但都充分印证了玩的价值和玩对各方面发展的作用,而对学具类别的选择也做了科学的分析。

2.课程学具

桌上游戏简称桌游,从广义上来讲,桌上游戏是一个很宽泛的游戏类型,是指一切可以在桌面上或者某个多人面对面平台上可玩的游戏,与运动或者电子游戏相区别,桌游更注重对思维方式的锻炼、语言表达能力锻炼以及情商锻炼,并且不依赖电子设备及电子技术。比如:象棋、围棋、扑克、纸牌等,这些都属于桌上游戏的范畴。

左威[4]提出"益智桌游最独特的教育价值是让学生在交互性的游戏实践中深刻理解、灵活运用、积极调整规则、提升分析、解构甚至重构游戏规则的意识和能力,训练思维的敏捷性、灵活性、深刻性。"

Mayer 和 Harris[5]认为"现代桌上游戏包含以下几点特色,使得桌上游戏更适于运用在学习上:一、资讯充足的环境;二、开放式的决定;三、游戏结束的计分方式;四、相称的主题。"

陈介宇[6]也认为,桌上游戏的设计利用结构化的规则,界定出一个可以刺激思考做选择的场域,在场域中玩家能依照游戏规则来彼此竞争或合作以获得胜利。

3.教学模式

就像清华大学的于歆杰[7]在《以学生为中心的教与学——利用慕课资源实施翻转课堂的实践(第 2 版)》一书中提出的,教师进行完整而高效的知识讲授和学生真正掌握了这些知识之间,没有必然关系。赵静、高国欣、张中兴[8]认为"传统教学模式缺乏效果性主要体现在以下三点:一是不能保证所有的学生都能积极参与到课堂活动中;二是不能在课堂教学中使学生较长时间地保持注意力的集中;三是教师不能及时有效地得到所有学生的反馈。"

为了最大限度发挥课程教学中体验的作用,打破传统教学中以讲授为主的教学方式,真正让学生回归主体,本课程尝试采取"翻转课堂＋体验式教学"的教学模式。

胡元华、何捷[9]认为"体验式学习并非仅在学校中开展,学生喜闻乐见的'桌游',也是学生参与体验、进行学习的有效载体。玩游戏原本就是一种扎染的进化机制,是生物体用来获取生存所需的各种生活技能。游戏就是对一些意义深远的现实生活行为的模拟,这是自然进化的结果,让我们有机会去掌握未来重要的生活技能。"

在于文浩、张豫丽[10]对"翻转课堂先行者"乔纳森·伯格曼的访谈中,乔纳森·伯格曼认为"课程内容、好奇心和师生关系这三个要素之间应该达到一种平衡的状态,正因为如此,教学才是一门艺术,而不仅仅是一门科学。我个人把翻转学习视为能够真正实现三者平衡的方法。在这三个要素中,教师通过精心编辑的课程内容可以引导学生进行系统深入的学习。好奇心是驱动学生进行学习的内驱力,拥有强烈好奇心的学生更愿意学习更为广泛的内容。师生关系对学习的影响是不容忽视的。"

贾树同[11]认为"让学生亲历体验,不但有助于通过多种活动探究和获取数学知识,更重要的是学生在体验中能够逐步掌握数学学习的一般规则和方法。"

学习路径

皮亚杰强调:"儿童的认识来源于动作,知识来源于活动,活动是思维发展的基础。知识的获得不是简单地摹写,而是要对它施展动作。"即必须实践、体验。因此本课程的学习路径(见图 2)包括以下四个部分。

感知获取　具体体验　内涵转化

行动应用　反思观察

外延转换　抽象概括　领悟获取

图 2　"趣玩有道"学习路径

具体体验——感知获取:学生在玩的过程中,获取体验和知识,进而获得感性认识,包括对游戏的概念、策略的感觉、知觉和表象的认知。

反思观察——内涵转换:在体验后,分析复盘游玩的经历,产生思考与想法或提出新的问题。

抽象概括——领悟获取:学生在独立思考或合作探究后进行深入研究,逐步将感性认识上升为理性认识,将思考转化成新策略或新的概念。

行动应用——外延转换:将新策略融入后续游玩中,在实践中对新策略进行应用、调整、检验;将新的概念融入生活中,在生活中验证、拓展。

课程**图谱**

"趣玩有道"的课程图谱内容结构(见图 3)是由下至上依次展开的。

图 3　"趣玩有道"课程图谱

首先,课程结合当今学生对新奇事物丰富的好奇心、对获胜的本能渴望和注意力难以长期集中的特点,选出既有益智性又具趣味性的五款桌游为学具,分别为一年级的"UNO"、二年级的"寻宝奇兵"、三年级的"超级农场主"、四年级的"抵抗组织"、五年级的"三国杀"。其次,在游戏中,学生在人际情境、压力情境、内在动力、自我认知方面都能得到长远的发展,及时弥补学生对于自身能力的忽视和对生活、学习缺乏热情和动力的现状,提升心理、沟通能力。

人际情境:课程需要学生团队合作、表达评价,创造充足的平等对话机会,而玩的背景使学生抛下传统课堂举手发言的心理压力,畅所欲言,建立表达的自信心,发展语言表达能力。

内在动力:没有应试教育的目标,没有考试的压力。有的仅仅是对胜利的渴望,在这里无人甘当绿叶,每个人都是主角,而胜利方法就是不断思考、调整、优化直到找到最容易获胜的玩法,而好胜心会推着学生不断向前。

压力情境:玩是不强制进行的,即便失败也不会被记录,而分层竞赛也能将水平相当的学生划为一组,故学生没有压力。即便失败也能坦然面对,无非就是再一把,能激发内心勇于尝试和面对问题的勇气,增强抗挫能力与勤勉之心。

自我认知:课程中能按照自己的节奏自由地探索、思考、决策,当任务本身足够有趣、具有挑战或满足感就能进入心流状态,此时身心愉悦,最具创造力。每一次胜利、每一个想法、每一次交流都将成为学生能力提升的基石,在这里学生会越来越了解、接纳自己,不断发掘潜力和提升自己。

最后,作为一个益智类的数学社团,思维才是课程价值中最璀璨的宝石,唯有思维能力的提升才能在游玩、学习、生活中立于不败之地。课程致力于发展学生的思维,培养六种高层次思维(宝石散发出的耀眼光芒),包括:沟通能力、迁移能力、问题解决能力、逻辑推理能力、创造性思维和批判性思维。

沟通能力:不论是游玩时的交流、小组活动时的讨论、合作探究时的评价、分享汇报时的演讲,都创造了大量的表达机会,学生的语言逻辑性、相关知识运用、语音语调的使用、表达的习惯与信心都会有所改善。从而发展语言表达能力、会用数学的语言交流。

迁移能力:建起"联系"的桥梁,在课程学习中灵活运用各科知识,感受知识的价值,善用"转化"的武器,善用规则或将好的想法融入自己的策略,在不断尝试与优化中提升迁移能力,感受知识源于生活及其独特的魅力。

解决问题能力:课程以体验式的翻转课堂为教学模式,在直观经历、深刻体验后拟定主题,学生就能结合所思自主提出问题、解决问题(讨论—思考—验证—调整)、得出结论(获得概念或优化策略),而整个学习和能力发展的过程都是完全以学生为主体自发展开,具有自主性和积极性。

逻辑推理能力:传统课程中学生为顺应应试教育的阶梯"套路",经常产生非黑即白的错误逻辑,在回答稍具开放性的问题时,甚至无从下手,不知该从哪里思考,也不知道该思考些什么。在本课程中一切思维的起点都是学生自己的游戏经历,没有思考的门槛,为了获胜学生主动比较各玩家的策略,独立思考并做出决策,而每一步都是逻辑推理的成果。

创造性思维:在内在动力推动下,学生能不断创造,不论游玩的策略还是对规则的修改与重新制定都不需要人去教,我们只需要帮忙搭好思维的脚手架,学生就能去完成和创造,并完整地展现给大家。

批判性思维:相较于传统数学课程的定理、定律、规则是数学大厦的基石,不能更改,这个课程一切规则只是为了更好地玩,服务于玩家。也就意味着一切的规则都可以质疑、可以批判、可以修改,甚至能抛开所有的规则重新设计。

教学分三种课型,分别是体验课、探究课、设计课(见图4),以体验课为课程的基础,在体验的基础上探究、思考、分析,最后再进行设计。低年级体验的占比大,中年级探究的占比大,高年级设计(创造)的占比大。

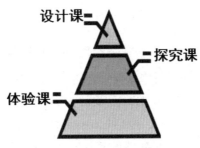

图4 "趣玩有道"课程课型

体验课是后续课程的基础,也是从能玩到会玩的关键阶段。理解并掌握规则是自主游玩的前提,要求教师用最高效、最具象的方式让所有同学快速掌握并遵守游戏规则。在学生游玩时教师参与其中,与学生的思维保持一致,去捕捉并读懂学生思维每一个成长的信号。

探究课(见图5)是学生玩出能力的最佳土壤。学生在具体情境中获得最深刻的体验后,抛出本课研究的问题链,通过小组讨论的形式培养沟通能力、问题解决能力、逻辑推理能力。再以说道理、讲经历、摆事实、建场景、画图形、演情境等多种方式进行汇报。汇报后进行多维评价,包括学生的参与度、逻辑的完整性、思考的深度等。最后进行划分,较为完整与创新的小组进行有序辩论,而对汇报效果较差的小组及时给予足够的帮助。

设计课则是培养批判性思维与创新性思维能力的主要环节,能体现学生对规则的思考程度。在课程体验中,在学生获得大量感性的认识、直观的体验、深刻的感受后,抛砖引玉,引发思考,给学生时间,以游玩的小组为单位进行讨论,然后依次汇报(学生可以说道理、讲经历、摆场景、画图形、演情境等)进行论述。根据小组的完成度进行分层教学。

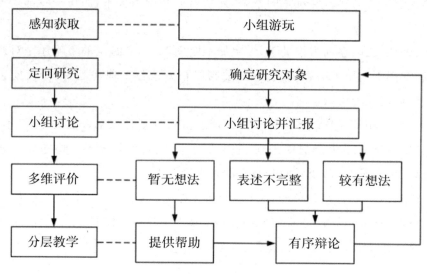

图 5 探究课形式

课程随着学生思维的发展,分成了三个阶段,分别是:第一阶段一、二年级的注重体验,第二阶段三、四年级的优化策略,第三阶段高年级的解构与重构桌游。

第一阶段,课程(见图6、图7)侧重对游戏的体验和规则的学习。通过有组织地玩,激发内在动力即对玩的兴趣。在游戏中体验不一样的人际情境和压力情境,培养沟通能力和解决问题能力。乐玩勤思,为思维的进一步提高夯实基础。在游戏中获得愉悦的体验及面对新事物的兴趣和克服困难的勇气。

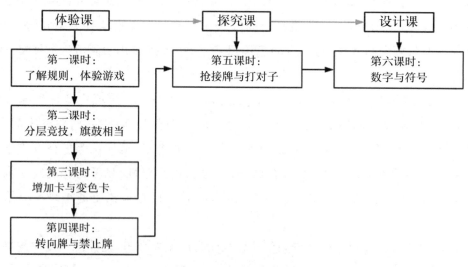

图 6 "UNO"课程纲要

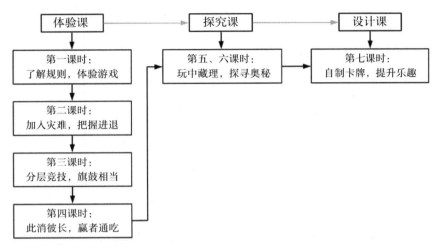

图 7 "寻宝奇兵"课程纲要

第二阶段,课程(见图 8、图 9)着重于探究、优化游戏的策略,在这个阶段学生有了初步的思考,掌握规则并熟练玩法。在体验和掌握基础规则的基础上,调动学生的积极性,研究学具中潜藏的与生活息息相关的规则,在探究中不断思考、发掘学具的价值、优化玩法策略,在不断的胜负中,乐于博弈、直面失败,不断制定新的策略,从而提升迁移能力、培养逻辑推理能力和解决问题能力。

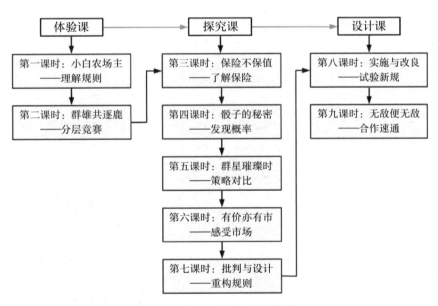

图 8 "超级农场主"课程纲要

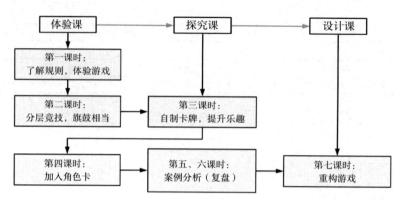

图 9　"抵抗组织"课程纲要

第三阶段，课程(见图10)将进入解构与重构桌游的高级阶段。在这个阶段，学生不满足于玩游戏，而是将重点转移至对现有游戏规则进行批判性思考和创造性重构、赏析背景设计的内涵和其艺术价值，以实现游戏规则的优化，培养创造性思维，批判性思维、多维发展。

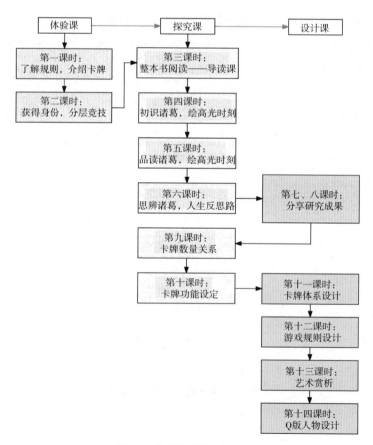

图 10　"三国杀"课程纲要

评价工具

课程评价总体以自评、互评、组内评价为主,教师只对学生小组汇报进行分层评价。针对不同课型,使用不同的学习单,评价侧重点、内容和形式也略有不同。

体验课,我们关注学生在游玩时收获的感性认识,通过前期的分层竞技将层次接近的学生分到同一小组,以提升学生的游玩体验。注重学生对自己的评价和学生自主记录每一局游戏的思考。在一次又一次愉快的体验、深刻的思考、细致的验证中将自己的想法累积起来,形成策略。而互评是以组内评价为主,小组内的同学相互对每一位组员在游玩中是否遵守游戏规则、是否和睦进行游戏、是否保持积极心态等方面做简要评价,激发内在动力,提升逆商(压力情境),增强语言表达能力(人际情境)。

探究课(见表1),首先是根据活动的要求进行组内分工,包括:主持人、汇报员、记录员等多种分工,进行探究时也要求人人参与、人人发言。从确定探究的主题开始,记录小组成员的讨论过程(姓名+主要内容/精彩发言),最后思考展示的形式,可以多种形式进行汇报。教师根据小组汇报的完整度进行简要评价,也会根据汇报做出分层指导。课程结束后还需要组员根据这一次探究课的活动过程进行反思,可以是对讨论结果的补充,也可以是对探究过程的优化。发展沟通能力、逻辑思维能力、批判性思维和解决问题能力,在合作与交流中树立自信心(自我认知)。

表1 探究课学习单(小组)

第____小组　　　总评_____

组员				
分工				
研究主题				
讨论记录				
汇报形式				
活动反思				
教师评语				

设计课，要求学生对规则有一定的理解，在此基础上提出问题或者建议。针对问题制定策略，可以是对游戏规则的调整，也可以是增加一些功能道具，从而优化现有的游戏体验。对于有想法的学生，甚至可以按照他们的认知对学具的玩法进行重构，充分发挥学生的主观能动性。汇报分享时进行互评，对设计的内容以评语的形式进行评价，可以是畅想、可以是赞美、可以是完善。发展迁移能力、创造性思维能力和问题解决能力。设计一体化评价体系，尝试打破年级分界，根据学生"玩的等级"进行游戏、学习。

课程**故事**

课程起源

暑假的一次聚会，我玩了一款桌游"印加宝藏"，在游戏的过程中逐渐分化出"鲁莽的赌徒"和"理智的探险家"。一位文科朋友在几轮颗粒无收后发出感叹："玩这款桌游还得看你们学数学的！"他虽然没有发现其中奥秘，但却仍归功于数学。一提到数学，身为数学老师的我就非常敏感，数学在这当中起到什么作用呢？

第一款桌游

小时候玩的第一款桌游是军棋，我那时还在上小学，有一次在超市货架上看到军棋，入手的原因就是这个"军"字，充分满足了男生对军事的向往，我连游戏规则都没看就直接买了回来。回家后满心期待地拆开包装，看到游戏规则大失所望，没有想象中激烈的战斗和硝烟弥漫的战场。于是我很快就抛弃了原版游戏规则，拿着一个个团长、营长、排长充当部队玩了起来。兴趣是最好的老师，有趣的规则也很重要。

痛苦地"玩"

我们班有小女孩，学棋有几年了，棋下得很好。但是她告诉我，关于学棋，她背了很多定式，虽然下得很好，但感觉下棋并不快乐。这么好学的学生，遇上围棋这么好的学具，却感受不到玩的快乐，反而玩起来是痛苦的。像这样有负担地学，学生的创造力能得到释放吗？可能传统的棋牌类桌游已经难以满足当代学生的兴趣和需要，缺乏足够的吸引力点燃学生的兴趣了。而学习最大的动力，恰恰是对学习材料的兴趣。

男儿有泪不轻弹

在带领六年级同学试玩"三国杀"时，有个男生没一会儿就号啕大哭。问起原因竟是还没有到他的回合他就被淘汰了，他觉得这样很没有游戏体验感，忍不住就哭了。在游戏中尚且如此，那在生活中又能多坚强呢？胜败皆常事，在课程的体验中，笑对胜败、提升逆商看来是十分重要的！

参考文献

[1]张娅."玩"作为儿童生活本真目的与儿童哲学之建构[J].云南大学学报(社会科学版),2020(1):30-38.

[2]何善蒙、易楚越."玩"的哲学:考察中国哲学的一种新视角[J].江海学刊,2022(4):58-66.

[3]李双双.玩兴研究及其对心理健康教育的启示[J].湖北第二师范学院学报,2010,11(21):83-84.

[4]左威.益智桌游:发展思维的课程资源[J].湖北教育,2021(20):9-10.

[5] MAYER B,HARRIS C. Libraries got game:aligned learning through modern board games[M].Washington:ALA Editions,2009.

[6]陈介宇.从现代桌上游戏的特点探讨其运用于儿童学习的可行性[J].台北市立大学师资培育及职涯发展中心,2010,57(4):40-45.

[7]于歆杰.以学生为中心的教与学:利用慕课资源实施翻转课堂的实践[M].2版.北京:高等教育出版社,2015.

[8]赵静,高国欣,张中兴.实效性翻转课堂模式设计思路探析[J].中国医学教育技术,2022,36(1):22-25.

[9]胡元华,何捷.体验式学习,从桌游到统编教材教学的运用与迁移[J].小学教学参考(综合版),2020(16):1-4.

[10]于文浩,张豫丽.翻转课堂的施动主体:教师的价值和正能量[J].中小学教育,2016(9).

[11]贾树同.浅谈如何在小学数学中开展体验式教学[J].课程教育研究:学法教法研究,2015(33):164-165.

"趣玩有道"
课程纲要

"国风民乐创生"课程
——以琵琶初阶班为例

陈昕悦

　　厦门第二实验小学在"和美·共生"的教学理念下，以"和而不同，美美与共"为基本路径，着力于艺术特色建设。确立了"以民族器乐专业为突破口，扎根民族民间音乐"的学校特色社团建设，培养学生对民族音乐文化的深厚情感和高尚的民族审美观，通过系统化的器乐课程训练，提升民乐演奏新人专业化水平。

目标定位

一、寻民族乐器之源

　　《乐记·乐言篇》中"乐之者，圣人之所乐也。而可以善民心，其感人深，其移风易俗。故先王著其教焉"，"善民心"表明我国古代音乐本身承载着教化的功能，音乐打动人心，向善向美，健全人格。中国传统民族音乐是我国悠久历史中各民族创造出来的具有民族特色的能够体现民族文化和民族精神的音乐，是我国音乐教育的重要组成部分。传统民族乐器作为民族音乐中最具多元特色的表现之一，来源于民间，反映中华 56 个民族的生产劳动、文化生活，它蕴含着中国传统思维方式、习惯以及民族音乐文化审美，容纳原始声音、传统民俗、宗教文化、民族个性等，是不可复制的音乐教育题材。学校艺术教育是民族音乐文化传承的前沿阵地，为了推进民乐艺术教育，借助器乐为载体，探寻民族乐器的起源、种类、发展，追溯起点，用学生的视角、语言走近民族乐器。

二、探民族乐器之魂

　　《义务教育艺术课程标准(2022 年版)》坚持目标导向，全面落实有理想、有本领、有担当的时代新人的培养要求，通过艺术教育以形象的力量与美的境界促进人的审美和人文素养的提升，本课程目标定位旨在培养有复兴民族理想、有传统乐器本领、有传承国风之美担当的民乐时代新人。聚焦核心素养，建构学生创生民乐思维，激发"技艺赋能"，发展学生"1＋N 国乐创生能力"。该能力不仅仅是语义理解上的创造力、生产力,在国风民乐艺术课程中学生的"1＋N 国乐创生能力"要求在掌握民族乐器演奏方式、技巧技能外展现个人创造力、表现力、理解力。

三、创民乐新声之路

本课程以中国传统乐器琵琶为载体,在传统教学模式与新时代教学模式融合中实践,是民乐新声走向时代化的实施路径。《义务教育艺术课程标准(2022 年版)》中音乐学科课程内容包括"欣赏""表现""创造""联系"4 类艺术实践,涵盖 14 项具体学习内容,分学段设置不同的学习任务,其中包含演奏任务。演奏是进行情感表达和音乐表现、开展音乐创作与展示的重要途径。要求学生在第一学段(一、二年级)学业中,会演奏简单的锣鼓经片段或其他节奏型,能进行独奏、合奏或为演唱和游戏伴奏;在第二学段(三至五年级)要求能参与各种形式的演奏活动,享受演奏的乐趣,能用打击乐器或其他课堂乐器进行独奏、简单的合奏或为歌曲伴奏,能运用乐器编创并演奏简单节奏和旋律。在不同的年龄学段都设置了不同水平标准的演奏任务,规范学业要求。在义务教育的小学音乐常规课堂上,演奏是为辅助歌词、表演,并不作为教学重点。本课程进行以演奏为重点的技能培养及多元能力素养提升,促进学生自由心智成长,用有趣的任务、问题激发其创造灵感,引导学生用自主探索的方式收集信息,用独特的个人表达方式表达喜爱,聚焦其创意实践核心素养,创造出民乐新力量。

背景分析

笔者以"小学民族乐器"为关键词进行检索,截至 2023 年 10 月,在中国知网上检索到 142 篇文献,其中期刊 35 篇,学位论文 35 篇。以"小学民族乐器课程"为关键词,检索到 58 篇文献,而以"小学民族乐器创生课程"为关键词,检索到 0 篇文献,以"小学民族乐器创造力"为关键词,检索到 0 篇文献。通过阅读相关文献,目前学界对"民族器乐"的研究大致分为以下几类。

一、器乐的教育价值

器乐本身是一个广阔的学习领域,它涉及系统的音乐艺术表现、技能技巧、知识结构,以及伴随器乐学习,锻炼人的协调能力、合作配合能力及塑造人格等,丰富人的音乐储备知识如背景历史、作品流派、制作工艺、民族记忆、人文精神与智慧等,提供了产生独特而生动的音乐及人文价值和教育价值的可能性。

二、中国传统民族器乐的教育价值

传统民族器乐文化是世界器乐文化中最具独特魅力的一部分,展现出丰富的学习价值。传统民族器乐活动，是千百年中国各民族人民生产劳动、文化生活长期实践积累的结晶，它蕴含着中国传统思维方式、习惯以及民族音乐文化审美，容纳原始声音、传统民俗、宗教文化、民族个性等。胡琴、琵琶、古筝、竹笛、唢呐、笙等乐器作为中国传统民族代表乐器，展现不同的民族乐器之声，体现丰富的传统民族器乐种类，构建多元的中国传统民族器乐文化价值与教育价值。

三、小学民族乐器的教育价值

新中国成立以来，中小学素质教育中音乐教育的地位不断提高，音乐课是促成中小学素质教育的主要课程；随着新课改的落地，新课标的完善，民族器乐的地位不断提高，许多学者进行"民族乐器进入小学音乐课堂"的实践研究，弘扬民族音乐精髓，夯实人文艺术底蕴，取得丰富的实践成果。许洪帅[1]认为"乐器是民族文化的鲜明标志，器乐是民族精神、性格的集中体现"，因此器乐表演艺术是一个民族群体或团体中个人生活的重要组成部分，其本身带有民族精神文明和民族性格的相关财富。他强调"没有器乐的中小学音乐教育是不完整的，学生缺失音乐体验的重要基础"，而中国传统民族器乐作为音乐艺术的主要表现形式之一，是基于体验的音乐教育价值和功能的重要载体。小学生正值个体成长与发展的关键阶段，施以包括民族器乐在内的民族音乐文化教育，参与民族器乐活动，理解本民族文化，欣赏热爱本民族优秀音乐作品，结合自身现代生活经验，用"学生"的视角，以"孩子"的理解共享、尊重、认同中国传统民族器乐之声，促进民族文化与精神的振兴、传承、创新、延续。

四、小学民族乐器校本课程课例研究

针对"校本课程"的课例研究，呈现出多元的校本课程建设，如张嘉昕[2]在义务教育阶段古筝校本课程的开发与实施中运用调查问卷、教师访谈、评价量表等方式为整体校本课程提供实践的路径，她在综合课教学的基础上设立四种课程，分别为实践课、感受欣赏课、创编课与相关文化活动课，其中创编课出现以下问题：（1）学生自主创编能力不够；（2）学生齐奏创编旋律困难，她观察到学生总是等待教师直接传授或弹奏旋律，学生接受知识的方式属于被动接受，不利于发散性思维的培养。笔者认为这是器乐教学学界内普遍存在的教学现况，通过个人实践总结学生创造力发展形成期主要在三、四年级，能够创编旋律并能准确写谱，大量的学者课例展现群体集中在中高段，但不是所有这一阶段的学生都可以自主创编，这是学生进行器乐学习没有涉及的创作领域，一、二年级萌芽时期拥有创造能力吗？学生可以创编旋律吗？创造是艺术、整个社会发展的根本动力，一、二年级是义务教育的最开始阶段，一个良好的创造力教学环境与设置适合学生发展水平的创造性发展任务尤为重要。

目前的研究存在一些不足，如研究中用大量的理论依据分析小学民族乐器校本课程

的教育价值与文化价值,但开展课程的成果展示内容较少,其中创造力成果展示内容单薄,低段创造力成果展示缺失。学生音乐创造力的培养是一个长期连贯的过程,如何将此任务从课时走向单元,从小单元走向大单元,以大单元整合构建课程,将创造力发展作为主要目标在小学民族器乐校本课程实施中留有大量的探索空间。

"国风民乐创生"作为社团课程,隶属于校本课程,学校以"民乐"为办学特色,在"和美共生"的教学理念下在低段(一、二年级)课程中聚焦"创造力任务"设计了"3+Z"的课程模式,以义务教育阶段一、二年级课程作为理论基础,以音乐学科的课程性质为前提,突出"项目式学习"的课程理念,将抽象、难理解的本质问题变成有趣有价值的驱动性问题,聚焦落实核心素养,进行实质的成果展示,注重成果的多维度展示,聚焦核心素养,落实能力素养的培养,即艺术表现能力、创意实践能力、欣赏表述能力,形成环环相扣的课程形态。

学习路径

一、学习路径设计依据

(一)皮亚杰认知发展理论

本课程实施对象一、二年级学生(7~8岁),学生处于直觉思维期,是知觉、想象、思维、注意、情绪情感、个性的发展初期,形象思维占据主导地位,思维直观性强,感知事物较简单,通常只注意表面现象与个体特征,想象内容丰富,具有一定的抽象概括思维,不善于分配注意,个性特征明显。在课程实施开始,笔者调查发现基于目前艺术教育普及化的社会现象,95%的学生都见过民族乐器,但有70%的学生第一次触碰民族乐器,第一次体验民族乐器。在学生第一课时认识琵琶时,最先观察到的是琵琶的"样子"即形态、花纹、制作材料,其次通过聆听琵琶的"声音",感受音色、音量。对于乐器的历史人文,第一次接触的学生是"空白"的,尽管在电视、手机等媒体媒介上学生曾欣赏观看过民族乐器的节目,但还无法内化于心,提升民族自豪感,无法在此年龄阶段感悟到琵琶人文底蕴魅力。

(二)学生主体教育理念

在1941年,叶圣陶先生提出了"学生主体"的思想,19世纪美国教育家约翰·杜威是当时传统教育的改造者,他提出从儿童的天性出发,促进儿童个性发展,提出"儿童中心"("学生中心")的教育理念。本课程始终遵循"以学生为本位"的教学原则,使学生内在主观能动性充分迸发,让学生能以主人的身份自主自由地学习。我国最开始的民族音乐往往是以口口相传的形式得以传承,在课堂上,以学生为主体,教师授课、学生学习是目前普遍的教学模式,这样的教学模式极大保留了民族音乐自身的文化底蕴与民族色彩,但从"学生心智自由发展"角度来看,不利于创作创造力、发散思维环境,限制学生的独创能力与想象创造能力。心智的民族音乐教育需要创新策略,由传统的"教师教学生学"模式向"学生探索教师总结"倾斜,聚焦学生音乐核心素养的创意实践。

二、学习路径设计

"国风民乐创生"琵琶课程旨在引领学生用自己的视角走近中国传统文化,走近民族器乐琵琶。以项目式学习的组织方式探寻琵琶的源头、发展过程,分辨其种类、形态,与艺术学科内各门类巧妙融合,用艺术的创造形式欣赏民族乐器之美。

(一)寻其源——探寻图案 绘制表达

基于音乐学科本质的审美感知素养,巧用有价值、有趣的驱动型问题"你是一名乐器学家,工作任务是设计乐器图样,你和团队将要策划一场设计发布会!",引导学生整合音乐基础知识与能力,在项目自主研究中建立与以往知识、生活经验知识的联系,让学生自主探究琵琶的背景、形态、种类,完成琵琶历史信息收集、组织信息、储存知识点、巩固等学习任务,进行琵琶结构图的设计以及琵琶演奏姿势挑战,形成琵琶结构绘制图、琵琶演奏姿势照片,进行成果公开、交流互动,吸收他人学习成果的优秀结晶,拓宽关于琵琶形态、历史、图案知识的广度与深度。学习本课程的核心能力素养:感知欣赏民族器乐人文底蕴。

民族乐器引领学生自我感知欣赏民族乐器琵琶的音律美,直接体验琵琶的形态美,启发探索其人文历史美及故事脉络美,从音乐·美术·历史等多元角度多元感知民族乐器美,丰富音乐情感体验,深化音乐情感体验,提升审美感知和文化素养理解。根据学生的年龄特点与认知规律,在第一节"认识琵琶"课堂上,通常采用启发式、体验式教学方式,激发学生想象能力,例如可用以下问题驱动:琵琶为什么称作琵琶,它有什么历史故事? 琵琶的形状像什么? 空心还是实心? 它有很多特别的图案与花纹,你最爱它的哪个组成部分? 你觉得它应该怎么演奏? 想象一下它的音色? 在传统教学课堂中的讲述式教学转化成了启发式教学,由教师教授知识到学生自我感知、求知,调动学生的认知活动。实现多元感知方式,即教师引领感知、学生自主感知、同伴互助感知和合作配合感知。

音乐项目式学习能够避免让儿童用机械、孤立的眼光看待世界,懂得运用不同的"透镜"去理解音乐世界的基本运作方式。Marzano[3]的学习维度理论(见图1)是一种新的视角,被证实可以改善学习者的表现与学习经历,并提高学习成果。它被认为是一种重要的辅助学习方法,可以使学习者更加聚焦地接受和理解学习内容。

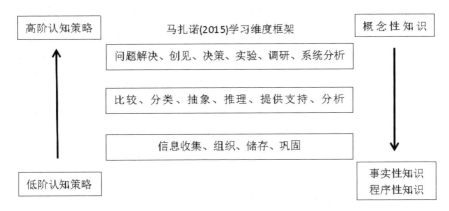

图1 马扎诺(Marzano)学习维度理论

(二)探其技——深度体验 艺术表现

"探"(8～9岁),是指通过深度体验的学习方式达到在艺术活动中创造艺术形象、表达思想感情、展现艺术美感的实践能力,即艺术表现。学生是借助体验而成长的,体验学习的具体形态包括观察、调查、扮演角色、模拟情景、即兴表演等,直接性的体验和活动,是学习者全身心一体化地起作用的,有教育价值的深度学习将内化为营养,促进学生健康健全人格成长。在这一路径中,学生在专业教师的教育下以专业演奏者的身份探索民族乐器琵琶的音色,用具象化的艺术语言探究时,时而柔美,时而坚毅,风格文雅抒情,磅礴大气;探索节奏巧妙可迁移,知一解三享乐趣,体验弹奏技巧与合作技巧,例如教师在教授"弹"这一技巧时设问:"除了这一种演奏方法还有其他的吗? 这种演奏方法合理吗?"体验了多种演奏方式后,总结出一种大多数人觉得合理的方式,即正确的方式,加以巩固讲解。不再是教师示范正确演奏方式,而是学生在试误中发现这一正确演奏方式,这是主体的重心转移,学生的深度体验引发其按照自身的意愿与注意展开尝试错误的活动,不断"试误"激发"探究",借助"反思",享受"发现",发展问题解决的学习与研究探索能力。

(三)创乐家——拓展技巧 创造编配

"创"(7～11岁)是"国风民乐创生"课程所要发展的核心能力,曹晓晶[4]曾提出"创造性是民族乐器改革的动力源泉,民族乐器在保留自身特色的前提下结合时代发展的需要不断突破和发展。"陈洁[5]认为"民族音乐的繁荣发展,不仅要从作品创作本身出发,还必须认识到民族音乐事业的发展是一个完整的生态链,要对民族音乐发展的各个环节进行建设和孵化。"民族音乐事业需要以民族性和创新性相结合的途径来推进民族乐器改革,而作为民族音乐事业基层,培养创造力需要从基础进行铺垫、渗透。

在这一学习路径中学生能运用音乐·美术·历史等多学科知识,紧密联系现实生活，进行艺术创新和实际应用，达到传承优秀民乐，实现和满足人民群众文化需求的总目标。在小学阶段，本课程在这一学习路径中设置了 5 个阶段性任务：独奏—交流—合奏—展示—创造。学生通过系统性、阶段性的学习任务完成识谱、空弦、弹、挑、轮、滚、勾、抹、遮、分等技巧，熟悉把位按音，演奏 D 调、G 调音阶与初级乐曲《月儿高》《金蛇狂舞》，进行独奏、合奏展示，再迁移积累乐曲经验，学生们在各自的小卡片上创作 1 小节旋律，标注技法，最后组合成 12 小节的小乐曲。由学生创编的曲目虽无法达到标准的乐曲，但在这一任务过程中，通过信息组织再到比较迁移，直至完成创作，实现了器乐学习缔结低阶认知策略到高阶认知策略的层层递进，从事实性知识（识谱、空弦、弹、挑、轮、滚、勾、抹、遮、分）到概念性知识（编写音符、创作节奏、整合乐思）的组织、整合、运用、创见。

课程**图谱**

　　"国风民乐创生"课程图谱（见图 2）以民族乐器·形为创作原型，民族乐器·声为创作思路，民族乐器·源为创作灵感。在传统延续与时代需求中寻求课程的价值，在与民族乐器的对话中寻源头、阅人文、探国乐、传古今、创未来。本课程围绕一个主题：国风传承，两条主线：能力＋人文，三大核心素养：审美感知能力、创意实践能力、艺术表现能力，三层次的音乐思维模式：收集识别、分析迁移、表达推理，三阶段的演奏水平特征：基础模仿、中阶识别、高阶迁移，三条路径"知·探·创"展开，整体结构螺旋交织，向上生长。

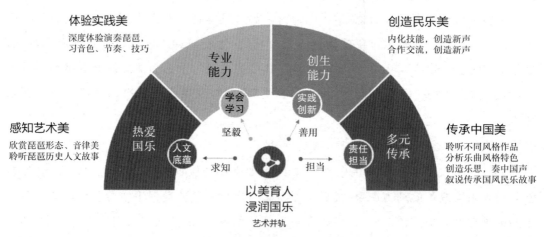

图 2　"国风民乐创生"课程图谱

　　课程立足于培养学生的核心素养，依托"知、探、创"的学习路径，将这四部分的课程内容整合如下。

一、感知艺术美

在触摸、绘制、设计、聆听、编创等综合性活动中感知民乐形态美·音色美·故事美，以历史时间线阅览民族音乐文化故事，在潜移默化中提升学生的民族音乐文化自信。

二、体验实践美

在模仿、演唱、演奏、合作合奏等音乐活动中，深度体验琵琶的音色清脆优美、风格多样、技巧灵活，初步进行收集音乐知识的活动，能演奏一项民族乐器，能创意结合乐器人文知识与音色特点进行演奏形式改编、进行创意性美术设计。

三、创造民乐美

在听辨、区别、分析、预测等综合性活动中，掌握民族乐器的演奏方式，强化演奏技巧，内化技能，外化于伴奏、配乐等音乐实践，与伙伴、团队协同合奏、伴奏，创作喜爱的诗歌配乐与流行曲配乐，培养学生高阶认知策略。

四、传承中国美

在团队聆听音乐会、赛场实践、校外拓展等综合性活动中，聆听不同音乐作品，分析鉴赏其风格特色，选择喜欢的作品进行创编旋律、编排展示节目，培养学生的创造能力、组织能力、合作能力。

评价工具

一、评价目标及评价依据

本课程聚焦"国乐传承人"的评价任务，根据课程目标及任务，对学生最终课程目标达成度设置了系列化的课程评价活动（见表1、表2）。评价维度涉及学习态度、过程表现、成果成就等多方面，围绕学生艺术学习实践性、体验性、创造性等特点，注重观察、记录学生学习、实践、创作等活动中的典型行为和态度特征，将评价贯穿艺术学习的全过程和艺术教学的各个环节。

二、评价原则

1.坚持素养导向

围绕本课程三大核心素养内涵：培养民族审美观、掌握民族乐器本领、提升欣赏表达能力，依据课程总目标与课时目标，进行全面、综合、多维的评价，既关注学生掌握民族乐器本领的质量标准，更重视对民族音乐审美观、价值观、健全人格与个性的考察。

2.坚持以评促学

倡导评价促进学习的理念，关注在器乐学习过程中学生真正发生的进步，捕捉、欣赏学生有创意的乐器绘制图,尊重学生对于乐曲的自由二度处理,尊重学生的个体差异与音乐喜好处理,用循序渐进的激励式语言在各个学习阶段予以鼓励,引导学生发现自己的艺术潜能,坚持自己的努力,坚信自己的艺术能力,展现自己的艺术表现,发展自己的艺术特长。

3.坚持多主体评价

充分发挥学校班主任、教师、艺术教师对学生的肯定作用,重视家长对学生的长期性鼓励作用,形成多方不同维度的共同激励机制,增强学生的艺术表现欲望,保持学习的动力以及坚信自我艺术能力的信心。

4.重视表现性评价

围绕学生艺术学习的审美性、实践性、创造性等特点,注重观察、记录学生在多元艺术学习活动中的典型行为、态度特征、个人特点,运用期中汇报展示、期末音乐会等形式,进行质性分析,分为优秀、良好、及格、不及格四个等级。同时引导学生对自己的学习过程进行写实记录,增强学生勇于参与自评表现的信心。"国风民乐创生"课程评价如表1所示。

表1 "国风民乐创生"课程评价表

对象	评价内容	反馈与调整
学校	1.课程理念是否符合学校理念？	
	2.课程成果展示是否符合学校文化与风格？	
学生	1.课程的开发是否符合实施对象的认知规律与心理特征？	
	2.课程的实施是否落实以学生为主体？	
	3.课程内容是否适用于辅助国家课程？	
	4.课程目标达成是否培养学生民族音乐审美观？	
	5.课程目标达成是否提升学生欣赏表达能力？	
	6.课程成果展现是否受到学生喜爱？	
	7.课程评价、成果展现是否足以评定课程能力素养达成？	
教师	1.教师是否有效进行课程实施与调整？	
	2.课程实施是否有利于教师课程建构？	
	3.教师是否对于课程实施充满信心？	

表2 "国风民乐创生"课程学生学习评价表

评价模块	考评标准			总分/分
	1分	2分	3分	
琵琶由来信息收集	能通过询问、交流、查阅等方式进行信息收集。	能通过询问、交流、查阅等方式进行深度信息收集,并用语言总结。	能通过查阅、调查、检索等方式对信息进行整合并用自己的理解表达。	

续表

评价模块	考评标准			总分/分
	1分	2分	3分	
Logo设计	能简单地绘制出琵琶的形态、构造。	能较准确地绘制琵琶形态,标注构造,设计图案。	能准确绘制标注琵琶构造图,设计具有民族特色的Logo	
欣赏表达喜爱原因	能较清晰地表达自己的喜爱之情。	能清晰地表达自己的喜爱,具体到琵琶特征或音色。	能具体表达自己对琵琶的喜爱,具体到历史由来、音色特点、形态样貌。	
琵琶技巧	初步掌握部分琵琶技巧,能用正确的姿势演奏曲目。	较熟悉地掌握大部分琵琶技巧,能用正确的姿势有感情地演奏。	熟悉掌握琵琶技巧,能用正确的姿势有感情地演奏,体现音乐表现力。	
创作谱曲	能简单唱出音符,教师辅助书写。	能书写音符,书写正确。	能正确书写创编旋律,旋律优美,节奏变化。	
创意实践	能参与乐曲排练,完成乐曲表演。	能参与乐曲排练,进行编排。	能参与乐曲编排,用自己的创意进行创编。	

课程故事

　　"小小民乐种子从儿时种下,伴随国乐茁壮成长,

发芽结果的我追着光,再一次把种子撒播在孩子的心田中。"

　　国风民乐课程的意义在于热爱。我们源于一个民族,聆听欣赏民族音乐,用乐器说话、交流;用音乐传递、合作;用热爱延续、传承。我想依托民族乐器与学生们建立纽带,用多元的方式陪伴学生们走近传统民族乐器,激发他们用独特的见解遇见、认识、喜爱民族乐器,用创新的思维迁移、实践、玩转民族音乐,以"民乐新人"充满生机的姿态创造新时代的民乐之声。

故事一:遇见琵琶

　　在拥有音乐教师身份之前,我是一个坚持19年的"琴童"。我的琴童之路从5岁开始,得益于对器乐培养有特别见解的妈妈,选择两项乐器:钢琴、琵琶。6岁的我在厦门第二实验小学的社团课中遇见琵琶,在厦门民族器乐开创者刘英老师的启蒙下,我开始了学琵琶的旅程。琵琶社团的教学对象是兴趣班成员,以练习、巩固的学习路径为主开展学习,以掌握民族乐器琵琶的技巧技法为学习目标。我一路成长,直至角色转变,作为民族乐器领域的一名教育者,我的问题意识萌生:在我的课程中,我的培养对象是一年级新生，我的目标是什么？一开始我想培养的是专业型的演奏者，开展一学期后，我的想法悄然改变。我任职的学校并不是专业的音乐类学校，面向的学生并不都是专业演奏者，因此我对培养什么样的人这个问题有了新颖的思路以及具有发散性的答案。以童趣的语言方式来表达，我想培养的人可以是具有民族音乐审美的欣赏家，也可以是能掌握民族器乐的演奏家，还可以是具有欣赏表达能力的民族器乐鉴赏家。从问题意识出发，根据真实的学习场景以及教学经验，我开始了我的课程建构、课程内容重组……

故事二：趣玩琵琶

在第一节课与一年级学生见面时，我问"你们认识琵琶吗？"，12个学生中有10个举手，我再追问"你们了解关于琵琶的什么小知识？"学生们的回答维度只局限在琵琶属于哪里？"琵琶是中国的乐器"，这是通过媒体、媒介了解到的，但作为一年级的学生，在接触新鲜事物时，最先是用眼睛来观察，再多的知识介绍在一节课堂后也会遗忘，回归空白。对于传统民族乐器的相关文化领域，如果填鸭式输送给学生，也无法真正地达到提高民族音乐认同感、弘扬民族音乐的长期教学目标。我聚焦在"观察"二字，从观察入手，如何在简单的活动中，达到知识的传授且不遗忘。

当小学生进入学校，一切都是陌生的，教师、家长常常说"学习""要练习"，但在小学阶段前幼儿园孩子最主要的活动是"玩"，小学生喜欢"玩"还是真的"爱学习"。笔者认为"玩"是孩子的兴趣永动力，"玩"和"习"之间有密切关联，两者可以相辅相成，互相促进，迸发灵感。开发者在开发前以角色互换的方式进行课堂预设，以一年级小学生的思维来推理，我想"玩"什么？我最爱"玩"什么？我擅长"玩"什么？在"玩"中学，在"乐"中习，在"美"中悟。这三个思考以学生兴趣为起点，贴近学生的生活经验，为新时代的社团课程开拓新的思路。根据小学生好奇好动、爱动手爱实践、擅长模仿表演、乐学善学的年龄特点与认知结构，设置"寻·探·创"的学习路径，玩琵琶的纹样。在课堂教学中观察琵琶的外形、构造，通过触摸、敲击等方式探索琵琶构造，教师加以讲解，初步认识琵琶。课后穿插"设计琵琶Logo""琵琶百态"两项亲子活动，邀请学生亲手绘制琵琶结构图，绘制结构准确、标注名称、形状相似，并在空白的面板上设计富有童真的图案Logo，并在下一节课进行交流。在课堂中进行设问："你喜欢琵琶的什么？"，有一位学生回答道："我喜欢琵琶的花纹，它很美。"另一位学生回答道："我喜欢琵琶的品、轴（琵琶的组成部分），它很优雅。"学生们的回答让我意识到，通过这两项教学活动，他们初步具备了对乐器形态的审美鉴赏能力以及欣赏表达能力。预设的教学活动达到了预期的教学目标，给予了课程内容与课程纲要的实践经验与教学成果依据。

参考文献

[1]许洪帅.我国中小学音乐教育器乐教学发展研究[D].北京:首都师范大学,2007.

[2]张嘉昕.义务教育阶段古筝校本课程的开发与实施[D].辽宁:辽宁师范大学,2022.

[3]MARZANO R J.A different kind of classroom:teaching with dimensions of learning[J].Association for supervision & curriculum development,1992:191.

[4]曹晓晶.民族乐器改革的创新之维与民族性发挥[J].艺术大观,2022(7):36-38.

[5]陈洁.用创新的思维体现民乐的魅力:对民族音乐发展的思考[J].上海艺术家,2015(3):82-87.

"国风民乐创生"
课程纲要

纹的自述

——国风美术社团"纹样新探"课程

蔡文艳

中华民族有着五千年的灿烂文明史，在我国传统文化艺术宝库中，纹样（吉祥图案）是一项包含了工艺美术、文化信仰、人文历史等多方面的艺术载体。我们的祖先创造了很多类型纹样，它们不仅造型别致，而且实用美观、内涵丰富，它们一直贯穿于人们的生活之中，反映着不同时期的风俗文化，也因此纹样具有深厚的传统文化底蕴。传统纹样早已成为中华民族审美意识、精神文化的结晶，它延续至今，展示着每个时代特有的审美情趣与文化内涵，是具有很高研究价值的珍贵文化遗产，值得我们学习、传承、借鉴。

目标定位

中国传统纹样来源于生活，同时也为生活服务，纹样里充满了古人对生活的美好期望。"纹样新探"课程是以《义务教育艺术课程标准（2022年版）》为依据，结合中国传统纹样内容，通过探寻生活中的传统纹样，引导学生了解古人关于纹样的设计智慧和其中包含的美好意蕴。在此基础之上，启发学生将现代的文化生活与传统纹样的表现手法相结合，将所学知识迁移到创意实践中，设计出富有生活气息的纹样作品。其核心目标是引导学生关注优秀中国传统文化、提升学生对传统美术、传统文化的认同感，追本溯源，不忘根本。在此基础之上，通过文创设计重点培育学生的艺术创意实践素养。艺术创意实践是综合运用多种学科知识，紧密联系现实生活，进行艺术创新和实践应用的能力。创意实践素养的培育，有助于学生养成观察生活、美化生活的习惯，形成创新意识，提高艺术实践的能力和创造能力，同时培养学生养成善于观察、勤于探究、乐于分享、注重团队的良好习惯。

背景**分析**

一、背景分析

曾经在二年级"对折剪纸"一课的导入小游戏中,我播放了一些中国传统的工艺品图片,让学生们来猜一猜这些工艺品上面的纹样究竟有什么含义。结果是认识"连年有余"(莲花)、"花开富贵"(牡丹)这两个纹样的学生较多,剩下的如"平安吉祥"(花瓶)、"五福临门"(蝙蝠)、"多子多福"(石榴)等传统纹样就只有几个学生说得出来。由此可见,学生对中国传统纹样并不是很了解。并且在过了一段时间之后,我在询问学生有关传统纹样内涵的问题时,学生们的答案也不容乐观。我觉得出现这种现象主要有以下两个原因。

(1)中低学段学生在心智上缺乏足够的生活经验、社会历练和视觉积累,与传统文化难以产生共鸣,再加上时代的脚步永不停歇、审美不断更替,许多优秀的传统美术被人们淡忘,也间接导致学生对传统美术的不熟悉。

(2)在课堂中也比较少接触这方面的内容。在我们的国家课程内容中,由于知识点、课时的限制,并没有较完整的跟中国传统纹样相关的内容。

基于以上情况,我在四年级开设了"纹样新探"社团课程。首先,该课程是对国家课程的补充。其次,也是对新课标的一种实践。在《义务教育艺术课程标准(2022年版)》中明确指出,着力加强中华优秀传统文化教育,引领学生在健康向上的审美实践中感知、体验与理解传统美术,树立正确的历史观、国家观、文化观,坚定文化自信,提升人文素养。因此,"纹样新探"课程按照学生身心发展的特点,由浅入深地确定不同的学习目标和内容。课程从学生生活入手,引导学生发现、观察、感受生活中的传统纹样之美,学生在探究活动中逐步了解中国传统纹样的种类、表现形式,组织结构、文化内涵。尝试融合现代文化设计纹样,并通过设计美化环境与生活,增强学生的学习兴趣,发展学生对知识的运用能力。发挥美术学科的育人价值,帮助学生追本溯源,不忘根本,提升学生对优秀传统文化的认同感和文化自信。

二、文献综述

为了课程能够顺利开展,笔者做了相关资料的收集工作。截至2023年3月,在中国知网上以"中国传统纹样课程"为关键词进行检索,其中与该主题相关的研究文献共有11篇,包括学术期刊5篇,学位论文1篇、特色期刊5篇。以"中国传统纹样创意"为关键词进行检索,则有相关文献共43篇,其中学术期刊16篇,学位论文14篇、会议1篇、学术辑刊1篇、特色期刊11篇。通过阅读相关文献,将目前学界对"中国传统纹样课程"的研究简要分成以下三类。

(一)中国传统纹样教育的现状及问题分析

郭娟[1]在《基于"形"、"思"视角的中国传统纹样教育的"变通"之道》中指出,传统的教学方法注重装饰纹样的形式感和色彩,强调图的设计传统和表现技法的学习,教学重点在于延续传统图形的绘画方法与色彩搭配的手段,但是却缺乏对中国传统文化的教育与学习。中国传统纹样教育的根本应该是从中国传统纹饰"思"—"饰"的转换过程之中加以剖析,深刻理解古代设计师的创作思维方式,从单纯的形式传承转换为思想、神韵的继承。

(二)中国传统纹样教学的策略探究

杜许灿[2]认为:深度学习是培养学生适应时代要求的重要路径,能够使学生将一个情境中学习的知识和技能应用到其他情境中,其最终目的指向知识和技能之间的迁移。研究者认为,深度学习即学生在理解的基础上,批判性地学习与继承新知识、新观点,与自己本身的认知结构相融合,将知识迁移到新的情境中,做出决策和解决问题的学习;有的学者还认为深度学习指向学生的高阶思维能力与复杂技能的培养。美术学科深度学习的最终目的是知识的迁移与应用。进行迁移的前提是要创设适宜的情境;在情境中设置合适的问题,只有这样才能使学生能够在解决问题的过程中把理论上的美术知识进行艺术化的转变,促进美术知识的现实转换与灵活应用。

(三)中国传统纹样教育所培育的学科素养

以美育人,以文化人,培养和塑造高尚、自由、完整、全面的人,是美育的出发点也是归宿点。从美术学科四大核心素养——审美感知、艺术表现、创意实践、文化理解出发,深入挖掘中国传统纹样的美育价值,对深化小学美术课程的育人价值、落实"立德树人"有着重要的推动作用。

林宁[3]在《中国传统纹样在小学美术课程中的开发运用》中指出,创意实践方面,通过应用知识技能对纹样进行创造性设计,以及尝试在不同情境中对纹样进行创造性运用等,培养学生在生活和实践中创造美的能力。正如美术教育学者钱初熹[4]在《文化创意产业与当代学校美术教育的研究》一文中呈现了以中国元素为核心的创意美术教育研究,论证了扎根于传统文化的创意美术教育对学生创造力养成的重要价值与意义,在教学过程中,引导学生对传统绘画语言加以运用,进行纹样的再创作以及尝试纹样与其他美术形式的结合、纹样在生活中的应用,对民族文化的独特魅力进行创造性、个性化的表现等,都有助于学生创意实践能力的发展。

中国传统纹样在产生与发展的过程中,由于受到不同历史条件和文化背景的影响,演变出多样而鲜明的民族特征,蕴含着中国传统文化和艺术审美情趣。"中国传统纹样课程"在小学美术校本课程中的开发运用,对深化美术学科育人价值,引导学生理解、传承中国传统文化具有重大意义。而在当今,人们的生活思想与古时候有着巨大的差别,对于纹样的审美标准也有了变化。因此在课程中如何引导学生将现代的审美风格与文化观念融入传统纹样中,重新梳理传统纹样的形态与寓意,设计出符合当代人们生活情感的符号纹样,展示出当今时代对于自然、社会、文化、艺术的认知,让传统纹样焕发出新的活力,是中国传统纹样课程的重要研究方向。

学习**路径**

美术是实践性很强的一门学科,要提高学生的美术核心素养,就必须引导学生通过积极参与美术活动,经历完整的探索、鉴赏、创作等过程,在过程中逐步提高美术素养。博比特在其经典著作《课程》中,深入分析了学生两种不同倾向的学习动机,认为在教育经验获得的过程中,也存在两种形成倾向:一种是基于兴趣,以培养学生生活能力为主旨的非功利教育。兴趣主义教育倾向的学习强调学生由于内心的兴趣与好奇,进而产生探究冲动,使学习发生。另一种则是以功利主义倾向为主导的培养从事生产能力的专业化实用性教育。而博比特认为两者都是必要的,但是美术学科的深度学习,应以兴趣使然的学习为主,这种学习方式超越了功利性。美术的深度学习就是基于学生自身和已有经验,触及心灵深处的学习种子,学生由于兴趣的驱使而产生学习动机,在兴趣动机下,学生能够与艺术作品产生深度对话,产生学习探究的欲望。在探究实践的过程中,学生的心灵与作品产生深层交互,进而逐渐产生具有个性化的艺术审美思维。

基于以上理论,为了学生能够更好地理解、运用传统纹样,激发学生学习兴趣,"纹样新探"从学生生活中选取与课程内容相符合的素材,走进生活,激发学生创作灵感,引导学生了解纹样与生活的联系,从而进一步发散思维,设计纹样,美化生活,因此本课程是通过"寻—悟—赏—焕"的学习路径(见图1)进行的。通过对生活中的传统纹样进行设计提取和意义解读,将所学知识迁移到现代纹样设计中,以此提升学生对优秀传统文化的认同感,追本溯源,不忘根本。同时也提高学生的创新意识与观察美化生活的能力。

一、寻

收集信息,寻找"古早"纹样之源。学生根据学习任务,开展"古早纹样"打卡活动,寻找隐藏在生活中的传统纹样,拍照记录并在课堂上进行分享。之后再从学生们的照片中归纳出哪些纹样是闽南地区常见的或是特有的,以此探索闽南地域美术特色。在分享过

图1　"纹样新探"课程学习路径

后,引导学生赏析"红龟粿"这一闽南传统美食的木质模具实物,对模具上雕刻的龟壳纹样进行分析,最后用彩泥模拟"红龟粿"的翻模,在寓教于乐的氛围中,以真实体验与模拟情景,加深学生对生活中"古早"纹样的感知。

二、悟

探究感悟"古早"纹样之意。"图必有意,意必吉祥",这是中国传统纹样一个十分鲜明的特征。古人们总是在纹样中充满对生活的美好期待。

活动一:学生首先通过自主学习,查找自己之前收集的纹样的文化意蕴或背景故事,并将纹样的寓意与造型结合起来,讨论归纳出纹样的种类(动物、植物、人物、神兽等)、寓意(长寿、仕途、平安等)、表现手法(象征法、谐音法、寓意法变形、概括等)。

活动二:在前一活动环节的基础之上,学生们提炼出具有闽南特色的传统纹样,如闽南传统美食纹样、闽南传统服装纹样、闽南传统建筑纹样、闽南传统风俗纹样等类型,之后对纹样的寓意、表现手法进行探究。还可以结合故事,引导学生了解到有的纹样取材于异国他乡,如莲塘别墅中东南亚人物形象的雕刻、老花砖等,侧面体现了闽南人下南洋奋斗的经历,从而体会了闽南文化融合南洋文化的独特之处。通过欣赏引导学生感受到生活中有着许多的传统纹样,装饰纹样之丰富、工匠技艺之高超、内涵寓意之美好,以及先人因科技和文明不够发达而对大自然充满着崇敬与畏惧之情,而装饰就是当时人们寄托对美好生活向往的载体。最后以"精美的山墙"为主体,每位社团成员绘制一幅红砖厝山墙图,并组合成闽南古厝村落。

此环节引导学生从感知到认识,由表及里地引导学生建立对中国传统纹样、闽南传统纹样的理解,为学生在高学段深入探索中国传统文化打下情感和意识基础。

三、赏

赏析"古早"纹样之美。学生通过深入赏析经典传统纹样,发现总结纹样的骨式、组织方法等纹样形式法则,从深层次感悟古人在纹样设计上的立意。例如二方连续的纹样,是因为大部分的这类纹样都附着于罐、盆等生活物品之上,其设计意图是为了彰显中国传统文化中"生生不息"的哲学思想。在深度赏析的基础上,引导学生根据想表达的对生活的美好祝愿,选择适合的表现手法和组织方法,画出纹样设计稿,如今年是兔年,可以以兔子设计一个吉祥纹样。鼓励学生设计具有厦门元素的纹样,比如利用白鹭、三角梅、凤凰花等元素。

四、焕

对"古早"纹样进行"再创造"。这一部分,主要就是将前一环节学生设计的纹样应用到生活物品之中。首先,引导学生调查国风设计可以实施在哪些物品上,为什么现在的国潮设计是受到人们的欢迎的(可爱、贴近生活、民族特色等)。接下来学生根据自己的调查结果,选择想要改造的生活物品(如摆件、布包、玻璃杯、T恤、手机壳、本子等),并对之前设计的纹样进行改进再创作,最后将设计的纹样绘制到物品之上,设计出传统纹样的国风文创物品,将传统纹样融入现代元素,让传统更贴近现代生活。

通过一系列的课程活动,学生能够对中国传统纹样有一个比较系统的了解,并且能够尝试在传统纹样中融入地域文化、现代文化,守正创新,以真实生活情境增强学生文化自觉和文化自信,培养学生美化生活和实际应用的能力。

课程图谱

"纹样新探"课程分为四个部分"觅迹寻'纹'""瑞意祥'纹'""巧思成'纹'""'纹'艺复兴"四个模块,共14课时。课程图谱(见图2)以"寻—悟—赏—焕"为学习路径,分别从信息处理、探究讨论、欣赏分析、设计创作等方面对学生的美术素养进行培育,单元内容是连续的,由易到难地逐层递进,比如艺术表现、创意实践是建立在对传统纹样审美感知和文化理解的基础之上的。以下具体阐述模块课程目标、模块课程内容及模块课程成果。

图2　"纹样新探"课程图谱

模块一：觅迹寻"纹"

1.课程目标

学生从生活中收集有关中国传统纹样的信息资料，对中国传统纹样有初步的审美感知，有助于学生发现、感知传统纹样的美，丰富审美体验，提升审美情趣。

2.课程内容

学生参与"古早"纹样打卡活动（见图3）。首先，学生寻找隐藏在生活中的中国传统纹样并拍照"打卡"，初步感受中国传统纹样的特点与魅力。其次，学生在课堂中展示自己"打卡"的照片并加以简单的解说。最后，学生以小组讨论的形式从收集的资料中归纳出哪些纹样是闽南地区常见的或特有的纹样，并着重引导学生赏析"红龟粿"。

图3　学生参与"古早"纹样打卡活动

3.课程成果

学生能够初步感知中国传统纹样的特征与用途，发现闽南特色纹样。能够与同伴们分享自己的"古早纹样打卡"经历，并进行简单的解说，以此培养学生的表达能力。在创作环节，引导学生用彩泥模拟"红龟粿"的翻模，真实体验创作的乐趣，加深学生对生活中"古早"纹样的感知。

模块二:瑞意祥"纹"

1.课程目标

学生能够感悟到传统纹样"图必有意,意必吉祥"的艺术特点,了解常见纹样的内涵意蕴以及表现手法,感受古人的设计智慧,增强文化自信。

2.课程内容

活动一:学生根据上一模块所收集到的纹样资料,以自主探究和小组讨论的方法,总结归纳中国传统纹样的种类、表现手法、内涵意蕴。

活动二:学生提炼出具有闽南特色的传统纹样并进行归类,如:闽南传统美食纹样、闽南传统服装纹样、闽南传统建筑纹样、闽南传统风俗纹样等类型,之后对闽南特色纹样的寓意、表现手法进行解读。如红砖厝山墙上的诸多纹样象征平安富贵、风狮爷象征着驱风辟邪、护佑平安等,以此感悟古人对美好生活的向往以及对自然的敬畏。还可以结合故事,引导学生了解到有的纹样取材于异国他乡,如莲塘别墅中东南亚人物形象的雕刻、老花砖等,侧面体现了闽南人下南洋奋斗的经历,从而体会了闽南文化融合南洋文化的独特之处。

3.课程成果

学生能够感受到中国传统纹样样式之丰富、工匠技艺之高超、内涵寓意之美好,以及先人对大自然的敬畏之情。最后以"精美的山墙"为主体,每位社团成员绘制一幅红砖厝山墙图(见图4),最后将所有社团成员的作品贴于背景板上,组合成闽南古厝村落。

图4 学生创作的红砖厝山墙图

模块三:巧思成"纹"

1.课程目标

学生进一步了解纹样的骨式、组织方法,并引导学生挖掘现代生活中人们想要收到的祝福,并用传统纹样的寓意、表现手法、组织方式、骨式结合现代文化,设计出新的纹样。感悟艺术与生活的广泛联系,增强思维能力,涵养热爱生活的态度。

2.课程内容

学生通过深入赏析经典传统纹样,发现、总结纹样的骨式、组织方法等纹样形式法则,从深层次感悟古人在纹样设计上的立意。接着,引导学生根据想表达的对生活的美好祝愿,选择适合的图案、表现手法和组织方法,画出纹样设计稿,如今年是兔年,可以以兔子设计一个吉祥纹样。

3.课程成果

学生能够将传统纹样的变现形式与现代文化相结合,设计出具有现代生活气息的纹样作品。之后能够与同学们分享自己的设计意图,相互交流,获取意见,并进行二次创作。

模块四:"纹"艺复兴

1.课程目标

设计国潮物品,学生能够将前一模块设计的纹样合理应用到生活物品之中。

2.课程内容

引导学生调查国风设计可以实施在哪些物品上,接下来学生根据自己的调查结果,选择想要改造的生活物品,并根据生活物品的材质选择适合的美术媒材进行,最后将设计的美好寓意纹样绘制到物品之上,设计出传统纹样的国风文创物品,将传统纹样融入现代元素,让传统更贴近现代生活。

3.课程成果

融合现代文化的纹样物品设计。课程中会运用各种生动有趣、适合学生身心发展水平的教学手段和美术表现形式,提高学生学习兴趣,丰富感官体验,增强学生的感受能力、创新能力与想象能力,领略传统文化的魅力。

除了以上课程内容,我还会根据一些节日,穿插额外的内容,比如在新年的时候绘制年画、端午节时制作大龙舟,进一步促进学生感悟美术能美化我们的生活。社团还争取每学年为学生们开设画展,让学生有平台展示自己的所学所得,在提高兴趣组学生创作动力的同时,也增强了学校的美术氛围,丰富学生的校园生活。

评价工具

评价,是课程实施的一个重要环节。构建一个合理的评价体系,主要是为了帮助学生了解自身的能力发展情况,也是为了帮助教师结合学生的具体学习情况,调整教学内容以及教学方式。基于以上观点,在本课程中对课程本身、对学生尽量做到评价内容的多元化,以便于完善、优化课程内容。

一、对课程的评价

1.问卷法

对于课程的内容设计、组织实施等方面进行问卷调查(见表1)。

表 1 课程评价问卷调查表

评价要点		评星等级		
		3星	2星	1星
课程目标	教学目标符合课标要求			
	目标明确、完整、可操作、可检测			
	课时安排合理,教学内容结构清晰			
课程内容	课程内容符合四年级学生的认知基础和学习规律			
	课程内容能切实提高学生的艺术表现、创意实践等美术素养			
	课程内容能够帮助学生增强中华优秀传统文化的认同感,培养学生的创新意识			
课程组织	教学策略和形式能够有效解决课程重难点			
	教学组织形式能够体现学生立场			

2.观察访谈法

教师在课程实施过程中与学生、家长进行交流,得出有效结论,也可借助表格等辅助工具。

二、对学生的学习情况及目标达成度的评价

在课堂教学中,评价调控整个教学过程,关注学生获得的情感、体验,关注学生发现问题、提出问题、解决问题的能力。同时以表现性评价、总结性评价作为主要评价方式,对学生参与课程的积极性、小组合作交流、作品创作表达等情况作出评价。课程评价以一个单元为单位,针对每个单元对学生不同能力点的培养作出评价,主要通过以下四种形式开展:生活探索展示、小组游戏竞赛、设计文稿分享、国风文创布展。

模块一:觅迹寻"纹"

在"觅迹寻'纹'"模块中,主要以"生活探索展示"的形式进行,学生展示介绍自己在"纹样打卡"活动中寻找到的中国传统纹样,以此考查学生的信息收集处理与交流表达能力。

评价标准:

(1)学生能够从生活中寻找到传统纹样。

(2)能够初步向同学们介绍这些纹样是在哪里发现的,是什么造型的纹样。

模块二:瑞意祥"纹"

在"瑞意祥'纹'"模块中,以各小组进行游戏竞赛"我说你画"的形式开展,以游戏的方式,考查学生对常见传统纹样的内涵意蕴的掌握程度以及对学生关于传统纹样的审美感知、文化理解素养进行评价。

评价标准:

(1)能够以自我探究和小组讨论的形式,了解常见传统纹样的寓意。

(2)学生在一组(8题)"我说你画"的游戏竞赛中,能够正确7~8题的为优,5~6题的为良,3~4题的为合格。

(3)能够总结出具有闽南特色的传统纹样。

(4)能够绘制出以"精美的山墙"为主题的闽南纹样作品。

模块三:巧思成"纹"

在第三单元"巧思成'纹'"中,学生能够根据自己的生活经验,结合传统纹样的形式法则,设计出有新意的纹样,以此考查学生的创意实践、艺术表现素养。

评价标准:

(1)学生能够合理运用传统纹样的表现手法、骨式、组织方法等形式法则,表达对生活的美好期望。

(2)学生能够将现代元素与传统纹样的表现方法相结合,让设计更贴近生活。

(3)学生能够尝试在设计中融入厦门元素,让纹样更有地域文化性。

(4)学生能够与同学分享自己的设计意图、运用元素。

模块四:"纹"艺复兴

在最后一个单元"'纹'艺复兴"中,让学生将第三单元中设计的纹样用于装饰生活物品,并且参与期末的社团作品展示活动,以此对学生整个"纹样新探"课程进行总结性评价。

美术的学习评价应超脱传统的"知识掌握程度""技能熟练程度"等学科本位思想,积极拓展多元的评测内容,关注学生行为表现过程及学习能力、学习态度、情感与价值观等方面的评价。通过面向全体且关注差异的美术素养测评,促进学生形成可持续发展的学习力。

课程**故事**

在中国传统艺术宝库中有一枝奇丽的花朵,人们称它为吉祥图案(纹样)。它那丰富的内涵、善美的理想,正是中华民族精神文化的象征,具有很高的文化艺术价值,这也是我开设这门社团课程的初衷,希望能有更多的学生知道纹样、理解纹样、喜欢纹样、会用纹样。

虽然,传统纹样是艺术瑰宝,但是不可否认的是现在生活环境变了,语言也有了很多不一样的表达,对于艺术表现也有了新的审美,人们更愿意尝试新事物,用个性来展示自己,彰显自己的态度。因此,为了让纹样能够更好地传承下去,我们可以尝试将现代元素融入传统纹样,来场传统与现代的"碰撞"。在"纹样新探"课程的"巧思成纹"单元中,学生们的创作让我记忆深刻。本单元的内容是学生根据之前所学的传统纹样的表现手法、寓意、骨式,结合现代的文化表达,用纹样的形式表现出来。一开始,学生们想到的还是传统的恭喜发财、一帆风顺等祝福,并不是很贴近生活。于是我就引导学生"在生活中你最想收到的或者送出的祝福是什么? 我们可以从需要祝福的事情的角度去思考。"这时有学生突然来了一句:"我希望我每次考试的时候都顺顺利利,猜的都对!"这时班级里哄堂大笑。"我觉得他说的祝福很实用,非常好,那你们觉得该如何设计这个祝福呢?""我觉得可以用柿子和笔来表现事事顺利。""那白菜的菜字和猜字是谐音,可以用来设计'猜的都对'。"我感叹道:"是呀,这样有趣的小设计肯定会受到其他同学们的喜欢的。那还有其他贴近生活的祝福,或者是可以在祝福中融入我们厦门的元素,把原来的传统纹样改造一下?"之后,学生们以小组讨论的形式一起想出了许多有趣的"现代纹样",如用元气森林的饮料瓶表达"元气满满"、用白鹭和三角梅表现"一路生花"、用黄色香蕉表达"禁止焦虑"等有意思的愿望。在理解传统纹样表达手法的基础上,学生们根据自己的生活经验,设计出了"新"纹样,学生更能深刻体会美术与生活的关系。

从图腾到简单的几何纹样,从奴隶社会粗犷简洁的青铜器纹到封建社会繁复精美的飞禽走兽、花鸟鱼虫等,纹样凝聚着时代独特的艺术审美观。如今,学生们也尝试着运用文化观念与现代元素,重新梳理传统纹样的形态与寓意,设计出样式新颖、贴近生活的符号纹样,碰撞出属于这个时代的火花。

参考文献

[1]郭娟.基于"形"、"思"视角的中国传统纹样教育的"变通"之道[J].设计艺术研究,2012,2(3):122-124.

[2]杜许灿.中小学美术学科深度学习"三样态"与推进路径[J].教育理论与实践2022(14):60-63.

[3]林宁.中国传统纹样在小学美术课程中的开发运用[J].教育探究,2022,17(4):39-43.

[4]钱初熹.文化创意产业与当代学校美术教育的研究[J].首届世界华人美术教育交流会,2008:61-66.

"纹样新探"
课程纲要

27

数据可视化

张　肃

马克·吐温有一句名言:"世界上有三种谎言:一是谎言,二是该死的谎言,三是统计数据。"

当然,谎言并不是源于统计数据本身,而是人们对数据的曲解和错误使用。因此,向他人展示数据的时候,你有责任展示出"真相"。

"可视化"原意为"可看得见的""清楚地呈现",后译为"形象化""成就展现"。数据可视化是一个过程:它将数据、信息和知识转化为一种形象化的视觉表达形式,利用人能快速识别可视模块的自然能力,以形象化的姿态接受大众的"阅"读。这种形象化的视觉就是"统计图"。数据可视化并不是简单地把数据变成图表,而是以数据为载体,以可视化为手段,形成数据视觉,目的是描述真实,探索世界。

目标定位

"数据可视化"课程在国家课程的基础上,拓展国家课程以外的数据可视化图的相关内容,是数据统计类内容的补充,通过本课程的学习达成以下两个方面的目标。

(1)助力未来公民形成数据可视化素养

时代的发展迫切要求人们具备新的素养,在大数据时代,越发强调数据处理、分析以及可视化等大数据透视能力,数据可视化素养应运而生,它是指对数据可视化图中模式、趋势、相关性等的解读能力和意义建构能力。数据可视化素养已经超越以往信息素养、视觉素养、可视化素养等概念中关于数据的范畴,旨在应对大数据情境、彰显和阐释大数据意义,凸显直观呈现的价值。是数据经济时代公民应具备的基本素养之一,是大数据情境下素养形成和发展的新方向。数据可视化素养有望成为与文字素养、数学素养同等级别的重要素养,足见其在未来社会能力中的核心地位。[1]

（2）培养学生的数据意识乃至数据观念

《义务教育数学课程标准（2022年版）》的"学业要求"中指出"要能根据问题的需要，从报纸、杂志、电视、互联网等媒体上获得数据，或者通过其他合适的方式获得数据，能把数据整理成条形统计图、折线统计图，知道条形统计图、折线统计图和扇形统计图的功能，会解释统计图表达的意义，能根据结果作出简单的判断和预测。"也要"能用数学语言表达数据所蕴含的信息，形成初步的数据意识。"足见在基础教育阶段对数据意识和数据观念培养的决心，而"数据可视化"课程正是实现培养目标的有效途径。

课程拓宽了数据可视化图的深度和广度，让统计数据会"说话"，逐步培养学生的数据意识乃至数据观念。这与培养未来公民的数据可视化素养相统一，遥相呼应。

背景分析

数据可视化是为了直观形象地描述真相，促进行动，从而解决问题。现实生活中有各种各样的问题，需要数据以各种不同的方式反映问题，呈现结果、趋势和占比等，"数据可视化"课程能够丰富学生统计方面的基础知识、增强学生的基本技能，形成基本思想和积累基本的数学活动经验，提高学生分析和解决问题的能力，进而培养学生的数据意识，这也是学习"数据可视化"课程的价值。

随着数字化时代的到来，数字化引领着教育理念转型和教育模式的创新。数字化时代成长起来的人才，需要更具综合性、灵活性、实践性，并具有时代特色，要求学生具有阅读、解读可视化数据并从中获取有效信息的能力；具有根据结果对问题进行简单的判断和预测的能力；具有一定程度的大数据决策能力。就要将与时代相契合的"数据可视化"课程大胆地引入课堂。[2]在以条形、折线和扇形统计图作为统计内容的国家课程基础上，平行地拓宽"数据可视化"课程的广度，丰富数据可视化图的类型，提高数据可视化图的维度，为学生系统掌握数据可视化内容提供了可能，为提高学生数据的收集、整理和分析的能力奠定了基础，过程中逐步培养了学生的数据意识。

在知网中对关键字"数据可视化"进行检索（见图1），截至2023年10月15日，检索到学术期刊1.10万篇，学位论文4351篇，会议712篇，报纸37份，图书20本。可见，数据可视化在各行各业的应用非常广泛，在呈现数据形态、反映数据规律方面起到了举足轻重的作用。

在对"数据可视化素养"进行关键字检索时，相关内容的学术期刊68篇，学位论文18篇，会议1篇，由检索结果（见图2）可知，对于数据可视化素养的关注相对比较少，但是随着年份的增加越来越受到关注。

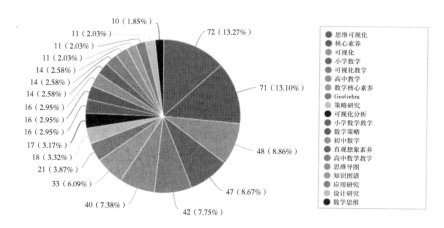

图1 以"数据可视化"作为主题检索的相关文献的主要主题分布

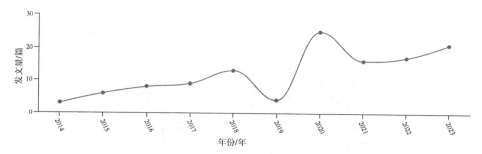

图2 以"数据可视化素养"作为主题检索的相关文献的年度发表趋势

根据文献检索,关于数据可视化素养的研究,在"新闻与传媒""计算机软件和计算机应用""图书情报与数字图书""高等和中等教育"范畴研究较为广泛(见图3),在基础教育阶段还呈现空白的状态。小学阶段,适当地引入"数据可视化"课程,在培养数据意识的基础上逐步培养数据可视化素养是非常具有可行性的。

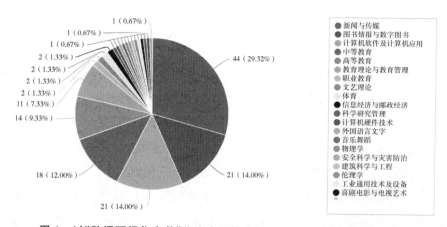

图3 以"数据可视化素养"作为主题检索的相关文献的主要主题分布

学习**路径**

　　数据可视化是通过可视化的方式,借助图形化手段对数据进行有效的表达,从而更准确、高效、简洁、全面地传递信息,进而发现数据的规律和特征,挖掘出数据背后的本质。[3]如何进行学习呢？在深度摸索学生的学习方法和学习习惯,全面考量学生的年龄特征和认知特点的基础上,帮学生建立一条从"识图",到"析图"直至"制图"的学习路径(见图4),以便学生在接触新领域的知识时有抓手、有方法、有成效。

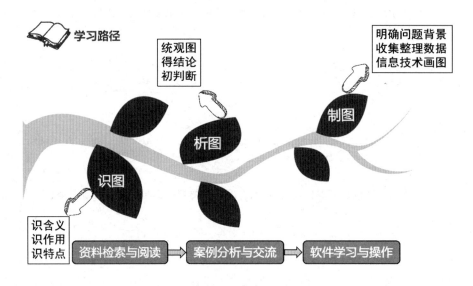

图 4　"数据可视化"学习路径

一、识图

　　识图是实现数据可视化的基础,只有全面认识了各种数据可视化图的含义才能根据问题选择合适的"图",合理地实现数据可视化,从而发现数据的规律和特征。"识图"时,特别要识含义、识作用、识特点。

　　1.识含义

　　图是数据的形象化表达,是信息的直观呈现。要想能"一图胜千语",首先要学习图的含义,就是明白一种图是借助什么方式突出表达了什么含义。例如,条形统计图的含义就是以宽度相等的直条高度或长度的差异来显示统计指标数值多少或大小的一种图形。这个概念就是在课内学习条形统计图的基础上进行的拓展,为学生整体地掌握和使用条形统计图开辟了路径。

2.识作用

观察事物的角度万万千,所以需要用不同的数据可视化图的独特表达功能来展示数据,为发现数据规律和特征服务。例如,折线统计图的作用一般是显示随时间而变化的连续数据在相等时间间隔下的变化趋势。相对条形统计图而言,折线统计图淡化数值的多少而凸显数据的变化趋势。学习的"图"越多,越能超越课内外,超越学科,超越年级的限制,整体而系统地掌握数据可视化图,习得统计技能。

3.识特点

无论是基于现实问题还是"图"的本质原理,任何一种"图"都不是万能的。所以学生需要明确各种数据可视化图的特点,明确使用要求,避免使用时"翻车"。例如,雷达图含义是由一组坐标和多个同心圆组成的图表。适用于对多属性体系结构描述的对象作出全局性、整体性评价。那是指可以描述无限多个属性吗?当然不是!雷达图的多个维度呈现在圆上,表示的属性至少要有 3 个,而最多不能超过 6 个,再多就会出现属性间相距太近,无法区分的问题。

综上所述,只有从含义、作用和特点上,全面了解数据可视化图,才能准确地掌握和使用各种图,凸显它们的功能优势,反映数据特征,呈现事实。"识图"的过程学生可以使用"资料的检索与阅读"方式,通过路径的指导检索自己需要掌握的内容,自主认知,同时凸显课程另一个目标——培养学生自主学习的能力。老师与学生做最后的梳理、总结,形成合作式学习关系。

二、析图

"识图"是储备知识,谋求技能,析图则是进一步理解数据可视化图在具体问题中如何发挥作用,体现其价值的。学生借助"案例分析和交流"的方式形成"统观图—寻结论—初预判"的学习路径。理论伴以具体案例的说明,才能帮助学生形象地理解"图"的本质含义和功能特征,为后续的实践和应用奠定良好的基础。

1.统观图

"读"图是一种十分宽泛的思想美的延伸,图巩固了本义,衍生了新义,观数据可视化图则要结合图的含义、作用、特点看出数据的特征和规律,除了看部分还要看整体,从整体的变化和趋势上发现具体问题中数据背后的本质,才能真正了解和理解在具体案例中一个图表达出的含义,凸显图的功能优势,从而正确使用。

2.得结论

"读"懂了图才能发现数据可视化图表达的意图,才能发现藏在数据中的本质,这些结论是具体问题的"真相"。数据常常隐蔽而沉默,而图弥补了数据的"含蓄",将一切"真相"形象化地表达出来,让问题更加清晰、简明。学生在理解的基础上进行语言交流,有助于学生理解生活中的随机现象,逐步养成用数据说话的习惯,这就是最开始的数据意识。

3.初判断

数据可视化回归到现实的意义是能在用数据形象化表达的基础上,为问题的解决提供一定的依据和帮助。其中包括学生可以根据可视化图中的结果做出简单的判断和预测,是对未来的趋势做一个合理化的预判,基于依据的判断更具有科学性和可信度。

学生基于学习路径进行"析图"的学习,但是应该化环节为整体,基于具体问题背景的基础分析图,将"识图"中习得的知识和技能应用到实际问题中去,实现数据可视化,并能得到准确、简洁、全面的信息。凸显数据背后的信息,并能在此过程中进一步培养学生的数据意识。

三、制图

制图是实现数据可视化最后也是最关键的一步,也是跨学科与信息技术整合的学习过程,借助"软件的学习与操作"的方式开展实践学习。是融通"识图"和"析图"后的实践过程,是学生独立基于具体问题背景进行数据可视化的实践,也是老师和学生共同检验学习成果的过程。制图要沿着"明确问题背景—收集整理数据—信息技术画图"的路径开展学习实践活动。

以六年级实践活动"综合评估六年级各班学习成绩"为例,展示学生"制图"路径。

例如:为了综合评估六年级4个班的学习成绩,活动小组开展了一次统计调查,为了得到科学有效的结论并说明问题,将收集的数据进行可视化。

1.明确问题背景

以学习成绩为项目进行评估,首先要关注六年级4个班的某次期末测试成绩;其次,多学科成绩才能反映班级学习的综合水平,对有代表性的多学科成绩进行分析;每个学生学习能力的综合指标能够反映一个班级的整体水平,班级学生学科成绩的平均分代表班级的成绩均值。

2.收集整理数据

在明确问题背景的基础上,活动小组策划出收集六年级4个班五个学科期末测试成绩的调查问卷(见图5),并对收集上来的数据进行整理,通过求平均数计算出各班各个学科成绩的平均数,作为这个班级该学科成绩的代表,并将4个班各学科成绩进行整理(见表1)。

学科期末成绩问卷					
班级:＿＿＿＿＿＿＿＿　　姓名:＿＿＿＿＿＿＿＿					
学科	语文	数学	英语	科学	美术
成绩					

图 5　学科期末成绩的调查问卷

表 1　数据整理表

班级	学　科				
	语文	数学	英语	科学	美术
六年级(1)班	88	90	75	90	98
六年级(2)班	82	83	80	70	92
六年级(3)班	78	80	65	90	80
六年级(4)班	81	88	85	80	94

3.信息技术画图

数据可视化是数据直观呈现的结果,利用信息画图可以高效、准确地绘制出各类数据可视化图。根据问题背景,综合评估六年级 4 个班的成绩属于"多属性体系结构描述对象",对其做出全局性、整体性评价符合雷达图的适用范围。因此,活动小组采用雷达图展示数据信息和结论。活动小组使用电脑软件绘制出"综合评估六年级各班学习成绩"的雷达图(见图 6)。

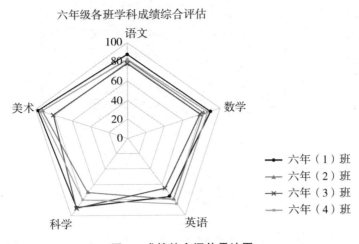

图 6　成绩综合评估雷达图

经历"明确问题背景—收集整理数据—信息技术画图"的过程实现了现实问题的数据可视化。由形成的雷达图获得六年级 4 个班成绩的综合评估结果如下:六年级(1)班的学科综合成绩优于其他各班,但英语成绩相对薄弱;六年级(2)班的科学成绩明显低于其他学科,需要在科学单科进行加强;六年级(3)班相比之下学科综合成绩劣于其他班级,但科学成绩相对优秀;六年级(4)班各学科成绩相对平衡且稳定,等等。通过直观表达数据特征的雷达图获得的信息比数据表格更清晰、直观,凸显了雷达图的功能优势和数据可视化的价值。

课程图谱

"数据可视化"课程图谱(见图7)以螺旋向上的台阶为原型,从低年级向高年级迈进的过程中,逐步提高数据可视化素养,最终达到培养学生数据意识乃至数据观念的目标。

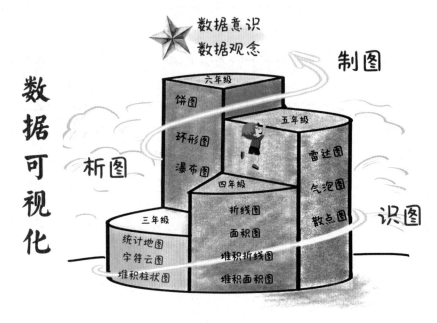

图7 "数据可视化"课程图谱

图谱从课程目标、课程设置、课程结构和课程实施四个方面展示课程的整体架构。

1.课程目标

课程目标以学生发展为本,以核心素养为导向,核心素养导向的教学目标是对"四基""四能"教学目标的继承和发展,也是发展学生核心素养的有效载体,特别是基础知识、基本技能、基本思想和基本活动经验的积累。图谱中展示了课程目标是为了培养学生数据意识乃至数据观念的核心素养,与《义务教育数学课程标准(2022年版)》中的核心素养培养目标相契合,在国家课程的基础上丰富和拓展数据可视化图的内容,旨在培养未来人才的数据可视化素养,适应时代,服务社会。课程目标是建构本课程的基本目的和重要立足点。

2.课程设置

课程设置上,选择能够适合小学生掌握的数据可视化图进行开发实践,并基于学生的学段和年龄特点,科学安排,合理设置。特别是遵循《义务教育数学课程标准(2022年版)》中"统计包括数据分类、数据的收集、整理与表达。第一学段主要是数据分类,第二、三学段是数据的收集、整理与表达。"数据可视化是数据收集、整理与表达的过程,因此,本课程安排在基础教育阶段的三、四、五、六年级实施。

课程内容组织上,重点是对课程内容进行结构化整合,探索出发展学生核心素养的路径。在学习路径"识图—析图—制图"的指导下,以自主阅读和交流为主,教师引导和指导为辅相结合,通过"资料检索与阅读""案例分析与交流""软件学习与操作"方式逐步开展学习,特别是课程学习中蕴含的与信息技术的整合,促进了学习方式的变更。在解决实际问题过程中,创设合理的信息化学习环境,提升学生的探究热情,开阔学生的视野,激发学生的动手实践能力,提升学生的信息素养。

3.课程结构

课程图谱旋转向上的台阶反映的是课程的内容结构。课程内容的安排从低维度向高维度、从基础图向衍生图循序渐进演变,以国家课程内容为基础逐步拓展;以低年级单一内容向高年级复合内容转变,由浅入深;以学生年龄特点和学习能力为标准,实现由课堂教学到综合实践的提升。注重知识和方法的层次性和多样性,适当采用螺旋式上升的方式,适应学生的发展需求。

因此,各年级根据具体情况安排课程内容(见表2)。

表2　课程安排结构表

授课年级	单元	内容
三年级	第1单元　统计地图	认识统计地图
	第2单元　字符云图	认识字符云
	第3单元　柱状图(一)	认识堆积柱状图
四年级	第1单元　折线图	认识折线图
		认识堆积折线图
	第2单元　面积图	认识面积图
		认识堆积面积图
五年级	第1单元　雷达图	认识雷达图
	第2单元　散点图	认识散点图
		认识气泡图
六年级	第1单元　饼图	认识饼图
		认识环形图
	第2单元　柱状图(二)	认识瀑布图

4.课程实施

课程图谱同时展示的是课程实施的部分。课程实施过程中,"识图"和"析图"属于数学学科学习范畴，主要依靠传统的课堂教学，引导学生根据数据可视化的学习路径进行学习。教学中，要重视结果的形成过程，重视直观表达，重视直接经验的形成。学生逐步做到主动学习，特别依靠认真听讲、独立思考、动手实践、自主探索、合作交流等重要的学习方式。教学活动应注重启发式，激发学生的学习兴趣，特别是引发学生积极思考，鼓励学生质疑困难，才能培养学生良好的学习习惯，形成积极的情感、态度和价值观，逐步形成核心素养。

"制图"是信息技术的学习范畴，也是综合实践的学习过程，学生在此过程中依据问题背景设计活动方案，进行数据的收集、分析与整理，最后利用信息技术完成数据可视化的过程，从而得到结论，解决问题。除了掌握基础知识和基本技能之外，还要让学生感悟到数学与其他学科之间、数学与科学技术和社会生活的联系，积累活动经验，感悟思想方法，形成和发展模型意识、创新意识，提高解决实际问题的能力，形成和发展核心素养。

课程实施过程要始终依据核心素养的教学目标，要引导学生"四基""四能"方面的发展。同时重视内容的结构化，帮助学生用整体的、联系的、发展的眼光看问题，形成科学的思维习惯；注重教学内容与核心素养的关联，把握数据意识和数据观念在各个学段学习中逐步形成。在学习过程中，让学生初步感受现实生活中存在大量数据，其中蕴含着有价值的信息，利用统计图表和统计量可以呈现和刻画这些信息，形成初步的数据意识；在数据的收集、整理与表达过程中，注重在现实问题中引导学生经历简单的数据收集和整理，感悟收集数据的意义和方法，注重用数学语言表达数据可视化图所蕴含的信息，增强对问题的理解和表达，提升合作、交流和表达的能力。

评价工具

1.课程评价

"数据可视化"课程在国家课程的基础上开发以数据可视化图为学习内容，以数学与信息跨学科整合为学习方式的统计类课程，"数据可视化"课程以《义务教育数学课程标准（2022 年版）》为理论指导，响应党和国家对课程修订的意见，在深度思考和审视学生发展需求的前提下，符合以下课程实施条件。

（1）制定了指向核心素养的教学目标。

（2）课程设置注重整体把握教学内容。

（3）选择能引发学生思考的教学方式。

（4）进一步加强了综合与实践。

（5）注重信息技术与数学教学的融合。

可见,"数据可视化"课程凸显课程价值和可实施性,发挥课程的育人导向作用。

2.学业评价

学业评价具有育人导向作用,可以以评促学、以评促教,是课程成功实施的基础、检验学习成果的指标和方法,基于新课标学业要求制定数据可视化课程评价标准,可从以下几个维度进行评价。

(1)是否了解各种数据可视化图的功能,理解图表达的意义。

(2)能否根据问题的需求,通过合适的方式获取数据。

(3)能否完成数据整理、分析,并实现数据可视化。

(4)能否根据结果做出简单的判断和预测。

(5)是否有好的学习态度、学习策略、独立思考的习惯和合作交流的意识。

基于以上多维度的评价方向,将学业评价集中体现在课程实施后的多维成果上,便于从问题的整体解决上给予综合的评价,做到既关注课程成果的"点",又能关注到课程成果的"面"。

例如:就一个现实问题开展统计调查的综合实践活动,呈现活动的过程和结果。以实践过程为过程评价,以实践获得的成果作为结果评价,明确各维度标准(见表3),用于量化。

表 3　课程评价量表

评价维度	评价标准	评价得分/分
调查问题设置	问题设置简约且效度高	☐5
	问题设置效度高	☐4
	问题设置效度低	☐3
	问题有效度	☐2
	问题无效度	☐0
数据收集方式	数据收集准确全面	☐5
	数据收集准确不全面	☐4
	数据收集不准确	☐3
数据整理结果	数据整理准确且表达形式合理	☐5
	数据整理准确,表达形式不合理	☐3
	数据整理不准确但表达形式合理	☐2
	数据整理不准确且表达形式不合理	☐0
可视化成果	准确选择可视化图且表达全面、准确	☐5
	准确选择可视化图,表达不全面	☐4
	准确选择可视化图且表达错误	☐3
	未准确选择可视化图	☐0

续表

评价维度	评价标准	评价得分/分
	预判全面准确	☐5
结果及预判	预判准确不全面	☐4
	预判不准确	☐2
	未作出预判	☐0

根据具体的问题背景进行主题的调查是生活中常见的实践活动，这样的实践活动具有现实意义，是数学内容还原到生活的示例，数学来源于生活，必将回馈生活。同理，课程将回馈生活帮助人们解决实际问题。课程的评价过程可以帮助学生感悟课程与生活的关系，进而理解课程的价值。

课程**故事**

讲到故事，似乎更具感性色彩，似乎更加神乎其神。其实，故事是真实的或虚构的用作讲述的事情，具有连贯性，富吸引力，能感染人。我的课程故事是真实的，我要讲我和课程邂逅的始末，我也希望我与课程的故事能够继续延续下去。

开始接触课程时我也会觉得课程离我很远，认为课程这个问题应该是国家和教育部考虑的问题，作为一线老师我只要执行国家课程就行了。但是，开始读书学习、进一步认识课程之后，我的思想观念和教学行为都随之发生了变化。

特别是在读书读到下面这段话时："今天的课程内容与结构，往往就决定了未来学生的知识结构；今天的课程格局，往往决定了未来世界的发展格局。课程是一种领导力，是一种不可小觑的力量。"课程具有领导力，然而，课程在发挥领导力的时候，教师才是最重要的基层元素。因此，我进一步走进课程的念头油然而生。

我开始不断地学习和尝试，通过读书我知道："课程"一词最早源于拉丁词"跑道"，成为教育术语之后，转义为"一段教育过程"。我国宋代朱熹在《朱子全书·论学》中有"宽著期限，紧著课程"之说。译为：从长远看，学业的进步是一个长期的过程。因此，古语"课程"，是指课业发展的过程，也是个人学识成长的过程。贯穿古今，撰写我国第一部《课程论》的作者陈侠先生认为："（学校）课程可以理解为为了实现各级学校的教育目标而规定的教学科目及其目的、内容、范围、分量和进程的总和。"课程是一个内容如此丰富的概念，可见我们教授一门课程的时候，需要了解的不仅仅是知识点和课时，还要深谙它的目标、范围、分量等多重重要因素，并且不是眼前的，而是长程的、长远的，这就应了古语中课程的含义，它关乎的是课业发展和个人学识成长的整个过程。

　　学校走在时代的前列,鼓励老师们根据自己的特长建构自己的课程,给学生们提供更加丰富的课程资源,我开始一步步走近"数据可视化"课程。"美"常常源于技能学科,如美术、音乐等,就算是语文都能给大家美的享受,我们数学是不是常常与美脱节呢? 其实,我们数学有数学的美。我们的数据可视化图就是极致的美,除了美轮美奂的图形,绚丽的色彩,更高级的美是理性之光的彰显,在这些数据可视化图里蕴含着各种数据的规律和特征,在数据背后又是各类生活中问题的本质和"真相"。在数据可视化图上你见到的不仅仅是美的元素,更有智慧的元素。从课内的柱形图开始摸索学习数据可视化图,形成属于"数据可视化"课程的专有的学习途径;在不断的实践中总结经验,调整教学方式、学习方式、学习途径,课程逐步走向成熟。最后还形成数据可视化图的图谱,从课程目标、课程设置、课程结构和课程实施多方面诠释了"数据可视化"课程的建构和价值,形成了较为完整的课程内容。未来,"数据可视化"课程会在不断的教学实践中细化和完善,为学生的发展提供更为具体的帮助。

　　"尽管客观科学的逻辑超越了直观的主观生活世界,但它却只有回溯到生活世界的明证时,才具有它的真理性。"回溯历史,审视现在,可以发现,科学世界依然对课程体系、课程内容起主宰作用。因此,课程的建构和实施要以学生的发展需求为出发点,课程的修订与完善要以学生的学习成果为依据,课程的全新架构与学生息息相关,这正是课程领导力的体现。课程的新视野让教育工作者真切体会到课程的力量在学校课程建设和核心素养培育上的引领作用。

参考文献

　　[1]秦雁坤.中小学教师数据可视化素养测评体系研究[D].上海:华东师范大学,2022.

　　[2]罗柯宇,汤强.中国"数学变式"研究 20 年的变迁:基于可视化数据的分析[J].西华师范大学学报(自然科学版),2023(9).

　　[3]黄如花,李白杨.数据素养教育:大数据时代信息素养教育的拓展[J].图书情报知识,2016(1):21-29.

"数据可视化"
课程纲要

"永不迷路"——定向运动

陈晓青

目标定位

定向运动与其他运动形式最大的不同是它对学生提出了一定的任务要求,而在学生完成任务的过程中充满着各种悬念,这种学习活动,不仅给了学生一个将已学的知识机智灵活地、科学巧妙地运用于实际生活的机会,还让学生感受到体育在生活中是无处不在、不可缺少的,促进学生对体育深层意义的领悟。我们将课程目标定位如下。

(1)能较快地识别地图上各种标识和使用指北针,做出相应的判断,并熟练运用到定向训练和比赛中,提高学生野外生存技能。

(2)通过定向运动,提高学生的位移速度,发展心肺耐力,培养学生的空间感;在复杂的环境中有助于学生形成独立思考、果断决策的品质,培养学生独立分析问题的能力和良好的逻辑思维能力。

(3)通过各种真实情境下的学习,培养学生遇到问题沉着冷静、勇敢面对困难与挫折、永不放弃的体育精神;并能把这份精神发扬到生活和学习中。

背景分析

一、课程需要

几乎所有课程都在极力创设与学生紧密联系的生活情境,让学生亲自体验情境中的问题,增加学生的直接经验。这不仅仅有利于学生理解情境中的现实问题,而且有利于使学生体验到生活中科学无处不在,培养学生的观察能力、创造能力和初步解决实际问题的能力。然而一般的体育课程因受到时间、空间、器材等的限制,无法很好地创设实际问题应用情境,无法体现自我即课程、生活即课程、生命即课程的课程生态观,限制了学生应用知识解决实际问题能力的发展。定向运动是一项新型且非常健康的智慧型体育项目,它集健身性、知识性、趣味性于一体,很多方面与新课程标准的要求和目的非常一致。它不仅能强健体魄,还能培养学生独立分析、解决问题的能力和良好的逻辑思维能力,增强智慧,提高学生的综合素养,促进学生的全面发展。

二、课程优势

传统的小学体育更多局限在固定场地内运动,教师在授课的时候也更多依托固定场地进行,教学场景较为单一,新鲜度不足。而定向运动能够有效地拓展小学体育教学的活动空间。除了需要预先绘制地图以外,基本不需要固定器材,诸如指北针和打卡器等器材都可以视场合使用或者用简易器材替代。因此定向运动可以利用有限的教学资源依托多区域的校园环境,以及校园附近的公园及山地等现有的地形条件开展课程。从较小的固定场地到较为开阔的自然环境和野外环境,在课程进行过程中也能够迅速使学生和自然融为一体,提高知识能力的同时更是提高了他们的实践操作能力。[1]

三、文献综述

通过中国知网(CNKI)以"定向运动"作为检索主题,截至 2023 年 10 月,共检索到4020 篇相关文献;以"小学＋定向运动＋课程"作为主题,仅检索到 32 篇相关文献,其中学术期刊 8 篇,学位论文 24 篇;以"小学＋定向运动＋课程＋国家课程校本化"作为主题进行检索,查无相关数据。

通过以上检索我们得知,"定向运动"已有了一定的实践与研究,相关文献达到 4020篇,其中以高等院校为主(见图 1),但将"定向运动"作为"课程"实施的实践和研究相关文献仅为 32 篇,不到 1％。从"小学＋定向运动＋课程"作为主题的年度发表趋势(见图 2)我们可以看出,2008—2022 年该主题研究发表数量在不断起伏中呈现整体上升趋势,尤其在 2012 年、2016 年、2021 年达到较高值,在《义务教育数学课程标准(2022 年版)》出台后,又有了明显的上升趋势。将"定向运动"作为"国家课程校本化"实施的研究,目前仍是空白。

定向运动是一种室外跑项目,它的魅力在于不断探索未知区域的奥秘。因此,要想保持或者提高课堂的教学效果和学生的学习兴趣,教师要经常设计与更换教学场地,不能局限于固定区域。这就需要设计不同教学场地和配备相应设备的专业定位图。但是,现在我国大部分学校的网站和地图都不能满足正常的教学需要。市面上也没有现成的与小学定向运动课程匹配的教材,其次是学校没有购买专业的打卡设备,教师开展难度较大。

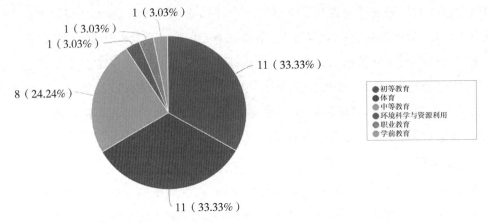

图1 以"小学＋定向运动＋课程"作为主题的相关文献的主要主题学科分布

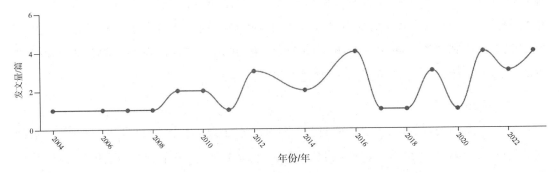

图2 以"小学＋定向运动＋课程"作为主题的相关文献的年度发表趋势

学习路径

　　小学阶段的学生感性有余,理性不足。此时的他们正处于形象思维向抽象思维过渡的关键时段,逻辑思维能力的培养是这个阶段的重中之重。而在整个定向运动学习中需要学生在地图中提炼关键的信息,还需要分清主次,有序串联,规划路线,合理分配体力,这个过程需要动用学生的逻辑思维。因此,辅以一定的方法、策略,让学生有"迹"可循,形成一定的学习路径(见图3),可以降低其学习的难度,也更能培养他们的自学能力和促进他们的全面发展。

　　一、观察理解——定向元素新认知

　　定向地图作为定向选手在比赛过程中定位与导航的依据,比传统地形图包含更多的资讯,并使用一套标准符号绘制,让使用任何语言的人都可以了解。除了以等高线表示地形的起伏外,地图还包含森林密度、水文资讯、空旷地、小径、道路、土堤、石墙、冲沟、渠

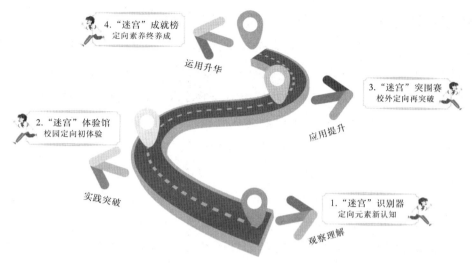

图 3 "'永不迷路'——定向运动"学习路径

道、井、坑、围篱、人造物、大石等地表上的特征信息。定向地图学习结合实地场景运用考察,让学生在掌握地图标识的同时,亲近观察自然,理解掌握自然地理信息。指北针作为基本器材之一,配合地图让参与者无论身处何种环境,都能更快速准确地辨别方位,是参与者在定向运动学习中应掌握的一项生存技能。

二、实践突破——校园定向初体验

每项体育运动都有其内在的运动规律,让学生们在掌握其规律的同时进行针对性、有方向的训练,能够更好地提高其运动效率与质量。在校园场地进行定向运动技术训练,不仅可以确保运动技术训练的顺利和有效开展,同时也会为定向运动的全面发展提供助力,是一项可以实现一举多得的重要举措。

定向运动技术包括读图技术、距离判断技术、越野跑技术等,只有在掌握和强化这一系列技术的基础上,才有可能获得体育比赛的胜利,同时也会使学生自身的技能得到进一步发展和强化。通过在校园内开展读图、记图、定点追踪等技术训练,学生在奔跑的过程中能够更加清晰地观察地形地貌和周围环境,即使迷失方向,也能够根据地形和环境捕获到有用信息重新定位,最终找到检查点位置。

三、应用提升——校外定向再突破

定向运动形式多样、种类繁多,更考验脑力的比拼,考验如何在最短时间完成任务取胜。利用当地山峦地势设置运动场地,包括公园、森林、多层建筑等,这些场景里有湖泊、树林、楼梯等障碍物,这样就可以有多种路线组合方式,打卡不同检查点。在地图路线设计时不规定最优路线,每个学生逻辑思维方式不同,都有自己的最佳路线,在比赛过程中不仅锻炼了身体,还培养其逻辑分析、解决问题的能力。

四、运用升华——定向素养终养成

定向运动在儿童锻炼中以"寻宝"方式，使儿童青少年依据自我运动能力参与到定向运动技能学习中，逐步从"认知—兴趣—喜爱"中较快突破"动作熟练障碍期"，实现定向运动素质与智力、技能与认知、思维与环境相结合的综合性锻炼、教育和使用价值。定向运动具有一定的社会性，学生依靠手中的地图和指北针，个人或小组合作完成指定的打卡任务，在这个过程中难免会遇到不同的选择或考验。在体力消耗和计时的紧迫感下，学生需要依靠自己的应变能力或通过与小组的沟通协调，相互鼓励支持，克服运动过程中遇到的各种困难和挑战。在参与定向运动的过程中，学生会学到处理问题的能力，以及与同学沟通协作的团队能力，有助于培养他们处事不惊、果敢、临危不乱的心理素质。因此，定向运动的开展不但关注学生的身心长远发展，也培养了学生在体育运动锻炼中的社会适应能力。

开展定向运动课程，教师必须根据实际情况，设计定向地图和实施方案，并充分考虑学生身心发展的特点，科学合理规划设计课程教学，更好地达到教学目标。基于此，从"观察理解—实践突破—应用提升—运用升华"这四个步骤的学习路径，帮助学生掌握定向运动的技能技巧，逐步提高其定向素养及运动能力。

课程**图谱**

"兴趣"是最好的老师。在定向运动课程中，要激发他们的学习兴趣以吸引学生主动学习。小学生好奇心浓厚，求知欲、探索欲强，相比单调的传统运动项目，定向运动多种多样的项目分类、充满挑战的路线规划，符合小学阶段的心理特点，使其在参与定向运动的过程中，在游戏与挑战中，不知不觉地锻炼体能耐力、增强心肺功能、强健体魄，同时培养其应变能力和良好的心理素质。根据学生的年龄、性别和体质状况，探索、制定适应小学不同年龄阶段特点的体育教学与活动形式，指导学生开展有计划、有目的、有规律的体育锻炼，努力改善学生的身体形态和机能，提高运动能力，达到体质健康标准。增强学生参加体育锻炼的荣誉感和自觉性。引导学生的主体意识展开想象，让他们以自己有限的生活经历和经验，来感知身体、体会过程、发现体育的美，进而进行实践，进一步发展学生的思维能力，逐步形成积极向上的生活态度和价值观。

从课程图谱（见图4）可见，在整个课程学习中，学生们通过观察理解、实践体验、应用提升、运用升华等学习路径，学习提高了基本技术、技战术、体能、规则与裁判法、展示与比赛和观赛礼仪，有效发展了学生们的核心素养，也就是我们的课程目标，并发扬到生活和学习中，最终达到"永不迷路"。

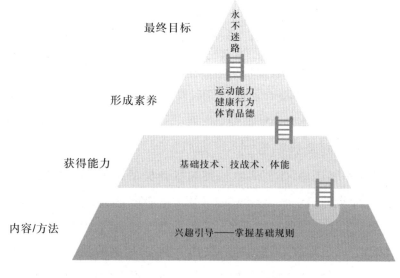

图4　"'永不迷路'——定向运动"课程图谱

一、课程设计原则与指导策略

1.设计原则

（1）安全性

校园定向运动课程设计要以"安全"为前提，在无教师和家长陪伴的情况下，在训练场地的选择上要避免上下楼梯和大范围区域的寻找奔跑，其次训练中的点位设置也要避免放置在过高和危险区域。最后在定向运动的专业器械选择上，要避免使用"机械打卡器"，避免学生因好奇心伸入手指，形成伤害。

（2）科学性

校园定向运动游戏在设计时要参照《小学生运动能力发展指南》，教师需要根据各个阶段学生的身体和心理发展情况制定定向运动的游戏难度和运动强度。设计出有益于学生身心发展的定向运动游戏。

（3）自主性

学生不仅是定向运动的参与者，也是设计者。特别是一、二年级的学生，在训练设计时教师要发现和满足他们的真实需要，根据学生近期活动情况及兴趣点和学生们讨论每一次定向游戏的主题，让他们积极地参与到游戏（训练）中来。在规则设置上，教师要善于遵循不同年龄段的学习规律，让学生自觉地提出活动要求，从学生的话语和诉求中挖掘他们的游戏（训练）意愿和倾向，帮助他们制定游戏（训练）规则和改进、创造新的游戏（训练）规则。

（4）多样性

校园定向运动不仅要有:百米定向、迷宫定向、短距离定向等组织形式的多样性外，还要有类型的多样性，例如:混龄定向赛、亲子定向赛等。

（5）整合性

校园定向运动要促进学生的全面发展，不能只是偏重体能和技能的训练。校园定向运动的学习，各个环节设计要整合急救、军事、数学、地理、历史等不同领域的知识，使得学生们在定向运动训练的各个领域都得到发展。[2]

二、课程内容构成及组织形式

定向运动源于军事运动，需要专业地图和指北针的帮助，按顺序到达各个点标处。特别是对于一、二年级的学生来说，他们的心智发展有限，依靠专业化的训练内容和跑图训练这种方法是无法让学生理解和喜欢定向运动的。在定向运动中，识图用图既是定向运动的基础技能，同时也是核心和关键。在教学中，一年级的学生经常会提问:"什么是定向运动？""为什么要打卡？""为什么要用地图？"等。面对学生的多种好奇心，教师如果用成人化、专业化的语言解释，不仅会使学生无法理解和接受定向运动，而且会让学生对定向运动丧失兴趣。所以教师要通过理论与实践相结合的方式，引导学生一步步去理解地图中各种颜色及符号所包含的信息，以及参与这项运动的方法和规则。在学习的过程中，课程推进主要分为指导认读地图、指导基本技能学习、指导技战术组合运用和体能训练四个部分。

1.指导认读地图

理论与实践相结合，让学生读懂地图。每年会进行新生全员的定向理论知识培训，让学生了解定向运动的起源和发展史，了解定向运动的组织和比赛形式以及比赛类型。认识地图上的各种标识和指北针使用方法。阅读定向图，牢记地图符号。分发图例对照表并带领学生到校园各个角落，现场对比颜色所对应的现实环境，找出地图中的树、房子、草地、水、人造物等，总结可通行区域和不可通行区域，各地物地貌的奔跑速度。怎样进行实地识图呢？第一步:跟着老师走，认知地物符号，认知比较地图上的符号在实际地形中是怎样的。看他们在地图上是如何用不同的符号和颜色表示的。第二步:沿指定路线走，保持地图定向在沿指定路线行进时，时刻保持用指北针给地图定向。同时，进一步认识比较地图上的符号和实际地图，并用圆圈标出沿途所经过的明显的地物。第三步:峰顶俯视，按等高线找出一片高地，到峰顶去四处环视。注意哪些地方陡峭，哪些地方斜坡平缓，再研究一下它们是怎样在地图上用等高线表示的。并识别一下建筑物和其他显著的物体。它们在地图上的哪个位置？第四步:用指北针定向找到点标。练习取定指北针的方向，并顺其而行。从地图上的定点开始，在一定距离标出 5 到 6 个点标。这些点标应是明显而不易错过的,如公路的交叉点,或是田野的边缘。取定方向朝一个目标走,然后回到起始点,再定向,到另一个目标。第五步:路线选择找一个起点和三四个要经过的点标。为每两个点标之间选择两条不同的路线,走一条路线到访每一个目标后,回到起点用另一个路线再找一遍。最后是布置任务让学生回家通过网上查资料和观看定向比赛视频进一步了解学习。

2.指导基本技能学习

让学生拿着学校地图在校园内不规则地行走和奔跑,懂得标定地图确定站立点,学会拇指辅行。组织学生手绘学校地图并给地图上色,加深颜色认知。让学生结合检查点说明表和指北针进行摆点,提高布点的准确率,了解制图人员的路线设计思路并自己设计路线让同伴跑。

让学生看几分钟地图,而后凭记忆将越野路线的大致地形进行描述,特别要描述出越野路线的距离和具有明显特征的地物。实施图上作业,在标有路线的图上让学生独立完成越野路线,估算每段路实际距离及各点间的大致方位角等。

检查点说明符号的识别训练。让学生浏览全部检查点说明符号,从同类符号中寻找规律,帮助记忆。抽测学生运动员掌握情况,特别是符号相近的,一定要区分含义。多做说明符号的解释练习,经常将以往比赛或训练中的检查点说明表,发给学生,让他们独立完成解释练习。

3.指导技战术组合运用

在篮球场半场内用开火车的形式训练学生的转图能力,达到人转而图不转。利用九宫格和十二宫格训练,提高学生判断力和逻辑思维能力。通过不同形式的游戏,如"警察抓小偷""穿过火力网"等游戏提高学生的打卡速度。利用简易的百米训练,首先让学生结合图跑动,其次慢慢减少学生的看图次数,最后只让学生看一次图就跑,以此提高学生的超前读图能力。校园内训练短距离定向、百米定向和迷宫定向。通过设计不同的路线、路线的难易程度适合各年级学生和不同能力的学生,提高打点正确率和结合图的跑动能力。采用老生带新生跑、优生带差生跑和老生带大家跑的跑动形式,促进学生学习别人的优点、判断力,引导学生合理地分配体力。组织校园内部赛,按照能力分组进行比赛,刺激学生的比赛欲望,赛后及时地进行复图并把心得写下来。

运动中的方向训练。利用指北针,在较简单的地形上,进行按方位角的行进练习,提高学生的方向感和距离感。利用地图在不能以直线越野(行进)两点间的练习,在绕行过程中,检查学生的方向感和距离感掌握情况。

模拟比赛训练。"有路不越野",由于在道路上奔跑远比在丛林中越野的速度快,且不易迷失方向,所以有道路的地区要充分利用道路。"走高不走低",这里的高与低是针对山脊和山谷而言,高处视角好,易判定方位。"有障碍提前绕",对于河沟水域等障碍,应该在选择路线时进行全局考虑,以免遇到时绕道行进,多走弯路。"就近不就远",在能越野通过,而且离道路较远的地形上,必须权衡利弊,放弃有路不越野的原则,果断越野。

校内校外相结合,学校家长相结合。随着学生们能力的不断提升,学校的场地地图已经满足不了他们,这时就得到校外公园寻找突破,将技术组合应用到不同的场地、天气及比赛形式中。在突破中提高学生运动的逻辑思维和阅读能力,如计算线路距离与奔跑时间、地图拼图和获得野外生存常识等。我们会组织学生们到校外进行拉练,如到学校旁边的国际友好公园、体育中心、天竺山国家森林公园进行,或参与忠仑公园的亲子定向、观音山沙滩定向等并学习急救知识。

4.体能训练

定向运动是一项强度较高的运动,在整个训练或者比赛过程中,要求学生能够完整地完成整套训练或比赛,并且还要具有灵活的应变能力、超常的分析和判断能力。因此,定向运动体能训练在内容上必须全面,同时也必须保证,这样才能克服各种技术战术"硬伤"。

(1)让学生在规定的距离上反复跑,提高学生的位移速度。比如进行 800 米跑,记录每次跑完的时间告诉学生,让学生把成绩与跑时的速度进行比较。反复练习,直至学生跑完 800 米后所估计的时间与老师手中的秒表所计的时间相差不大,在某个时间区域内相对稳定。

(2)定时跑,采用 10 分钟定时跑,不能快不能慢。利用学校教学楼楼梯让学生上下楼梯,穿梭在不同年级和楼层,提高学生的心肺耐力。

(3)培养变速跑的能力。开始在田径上训练时,采用 50 米快速跑、50 米慢速跑。把有氧训练和无氧训练有机结合起来,使心肺适应这种快速转换的过程,快慢的距离变化不再有规律。最好事先不让学生知道训练计划,当队员跑完某段距离后,教练告知下一段该怎么跑,让学生处在"前途未卜"的状态下,这样效果更佳。

(4)组合训练。全面提高学生的身体素质,仅仅能跑不行。还要在训练中穿插一些篮球、足球练习,以提高趣味性。

三、教学建议

(1)首先,理解定向运动技术的特点,熟悉它的基本运动动作,以及运动的流程和运动的要求。

(2)结合实际教学,及时反馈教学过程中学生的运动状态和误差,及时调整教学计划,指导学生科学运动。

(3)强化定向能力训练,加强在现实环境中的实践,多种运动技能串联训练,使学生在综合应用中得到实践。

（4）注重定向能力训练,引导学生在定向能力训练中养成主动学习的习惯,培养学生的动手能力,训练学生的创新能力。

（5）培养学生的注意力和判断力,通过有趣的游戏或活动,培养学生的定向意识、定向思维和定向动作能力,有效地提高学生的综合素养。

（6）强化体能,提高结合图的跑动能力,提高位移速度和心肺耐力。

（7）日常训练中渗透野外生存常识,让学生获得并掌握野外生存技能。

（8）通过参加不同的赛事来检验学习成果,运用升华技战术,达到以赛促练的目的,如学校每年一次定向运动节、区赛、市赛、市运会等赛事。

评价工具

一、评价形式

通过系统收集学生的课内体育学习态度与表现、课外体育锻炼情况与成效、健康行为等信息,依据学业质量对所反映的核心素养水平及学生的体育与健康课程学习情况进行判断和评估,不断完善课程建设的重要环节和途径。本课程主要是在以表格形式对学生进行评价的基础上,增加口头、自我等多元化的评价,促进学生达成课程目标,发展核心素养。

二、评价工具

学生定向运动评价工具如表1所示,课程评价工具如表2所示。

表1　学生定向运动评价工具

评价内容	评价标准	评价等级
时间	起点打卡到终点打卡之间的用时： 优秀　良好　合格	
正确率	起点到终点之间,中间打点顺序的正确率： 准确率>100%——优秀　准确率>80%——良好 准确率>70%——合格	
起点动作	在出发区到比赛领取地图后的准备动作分为以下三个等级： 迅速启动观看——优秀　缓慢启动观察——良好 启动后停留寻找——合格	

续表

评价内容	评价标准	评价等级
运动中的动作	运动中随时标定地图,规划好路线,体能分配合理: 快速跑动中规划好路线定位——优秀 停留检查路线并打点——良好 反复确认路线并打点——合格	
检查点动作	比赛中,能否准确快速通过检查点: 主动迅速攻击检查点——优秀 停留观察攻击检查点——良好 跟随同伴攻击检查点——合格	
终点动作	接近终点时完成最后的冲刺: 迅速冲刺打点——优秀 缓慢行进打点——良好 行进走向打点——合格	

表 2　课程评价工具

评价维度	评价内容	评价标准	评价等级
体能与技能 60%	短距离定向	以校园为赛场,控制点可能设置在座椅、垃圾桶、雕像,或是其他校园内常见的物体	
	百米定向	在大约 100×100 米的场地范围内以人工布景的形式进行比赛	
	迷宫定向	在一块约 10×15 米的人工栅栏围成的场地内进行比赛	
课堂表现情况 40%	态度	在定向课程中个体主动性学习的表现	
	行为	在定向课程中个体表现出的行为规范	
	情意	在学习过程中表现出的精神风貌	
	合作	在个人与个人或小组配合中的表现	

三、评价标准

定向越野运动评价难以将其数值化,在评价标准上采用相对性评价,对学生阶段性学习进行对比、过程性与终结性评价。教师评价与学生评价相结合,积极探索增值评价,健全综合评价。

课程**故事**

在开展定向运动课程过程中,聚焦学生习惯品性、综合能力的培养,特别重视培养、开发其直观判断力、逻辑思维能力和独立思考力,在实践中将人、自然、运动巧妙融为一体,让学生在游戏中获得经验、获得乐趣,在游戏中养成良好的学习品质,促进个性化发展,对学生未来的生活发挥积极影响。

孩子刚进入定向的一年,我们看到的,不仅仅是锻炼身体,更看到了他们在不断地成长。

1.定向运动让学生感受到学习的重要性

定向运动最核心的就是识图能力,是把三维的世界用二维地图表现出来,所以必须先看懂地图,才能找对前进的道路。而要想看懂用好地图,就需要认真学习数学、地理等学科知识,建立良好的学习习惯,并多去实践,才能实现"知行合一"。比如:地图上有很多知识点,不可能一次性全都记住,但是每次只要记住至少一个知识点,日积月累,这张地图就能越看越明白,寻找道路越来越准确。学习也一样,只要每天坚持,就能够汇集成知识的海洋,这就是积累的力量。

每次训练比赛后,老师都会强调让学生们复图,在地图上回忆画出自己的奔跑路线,包括绕的路、跑错的路都要画出来,通过复图总结经验,避免下次犯同样的错误。孔子说"吾日三省吾身",学生们在生活和学习中能够多反思,就会取得更大的进步。

2.定向运动让学生更加独立、更加自信

不论训练还是比赛,定向运动需要个人独立完成。因为比赛线路有多种选择,每个人都会走不同的路线,这些判断和选择需要自己完成。

有些学生刚开始是由老师和家长陪同指导选择路线,等到自己独立跑图后参加比赛,成绩从 39 分钟提升到 25 分钟,再提高到 19 分钟、12 分钟的时候,让她感受到了"功夫不负有心人",也对自己更加自信。

她说:"比赛中跑错方向的时候,我会感觉心慌,但是想起老师说的话,不要慌、要冷静、不要着急,我仔细看图,观察周围标志物,冷静分析,终于找到标记点的位置。"训练比赛中难免遇到困难,但是只要冷静分析,就会有收获。

3.定向让孩子感受大自然的美好

因为定向基本是在户外举行,所以我们经常是在各种公园里奔跑,春天看花、夏天观鱼、秋天赏叶,训练结束后还能和小伙伴嬉戏玩耍,充分感受大自然的活力。

学生们在定向运动训练,尤其是比赛中,不断地刷新对自己的认知。人有无限的可能,我们需要用一辈子的时间,在尝试和探索中去认识自己。

参考文献

[1]钟大鹏,洪元舟.论定向越野运动及其形式和特点[J].首都体育学院学报,2001,12(4):3-7.

[2]甘长冰.定向越野在西北地区高校开展的分析对策及意义[J].青春岁月,2013(6):1.

"'永不迷路'——定向运动"
课程纲要

29

"纸"与你相遇

苏友越

在《义务教育科学课程标准(2022 年版)》中,明确指出学生通过学习课程应逐渐形成适应个人终身发展和社会发展所需的关键能力和必备品格,这体现了科学课程的育人价值。课程目标还倡导跨学科学习,鼓励学生参与"跨学科实践",根据项目主题和观念创设情境,选择并开展恰当的跨学科实践,以培养学生的自由人格、跨学科意识和创造性解决问题的能力。同时,推动学科核心素养的发展也是重要目标之一。在此基础上,积极实施"校本化"课程并创设具有学校特色的丰富多彩的课程,借鉴 STEM 课程的成功经验,开发各种低成本、高质量的跨学科课程。

目标定位

本课程以"再生纸"为主题,引导学生开展造纸活动,并在传统造纸基础上拓展材料加工、创新作品生成等环节,让学生在面对与学科相关的生活实践或学习探究问题情境时,能够运用科学精神开展实践创新活动,从而有效地认识问题、分析问题和解决问题,并提升学生的审美情趣。

本课程以"再生纸"为主题,引导学生开展造纸活动。在传统造纸工艺的基础上,我们拓展了材料加工、创新作品生成等环节。此外,课程还将注重培养学生的创新思维和批判性思维。学生将有机会探索不同的材料和工艺组合,发挥自己的想象力和创造力,生成独特的艺术作品。同时,他们将学会如何分析和解决实践中遇到的问题,以及如何评估作品的实用性和美观性。通过本课程的学习,学生将不仅掌握再生纸的制作技能,还将提升对环保和可持续发展的认识。他们将意识到利用再生材料对于环境保护和资源利用的重要性,从而在未来的生活和工作中更加注重环保和可持续发展。

总之,本课程将为学生提供一个实践创新的平台,让他们在面对生活实践或学习探究问题时能够运用科学精神开展实践创新活动,并提升审美情趣。通过学习再生纸的制作和应用,学生将更好地理解可持续发展的理念,并培养出创新和实践能力。

背景分析

一、"'纸'与你相遇"课程与地方课程的关系

(一)社会背景

随着社会对人才需求的不断提高,以培养创新型复合人才的 STEM 教育正逐步在全球普及推广,党的二十大更是明确提出了"加强基础学科、新兴学科、交叉学科建设,健全学校家庭社会育人机制"。基于此,突出创设学习环境,为学生提供更多自主选择的学习空间和充分的探究式学习机会;强调做中学和学中思,通过合作与探究,逐步培养学生提出科学问题的能力、收集和处理信息的能力、获取新知识的能力、分析问题和解决问题的能力,以及交流与合作的能力等,发展学生的创造性、批判性思维和想象力的项目式课程成为时代发展的需求。

(二)学校背景

再生纸课程的开发源于垃圾分类的开展。《厦门经济特区生活垃圾分类管理办法》于 2017 年颁布实施以来,如何引导学生认识垃圾分类的重要意义,进而从被动到主动落实垃圾分类,这是我们一直关注的话题。而校园作为学生学习活动的重要场所,产生较多的还是纸质用品。我校"和美·共生"课程体系,合理利用纸资源、科学技术、美术创意等最大效能发挥学生的主观能动性,让废弃的纸张重新焕发生命力,在探究中促进学生的五育融合发展。为此,我们从学生的兴趣点出发,找寻恰当的学习方式,注重带领学生冲出枯燥的课本,在充满乐趣与惊奇的实验室完成自己的项目式探究。

(三)学生背景

新时代背景下,学生不再是被动接受知识的学习者。他们具有强烈的自我意识,可以主动地回答教师提出的问题,在动手操作方面兴趣浓厚,能够针对教师所提出的情境问题,独立地进行思考,努力地探究问题解决的方式。正是基于这样的背景,我们能够借助 STEM 再生纸的课程为学生提供更大表达自己想法与展示自己能力的机会与空间。在再生创意中,输出学生"自我"的意识,体会作为"设计师"的价值认同感。

二、文献综述

在知网中以"项目式"为主题进行检索,截至 2023 年 10 月共有 5583 篇文章,以"项目式+课程"检索共有 3435 篇文章,以"项目式+STEM 课程"检索共有 51 篇文章,其中涉

及小学课程开发的仅 11 篇,且均在 2018 年之后。

美国于 20 世纪 80 年代开始了 STEM 教育。当时,大众化生产的批量产品已满足不了美国人民的个性化需要,社会上又极度缺乏技术型与创新型的理工科人才。与此同时,科学、技术教育与工程教育等形式培养的单一类型人才也难以满足社会发展的需要。为了保持美国在科技创新与国际竞争力上的领先地位,培养多元复合型人才成为美国教育发展的共识和趋势,这也使得 STEM 教育自形成之初就备受重视。[1]2008 年,德国就将 MINT(德语数学 mathematik、信息技术 informatik、自然科学 naturwissenschaften 和技术 technik 的缩写)作为教育变革的目标;英国于 2002 年就开始将 STEM 教育正式写入政府文件;芬兰于 20 世纪 90 年代就推出了 LUMA(芬兰语自然学科 luonnontietee 和英语数学 mathematics 两个词的缩写)项目,目的在于将 STEM 教育理念付诸实践。

与此同时,2006 年,弗吉尼亚理工大学硕士研究生格雷特·亚克门将代表人文艺术的 Arts 融入已有的 STEM 教育中,创新性地提出了 STEAM① 教育理念。自此,STEM 教育融入了艺术(arts)、人文、社会等元素,转向了 STEAM 教育。目前,他们将 STEM 融合到计算机科学、工程学、生物学、医药学等领域进行积极的探究,以"STEM+"的形式,鼓励学生们自己设计项目,不断去发现问题、合作解决问题,从而不断构建自己的知识体系,在玩中培养他们的问题解决能力和创新能力。现如今,美国 50 个州和华盛顿哥伦比亚特区的 9000 多所学校为学生提供了 10500 余种 STEAM 课程,已有超过 240 万学生参与相关课程的学习。

近年来,我国为培养创新人才也引入了 STEAM 教育并渐成风尚。教育部于 2016 年发布《教育信息化"十三五"规划》,以促进创客教育、跨学科学习(STEAM 教育)等新兴教育模式在学校的普及应用。2017 年 2 月,科学新课标明确提出:小学科学课程是一门综合性课程。理解自然现象和解决实际问题需要综合运用不同领域的知识和方法,强调不同领域知识之间的相互渗透和相互联系。同时还特别明确了,科学与技术主要是通过促进人们的生产方式、生活方式、思维方式的变革来推动社会发展,这与 STEAM 教育理念不谋而合。2017 年 3 月,《2017 新媒体联盟中国高等教育技术展望:地平线项目区域报告》也明确指出,STEAM 学习的兴起将是短期内我国教育技术的重要发展趋势之一。[2]

然而这一运动背后却涌现了诸多问题,如对 STEAM 概念的理解不清、理论研究极度欠缺,导致实践中出现盲目照搬套用现象等。事实上,全国包括清华大学附中、人民大学附中、上海中学、上海外国语大学附中等在内的 600 余所中学也都在开设 STEAM 教育课程,并逐渐向小学延伸。但是,在人们一窝蜂地追赶这个教育潮流时,只有少数高校在

---

① STEAM 代表科学(science)、技术(technology)、工程(engineering)、艺术(arts)、数学(mathematics)。STEAM 教育就是集科学、技术、工程、艺术、数学多领域融合的综合教育。

研究 STEAM 理念的真正内涵与项目式发展，部分中小学尝试着运用 STEAM 理念设计教学案例，开展以 3D 打印、电脑机器人、模型制作等项目式学习为载体的活动。然而，这些活动的设计者和参与者并没真正理解 STEAM 素质教育的真谛。这样的师生教学互动大多是停留在点状的知识传递上，却没能把各个学科融会贯通，无法撬动整个教育的变革。

华南师范大学李克东教授认为跨学科学习活动的核心部分是重视开展科学探究（S）与数学运用（M）的学习活动，重视开展工程设计（E）与技术制作（T）的学习活动。而进入课程的环节分为五个部分，即"EQ（enter and questions）问题驱动—EM（exploration and mathematics）思维培养—ET（engineering and technology）实践能力—EC（exploration and creativity）创新尝试—ER（evaluation and reflection）检测效果"。[3]

在课程开发中融入李克东教授所提出的 5EX 模型，在课程实施中实现学生五育融合发展，提升学生综合素养，这是本课程开发与设计的初衷。"'纸'与你相遇"选择了学生日常接触最多的材料，在纸的探秘活动过程中，让学生从认识纸、探究纸、造纸、节约用纸等几个方面出发，认识各种各样的纸、探究纸的特性及用途等，在观察、探索、设计与制作中，以期让学生获得多种感官的刺激与体验，进而变得勤思考、愿操作、爱表达，在一次次动手操作中体验到探究的乐趣，探究能力也得到了提升。

学习**路径**

一、5EX 模型构建学习路径

5EX 模型构建学习路径如图 1 所示。

图 1　5EX 模型构建学习路径

（一）EQ（enter and questions）进入情境与提出问题

让学生进入真实的情境中，提出"校园的用纸量有多少？"，并让学生思考。量化的数据驱动研究纸张浪费大的问题，让学生知道校园纸张浪费产生了大量的废纸，面对这类问题，学生要提出自己的假设方案，从根本上节约纸张或者是利用好这些浪费的纸张，借此提出制作再生纸的项目进行主题学习。

（二）EM（exploration and mathematics）探究学习与数学运用

围绕再生纸制作过程中碰到的问题或任务，让学生通过科学探究方法（科学实验、现场观察、调查访问、工具测量等）和数学方法解析问题，理解知识。课程中会用到许多科学仪器进行计量，并对观察的现象进行思考分析。客观世界的特征用数学方法来描述，如用简单的符号形状等表示实验材料；学会用标准单位进行测量并记录不同类型的数据，如制作纸浆时纸张加入的重量与水的体积之间的比例关系；提出数学描述的要求，如建立不同配置的纸浆比例的变量关系等。

（三）ET（engineering and technology）工程设计与技术制作

让学生承担任务，通过工程设计并动手制作，完成作品。课程中引导学生主动参与、动手动脑，如用不同材料（淀粉、木薯粉等）增加再生纸的硬度或柔韧性等，用不同的测量工具对所需要的量进行数据采集，用美术的陶泥制作泥塑技巧来制作立体的纸艺，用过滤筛来制作再生纸杯垫……在实践过程中，明确任务需求，如设计一张具有书写功能的纸张；进而提出方案并制定计划，选择材料、工具并列出操作步骤说明；动手制作，完成原型；性能测试，验证再生纸的使用效果；改善方案，交流验证并在此基础上修改完善，形成作品。

（四）EC（exploration and creativity）知识拓展与创意设计

在提出纸制品的创意中，遵循以学生为主的理念让学生大胆思考要实施的创意，包括外形创意、功能创意、制作技术创意、文化创意等。各种不同的创意再生纸制作时，学生甚至不敢想象还能这样做。在此过程中，教师要引导学生合理探究，突出科学探究的本质，重视学生思维的培养，特别是要避免程式化、表面化的倾向，既重视动手操作，又注重动脑思考；注重创设真实的教学情境，引发学生的认知冲突，激发学生在探究与实践中积极思考，引导学生对所学知识、方法以及形成的态度进行总结反思，并应用到真实情境，迁移到其他领域。在知识拓展与创意设计中，根据学生提出的创意结合我校校园文化，共有8个任务的再生纸创意课程，从纸张的二维平面到三维立体进行创意设计。

（五）ER（evaluation and reflection）多元评价与学习反思

采用多元评价，需要设计学习任务完成能力多元评价的表格。包括规划设计能力评价、技术制作能力评价、团队合作能力评价和成果展示能力评价。在学习过程中也涉及自我反思，因此也需要设计学习反思表格。

二、学习路径设计的依据

(一)年龄特征与认知规律

本课程适用的是二年级的学生,根据皮亚杰的认知发展阶段理论,二年级的学生正处于由前运算阶段向具体运算阶段转变的过渡期,因为他们具有个体身心发展的不平衡性,所以既有前运算阶段的刻板性、自我中心等特点,也有具体运算阶段思维可逆性,能进行具体逻辑推理、理解原则和规则的特点。"'纸'与你相遇"课程是基于学生已有的知识和能力基础,并建立在学生感兴趣的生活用纸上的。课程让学生有能力解决简单的实验操作,教师需要紧紧围绕着目标进行改造,使其变得简单易行,规模可控,难易程度要控制在学生的"最近发展区"范围内。比如制作明信片,二年级学生喜欢涂涂画画,可以自己创作作品在节日送给亲人或朋友等,意义非凡。

(二)学习方式的转变

本课程给学生带来的最大变化是,开始尝试自主合作与主动探究并享受其所带来的愉悦和成功感。通过课程,学生的学习行为开始由"被动"转向"主动",接受式学习不再独唱主旋律,探究式学习、体验性学习和实践性学习的介入,与接受性学习交相呼应、相辅相成。比如在进行 EC(exploration and creativity)知识拓展与创意设计中,创意物化课程表所展示的内容源自学生的创想。在混合式的教学中,通过科学、美术、数学等跨学科的融合,也产生了不同的学习方式。

课程图谱

一、图谱结构

(一)课程设计与学生核心素养发展

课程设计与学生核心素养发展如表1所示。

表 1　课程设计与学生核心素养发展

素养内容	基本要点	课程中的体现
人文底蕴	人文积淀	由古代造纸术发展到现代造纸术所蕴含的认识方法和实践方法。
	审美情趣	再生纸的生命焕发与创意,在生活中的拓展和升华。
科学精神	理性思维	能运用科学的思维方式认识再生纸的制作,并在其活动中能解决碰到的问题。
	批判质疑	独立思考用哪些材料可以使纸张的性质发生变化,能辩证地分析它们的优缺点。
	勇于探究	能不畏困难,坚持不懈地解决制作再生纸碰到的材料、方法等问题。

续表

素养内容	基本要点	课程中的体现
学会学习	乐学勤学	积极的学习态度和浓厚的学习兴趣。
	勤于反思	有审视自己作品问题的意识和习惯,善于总结不足的经验。
健康生活	自我管理	根据自己的方案制作创意再生纸,具有达成目标的持续行动力。
责任担当	社会责任	从纸的再生中培养具有绿色生活方式和可持续发展的理念。
实践创新	问题解决	善于发现和提出问题,有效解决问题。
	技术运用	具有工程思维,能将创意和方案转化为有形物品。

(二)课时安排

本课程以我校"和美·共生"的文化为核心内容进行拓展活动,设立了 5EX 模型课程图谱(见图 2)。EQ(enter and questions)进入情境与提出问题设置 1 课时,EM(exploration and mathematics)探究学习与数学运用设置 1 课时,ET(engineering and technology)工程设计与技术制作设置 4 课时,在 EC(exploration and creativity)知识拓展与创意设计设置了 8 课时(见表 2)。ER(evaluation and reflection)多元评价与学习反思设置了 2 课时。以学生的动手动脑实践活动为路径,在这一过程中经历完整的项目式学习过程,最终发展学生的创新能力。

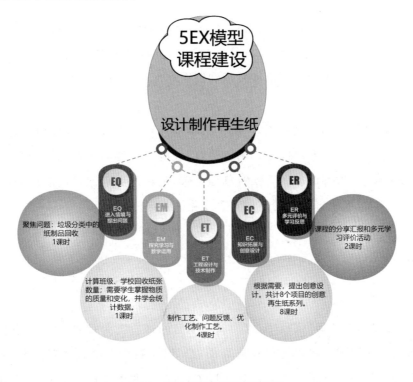

图 2　5EX 模型课程建设图谱

表 2　创意物化课程表

维度	教学内容	课时	目标
二维平面系列课程	制作不同颜色的纸	1	1.学生提出创意设想包含外形创意、功能创意、制作技术创意、文化创意等。2.遵循以学生为主的理念让学生大胆思考并制作出创意的再生纸作品。
	"桌面森林"杯垫	1	
	花草纸的制作	1	
	创意纸扇	1	
	创意明信片	1	
三维立体系列课程	制作彩虹笔	1	
	创意花草灯	1	
	创意再生纸泥塑	1	

二、课程开发的基本原则

(一)基础性原则

"'纸'与你相遇"的课程开发要关注科学内容的教育性价值,从学生喜闻乐见的事物入手。在学生学习成长、亲身体会、能力进阶层面,逐步训练学生掌握科学的基本操作方法和能力。资源的利用与开发尽可能就地取材,不应舍近求远,好高骛远。

(二)实践性原则

跨学科融合教育注重实践性,实践性强是本课程非常重要的一点。本课程以项目式实践活动为主要形式,强调学生的亲身经历,要求每个学生都参与到具体的活动中,从观察、探究、设计、创作、反思等系列活动发现和解决再生纸所碰到的问题。

(三)灵活性原则

开发本课程是一个动态的过程,经历了三年的开发与实践,尤其在新课标制定后,我们课程开发也要具有灵活性的改变。不仅如此,近两年的课程实践,我们从学生特点、环境改变、实践经验、操作基础等多因素时刻变化着,也在思考着课程的后续灵活变动。课程需要灵活地开发,跟随着时代的进展一直变化。

评价工具

在进行"'纸'与你相遇"课程中,对于课程本身的评价尤为重要。教师对于课程本身带来的效果如何得知呢? 课程评价具有导向、激励的功能,有效的考核评价可以大大提高活动的效能。我们设计了调查问卷对课程进行评价(见表 3),可以通过问卷调查法了解学生对课程的学习情况。

表 3 "'纸'与你相遇"调查问卷

评估内容	评估的项目	评估得分/分				
		优	良	中	一般	不合格
关于课程内容	1.课程的目的和意义是否明确？	□5	□4	□3	□2	□1
	2.课程素材是否清晰和标准？	□5	□4	□3	□2	□1
	3.课程难易度对你是否合适？	□5	□4	□3	□2	□1
	4.课程教材中包含的实践案例丰富程度如何？	□5	□4	□3	□2	□1
	5.课程是否得到了有效的总结？	□5	□4	□3	□2	□1
关于教师上课	1.老师讲课是否流畅？	□5	□4	□3	□2	□1
	2.讲课的进程是否合适？	□5	□4	□3	□2	□1
	3.是否留有时间来解答问题？	□5	□4	□3	□2	□1
	4.是否有效地解释了问题？	□5	□4	□3	□2	□1
	5.是否能有效地安排时间？	□5	□4	□3	□2	□1
关于材料准备	1.材料准备充分到位吗？	□5	□4	□3	□2	□1
	2.材料好玩吗？	□5	□4	□3	□2	□1
总体评价		□5	□4	□3	□2	□1
1.请写出本课程中哪个活动让你印象深刻？ （学生填写）						
2.请列出您认为课程中有哪些需要改进的？ （学生填写）						
3.请列出孩子学完课程后有哪些进步的地方？ （家长填写）						

　　课程评价不仅是促进课程完善的主要途径，也是引导学生学习的重要环节，有效的评价促使学生反馈活动的效果，也能为学生后期的学习和活动指明方向。本课程以过程性评价为主，具体评价课程中尝试整体评价与各活动评价相结合的方式进行评价（见表4、表5）。

表 4　STEM 课程学习整体表现评价表

学习技能	评价标准	分 值 (每个点 20 分)
管理信息	1.提出并回答关于项目的问题。 2.开始计划。 3.按照课程指示推进活动任务。 4.在老师所提供的材料和资源中选择所需的信息,提出获取信息的方式。 5.识别和使用简单的方法来记录信息。	
思考,解决 问题和决策	1.细心观察并描述活动现象。 2.展示活动和信息的顺序时,能够看到整体和部分。 3.确定相同/不同的知识,并将事物进行分类。 4.在实验之前能进行简单的预测,看到可能性。 5.提出在项目活动中会出现的不同类型的问题,并能给出意见和理由。	
设计/创造性	1.对设计活动感到好奇并能积极主动地提问。 2.提出关于项目活动的观点。 3.设计模型。 4.愿意接受挑战。 5.通过书写、绘制、标记和制作模型来验证自己的观点。	
团队协作	1.学会和小组其他成员一起协作。 2.发展聆听、表达、分享和协作的能力。 3.能够学会演示和建模。 4.意识到自己的工作对其他人有一定的影响。 5.信任老师和同学。	
自我管理	1.谈论自己在这个活动中做了什么和学到了什么。 2.发展专注和坚持的能力。 3.能够处理任务中的任何问题。 4.能够在活动中做出选择和决策。 5.在完成活动任务时敢于向老师和同学寻求帮助。	

表 5　综合活动评价表

创意活动名称:_____　　　学生:_____

内容	评价指标		分值/分				
			5	4	3	2	1
教师对 学生的评价	活动参与	1.主动参与(5分)					
		2.有良好的学习效果(5分)					
	知识掌握	能掌握活动中的基础知识(5分)					
	探究表现	1.敢于质疑,发表个人见解(5分)					
		2.有独立、创新、质疑的探究思维(5分)					
		3.积极动手实践、自主合作探索(5分)					
	情感态度	形成良好的学习习惯(5分)					

续表

内容		评价指标	分值/分				
			5	4	3	2	1
学生互相评价	活动参与	发言次数,举手次数,合作态度(5分)					
	收获	作业完成情况(5分)					
综合评价	学习兴趣与态度(5分)						
合计							

　　整体评价合计500分,综合活动评价根据学生参与的每个创意活动进行打分,共计9个创意物化课程活动,每个活动50分,合计450分,加之50分的考勤分。本项目最终的分数是1000分,以等级制来考核学生社团评价(见表6)。

表6　社团等级评价表

综合分数	850～1000分	700～849分	600～699分	600分以下
评价等级	A	B	C	D

课程**故事**

我的课程故事

前传

　　2018年入职刚成为新老师的我对课外的社团非常感兴趣,喜欢带学生探索课堂外的科学活动,于是在开展STEM教育前,组织了三年级的学生开展"超级跑鞋"项目式活动,并在科技节上展示,活动获得广大学生和教师的好评。在此之后,思明区进修校组织老师前往广州观摩学习STEM教育。从中我受到一些关于课程的启发,并在2019年开展设计制作再生纸STEM项目。我认为STEM教育不是科学、技术、工程和数学知识的简单叠加,其教育的核心是发现问题—设计解决方法—利用科学、技术、数学知识实施解决方法—将解决方法传达给大家,这种整合具有天然的跨学科性、情境性、实践性、协作性、实证性。"'纸'与你相遇"从2019年2月起开展,在4年的时间里经历了1.0版本到2.0版本再到3.0版本,我在项目式学习的课程中慢慢有所感有所得。

故事一:"纸"要你会做

　　纸究竟哪儿来的呢? 我们一起查阅了资料。

　　古代蔡侯纸是用树皮、麻头、敝布、渔网经过挫、捣、抄、烘等工艺制造的纸。现代纸是树木或芦苇经过制浆、调制、抄造、加工而制成的。通过"蔡伦造纸"的故事,学生们了解了古代的造纸术,知道造纸术是中国的四大发明之一。纸是我们生活中常见的物品,各种各样的纸对于学生来说既熟悉又陌生,他们随时随地能看到、用到纸,但这些纸的真正用途和特性,他们却不了解。上课前学生在班级里收集了一些废纸,从办公室里找来了过期的报纸,为了探究不同类型的纸,把家里的快递包装纸箱、牛皮纸、书法纸和家里的水盆、筛网、搅拌器都带来了,一切准备就绪,大家摩拳擦掌跃跃欲试。制作再生纸的时候,出现了不少有趣的故事。有个男生在搅拌纸浆的时候,加了比较少的水,纸张就卡住不动了,然后就质疑搅拌机不能工作。他拿着他们小组包着纸浆的搅拌器到其他组去尝试,发现也不能用,于是求助于我,我让他们仔细观察和别人的材料有什么不一样。他赶紧进行对比,找了好几个小组,然后发现自己的纸太多了,水又比较少,所以就卡住了。然后就兴高采烈地去继续搅拌纸浆。我走过去,让他再想一想,搅拌的时候还要注意什么呢? 很快学生观察了其他小组的纸浆,提出了纸张和水的重量比例要控制在一定的范围内,这样搅拌出来的纸浆才会更加细腻。在探究中善于总结经验。有一个女生在抄纸的时候,动作不均衡导致出现不均匀的效果,于是我亲手带她感受抄纸的速度,抄网下去的时候要慢一点,轻轻地震荡下,放平然后再慢慢地升起。放开手让她自己再次尝试,这时候她进步了一些,但是又不小心由于手的触碰导致边缘不均匀,经过多次的尝试后,可算是完成了自己的第一张纸。在不断抄纸的时候,可以发现她脸上的表情从失望到紧张再到激动的变化。纸张抄完之后,为了更快地显示出效果,学生们想了几个好的方法快速吸干再生纸,他们想到了在抄纸板底下垫一个吸水性强的毛巾,还有的小组用电吹风鼓吹抄纸板上湿的纸张。特别是在揭开纸的时候,每个人都非常小心翼翼地用镊子来揭开,动作越来越像个小科学家。有了这样的成功经验,大家信心更足了。大家好奇地摸着晒干的再生纸,对于它的作用,纷纷提出了自己的建议。"我要做一张比较硬一点的纸张来折纸飞机试试""我想要加点其他的东西看看这张纸还能不能有不一样的效果""我还要试试看加点干草干花做不一样的造型"……课程就在儿童的生活中,就在儿童的行动里,就在发现和解决问题的过程中。

故事二:"纸"要你创造

在 2019 年最开始 1.0 版本的课程教学中,我们光学习再生纸的初步操作(如对其进行性质、比例的探究)基本上就用了很多的时间,相比"'纸'与你相遇",它更像是低配版的入门课程。深入挖掘课程的思路,纸张上的创意应用越来越细分化,每个创意所利用的纸的特性也不尽相同,比如轻薄、坚硬、可塑性、两面性。当纸张作为内容载体时,它往往与文字相挂钩,比如书本、告示。平面的表达内容已经远远不能满足受众的需求。从平面到立体的升级,虽然只是一个简单的折叠就能完成,几乎没有操作难度,但是却从根本上升级了表达方式,创造出一个立体的空间来承载更多的创意元素。陶行知曾说过:

"我们发现了儿童有创造力,认识了儿童有创造力,就须进一步把儿童的创造力解放出来。"于是在课上我问学生们,试试看可以用再生纸创造出哪些有趣的东西呢?没想到大家给我很大的启示,有学生提出制作不同颜色的彩虹纸,还有学生从花草纸的制作中提出做花草灯的想法,还有的说可以试试做个纸杯垫。从二维到三维,学生更大胆地提出可以用纸张做一些立体造型,如同他们在上"玩泥巴"那节课一样做再生纸塑品;还有的学生提出要制作纸杯用于班级植物角的植物养殖;甚至还有的同学说可以在杯垫上加一些种子,再生可降解创意种子种植纸杯垫用完了可以放在植物角。学生基于对生活的观察,提出不一样的创想,给了课程很大的启示,于是在接下来的课程推进和优化中,我用上了学生的想法,开展了不一样的创意再生纸系列课程。

故事三:"纸"想跟你玩

卢梭说过"教育的艺术是使学生喜欢你所教的东西"。学生如何喜欢你所教的东西?社团每年都在经历更新换代,流水的学生,铁打的老师。从最开始参与这个课程的学生现在都已经上五年级了,每次走在校园内,碰到之前在我社团的学生,他们会跟我打招呼。印象最深刻的是有一个学生有一次碰到了我,还跟我说上次写一篇作文关于纸的发明,她在社团中玩了很多好玩的创意再生纸,还特意写了一篇作文参加征文比赛并获得了奖项,如果还有这类的社团,她还想要继续参加。还有许多学生也通过 STEM 社团喜欢上了科学的创新比赛。"玩中学、学中玩"提出的理论假设:现在的学生普遍面临着学习面过于狭窄的问题,上课、听讲、回答问题、做作业、考试……以往固定的学习程序让学生的脑袋里想的可能只是书本上的语数英等知识,忙于应付的也是书本上的知识,而对书本以外的事物不一定关心,甚至不屑一顾。因此在"'纸'与你相遇"的课程中,我设置的情境都是从生活出发的,这是学生学习的必经之路,也是学生最贴近学习的内容之一。苏霍姆林斯基讲过"人的内心里有一种根深蒂固的需求——总是感到自己是发现者、研究者、探索者。在儿童的精神世界,这种需求特别强烈"。课程开发后期我越来越发现学生期待着一周一次的社团课,在这边,他们可以跟身边的同学分工合作、互相帮助、取长补短。设置悬念激励学生玩,"玩"出新意的同时,我也不断地给予学生更多施展的空间。对"玩"的理解,一般分为两个层次:一是学生自发地无目的地"玩",这是学生天生的纯粹的玩,但它是有意义的"玩"的基础。二是学生有目的地"玩",即有意义地"玩"。在我们课程中,细心呵护孩子的天性,也引导学生逐步进入有探究意味的玩。

花絮:

在课程最后的教学设计中,有一场上台展示并汇报作品的活动。学生缺少舞台展示经验,第一次上台有一个男生害羞甚至不敢说话,在全班同学的鼓舞下总算是介绍了自己的再生纸塑品。展示汇报环节的仪式感非常重要,我还拍摄了学生们的汇报视频,并通过微信群发给他们的家长。印象最深刻的是有一位家长还经常分享在社团上课之后学生的感受，以及学生课外完成的作品。对于老师来讲，我们见证了学生的成长。在践行本课程中，也许很多环节与设想与要达到的目标还有一定距离。但是在开展过程中，学生的收获与感受是我们可以真切地发现的。家长经常通过微信或者电话了解学生的学习情况，在课程中我也明白了教师不仅仅是教他们学习的"教书匠"，还可以是他们生活中的玩伴，陪伴学生成长，及时记录学生成长的每个瞬间，这是多么幸福的一件事。每一位老师都可能成为学生的一盏指明灯，就如黑暗中的灯塔一样照亮着他们前行的道路。

参考文献

[1]范文翔,赵瑞斌,张一春.美国 STEAM 教育的发展脉络、特点与主要经验[J].比较教育研究,2018,40(6):17-26.

[2]金牧兰.互联网＋STEAM 教育的探究学习模式研究[C]//第 9 届全球华人探究学习创新应用大会论文集.2018:87-91.

[3]李克东,李颖.STEM 教育跨学科学习活动 5EX 设计模型[J].电化教育研究,2019(4):5-13.

"'纸'与你相遇"
课程纲要

30

绘"拼"、"悦"读，融"境"、"创"编

——人人都是创作家

黄雅静

目标定位

　　二年级学生学习完 26 个字母，记忆单词之旅就开始了，如何帮助学生顺利开启学习单词之旅？从日常教学中可以看出，学生背单词没有章法，看着单词不会读，不会根据字母组合的发音拼读单词，往往只能采取机械的读记背默，方法枯燥难以调动学习的积极性和兴趣。"绘'拼'、'悦'读，融'境'、'创'编"课程就是借助绘本资源，引领学生进入五彩斑斓的绘本世界，在趣味满满的情境中帮助学生结构化地学习字母的组合拼读。

　　"绘'拼'、'悦'读"中的"绘拼"旨在教授学生一种有规律的、高效的学习法，让学生能够通过阅读绘本感知、学习字母组合的发音规律，在字母组合（monogram）与语音（sound）之间建立联系，将抽象的音素转换成字母组合。将单词的发音和拼读联系起来，以此培养学生"见词能读、听音能写"的能力。

　　"绘'拼'、'悦'读"中的"'悦'读"是指借助丰富有趣的绘本故事培养学生热爱阅读的习惯和多元化的表达能力，帮助学生在阅读中丰富词汇量，接受除教材之外的英语单词。通过阅读绘本，学生能更好地掌握词汇意思，并能将所学词汇运用于实际生活中。巧用绘本阅读故事，绘本的故事提供丰富的情境让字母组合的学习富有情境性和趣味性，激发学生的童心、童趣、童真，助力其喜爱阅读，长效学习。

　　"融'境'、'创'编"是指鼓励学生通过绘本提供的不同情景，融合自己的生活实际，用大胆的想象创造性地编写属于自己的歌曲或者故事。学生在自主进行绘本绘画的过程中，充分扩展了自身思维，有效发挥了自身想象能力，形成良好的思维品质。

　　国家课程中字母组合拼读的学习融合在语音教学中，学生大多只能在学习单词时感知、记忆、理解，无法形成系统的结构。因此，笔者开发"绘'拼'、'悦'读，融'境'、'创'编"

课程,旨在帮助学生结构化地学习字母组合拼读。通过学习,运用所学字母组合创编韵律和故事,潜移默化地激发学生兴趣潜能,促进学生综合思维能力的发展。本课程包括 2 节能让全体学生体验拼读乐趣的必修课和 26 节能学到扎实拼读方法的选修课。

背景分析

语音拼读在小学英语中的应用优势,从教育部颁布的新课程标准中我们能看出其重要性。对比 2011 版和 2022 版语言知识板块,2022 年新课程标准在单词拼读方面提出了更高、更细的要求。从一级到三级,在级别要求上存在连续性和递进性,所有三个级别都要求学生掌握拼读或语音规则来拼读单词,因此语音拼读课程的重要性不言而喻。

在中国知网中搜索,截至 2023 年 10 月,有 780 余篇有关拼读与绘本的文章,年度发表趋势如图 1 所示。

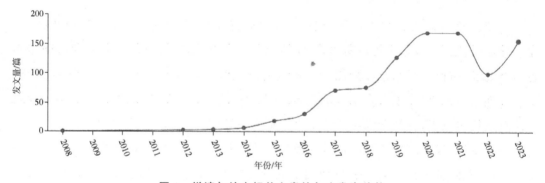

图 1 拼读与绘本相关文章的年度发表趋势

誉亮[1]老师在《巧用自然拼读 推进绘本阅读》中提到,低年级小学生是一个独立和多元化的群体,处于小学起步阶段,他们在身心发展方面有着自身特点。皮亚杰一直以来认为儿童的成长发展与其年龄相关,小学低年级的学生在其认知发展的过程中还是处于具体的运算阶段,这一时期的儿童虽然初步地出现了逻辑性的思维,但必须充分地依靠实物例如绘本中的配图,发挥其直观形象的辅助作用,因此在小学低段学生的教育中,实物等直观方式的呈现还是很重要的,而英语绘本的这一特点正好符合学生发展的特点。英语绘本的教学在不断发展中可以提高学生阅读水平,这得到越来越多专家老师的认可。

徐英姣[2]在《小绘本,大课堂》中提到,自然拼读与绘本教学融合的意义:第一,促进基本能力的培养。绘本教学的内容更多是以直观性、视觉化的方式贯穿于学生的学习过程中,相对于其他形式的学习内容,绘本教学更能吸引学生的注意力,并且在绘本阅读时遇到的单词能锻炼学生自然拼读能力,所以在教学过程中将自然拼读与绘本教学融合起来，能提升学生阅读过程中的趣味性。同时，在绘本阅读的过程中，加强单词的记忆和自然拼读方法的训练，能达到整体性的学习效果。第二，锻炼学生综合能力。绘本教学更注重小学生的兴趣化培养，通过绘本上的知识和教学内容，学生在情景化的环境下进行绘本学习，能提升学生对英语学科的学习兴趣，在课堂上也会更加集中注意力。

　　从众多的文章中可知，在小学英语教学中，字母组合拼读学习法是非常适合小学生学习的方法，语音拼读的教学应用于小学英语课堂教学中，能够激发学生的英语学习兴趣。自然拼读源自英语为母语的国家所采用的发音方法，其能够帮助学生掌握英语发音规律，提高学习效率。字母组合拼读是单词的学习方式，一种语言的学习中单词是末，阅读才是本。国外的 Phonics 教材，都有另外一个名字，叫作 *Learn to Read*，可见字母组合拼读和阅读是紧密联系在一起的。绘本，英文称"picture book"，顾名思义就是"画出来的书"。它指的是文字与图画相辅相成的图画故事书，是表达特定情感和主题的读本。很多原版的英文绘本结合了英语单词的音、形、义三方面，让单词立体呈现，生动有趣。"绘'拼'、'悦'读，融'境'、'创'编"课程中英语绘本作为一种课程资源，教师从儿童的基本情况出发，结合教学需求进行合理的开发与有效运用，帮助学生习得语音，建立单词音形义之间的联系，解决单词音形不一的问题，提高学生拼读和记忆英语单词的能力，进而拓展阅读能力。

　　依托生动有趣的绘本，学生能够通过阅读的内容感悟字母组合的发音。对字母组合的发音有更加清晰的理解，有助于学生自主思考和独立阅读习惯的养成。尤其教师带领学生探索拼读规律，让学生尝试自主进行英语词汇拼读、阅读英语句子、绘本等，还能够大大树立学生学习英语的自信心，培养学生英语自主学习的意识，进而推动学生英语学习不断进步，为其终身可持续学习奠定基础。

　　借助绘本学习字母拼读的研究有 780 多篇，但是有关如何运用绘本学习字母组合拼读增强学生创造性的课程却寥寥无几。因此开发"绘'拼'、'悦'读、融'境'、'创'编"课程是十分有意义的。

　　我校成立课程开发团队，尝试着将小学低、中年级的字母组合拼读与英语绘本的阅读教学结合起来，以期提升学生在阅读效果上的实践性和创造性。通过运用拼读法，培养学生从阅读简单的单词到简易句子，最后到语篇的技巧。同时通过英语自然拼读提高低年级学生英语阅读技能、创编能力，从而为中、高年级英语阅读打下坚实的基础。

学习**路径**

　　基于小学三、四年级学生的年龄特点和认知规律，学生专注力有限，倘若只是单独地对拼读规则进行学习,没有对应的语境作为支撑,教学过程就会显得枯燥乏味,无法对学生形成吸引力。而绘本能给学生提供一个完整且充满想象空间的情景。并且英文绘本结合了英语单词的音、形、义三方面,让字母组合学习立体呈现,生动有趣。

看绘本,读故事,感知拼读规则,轻松记忆单词。培养学生依托绘本"悦"读,运用层层递进的学习路径培养拼读单词的能力,叩响阅读的大门。"绘'拼'、'悦'读,融'境'、'创'编"课程有以下五个学习路径(见图2)。

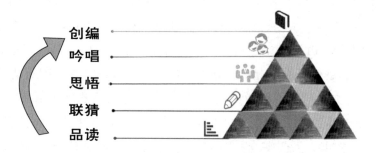

图 2　"绘'拼'、'悦'读,融'境'、'创'编"课程学习路径

一、品读

引导学生通过不同语调品读绘本名称、观察绘本的封面、插画,对故事情节进行预测,培养学生的逻辑思维,引导他们联系自身经验表达自己的想法,这样不仅让学生的思维得到了锻炼,同时还培养了学生学习和语言表达的能力。

以 *The Tiger and the Rooster* 为例,

课堂场景:

Pre-reading

T：Can you find something the same?（present the cover page.）

S₁：Tiger and Rooster，they all have "er".

T：Yes! Let's read "Tiger" and "Rooster".So，"er" sounds…?

Ss：/e/

(教师通过让学生观察绘本名称,启发学生发现相同字母组合"er"并感悟字母组合"er"的发音。)

二、联猜

学习掌握字母组合的发音规则,让学生建立起字母组合和音素之间的联系之后,鼓励学生通过猜一猜的学习方式,拼读其他新单词。

以 *The Tiger and the Rooster* 为例,

课堂场景:

While-reading

T:What words have "ir" and sound /e/?

S$_1$:hair.

S$_2$:pair.

T:What words have "ur" and sound /e/?

S$_1$:hamburger.

S$_2$:our.

(教师启发学生思考:含有字母组合"ur""ir"的单词并且发/e/的单词还有什么?)

三、思悟

字母组合拼读具有一定的普遍性,有些字母组合发音相同,或者字母组合间有一定的规律,利用相同的规律由点及面发散思维,捆绑一起进行教学,以达到事半功倍的效果。

以 *The Tiger and the Rooster* 为例,

课堂场景:

While-reading

T:Children,we know "er" sounds /e/,but "ur" "ir" also sound /e/.

(教师以字母组合"er"为切入点,一同教学字母组合"ur""ir"。由点到面,层层递进。)

四、吟唱

选取与绘本情境相匹配的韵律,将字母组合创编成朗朗上口的 chant。在句子情境中串联相同发音的单词,有助于学生更好地理解和记忆,促进学生拼读能力的逐步强化。在潜移默化中丰富学生的积累,巧用学生感兴趣的形式,既能激发学生主动学习,还能检测学生对字母组合的掌握情况,在"玩"中"学",在"学"中"玩"。

以 *The Tiger and the Rooster* 为例,

课堂场景:

While-reading

T:Children,just now we know the tiger tries three times to eat the rooster. He tries hard. Let's try to be the tiger.

T:I am the tiger.

I want the rooster. I dress up as a dancer.

I dress up as a singer. I hold a flower and wait at the corner.

T:Can you try?

Ss:I am the tiger.

I want the rooster. I dress up as a dancer.

I dress up as a singer. I hold a flower and wait at the corner.

T：Wow! you are clever.

（教师通过朗朗上口的 chant 帮助学生强化字母组合的印象，加深记忆。）

五、创编

教师依托绘本创设真实的情景，续编故事，让学生在情景中内化。学生依据绘本情景，根据所学字母组合拼读规则，大胆想象，续编绘本。

以 *The Tiger and the Rooster* 为例，

课堂场景 1：

Post-reading

1.Task：Let's be the challenger.—— "Let's Catch the Tiger"

T：Children，just now we know the farmer wants to catch the tiger. But the tiger runs to the island. Let's help the farmer to catch the tiger. Ok?

There are some tips for you.

1. Find at least 5 words with /ə/ sounds and line them together.

2. Read the words you have found.

3. You can catch the tiger.

（教师依托绘本情景，创设真实的情景，让学生在情景中迁移内化。帮助绘本中的人物——农夫，抓住想要吃公鸡的老虎。老虎逃到岛上，农夫需要找到至少五个有/ə/发音的单词并大声读出来，才能抓住老虎。通过这个任务，教师可以了解学生是否掌握/ə/字母组合发音。）

课堂场景 2：

T：Children，the beach is dirty. We can see so many things there. What can you see?

S$_1$：bottle.

S$_2$：paper.

...

T：Great guess! Can you continue to write down "Let's picked... to clean the beach." and draw the pictures?

Ss：Yes!

（教授字母组合"ck"之后，学生根据绘本情景创编故事（见图 3）。Let's picked up... to clean the beach.）

图 3　学生创编

课程图谱

　　通过元音、辅音的发音规律,把字母组合分成"元音乐园""辅音城堡""元辅集市"(见图 4),通过相近的字母发音规律,把个别字母组合打包教学。字母组合拼读课程培养学生"见词能读、听音能写"的能力,将单词的发音和拼读联系起来,使学生在绘本中感受语音的发音规律,初步形成拼读能力,将抽象的音素转换成字母以及单词。

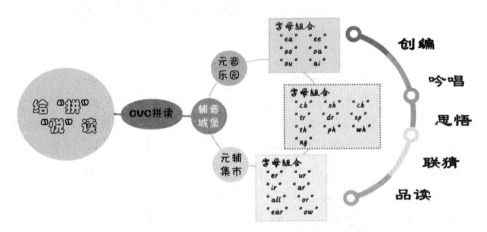

图 4　"绘'拼'、'悦'读,融'境'、'创'编"课程图谱

课程内容:

27课时,根据课文中常见的字母组合的顺序开展教学。

衔接课CVC巩固(1课时)

第一阶段:元音乐园(7课时)

第二阶段:辅音城堡(11课时)

第三阶段:元辅集市(8课时)

每个阶段的学习内容存在连续性和递进性,学生拼读能力同时也是呈螺旋式上升趋势的。在完成前一阶段的学习后,学生借助所学,可以自己推断字母组合的拼读方法,更快地理解、习得下一阶段的内容。

课程的设计基于学生的认知规律与学习路径,以下依据学习路径分析,详细列举教学实录。

首先,通过CVC单词拼读的方式巩固26个字母的字母音和简单的单词拼读,衔接二年级的"玩转字母"课程。

CVC单词拼读,是指Consonant(辅音)+Vowel(元音)+Consonant(辅音),以点带线,以线带面进行简单的单词拼读。利用CVC拼读游戏(见图5)很好地检测了学生是否掌握了"玩转字母"课程。

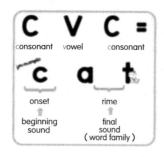

图5 CVC拼读游戏

字母组合拼读是在monogram(字母)与语音(sound)之间建立联系。教学规划:从最初的spelling过渡到现阶段通过演绎故事的方式进行英文绘本的reading and acting。

"绘'拼'、'悦'读,融'境'、'创'编"课程通过绘本中生动有趣的图画和故事来引导学生学习单词并了解单词的意思。优秀的绘本中包含了生动活泼的画面,这有助于小学生想象力的塑造。在教学的过程中,可以根据绘本提供的材料将多样化的词汇传达给学生。同时,绘本可以依靠特有的艺术形式帮助学生理解文字所表达的内容,故事中的情景将会变得更加真实。在教育改革的背景下,教师的课堂教学形式提倡多元化,教师能够正确运用绘本,利用合适的绘本对自己的课堂进行有效的补充,有利于学生想象力的提升,同时能够帮助小学生提高观察、阅读和理解能力。目前市面上存在着各种各样的绘本，绘本的题材和内容也十分多元化，学生可以通过绘本体会语言的最初特点，同时也能够对故事内容有更好的理解。通过阅读不同文化背景的绘本，还可以拓宽学生的视野。在新课标改革的过程中，英语教学的改革是其中的重要部分，推广绘本的阅读成为小学教育改革的重要内容，也有利于学生更好地进行英语学习，通过绘本这一手段，小学生对英语有更好的认识和理解，同时也有助于提高其对于英语文化背景的理解，有利于小学生的全面发展。

其次，绘本色彩鲜明多样，让学生们充满活力。例如：*The Tiger and the Rooster* 英语绘本采用各种颜色鲜艳的图案以及听故事的方式，图文并茂地把绘本故事的内容展现出来。英文绘本中出现的陌生单词，学生们很难通过上下文的意思推断，但是可以通过绘本中图画的内容进行有效猜测，这对于小学生的想象力是一个极大的锻炼和培养，最后通过故事的方式给学生讲述一些简单的生活道理。

绘本形象生动，更容易捕捉内容。在绘本的发展历史中，出现了许多流传长久的优秀作品，这些作品受到了小学生的追捧和喜爱，这样的绘本往往超越了简单的文字教学，而是以有用的知识结合生动有趣的图画，向小学生传达健康的价值观。绘本的作者在有限的篇幅内叙述故事，同时做到图文并茂，故事又有很强的教育意义，因此得以流传，经久不衰。一本好的英文绘本能让还不认识单词的学生通过看图画领会其意，这有利于增强其自信心。在这个过程中，也能强大学生的内心，丰富他们的生活，给学生提供英语学习的完整体验。

由于中文语言系统和英文语言系统在体系和规律上有比较大的区别，"绘'拼'、'悦'读，融'境'、'创'编"课程里，教师应该引导学生从简单的字母拼读过渡到字母组合拼读单词再到绘本阅读，把 letter name、monogram、letter sound 与字母组合拼读和绘本有效地结合起来，让学生从枯燥无味的死记硬背单词向趣味单词学习过渡，更大程度上提升学生学习的积极性和趣味性，从而真正达到利用字母组合拼读单词，叩响英语"绘'拼'、'悦'读"的大门。

灵活运用五大学习路径，引导学生巧用绘本，巧记拼读。

评价工具

新版课程标准中提出教师育人应该具有"大观念"意识，"大观念"旨在解决教学设计缺乏纲领性统领、内容碎片化、过程表面化和评价形式化等问题。深化课程改革要推动教学设计以大观念为统领，促进英语课程由聚焦语言知识点转向关注语言所承载的文化内容，由碎片化学习转向整合关联的结构化学习，确保核心素养目标落地课堂。

　　"绘'拼'、'悦'读，融'境'、'创'编"课程帮助学生整合字母组合拼读学习，使知识结构化。有助于帮助学生理解知识本质、建构知识网络。有助于促进学生对学科本体论、方法论、价值论认识的统一。有助于发挥学科育人功能，提升学生的问题解决能力，促进终身发展。

　　1.对课程的评价，遵循以下几点原则。

　　（1）凸显激发学生的学习和活动兴趣。

　　（2）注重学生的参与、感受及其体验。

　　（3）重视学生活动的组织及活动方式。

　　（4）表现出教师基本素质及教学特色。

　　（5）运用现代技术，使用好学习工具。

　　2.对学生的评价，遵循以下几点原则。

　　（1）优化评价标准，提升教学有效性。

　　（2）凸显评价主体，增强学生主动性。

　　（3）优化评价方式，增强教学互动性。

　　因此，"绘'拼'、'悦'读，融'境'、'创'编"课程，遵循以上评价原则。通过 chant 小达人、地图闯关、故事大王、朗读者的评价方式帮助学生更好地认识知识、理解知识、深化知识（见图 6、图 7），既能帮助学生与教师之间形成有效互动，又能够不断促进学生的长远发展。

图 6　地图闯关

图 7　故事大王

课程故事

　　在开发课程的过程中，在上完 *The Rooster and the Tiger* 后，有好几个学生跑来说："Miss Huang！tiger 这个单词记了好多遍，听完音频知道怎么读，但是过会就忘记怎么读了。学完这节课后才知道，原来英语单词也可以像语文一样'拼'出来呢！学一个字母组合，我好多单词不用老师教都会读了！太棒啦！"看到学生欣喜的表情，我心中盈满感动，师者不正是想看着学生的细小变化、点滴进步吗？

　　作为一线教师，平时的英语课堂根据主题模块来划分学习内容，每个模块的单词有主题上的联系但没有发音规则上的联系。我通常在课上会以点带面，学习一个新词同时拓展学习这个新词的字母组合发音规则，教会学生拼读新单词。但是课堂上的学习时间是很有限的，给予学生记忆的时间也是如此。需要学生课上记笔记，下课后复习巩固。很多后进生没办法跟上进度。因此，我一直在思考，如何让学生记住字母组合的发音规则，教会学生拼读规则呢？

　　我想英语语音学习是一个系统的学习，不仅要学习发音规则，还要熟练地掌握拼读规则。学习规则和熟练使用规则去拼读不是一个概念，学习 26 个字母的发音规则和字母组合的规则是可以速成的，可是真正使用规则去拼读，没有大量的拼读练习积累是不可能的。所以真正掌握拼读的规则需要重新读懂、理解学生，他们需要即时的体验。与其去教，不如让他会用、会读，他不会的，你告诉他拼读规则，最终学生形成自己的作品，他们的积极性提高了，就会更愿意学习英语了。通过不同的课，每节课完成一张、两张，最后一节课编起来，就是一个属于自己的独一无二的字母组合绘本，让学生演出来，再传播出去。学生通过一个课程的时间来实践，沉淀所学。

"绘'拼'、'悦'读,融'境'、'创'编"课程,让学生依托绘本故事,给学生提供一个完整且充满想象空间的情景,从中学习字母组合发音规则。在情境中听,在情境中读,在情境中记忆,提升学生的拼读能力。培养初步的英语阅读能力,为后续阅读素养的提升奠定坚实的基础。在课程中潜移默化地激发学生兴趣潜能,提升创编能力,促进学生创造性思维的发展。

参考文献

[1]誉亮.巧用自然拼读 推进绘本阅读:小学低年级自然拼读绘本教学的策略与实践[C]//广东教育学会.广东教育学会2021年度学术讨论会暨第十七届广东省中小学校长论坛论文选.广东省东莞市虎门镇金洲小学,2021:8.

[2]徐英姣.小绘本,大课堂:小学英语自然拼读与绘本教学的融合策略[J].家长,2022(32):49-51.

"绘'拼'、'悦'读,融'境'、'创'编"
课程纲要

31

诗句仿写向更青处漫溯
——"小荷诗社"课程开发

郑惠娜　黄旭蓉　徐梦楠

目标定位

古诗词是起源最早、历史最久的一种文学形式,具有最凝练、最精微的文学特点。"小荷诗社"校本课程旨在培养学生的创意表达,其核心目标是让学生在丰富积累的基础上,通过恰当的语言形式进行创作。发挥学生自身的发散性思维,构建全新的诗意,这一过程对学生创意表达的提升无疑有着较高的要求。

古诗词仿写需要在具体、生动的情景中,激发学生自我表达的欲望,同时可以训练学生的发散思维、培养其创新能力。因此,"小荷诗社"校本课程借助游戏卡牌、典故、实景采风、小视频等多种情景的创设,激发学生的创新思维。语言是诗词的基础,学生语言基础有所差别,通过"诗词大会挑战赛"等形式激发学生的学习热情,促使学生丰富自身积累,为进一步实现诗词语言的创意性奠定基础。在语言表达的基础上,通过拍摄小视频等多元化的学习方法培养学生的诗词思维,锻炼学生的想象力,赋予诗词新的生命,促进学生创意表达的全面发展。

背景分析

一、背景分析

古诗词是指用高度凝练的语言,生动形象地表达作者丰富的情感,集中反映社会生活并具有一定节奏和韵律的文学体裁。对于古诗词的研究,不仅符合语文课程标准的要求,还可以激发学生潜在的想象力,增强学生的民族文化自信。

古诗词在学生的成长过程中产生着潜移默化的影响,学生从小与古诗词有着不解之缘。综观统编教材,统编语文教材一至六年级共 112 首古诗词,诗词篇目的大量增加是统编版教材的一大特点,在篇目编排上,一至三年级主要选录题材为山水田园和写景咏物,四至六年级则更多涉及边疆征战、谈禅说理、忧国伤时等题材,这与儿童的身心发展规律以及不同学段对于学生的要求是相一致的。

关于"诗词仿写"的学习,大部分学生所写的古诗词更像是打油诗,缺少情感的表达,而另一部分学生则由于积累较少,对于仿写有较大的困难。学生的诗词仿写能力差异明显,更不用说诗词情感表达、诗词韵律表达、诗词格式对仗工整等具体化要求了。学生写诗的能力较差,势必会影响学生进一步学习仿写诗词的兴趣。因此,在诗词仿写的教学中尝试采用不同的形式,相信会激发学生更多的兴趣,并促进学生创意表达的新发展。

因此,在开发学生创意表达的基础上,从游戏卡牌等新颖的形式入手引导学生有意识地积累,激发学生对仿写学习的最初兴趣,而后通过不同学习任务形成诗词的典故小册意象集、实景采风素材等实践活动,最终形成学生自己的小视频作品集,以此完成创设"小荷诗社"课程。在具体的语言情景中,逐渐加深学生对诗词仿写的兴趣,以提升创新思维和写作能力,促使学生传承中华优秀传统文化。

二、文献综述

笔者以"诗词仿写"为关键词,截至 2023 年 10 月,在中国知网上检索到 253 篇文献,其中期刊 86 篇,学位论文 157 篇。但在中国知网中以"诗歌仿创"为篇名进行检索,显示 10 条。通过阅读相关文献,不同学者有着不同的观点。　　·

叶榕锋[1]在《小学诗词分阶段教学研究》中,借助学外引导和学中引导两个方面,对低、中、高三个阶段对儿童使用不同的教学任务与方法,培养学生不同阶段的目标,养成诗性思维,完成创作这一综合互动,并充分挖掘学生的个性。

魏来[2]在《以教材为依托的小学中段语文读写结合训练序列建构研究》中指出在学生仿写的过程中,如果任其自由发挥,就会变成简单的机械性仿写,因此需要给足学生有效阅读和练笔的时间,并关注学生差异、注重评价,激发学生的写作兴趣,这一训练序列有一定的学习价值。

刘丽敏[3]在《小学生儿童诗词创作"三段六步"教学法探究》中提到的"三段"指在低、中、高三个学段,低年级引导学生创编儿歌,中年级是仿写儿童诗和创编儿童诗的过渡阶段,高年级创编儿童诗。"六步"指的则是读、导、编、评、画、展,进而将学生引入创作儿童诗词的世界,这一教学法具有一定借鉴意义。

杨浩群[4]在《基于翻转课堂的教学设计研究》中用微视频设计、学习任务单设计、学习活动、深化练习、小组合作、课堂问题等策略来解决学生学习中的问题,使得学生的个性化学习成为可能。

周建新[5]在《诗歌教学中的仿写与创新思维培养》中提出诗歌仿写的过程就是学生启动想象力的过程,是训练发散思维、培养创新思维的过程,需要学生在学习仿写的过程中,追求思维的深度、广度、新颖度。

何顺秀[6]在《诗歌教学中的仿写与小学生创新思维的培养》中提出仿写诗句在形式上并没有给学生太多的发挥空间,而诗歌仿写的关键点在于构建全新的意境,而这就需要学生充分发挥自身的发散性思维,这无疑是培养和训练学生创新思维能力的有效途径。

由此可见,虽然越来越多的学者意识到诗词的重要性,研究成果较多,也有大量专家研究过教材的具体教学,但是现有的研究成果中多数诗词仿写都以某一首诗为例进行分析仿写。而立足于统编小学语文教材特点进行诗词仿写的研究太少,尤其是如何更好进行诗词仿写的研究缺少系列课程进行推进。

基于以上的研究内容,确定课程的目标是让学生在丰富积累的基础上,通过恰当的语言形式进行创作,通过环环相扣的课时、层层递进的形式,培养学生创意表达的能力。

三、学习路径

心理学认为,写作是由思维到表达的一个心理转换过程。著名神经心理学家鲁利亚认为,学生要完成这个过程,至少要在思维内部进行两次转换(见图 1),即由思维转换为内部言语,再由内部言语转换为外部言语表达。

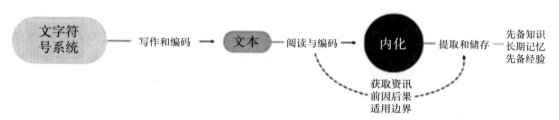

图 1　思维转换过程图

内部言语是有整体感的、网状的,像是一团由概念碎片拼贴而成的"意义云团";外部言语是逻辑语法化的、线性的。

研究表明,当人在使用内部语言时,人的大脑就会积极地活动起来,皮层上的好几个重要区域会一起工作,相互之间产生联结,人的思维活动积极,因此提高思维活跃度,丰盈内部语言,助力内外部语言的转换可为提高学生创意表达服务。

学情分析:

高年级的学生经过多年的学习,已熟背课本中的一百多首诗词,但通过问卷星调查,发现被调查的两个班 80.2% 的学生存在没接触过诗词仿写和不知道怎么仿写诗词的现象。又因处于青春期前期,心理上常常表现出闭锁性,内心虽变得更丰富,但不再轻易表露。而诗词表达情感,含蓄而内敛,语言凝练而有魅力,给人无限想象空间。因此借鉴诗词,开展仿写活动是有意义的。

　　基于五、六年级学生对古诗词的积累与认知能力以及诗词的文体特征,梳理出仿写诗词的学习路径(见图2):丰—分—创。一系列学习活动的推进,使学生在表达内容、表达方式、表达质量上呈现螺旋上升的趋势,逐步达成课程目标,提升学生的创造性思维和个性化表达能力。

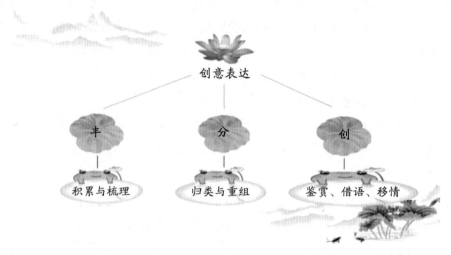

图2　仿写诗词的学习路径

(一)丰——积累与梳理

　　心有所感,意有所动,我们终究需借助符号来捕捉、指认这些感动,这些被符号化过的心理表征,即我们常说的"念头""心声"。我们期待学生们能模仿一些经典诗词,或者使用一些极富个性的语言来表达情感,因此诗词的积累十分重要。在小学语文学习过程中,阅读总是和写作相辅相成的。学生的阅读量越大,积累越多,写作时才能"下笔如有神",诗词仿写也是如此。"兵马未至,粮草先行"。在引导学生诗词仿写前,鼓励学生通过多种形式积极积累优美诗词。多些积累,充满诗意的好词佳句就更有机会在学生的仿写过程中迸发。

　　积累与梳理的效果,有时候取决于是否有机会将记忆仓库中的语言文字调取出来,运用于新的语境中。通过开展"我的雅号我做主""九宫格藏诗""诗句接龙"等活动,学生借助任务驱动,有目的地积累,在活动中,学生们沉睡的语言文字被唤醒,惰性的语言文字被激活。经历多次使用的语言文字,诗词逐渐进入自动化调用的模式中。学生积极调取储存在脑海中的诗词加以运用,依据活动提取信息,形成相互刺激,不断地梳理诵读、积累的诗词。

(二)分——归类与重组

　　分类整理,可以提升语言文字积累的效能。学习者根据分散的学习材料之间的内在关联,赋予其一定结构或对其进行重组,以便将其储存在长时记忆中。我们引导学生对诗词材料进行分类整理,将古诗文按照主题进行归类,如送别诗、言志诗、咏物诗等,把具有相同特征的信息组合成一个模块,记忆效果会更好,调取也会更顺畅。在主题归类的群文赏析中,学生们品味着古诗文的独特韵味。

提高诗词的分辨率,也是提升诗词积累效能的重要方法。从学习过程来看,游戏行为对促进个人的认知发展和情感情绪发展起着十分重要的作用,游戏情境牵引着学生的注意力。于是我们引导学生设计"古诗词测评游戏",一说设计游戏,学生们兴趣盎然。情境游戏的设计,给学生们自由的空间,让他们尽可能自由、自愿地选择,整合自己感兴趣的内容。同时学生们要重组经验中的细节和层次,选择适合自己分类与归整的方法,才能设计出独特的古诗游戏。比如学生刻意收集离别诗词,背下美文佳句,根据作者、根据情感、根据事件的不同进行归类与组合,调用已知的信息资源,将新旧知识联结起来,从场景性背景中提取诗词信息,设计出不同离别情境的游戏。在这个学习经历中,儿童通过感知、记忆、理解等活动,把握诗词的基本信息,有效地编码,同时也更精准解码。

这不仅尊重学生对诗词的个性解读,同时丰盈学生内部语言,助力接下来的仿写活动。

(三)创——鉴赏、借语、移情

1.比照结构化思维,"赏"后"意"达

认知科学家斯蒂芬·平克说:"写作就是把网状的思考,通过树状的结构,用线性的语言表达出来。"这里的树状结构,就是结构化思维。我们常说的"结构化"要先组织成中心化、层级化的树状结构,才能渐次地展开为线性结构,否则就根本无从安排线性词语串上各个概念的优先级顺序。所以我们开展鉴赏学习,引导学生透过诗句看表达逻辑,看诗人写诗怎么写?学习诗人们如何运用结构化思维把自己独特的情感表达清楚。比如因果逻辑表达方式(见图3),离别诗中诗人表达我为什么舍不得离开你,是因为……

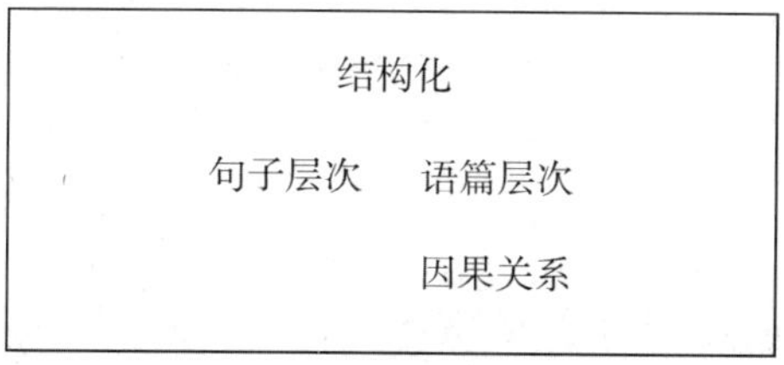

```
            结构化

  句子层次    语篇层次

            因果关系
```

图3 因果逻辑表达方式

提炼诗句表达要点,将信息转化为有结构的知识,帮助大脑理解和记忆,帮助学生扫清"思维混乱"的写作障碍,达到清晰表达的目的。

2.鉴别经典之作，"借"后"语"达

创新往往是来自模仿，而模仿往往又是创新的起步。唐代高僧皎然作《诗式》有云，仿写有三：一曰借语，即仿取前人的句子。二曰借意，即仿照前人的意境。三曰借势，即仿袭前人的风格气势。在古诗文中找到典型的可借鉴的例子，用"仿语""仿意""仿势"等形式，帮助学生祛除仿写过程中"语言表达能力差"之患。

3.厘清"言情"之法，学习抒情

"言情难"是有道理的，要想"感动激发人意"，必须采用一些手法来"言情"。我们可以引导学生在体悟诗情上多多揣摩，从以下招数中学习诗人们如何把自己的情感真挚地传递。比如叙事传情、写景寓情、细节衬情、修辞显情、氛围渲情……

从"意"到"言"到"情"，需要学生的一系列思维能力。形象思维能力，认识把握世界；逻辑思维能力，将所要表达的"意"有秩序、完整地反映。从学习到领悟，从领悟到创造，这是一个循序渐进的过程。

课程图谱

"小荷诗社"课程图谱（见图4）以荷花为创作原型，创意表达需要浸润在诗词的汪洋中，在滋养中"小荷才露尖尖角"，从无到有。在品读、鉴赏、仿写中抒发自己独特的感受和表达真情实感，在积累与运用中加深对诗词文化内涵的学习，传承中华优秀传统文化，习得古体诗独特的表达密码，提升创新思维和写作能力。图谱以创意表达能力为核心，借助古诗词为载体，遵循"丰—分—创"的学习逻辑，设计与学习路径相对应的课程内容，在"初入师门—进阶拜帖—半句封神—斐然成章"的课程内容中设计系列评价工具，在"导图小达人—小小朗诵家—诗词评鉴家—艺术传承者—诗歌创作家—和美诗人"的进阶评价中，对学生的创造性思维能力和个性化表达能力进行螺旋上升的培养。

模块一：初入诗门——弱水只取一瓢，尽尝其间滋味

阶段目标：引导学生对已学习的一百余首诗词进行积累与梳理，能更有质量地编码和解码诗词。

1.我的雅号我做主

搜集、分享古人字号大全，学生在欣赏的同时，无意识地再次积累诗句，同时根据自身的选择，学古人给自己取个好听的字号，使加入诗社更有仪式感。

图 4 "小荷诗社"课程图谱

2.诗词大会挑战赛

玩转诗词,设计一款独特的情境古诗游戏。情境游戏的设计,整合学生先备经验。借鉴玩过的飞行棋、五子棋等游戏,组织学生开动脑筋,设计飞行棋、打地鼠等诗词挑战情境游戏。古诗创意测评游戏可让学生在诗词 PK 赛中,提高诗词的积累量和诗词的分辨率,将记忆中的诗词积累调取出来,运用于新的语境中。

3.六年诗词大盘点

学生从诗词内容、形式、诗人、风格等方面对积累的诗词进行整理与分类。个人或小组合作为单位,选择一个专题,巧用思维导图,提高诗词梳理的效度。同时开展专项诗句接龙或飞花令等活动,在趣味中对诗词进行分类。例如哪些诗句教会我们告别?也许是"劝君更尽一杯酒,西出阳关无故人"的惆怅,也许如"海内存知己,天涯若比邻"的牵挂……请你梳理课内外积累的送别诗,做一份"离别的 n 种表达清单"。

模块二:进阶拜帖——见之不若知之,知之不若行之

阶段目标:教师和学生之间以古诗文为媒介,采用对话创意表达的各种方式,共同走进古诗文,梳理出古诗文表达特点。随着学习,学生对古体诗的语言表达方式逐渐明晰,了解"仿语""仿意""仿势"等形式是诗词仿写的一些途径。以下是进阶拜帖的具体内容(见表 1)。

表1　"进阶拜帖"课程内容

主题名称	课程内容
进阶拜帖	诗词格律
	炼"字"功夫
	动听的诗
	诗中有声,诗中有画
	诗里叙事
	画典撑腰
	诗中意象

触摸诗词美的语言,领略诗人创作的意境,赏析诗人如何利用简短的诗句抒发自己的情感,受到美的熏陶。通过学习诗词的写作知识,从节奏、炼字、用典、格律、意象等方面(见表2)比较系统地了解诗词的独特表达。

表2　诗歌的节奏技巧

演变历程	古歌谣阶段	《诗经》阶段	《楚辞》阶段	古体诗阶段
特点	1.重叠复沓。 2.多为单字。 3.二、三字组合。 4.同字相协,同韵相协。	1.复沓更新。 2.音组规整。 3.句法新颖。 4.韵式多样。	1.诗行节奏。 2.诗节节奏。 3.诗体节奏。 4.平仄声韵。	1.音组间隔。 2.诗行类别。 3.诗行组合。 4.声调韵式。

用典作为诗歌中常用的写作方法,对学生而言比较难,可以梳理其来源、作用与用法,帮助学生更好地理解与使用。用典多出自神话传说、历史故事与文人词句,可以引前人之言之事,使立论有根据;不便直接叙述的,借典故暗示,委婉道出作者的心声;减少语词的累赘,使语言更精练;使文辞典雅,加强历史的纵深感,丰富诗歌内涵。其用法多种,具体如表3所示。

表3　诗词"用典"知多少

	直用	活用	反用	借用	活用
用典分类	直接引用典故的本来意义,借以表达自己的情感。	按典故的固有含义反其意而用之。	在与原义相悖的基础上引用既有的词语,起反衬的作用。	直接借用前人的一些诗句,赋予了新的意境。	用前人典型意义的词语,融入自己的意境。
用典作用	1.引前人之言之事,使立论有根据。 2.不便直接叙述的,借典故暗示,委婉道出作者的心声。 3.减少语词的累赘,使语言更精练。 4.使文辞典雅,加强历史的纵深感,丰富诗歌内涵。				
典故来源	出自神话传说的典故。 出自历史故事的典故。 出自文人词句的典故。				

格律诗分为五言绝句、七言绝句、五言律诗与七言律诗,有其独特规律,具体如表 4 所示。

表 4 快速学会诗词的格律

格律诗 分类	五言绝句	五言律诗	七言绝句	七言律诗
	五字一句的, 四句叫五绝。	五字一句的, 八句叫五律。	七字一句的, 四句叫绝句。	七字一句的, 八句叫七律。
格律诗 规律	1.偶数位置上的字,都是平仄交替的。 2.符合粘对规律。 第二句与第一句相对,第三句与第二句相粘,第四句与第三句相对,第五句与第四句相粘,第六句与第五句相对,第七句与第六句相粘,第八句与第七句相对……			

古诗词意象的主要分类及内容如表 5 所示。

表 5 古诗词意象的主要分类

意象分类	象征式意象	物语式意象	谐音式意象	借代式意象
具体内容	借助具体事物,表现特定意义。如:松、梅、竹等。	根据景物特征,寄寓抽象意义。如:水、燕、云等。	谐音双关。如:柳、晴、苗等。	如:桑梓、丝竹、汗青等。

模块三:半句封神——斐然成章

阶段目标:在观察、练说的基础上,创设情境,刺激表达。将所思所想形成纸质文字,慢慢向仿写过渡,激发丰富的想象力和创造力,表达独特情感,提升审美。

写作本来就是一个创造性的活动,写作的过程就是创造的过程。破除"创造"的神秘感,激发学生的创造潜能,这非常重要。我们在教学中按照作文的规律,依据学生思维发展的规律,运用采风、观察等活动,教师和学生之间以古诗文为媒介,采用对话创意表达的各种方式,共同走进古诗文,梳理出古诗文表达之特点。在此基础上引导学生把自己的见闻、情感、想法等思维活动转换为书面表达。同时做好指导工作,找典型诗词,尤其是找能调动学生学习兴趣的教材,分小步子走,学习诗词写作:从换词到写半句,从仿半句到创一句,从仿语句到仿意象……学生有了兴趣,就会感觉到诗词写起来不难。

《义务教育语文课程标准(2022 年版)》明确指出,情境是培养学生核心素养的载体,让学生在真实情境中经历完整的问题解决过程,才能更好地提高学生的核心素养。比如即将毕业这个情境,真实地存在于生活中,毕业要拍毕业照,拍毕业微电影。要拍哪些内容? 在哪里拍? 同学们有空走走、想想……把生活中真实的交际情境转化为学习情境,把原先大家等拍毕业照这一驱动性不强的情境,变成主动参与的情境。于是积累的诗句与生活有了联系,学生结伴前往校园的不同角落,体验发现。心有所感,一个个场景,在脑海中形成,为后续用显性语言表达助力。之前积累进入学生大脑中的诗句在仿写中就会带给学生个性化的体验,带给学生温暖的生活记忆。

多角度观察,发现生活的"丰富多彩",进而,捕捉"事物的特征"。观察、认识、研究客观世界的过程，勾连主观感受，渗透自己的认识与思考，联想已有诗词积累。在这基础上，产生个性化的表达，诗词仿写就开启了按钮。

最初可能只有个别学生能提笔写，大多数学生虽然有兴趣但不知所措。在给出范围及范例后，虽然程度不一，但只要愿意动笔，就是一个好的开端。以送别诗这个体系为例，我们创设以下任务："六年的时光中，一定有不少的人、事、物让你难忘，也许是你走过的路，看过的景，读过的书……请你选择一个场景，将其背后的故事或情感化作一首诗，表达出来吧！可以是写给友人、老师或母校的送别诗，可以是某一处景让你深受触动，想要借景表达自己情感的抒情诗；抑或想借某一物表达自己的人生态度……请你结合自己所选的场景，也学着古代诗人的方式，创作一首属于你的毕业诗，放入彼此的毕业纪念册中。"学生为了完成任务，会主动搜索相关离别的诗句并寻找合作伙伴，选择自己想要模仿的诗句进行借鉴与加工。如此一来，学生仿写有抓手，仿写有方向，慢慢地他们开始行走在创意表达的大路上。

评价工具

本课程采用多种评价方式，通过诊断性评价、表现性评价和终结性评价对学生的学习情况进行测量，学生、教师、家长等多元评价主体调动学生的积极性，将笔记、海报、四格图文、连环画、有声文、小视频等作为评价工具，以评导学，落实课程目标。

一、对课程的评价

1.问卷调查法

对师生关于课程内容设计、组织与实施的满意度等方面进行问卷调查（见表6）。

表6　调查问卷

考评要点		评价			
		3星	2星	1星	总星数
课程目标	课程目标明确，紧贴学生实际情况，考虑不同学生的个性差异和实际水平。				
	课程教学目标合理，课时分配均匀，安排合理。				
	课程结构清晰。				
课程内容	课程内容符合学生认知基础和学习规律。				
	课程内容丰富，运用灵活多样的教学方法，能有效激发学生的兴趣。				
	课程内容能帮助学生提高文学积淀和素养，培育品格，传承和发扬中华优秀传统文化。				

续表

考评要点		评价			
		3星	2星	1星	总星数
课程组织	教学组织策略和形式多样有趣,符合学生的年龄和认知特点。				
	教学组织模式体现学生立场,能够有效解决课程重难点。				

2.访谈法

教师与学生或家长进行交流,得出有效结论,可借助提纲或者观察表作为辅助性工具。

二、对学生的学习情况及目标达成度的评价

小荷诗社中"和美诗人"的规则及评价标准如图5、表7所示。

图5　小荷诗社"和美诗人"评选会(正面)

表7　"和美诗人"评选会规则(背面)

称号	评价标准	评价人
导图小达人	1.能搜集不同的诗歌并进行分类。 2.按照思维导图把自己归纳的诗歌理清楚。 3.能正确、流利地背诵自己搜集整理的诗歌。	语文老师
小小朗诵家	1.能正确、流利、有感情地朗诵诗歌。 2.能恰当地停顿、延长，有韵律地朗读。 3.朗读时能适当地加上表情和动作。 4.配上优美的乐曲诵读。	语文老师、同学
诗词评鉴家	1.能准确地说出诗中描写的景物。 2.能用通顺、优美的语言说出古诗描写的景色(古诗大意)。 3.能用优美的语言说出想象的景色。	同学
艺术传承者	通过笔记、海报、四格图文、连环画、有声文、小视频等形式展现自己对诗的理解。	语文老师、同学
诗歌创作家	在赏析佳作的基础上，创作藏头诗，赠予亲人或朋友。	家人、同学

参考文献

[1]叶榕锋.小学诗歌分阶段教学研究[D].福州：福建师范大学,2013.

[2]魏来.以教材为依托的小学中段语文读写结合训练序列建构研究[D].成都：四川师范大学,2018.

[3]刘丽敏.小学生儿童诗歌创作"三段六步"教学法探究[D].烟台：鲁东大学,2014.

[4]杨浩群.基于翻转课堂的教学设计研究[D].上海：上海师范大学,2016.

[5]周建新.诗歌教学中的仿写与创新思维培养[J].教育与教学研究,2014,28(1)：86-88.

[6]何顺秀.诗歌教学中的仿写与小学生创新思维的培养[C]//中国智慧工程研究会智能学习与创新研究工作委员会.2020课程教学与管理云论坛(贵阳分会场)论文集.广东省中山市小榄镇中心小学,2020:4.

"小荷诗社"
课程纲要

32

铸造"美","韵"魔法
——美·韵健美课程

叶娟娟

健美操运动是我国近几年大力推广的一项新兴项目,随着它的快速普及与发展,它的技术水平相对较成熟,在我国也取得了长足的发展。它是时代的产物,是基本体操艺术化、动力化、健身化趋势的反映,是融体操、音乐、舞蹈、健身、娱乐于一体,通过徒手或健身轻器械,配合各种风格动作、难度动作在律动音乐伴奏下的综合性身体操练习,是可以达到健身、健美和健心目的的一种观赏性体育运动,更是一项可以有效培养学生关键能力和体育品德的运动项目。

目标定位

依照学校育人目标和体育核心素养,结合我们的课程理念,以学生发展为前提,以学生需求为动力,侧重培养学生体育锻炼的意识和综合素质,从而促进学生的个性化发展,满足学生的兴趣和需求,使学生学会自主学习、自主探究、自我评价,使之形成完善的人格。对核心素养导向下的健美操课程和健美操的课程特征以及学生身心发展规律进行分析,提炼出健美操运动给学生带来的关键能力和必备的体育品德,因此对健美操课程目标定位如下。

(1)提高综合素质和韵律感。让学生熟练掌握健美操运动的基本方法并提高综合素质,掌握音乐的节奏感和动作的律动与韵味,从而提高健美操运动的韵律感。

(2)提升审美情趣。感知健美操所表现出来的动作、形体、健康等内在美和审美意识、陶冶情操等外在美,并从"认识美""感知美"和"情绪体验"中逐渐形成审美情趣。

(3)增强学生的自信心、集体凝聚力,培养学生坚持不懈的意志品质。

背景分析

一、背景分析

健美操是一项富有时代气息和节奏感强且深受学生喜爱的体育运动。它对锻炼肌肉的力量、弹性和身体各部位的协调、灵敏性具有重要作用。伴随着健美操项目的全民推广，健美操运动的技术水平也在逐渐提高。尤其在近几年，健美操运动技术在我国已经取得了长足发展，健美操的训练已不再是一个短期、简单的训练过程，它已形成一个较全面、较系统的体系。所以应尽快在校园成立一个完整的健美操课程体系，这样才能较好地培养学生的形体和体育品德，启发学生心智，提高学生韵律感和综合素质。让学生感知健美操所表现出来的内在美和外在美，同时也可以丰富校园文化生活。

二、文献综述

本人对小学健美操课程进行研究，在期刊网上检索关键词"小学健美操课程"，2009—2023 年，共有 78 篇研究文献，对检索的文献进行以下归类整理。

1.以"健美操课程价值"为关键词检索到 6 篇相关文献，作者唐春辉[1]在《小学开展健美操课程的价值与教育要点研究》中对小学健美操课程的价值定位为：能有效帮助小学生强身健体；能有效地培养小学生的团队意识、创新精神和积极阳光的心态；能有效地提升小学生的审美能力，促使小学生收获积极向上的生活方式。

2.以"小学健美操教学策略"为关键词检索到 6 篇相关文献，其中作者成改琴[2]在《小学低年段健美操社团活动教学策略实践》中的观点为：其一，健美操教学能促进学生的智力发展，使学生在记忆健美操动作、按照歌曲旋律做出相关舞蹈动作的过程中，能将所学内容进行记忆存储，具有开发学生智力的教育效果，对小学生健康成长有积极的影响；其二，健美操社团活动的组织能促进良好育人环境的营造，使小学低年级的学生在学校生活中能保持相对健康稳定的成长状态，能获得身心愉悦的学习感受，并提高学生的心理素质；其三，对低年段健美操社团活动进行开发设计，能为学生搭建团结合作的平台，引导学生在团结合作的基础上完成健美操训练，促进学生思想道德素质不断提升，为学生合作意识的培养打造有利基础。因此他认为主要的实施策略应该做到明确活动目的，增强活动组织指向性；优化活动内容，增强活动组织规范性；创新活动方法，突出活动组织吸引力。

而作者郝园园、鲁朋飞[3]在《中小学开展健美操的对策研究》中认为：健美操具有健身价值、美学价值、教育价值，而开展的目的是增强学生体质，促进身心发展，陶冶情操。

通过以上的归类整理,可以发现小学健美操课程的开发还不够系统,也较少。所以在小学阶段很有必要全面系统地开发健美操这门课程。充分利用健美操的时代特征和我国健美操运动的发展优势,依照我校的办学理念和育人目标、本校学生的学情,围绕"以学生为主体,教师为主导",充分发挥学校的师资、设施、场地、器材等优势,以教师"乐"教、学生"乐"学这条主线来贯穿课堂,从激发学生兴趣、活跃课堂气氛、发展学生能力出发,更为系统、全面地开设"美·韵"健美课程内容以充实、拓宽学生的视野和丰富校园文化。课程以提高学生关键能力和体育品德为价值,重点培养学生的"审美情趣、韵律感、体育品德"!

学习**路径**

一、设计依据

我校"美·韵"健美课程框架是依据国家课程和学校的课程体系,分别以国家课程为主体的基础性课程和以校本课程为主题的拓展性课程。基础性课程为所有学生统一学习的基础课,它是学生掌握健美操必备的基础知识和基本技能,为学生提高层次、学习更难内容奠定一定的基础。基础性课程的核心内容包括健美操基本步伐、基本手型、基本动作组合,只有掌握基础性内容,才能更好地完成后面的成套动作。拓展性课程以提高学生健美操兴趣、健美操课程素养为目的,从健美操教学方法与实践出发,提供教师指导的学习课程,以供健美操爱好者和学有余力的学生选学;主要满足学生的个性化发展需求,开发和培育学生的潜能和特长爱好,培养学生的自我认知和自我发展能力。

二、学情分析

"美·韵"健美课程的队员共计 50 人左右,且为一至五年级的队员,学生年龄不一,基本功、身体素质和肌肉体验感觉不一样,在健美操的学习和掌握情况中也存在差异,但她们对健美操的学习热度都非常高,因此本校本课程的开展和实施,根据学生的生理、心理特征以及学生年龄差异,选择与制定适合她们的训练内容,因材施教,关注团队里的个体差异,合理组织、实行训练计划,创设丰富有趣的教学模式以充分调动学生的学习积极性,让队员们在轻松快乐的学习氛围中获得健美操运动的关键能力和必备的体育品德。

三、学习途径结构

本课程是以趣味化、游戏化、情景式等教学模式,给学生创造宽松愉快的学习空间,在每堂课中设计了"准备部分—授课部分—复习消化部分—放松部分"四个环节,并且梳理出"美·韵"健美的学习路径(见图 1):学—练—创—演—赛,通过这一系列学习活动的推进,学生基本能熟练掌握健美操运动的基本方法,韵律感、综合素质、审美情趣也得到了提高,逐步养成了优美的形体和自信的体态;身体的协调性、柔韧性、灵敏、力量等素质均得到一定的发展;同时学生在日常生活中也充分获得了情感体验,增强了自信心、凝聚力,也养成了坚持不懈的意志品质。

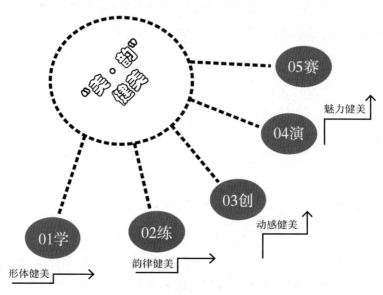

图1 "美·韵"健美课程学习路径

(一)学

"学"即"学习",教师向学生传播知识或学生自学的过程,教师按照一学期的课程安排,设计本堂课的主要内容,结合需要达到的效果,以语言、图片、视频或示范等方式,让学生在课堂上掌握健美操的基本方法。在教学过程中要注重小学生生理、心理特点,要贴近学生实际,通过大量的实践、学习,以多变的动作设计、丰富趣味的肢体语言、欢快向上的音乐激发学生对健美操的兴趣,所以课堂中采用趣味而实用的教学法可以让学生在一个轻松有趣的氛围里学习动作,提升能力。

例如:在学习下肢弹动的动作中,为了让学生能较快地掌握动作,我借用"袋鼠跳"和原地双腿并拢屈伸的弹动让学生进行练习,从而取得趣味性和实用性的效果;在学习左右"一"字步动作,我教学生想象并自己体验双脚跨过一条小河,从而让学生更快、更有兴趣地掌握这个动作。

(二)练

"练"即"训练或巩固",它是训练体能的过程,从而提高学生的各项身体素质;它是巩固动作的途径,使学生真正熟练掌握动作。通过这些训练和复习巩固,学生们可以熟练地将课堂掌握的能力素养贯彻到实践中。体能训练在健美操教学中是必不可少的,较好的身体素质是完成高难动作的有力保障,但是体能的训练通常比较枯燥乏味,容易让学生感到厌倦和疲劳。因此采用趣味性的练习法来提高学生的练习兴趣和专项素质是非常有必要的。

例如:在柔韧性练习时,我采用游戏的方式进行。方法:将学生分成相等的若干组进行下叉搭桥,桥搭长的队伍取胜。这样既培养了学生相互勉励、克服困难的良好品质,又能在愉快的气氛中有效地进行柔韧性练习,提高学习的欲望和练习效果。

（三）创

"创"即"创编",它是"学"和"练"的目标,通过在"学"和"练"的基础上进行套路的创编,培养学生的创新能力、独立思考的意识,学会运用,尽可能做到举一反三,用实践来验证结论,用结论来发现新问题,这样的练习才是行之有效的。教师必须在平时的教学中有针对性地对一些动作进行分类,然后给学生足够的练习空间,教会学生懂得将一些常用的基本动作创编成不一样的动作组合或者简单的小套路。

例如:在进行动作创编时,先将学生分成不同的学习小组,然后选择一段特定的健美操动作,让学生分组进行自主探究,创编动作,然后让每个小组在音乐的伴奏下完成不同的动作组合,体验健美操运动的快乐。这种练习可以提高学生的创编能力,让她们在自主学习的氛围中,加深对每个动作的记忆。同时也让她们学会相互学习、相互评价,培养学生整体配合意识和自主探究能力以及互相评价能力。

（四）演

"演"即"展演或演练",它是提高学生学习与练习的重要手段。通过各种场合的展演或课中的阶段性表演,可以较直观地检验学生的综合素质和阶段性成果,以演代练,让学生发现自身不足,取长补短,更好地提升自身能力和素养。

例如:在每学完几个动作后,我会采用展示的形式,让学生积极上台,这样可以让学生在展示过程中增强自信心,同时也能让队员们学会评价他人动作的优缺点,达到取长补短、互相借鉴、互相提高的效果。

（五）赛

"赛"即"比赛",以赛代练,赛动作、赛体能以及通过各级各类套路比赛进行查缺补漏,通过这种比赛方式提高学生的积极性和竞争意识,增强学习动力,同时在比赛的模式下,学生们还能增进相互间的友谊,磨炼自身意志,提高个人道德修养。

例如:在进行悬垂举腿训练时,我把学生分成两组,让学生在相同的时间内进行极限练习,并且跟着音乐的节拍做,在相同的时间内,完成次数较多者为胜者、少者为负者,负者可再挑战一次,通过这种游戏化练习,既能提高学生的专项素质,又能提高学生的竞争意识、节奏感。

再如：通过组织健美操比赛调动学生对健美操活动参与的兴趣，通过彼此之间的竞争激发学生想要获得赞美、认可的心情，在学生参与比赛的过程中可以以小组为单位，学生根据自己对音乐节奏感或者音乐情绪的理解加上自己的肢体动作，将健美操活动变得更加活泼俏皮，体会健美操活动的快乐。同时也可以通过健美操接龙的形式开展健美操比赛，也可以以开火车的形式让每一个学生只表演一个动作。

总之，"学—练—创—演—赛"五者互相独立，又互相联系，是教学活动的共同体。"学"为"演"和"赛"的基础；"练"和"创"为"学"的目标；"演"和"赛"为"练"和"学"的手段。

课程图谱

学生的兴趣是校本课程开设的出发点，根据课程设置和学生能力水平，确定安排四个梯队的课程内容：形体健美、韵律健美、动感健美、魅力健美。根据以上四个梯队的相关要求，依照学校育人目标和体育核心素养，以促进学生个性发展为前提，以学生需求为动力，结合我们的课程理念，构建了以下"美·韵"健美课程图谱（见图 2）。

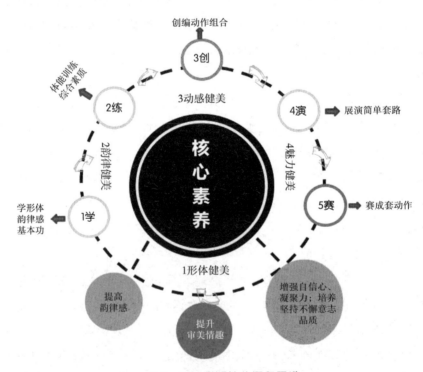

图 2 "美·韵"健美课程图谱

一、课程设置

根据学生认知水平和生理心理特征以及学生的能力点、行为点,设置四个阶段进行推进,安排如下的课程内容。

阶段一:形体健美

模块内容:基本形体、基本功、素质训练

根据《义务教育体育与健康课程标准(2022年版)》中水平一的学情和学生生理心理特征,一年级的教学内容安排如下。

1.基本形体

上学期主要以基本形体为主,选择"单一舞蹈基本动作、徒手体操、跑的组合、跳动作的组合"为主。这一系列的安排让学生掌握基本的形体训练方法;塑造美的形态,培养自信的体态;让学生掌握基本功的训练方法并掌握节奏快、慢节奏的变换与结合的方法;促进躯干、腿、脚的肌肉运动感觉。

2.强化基本功

下学期主要强化基本功,加强身体姿态练习和肌肉感觉练习,通过这些练习让学生体会肌肉快速用力的感觉,提高关节屈伸的弹性及动作的力度、幅度、准确性;培养学生养成优美形体。

而"身体素质"主要以"柔韧性"为主,让学生掌握协调性的方法,发展各个肌肉群的运动感觉和关节的灵活性。

阶段二:韵律健美

模块内容:基本步伐组合、高低强度组合和强化动作、素质练习

在第一阶段的基础上,第二阶段的教学内容主要安排如下。

1.强化基本步伐组合

上学期强化基本步伐组合,让学生正确掌握(交替类、迈步类、点地类、抬腿类、双腿类)等基本步伐组合,为后面的学习打好扎实基础。

身体素质选择主动和被动柔韧性训练和上肢力量训练,通过练习发展双肩的伸展性和灵活性;发展腿部体前、体侧的伸展性及控制力;提高大幅度快速踢腿的能力、腿的控制能力以及髋关节的灵活性。

2.高低强度组合

下学期主要以高低强度组合和基本步伐与强化组合为主,让学生掌握简单步伐组合的动作方法,为后面的学习打好扎实基础;增强肌肉快速用力的感觉,提高关节屈伸弹性及动作的力度、幅度、准确性;让学生掌握正确的基本步伐。

身体素质主要以安排上下肢肌肉群力量的练习为主,发展肩带肌、肱二头肌、肱三头

肌、胸大肌的力量和腹部、背部肌群的力量，肌肉的弹跳力量、弹跳性和伸展性；培养肌肉快速收缩、放松的能力，使之更好地在快速运动中完成动作。

阶段三：动感健美

模块内容：简单套路学习、乐感和节奏感、简单难度动作、素质练习

在第一和第二阶段的能力基础上，第三阶段的教学内容安排如下。

1.简单套路动作和简单难度动作

上学期开始简单套路动作和简单难度动作（柔韧性难度动作、力量类难度）的学习，以及乐感和节奏感的训练，让学生熟练掌握简单套路动作；并结合健美操的难度动作和技术提高柔韧性、力量素质；培养学生优美的形体和提高学生的感染力。

身体素质训练主要通过上肢、肩带肌群力量训练、弹跳力练习，锻炼学生腰背腹力量和肌肉快速用力以及提高关节屈伸的弹性和动作的力度、幅度、准确性。

2.巩固套路动作和强化难度动作

下学期主要巩固套路动作和强化难度动作，让学生巩固简单的套路动作，养成自信体态和优美的形体；同时也让学生结合健美操的难度动作和技术，提高学生感染力、耐力、速度、力量和柔韧性等身体素质。

阶段四：魅力健美

在以上三个阶段的基础上，第四阶段的学生基本已经具备一定健美操运动的能力和综合素养，这个阶段开始进行较高难度的内容安排，通过提高表现力、美感的要求，创编套路动作，进行较高难度动作和综合素质练习，提高学生成套动作的完成度并使他们懂得变化路线的方法；培养较强韵律感；掌握一定的难度动作，提高身体各项技能素质。

二、教学建议

第一，在健美操教学中，在传统方法选择运用和提高学生学习主动性的过程中，学生主动学习，已经形成了教与学相统一的独特教学方法，所以在教学中应注重差异性、实效性原则，突出主题性，注重兴趣化，重视灵活性，力求主体化，加强针对性，突出个性化。

第二，在教授动作中采用丰富的教学手段和方法进行教学与练习，激发学生的学习兴趣与练习的积极性。同时让学生转变角色，从被动向主动转变，从学生向教学者转变，增加实践锻炼机会，提高学习效率，因此采取如下方法。

（1）采用"启发式"教学、"A，B，A＋B，C，D，C＋D，A＋B＋C＋D"的递增循环法训练，激发学生对健美操的兴趣，在学生理解并掌握的同时也启发其想象力，从而提高教学质量。

（2）采用模仿法解决动作复杂多变的学习困难。

（3）采用完整体验法，逐步提高学生的身体机能与技能。

（4）采用技能迁移法，取得不同结构动作的动力定型、"触类旁通"和"举一反三"的教学成效。

（5）采用自我展示法，让学生展示出不同的个人风格和能力水平，让学生得到不同的个性发展。

第三，针对学生的生理特征，尽量细化基本功的练习方法，让基本功的学习内容尽可能"简单化和整体化"。同时针对学生的心理特点，让学生多配合音乐的节奏进行练习，让学生在音乐的伴奏下较快掌握动作技能，同时也激发了学生的学习兴趣。

第四，开展实践性教学。通过让学生参加不同级别的比赛或者阶段性的展演，提高学生的舞台感和自信心，同时也通过这样的平台，提高学生的竞技能力，开阔学生的眼界，促进与他人的交流。借此也能帮助老师检验教学训练的水平与学生掌握动作的情况。教练员也要多通过参与健美操比赛规程和裁判的学习，了解最新评分规则和编排方向，从而提高教练员训练和编排的能力。

评价工具

一、学习态度

学习态度可体现在出勤情况和课堂表现情况上。课堂表现包括了课堂参与程度与态度。

二、动作技能

阶段性动态反馈，对完成的基本形体、基本步伐、简单动作组合和成套动作进行动态评价。动作技能上尽量做到动作规范，整齐，有弹性，无错误与失误，动作幅度大，有力度与较好的表现力，彼此配合协调一致，整套一气呵成，完整统一。

三、综合素质

身体力量、协调性、灵敏性、柔韧性等素质完全达标；养成必备的体育品德，如自信体态、集体凝聚力、坚持不懈意志品质等。

四、展演或比赛

能够完美展示，准确到位，动作优美大方，韵律感强和队形变化顺畅。

每月一评价，每学期一考核，以下是课程评价内容导图（见图3）。

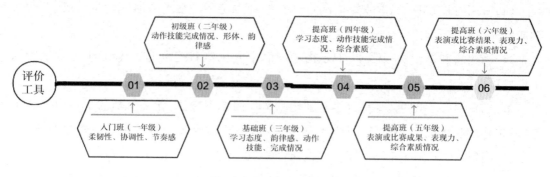

图 3　课程评价内容导图

课程**故事**

　　明媚的阳光,矫健的身姿,灵动的舞步,动感的节奏,飞扬的激情,伴随着动感的音乐,构成了健美操训练最鲜活的场景,那是一群可爱的小精灵,她们以热爱为信念,以汗水为阶梯,风雨同舟,只为记录青春的活力与律动,向所有人讲述着健美梦的故事。每晚的肌肉酸痛,每天的汗如雨下,日复一日,坚持不懈,只为在赛场上迎来最绚烂的绽放。小伙伴们想不想先睹为快,一起来欣赏一群朝气蓬勃、活泼可爱、活力四射、动感十足的精灵们的风采,今天小编就带你走进厦门第二实验小学"形韵健美社团"……

　　这里是健美操梦开始的地方,我们从"无"到"有"……2010 年是我加入厦门第二实验小学的第一年,凭借着自己和这群天真活泼的小精灵们对健美操满腔的热爱与执着,自己成立了第一支团结和谐、充满欢乐的健美操队伍。当时的校园很小、很旧,我带领着一支队伍到处寻找可以训练的场地,可以说是"一穷二白",仅有的就是一腔热血,在操场上、各个角落的空地上,破旧的风雨跑道上、小小的工会活动室里,不管严寒酷暑,刮风下雨,总能看到我们这群可爱的小精灵们的身影。后来在 2011 年参加的第一次全国全民健身操舞大赛中,我们夺得了第一个冠军,学校才正式成立了这个"健美操社团",至今已有 12 个年头。

　　"一切美好只是昨日沉醉,淡淡苦涩才是今天滋味……"每当这首老歌唱响,总能让我想起我和健美操队的长篇故事,它有着巧克力般的味道,既香甜又略带着那么一点苦涩。"台上三分钟,台下十年功",成功的背后大家付出了无数的心血。瞧,训练场上淌满滴滴汗水,她们总是争分夺秒争着排练,"这个动作没有做到位,再来一遍!""再来!再来!"这样的话语一遍又一遍重复着。为了追求最好的效果,队员们不放过任何一个瑕疵,一遍一遍练习着。汗水浸湿了衣衫,但依然不能阻止队员们去追求她们心中的完美,只为能在自己选择的这条路上越走越远，越走越好。学生们就是这样从陌生到手足相依，从零基础到娴熟的表演，从困难重重的练习到最终完美的演出，她们向大家展示了当之无愧的傲人风采。而那一张张沉甸甸的奖状也在对着她们含笑诉说着——付出和回报是成正比的，没有付出何谈回报。

让我们先来听听队里的一个小队员述说自己的健美操学习历程。她说，一项健康有趣的兴趣爱好是受益终身的精神财富，不仅可以缓解疲劳，还能有效缓解我们的精神、心理压力，有助于培养积极向上的正能量。一年级参加健美操社团后，她对健美操便产生了浓厚的兴趣，甚至深深喜欢上这项活力四射的运动。在日常学习过程中，叶老师用优美大方、充满活力的动作，唤起了她对健美操学习的渴望和美的享受。她很珍惜这个机会，也很庆幸能加入这个充满活力的集体！

再跟我来看看我们那群可爱的老队员们学前学后的大变化……队员们在动感的跳跃中散发出青春的气息，在强健中又不失力量与柔美的结合。通过日复一日，年复一年的健美操训练，队员们受益颇多，收获了专业技能和珍贵的友谊。她们不仅解锁了新技能，而且还锻炼了身体素质，养成了优美的形体，提升了审美情趣，增强了自信心。健美操让她们感受到了与众不同的魅力，更是让她们从中学会了坚持不懈、奋发向上的精神和集体的凝聚力，同时也激发了她们的青春活力。瞧瞧在我们学校的国旗下、领奖台上和学校各种活动的舞台上，总能频繁地看到她们主持、领奖和表演的身影，她们不仅操跳得好、形体美、自信心强，德智体美劳也得到全面发展，她们是所有学生的榜样，是这个年纪里最亮丽的一道风景线！

一批批队员在教练的悉心培育下，一届届得以绽放美丽。是啊，所有的成功并不是一蹴而就的，它是经过长期不断磨炼和日复一日沉淀的结果。一次次成绩的取得都与队员们努力付出，以及学校和家长们的支持配合是分不开的，也离不开老师的悉心指导和严格要求。队员们经常为了不耽误训练的进度，不管前方有多么大的困难，她们总能坚持训练，慢慢磨炼她们坚持不懈的意志品格。在每年参加的各级各类比赛中，加强队员们与其他运动员的学习交流，让她们开阔了眼界，吸收总结了经验，让大家在比赛过程中重新认识自己，攒足经验，取长补短。她们也清楚地知道成绩属于过去，每一次荣誉的获得都是下一次蜕变的开始。但在这个训练的生涯中，偶尔也会听到一些较为负能量的闲言碎语："你们吃那么多苦，流那么多汗，就得了几张奖状，没什么实质性的用处。"现在我想对他们说的是，从物质上看的确没什么，但是宝贵的经历和体育拼搏的精神，让我想到了冰心奶奶说的"成功的花，人们只惊美她现实的明艳，然而当初她的芽儿，浸透了奋斗的泪泉，洒遍了牺牲的美丽"，这些比什么都重要，因为成长就是这样。相信厦门第二实验小学健美操队会不骄不躁，继续历练，砥砺前行，相信在不久的将来定会绽放出更为绚丽的光彩！

参考文献

[1]唐春辉.小学开展健美操课程的价值与教育要点研究[J].青少年体育,2021(7):117-118.

[2]成改琴.小学低年段健美操社团活动教学策略实践[J].教育界,2020(31):19-20.

[3]郝园园,鲁朋飞.中小学开展健美操的对策研究[J].当代体育科技,2015(10):167-168.

"美·韵"健美
课程纲要